北大哲学系百年系庆丛书

求道集

Qiudao Ji

尚新建 主编

北京大学出版社
PEKING UNIVERSITY PRESS

图书在版编目(CIP)数据

求道集/尚新建主编. —北京:北京大学出版社,2012.9
(北大哲学系百年系庆丛书)
ISBN 978-7-301-21189-2

Ⅰ.①求… Ⅱ.①尚… Ⅲ.①哲学-中国-文集②美学-中国-文集③宗教-中国-文集 Ⅳ.①B-53

中国版本图书馆 CIP 数据核字(2012)第 210335 号

书　　　名：求道集
著作责任者：尚新建　主编
责 任 编 辑：吴　敏
标 准 书 号：ISBN 978-7-301-21189-2/B · 1060
出 版 发 行：北京大学出版社
地　　　址：北京市海淀区成府路 205 号　100871
网　　　址：http://www.pup.cn　电子邮箱:pkuphilo@163.com
电　　　话：邮购部 62752015　发行部 62750672　出版部 62754962
编辑部 62755217
印　刷　者：北京大学印刷厂
经　销　者：新华书店
965mm×1300mm　16 开本　29 印张　431 千字
2012 年 9 月第 1 版　2012 年 9 月第 1 次印刷
定　　　价：56.00 元

编者絮语

2012年,是北京大学哲学系百年华诞。历尽百年,北大哲学人名家辈出,名篇佳作无数。从百年历史中遴选作品,难度太大。好在纪念总是后人的事。相对简单的方式是:由北京大学哲学系现有教师每人提供一篇论文,汇成纪念文集。文集共三本:《求是集》、《求道集》、《求真集》。我系逻辑学科单独编辑出版了《逻辑的历程》一书,并纳入哲学系系庆图书出版系列,故此三本文集中不再收录逻辑学论文。

《求道集》由三卷组成,分别是:中国哲学卷、美学卷、宗教卷。"中国哲学卷"论文16篇,"美学卷"论文6篇,"宗教卷"论文10篇。由于美学卷和宗教卷绝大多数论文是探讨中国美学和中国宗教问题的,冠以《求道集》放在同一集子里,符合本集论文的追求。

《求道集》的灵魂在于"道"。"中国文化上下五千年,其实都来源于这个道。所以中国文化的中心要点就是一个'道'字。"[①]《说文解字》对道有如下解释:"辵部,所行道也。从辵从首。一达谓之道。[②]"辵指行走,首指头,辵与首组合在一起,意指"从头开始。"道的原始涵义,首先是道路。"蒹葭苍苍,白露为霜。所谓伊人,在水一方。溯洄从之,道阻且长。溯游从之,宛在水中央。"[③]"道阻且长"之道,即是指道路。"一达谓之道"主要涵义是行,"行"的衍生意义即"做"。

作为中国古典思想的核心概念,道被赋予更深刻的内涵。学界习惯上按照儒家和道家的思想来界定道的基本内涵:天道与人道。《易经·系辞传上》曰:形而上者谓之道,形而下者谓之器。道与器的关系是道先器后。

---

① 南怀瑾:《道与中国文化》,参见《中国商人》,2008年第6期。

② 辵,读chuò,乍行乍止也。上述引文,参见柴建虹、李肇祥主编:《说文解字》,九洲出版社,2001年,第104页。

③ 《诗经·秦风·蒹葭》。

所谓“天由道而生;地由道而成;物由道而形;人由道而行”①。天、地、人、物,由道而生。“立天之道曰阴与阳,立地之道曰柔与刚,立人之道曰仁与义。”②儒家论道,多注重“人道”、人伦之道,老子之道,多注重“天道”、自然之道。《求道集》论文,所探讨的问题,不外天、地、人、神之道。故命名《求道集》。《求道集》篇目排序有两个原则:第一,依历史顺序排列,由古到今;第二,由史到论。

阅读本卷,颇有一种徜徉于中国思想长河的感觉,字里行间亦能显现出本系学人“蓬莱文章建安骨”的气质。

编者

2012 年 7 月 15 日

① (清)刘斯组辑,包耀参校:《皇极经世绪言》(台北:中华书局《四部备要》本),第 6 卷,第 8 页。转引自黄庆萱:《“形而上者谓之道,形而下者谓之器”析议》。

② 《周易·说卦》。

目　录

美　学　卷

宗　教　卷

中国哲学卷

《论语》谈“文”论《诗》*

陈少峰**

《论语》中对内外兼修观点的表述方式的一个具体例子，就体现在“文质彬彬，然后君子”这句话及其所蕴涵的对君子的要求上。不过，在重新研读并比较《论语》①及朱熹等宋儒在《四书集注》中对“文”的解释之后，我发现，宋儒的理解无疑赋予“文”以道德主义的色彩。

如果综合《论语》中谈“文”、论《诗》意蕴的话，可以看出《论语》中对君子有某种超乎内在道德素养的欣赏，其中的“君子”形象与《诗经》中的君子形象有重叠之处。易言之，“君子”既是指修养较高的人，也是指一个对情感审美等有着丰富体验的普通人，所以有“君子好逑”之中的诗句仍是孔子赞赏的对象。

一、道德的意味与非道德的意味

总体上说，孔子所说的君子是内外兼修、举止得体之人。就其内在修养而言，“乐”是一种修养，“忠信”是一种修养，审美也是一种修养。就其外在行为而言，符合“礼”是一种要求，体现“文”也是一种要求。《论语》中的“文”有诸多意味。即使取其中，也包括好学的意思，而不能简单地把“文”等同于“礼”。

无论是谈论“文质彬彬”还是讨论《诗经》的特性，孔子都体现了对中道

---

* 本文曾在厦门筼筜书院主办的“第二届海峡两岸国学论坛”上宣读。

** 陈少峰，1964 年生，男，北京大学哲学系教授、博士生导师，北京大学文化产业研究院副院长。

① 本文引注《论语》文本皆出自朱熹:《四书集注》，中华书局，2011 年。

思想与方法的赞赏。“文”可能“过”,“质”也可能“过”,“文质彬彬”等同于无过不及,是体现中道的内涵和方法的意蕴。因此,可以说,孔子重视《诗经》中的中道之意。“文”之体现恰到好处的重要性,也就是实现和落实中道之意。

但是,在谈“文”论《诗》时,中道只是孔子及其弟子们一种把握问题的方式。在《论语》中,孔子还重视具体而微的内在性和这种内在性体现出来的行为表现。例如,以仁爱去纠正一味的报复或者抱怨。因此,除中道之意味之外,应该还有许多细微的内涵值得讨论挖掘。例如,如何理解围绕论《诗》和谈“文”中有关内涵的丰富表达呢?在我看来,谈“文”和论《诗》既成为一种方法论的表达,也体现了对于文化内涵和德性修养的统一要求。

显然,与后世一些儒者如程朱的理解相比,孔子的思考和学问范围更加广博,也涉及很多生活方式合理性与情趣体验等等的内容。例如,在“文”中就包含着孔子道德之外的关切。例如,“子曰:‘弟子入则孝,出则弟,谨而信,泛爱众而亲仁。行有馀力,则以学文。’”(《学而》)朱熹引注释者尹氏“德行,本也。文艺,末也”来诠释,其实就是以道德中心主义的思想来理解它,显然并不符合孔子的意思。“行有馀力,则以学文”不能理解为“文”是“末”,只能理解为是德行之外需要做的另外一些事,即其表达的方式来说至多是一种先后关系,而不是本末关系。孔子并非仅仅关注道德,否则就不会对《诗》有那么高的评价。子曰:“《关雎》,乐而不淫,哀而不伤。”(《八佾》)颜回之乐以及这段话就是明证。易言之,既不能把《论语》理解为纯粹的道德教科书,也不能简单地把“文“理解为为了道德所做的问学;它也包含着整体修养的考虑和心理、美学满足的意味。

二、谈“文”

《论语》中,谈“文”有多处,可以分为两种类型不同层次的意思。

(一) 正面的论述

《论语》中“文”的意蕴有多个层次,概括起来如下。

第一层意思,是指“学”的对象:

> 子曰：“弟子入则孝，出则弟，谨而信，泛爱众而亲仁。行有馀力，则以学文。”（《学而》）

在这里，“文”应该指称“学”之对象的意味。但是“行有余力，则以学文”不能理解为“本末”之“末”的意思。“德”与“文”可以有先后，但是不能分出轻重，否则就不可能做到文质彬彬。

第二层意思，是指具体的德行：

> 子以四教：文，行，忠，信。（《述而》）

后世的儒者和今人学者中，很多人把其中的“文”与“行”理解为学文修身，如程子说：“教人以学文修行而存忠信也。”[①]实际上，这里的“文”、“行”与其他美德是并列关系，这里也一定是具体的美德之义，“文”就是好学之德，而“行”则是相当于“言必信、行必果”之“行”。下述文字可为辅证：“子贡问曰：‘孔文子何以谓之文也？’子曰：‘敏而好学，不耻下问，是以谓之文也。’”（《公冶长》）

第三层意思，是指学问，或者也指称修辞和表达能力等：

> 子曰：“文，莫吾犹人也。躬行君子，则吾未之有得。”（《述而》）
>
> 颜渊喟然叹曰：“仰之弥高，钻之弥坚；瞻之在前，忽焉在后。夫子循循然善诱人，博我以文，约我以礼。欲罢不能，既竭吾才，如有所立卓尔。虽欲从之，末由也已。”（《子罕》）
>
> 曾子曰：“君子以文会友，以友辅仁。”（《颜渊》）

学问比较容易得到提高，道德修养则需要意志和自律。因此，学问可以交流，但是不能代替道德修养本身。

第四层意思，是指礼仪、形式、外形、文采等外部审美，或者伦理行为的意味，与内在修养相对应而言：

> 子曰：“质胜文则野，文胜质则史。文质彬彬，然后君子。”（《雍也》）

---

① 见朱熹：《四书集注》，中华书局，2011年，第95页朱熹集注引文。

这里的“质”主要是指道德观念和修养，但是“文“并不仅仅是指内在道德修养的行为表现，它还包括对美好行为多个方面的要求。

第五层意思，是指文教、典章繁盛、文明魅力之意，主要是指治国之道。但是它也混合了文化传承之意：

子曰：“周监于二代，郁郁乎文哉！吾从周。”（《八佾》）

子畏于匡。曰：“文王既没，文不在兹乎？天之将丧斯文也，后死者不得与于斯文也；天之未丧斯文也，匡人其如予何？”（《子罕》）

卫公孙朝问于子贡曰：“仲尼焉学？”子贡曰：“文、武之道，未坠于地，在人。贤者识其大者，不贤者识其小者，莫不有文、武之道焉。夫子焉不学？而亦何常师之有？”（《子张》）

这里的意思偏重于宏观方面的表达，笔者对于既有注释的不同理解之处，就是它不是仅仅指周代的典章与文明，也指制度、教化和治国的文化系统。因为这里的“文”有“道”之意，又有文化可传承可资借鉴之意。所以才有大者和小者的区分。

第六层意思，是“文”与“章”组合词即“文章”连读，表示“论礼乐法度和行为规范”①等，相对于抽象的理论而言的一种具体文化与教化的形态和内容：

子贡曰：“夫子之文章，可得而闻也；夫子之言性与天道，不可得而闻也。”

子曰：“大哉尧之为君也！巍巍乎！唯天为大，唯尧则之。荡荡乎！民无能名焉。巍巍乎！其有成功也；焕乎，其有文章！”（《公冶长》）

第七层意思，是指“教化”之意，具有方法论的意味：

子路问成人。子曰：“若臧武仲之知，公绰之不欲，卞庄子之勇，冉求之艺，文之以礼乐，亦可以为成人矣。”（《宪问》）

---

① 见朱熹：《四书集注》，中华书局，2011 年，第 103 页朱子注释语。

孔子曰：“……故远人不服，则修文德以来之。”（《季氏》）

（二）反面的劝诫

从劝诫意味的角度也可以看出《论语》中对于“文”的要求是不能将它与礼或者单一的某个行为规范等同起来的：

子曰：“质胜文则野，文胜质则史。文质彬彬，然后君子。”（《雍也》）

子曰：“君子义以为质，礼以行之，逊以出之，信以成之。君子哉！”（《卫灵公》）

子曰：“君子博学以文，约之以礼，亦可以弗畔矣夫！”（《雍也》）

子夏曰：“小人之过也必文。”（《子张》）

但是，我们可以说，“文”必须符合礼。因为义为“质”则直，直有时则偏于“野”，需要礼的规范。由此可见，“文”和“礼”之间有很大的关联性，以礼约“文”，就是应该具有修养表现的规范性要求。

（三）辅证

以上的阐述还可以引入其他的辅证文字：

棘子成曰：“君子质而已矣，何以文为？”子贡曰：“惜乎！夫子之说，君子也。驷不及舌。文犹质也，质犹文也。”（《颜渊》）

总之，孔子《论语》中的主张，是强调由内而外，自然发露，表里如一，类似于内外兼修。但是，“文”的价值是独立的，如以“文”代表六艺、词章、文学、礼、合理的行为表现等，而不是一种相对于德性的仅仅具有“末节”的意味。

三、论《诗》

《论语》中涉及《诗》和诗教，也有多种层次的意思。孔子之后的不少儒者以为诗教的主旨仅仅是让人能够趋于“温柔敦厚”，这种理解也是不够的。易言之，有关《诗经》的论述和君子的丰富修养有关，或者如果以“文”

为修养的一种系统的话,那么,它也和孔子重视《诗》的丰富意蕴和表达内涵的意思相通。易言之,孔子论《诗》,其中有更多德性之外的相关内涵。可以说,由"《诗》三百,一言以蔽之,思无邪"开始,孔子对《诗》的感受是内涵很丰富,是"君子"应该作为学问修身样本的。君子之情感之发露,似乎就是孟子所谓的本性。由内而外的涵养,是孔子以《诗》调节"义"、体现内在丰富性的基本思想。

《论语》中的论《诗》,包含很多层面的内涵:

子曰:"诵《诗》三百,授之以政,不达;使于四方,不能专对,虽多,亦奚以为。"

子曰:"兴于《诗》,立于礼,成于乐。"(《泰伯》)

子曰:"小子!何莫学乎《诗》?《诗》,可以兴,可以观,可以群,可以怨。迩之事父,远之事君。多识于鸟兽草木之名。"(《阳货》)

子所雅言,《诗》、《书》、执礼,皆雅言也。(《述而》)

子曰:"《关雎》,乐而不淫,哀而不伤。"(《八佾》)

子曰:"师挚之始,《关雎》之乱,洋洋乎!盈耳哉。"(《泰伯》)

子贡曰:"贫而无谄,富而无骄,何如?"子曰:"可也。未若贫而乐,富而好礼者也。"子贡曰:"《诗》云:如切如磋,如琢如磨。其斯之谓与?"子曰:"赐也,始可与言《诗》已矣!告诸往而知来者。"

子夏问曰:"巧笑倩兮,美目盼兮,素以为绚兮。何谓也。"子曰:"绘事后素。"曰:"礼后乎?"子曰:"起予者商也!始可与言《诗》已矣。"(《八佾》)

子曰:"衣敝缊袍,与衣狐貉者立,而不耻者,其由也与?'不忮不求,何用不臧。'①"(《子罕》)

子谓伯鱼曰:"女为《周南》、《召南》矣乎?人而不为《周南》、《召南》,其犹正墙面而立也与?"(《阳货》)

除了从第一段和第二段引文可以看出,孔子认为学《诗》可以帮助培养

① 语出《卫风·雄雉》。

多种才能之外，在其他段落文字中，孔子的论《诗》还有几个层次的意涵，包括抒发感情，增进交流，体现审美等多种意思；[1]而其中一个层次“绘事后素”就是以德性为基础实现内外合一之道所必要的自我修养的要求。

当然，对应于修养之外，《诗》还包含着引导思考和帮助把握“中道”等内容和内涵的丰富性。

四、结 语

“文”不仅代表了由内而外的展示、呈现、文采、行为得体的要求等等，还代表了文章、学问、典章制度、文明教化，以及好学的态度和做法等系统的内涵。结合谈“文”与论《诗》，可以了解《论语》中孔子及其弟子对于君子修养“恰到好处”、尤其是在丰富性中体现恰到好处的对“中道”方法的理解和讨论，即通过谈“文”论《诗》，可以看到孔子及其弟子对“文”与《诗》系统内涵中内在中道和内外中道的把握方式，以及丰富的内涵和对文雅、高尚、委婉、合理仪节的欣赏。

通过两个结合的角度重新研读和理解《论语》，可以看到，孔子对于君子的学问、修养、道德、审美、文章、能力等有着深入的思考，在价值观方面，也有区别于后世儒者的思考，不能以后世儒者的立场观点来“定格”孔子与《论语》的丰富意蕴。

---

① 作者尚未领会“群”之意味，但是它是其中一种功能则无疑。

试论《庄子》中的“化”*

郑　开**

“化”在《老子》中仅出现了3次，而且基本上是“修辞性的”（或者属于政治术语），从而很难作为一个哲学概念来探究；而《庄子》中的“化”却出现了70余次，包括“造化”、“物化”等哲学概念，陈鼓应先生认为《庄子》始畅言“化”的概念，是很有道理的。① 实际上，“化”是《庄子》中比较难解的概念，因为其中包含了明显的多重歧义；同时，“化”也是《庄子》中比较重要的概念，因为它涉及了《庄子》哲学的理论结构的许多重要问题。所以我们没有理由忽视它。

我们知道，《周易》旧注曾指出“易一名而含三义”：“易”、“不易”与“简易”。② 有意思的是，虽然《庄子》中“化”的基本含义近于《周易》的“易”，却具有比“易”更丰富的意义曲折：“化”不仅具有“化”与“不化”相反相成的两个方面，还具有“物化”的含义，甚至还涉及了“神化”的层面。简而言之，《庄子》中的“化”主要指宇宙万物生灭变化的自然过程，然而这种意义上的“化”却是由其背面的“不化”所推动的；可以说，“化”乃“唯变所适”、“物极必反”的“物的世界”，“不化”则是恒常不变的“道的真理”；“物化”概念涉及并且交织于审美理论与心性哲学诸方面，因而更其复杂。

显然，“化”基本上属于自然哲学（物理学）的范畴，“不化”则诉诸本体论或形而上学，“物化”更多地与审美、心性与境界有关，“神化”则基于民俗

---

* 本文原载《哲学门》第18辑，此次刊出修订了个别文句。

** 郑开，1965年生，男，北京大学哲学系教授、博士生导师。

① 陈鼓应：《论道与物关系问题》，载《道家文化研究》第22辑，三联书店，2007年。

② 详见孔颖达：《周易正义·论易之三名》，以及钱锺书：《管锥编》第一册的细致分析，商务印书馆，1979年，第1—8页。

知识和宗教传统。因此,我们似乎应该从“道物关系”,进而从物理学(自然哲学)与形而上学之间的关系中理解与把握《庄子》中的“化”与“不化”,并且阐明与阐释“物化”概念。

一、化

《周易》屡言“化”,例如“乾道变化”(《乾》彖)、“万物化生”(《咸》彖)和“穷神知化”(《系辞》),其基本含义就是“变易”,与《庄子》所说的“化”几乎没有什么不同。《庄子·天下篇》曰:“《易》以道阴阳”,《太史公自序》云:“《易》以道化”,可见《周易》的思想主旨正可以说是“化”。《庄子》曾提到“化而为鸟”(《逍遥游》)、“化而为虫”(《至乐》),犹如《淮南子》所说的“橘化而为枳”(《原道训》),都是指变易,与日常语言中的含义略同;①据此,《庄子》还提出了“臭腐复化为神奇,神奇复化为臭腐”(《知北游》)的命题,这也表明了《庄子》企图从哲学层面阐述“化”的概念。实际上,《庄子》确实经常借助“化”的概念展开哲学讨论,例如:

> 死生亦大矣,而不得与之变;虽天地覆坠,亦将不与之遗。审乎无假而不与物迁,命物之化而守其宗也。(《德充符》)
>
> 若人之形者,万化而未始有极也,其为乐可胜计邪?故圣人将游于物之所不得遁而皆存。善妖善老,善始善终,人犹效之,又况万物所系而一化之所待乎!(《大宗师》)
>
> 天地之行也,运化(化原作物,惟陈碧虚《阙误》引江南古藏本作运,据改)之泄也,言与之偕逝之谓也。(《山木》)
>
> 万物皆化。(《至乐》)

显然,《庄子》是在流变的“万化”过程这一切宏观视野中理解与阐明人的生命(即生死之化)问题的。也就是说,“春夏先,秋冬后,四时之序也;万物化作,萌区有状,盛衰之杀,变化之流也”(《天道》)毕竟是人的生命(生死之

---

① 荀子曰:“状变而实无别而为异者谓之化”(《荀子·正名》),也是一种“变易”,详下。

化)的背景与前提。万化之流终而复始,恢闳而无情,正如老子所说"天地不仁,以万物为刍狗"(《老子》第五章);在这种视野中,人的生命渺小而孱弱,仿佛陷于一种铁的必然性而不可挣脱。古希腊悲剧中的"命运"就是这种铁的必然性,即便是诸神亦无可奈何。我们知道,"命运"投射于古希腊思想之中,或者说,古希腊哲人对人生意义与价值的反思是以这种普遍性的人类悲剧境况为背景的。那么,面对沛然而逝的万化迁流,《庄子》是如何在静观默照中参透宿命性的悲剧意识,提出反思性的哲学洞见的呢?

首先,《庄子》以《老子》为"资粮",依照自然、无为的思想逻辑,深化了《老子》"自化"观念。[1] 例如:

> 物之生也,若骤若驰,无动而不变,无时而不移。何为乎,何为不乎?夫固将自化。(《秋水》)

上文提到的"自化",可以理解为"自然之化"或者"造化"(后来亦称"大化"、"阴阳之化"),略不同于《老子》所谓"自化",后者的确切含义是"自然而然的生活"或者"听凭自然的生存"。然而,我们知道,《老》《庄》中的哲学概念常常语涉双关,同时运用于"天道"(自然哲学)和"人道"(人生哲学)两方面。《老子》所说的"自化"当然渗透了很强的"无为"意蕴,这一点亦为《庄子》所继承,例如:"汝徒处无为,而物自化。堕尔形体,吐尔聪明,伦与物忘,大同乎涬溟。解心释神,莫然无魂。万物云云,各复其根。各复其根而不知,浑浑沌沌,终身不离。若彼知之,乃是离之。无问其名,无窥其情,物固自生。"(《在宥》)可见,"自化"也就是"自生"。再如:"天地虽大,其化均也;万物虽多,其治一也。……古之畜天下者,无欲而天下足,无为而万物化,渊静而百姓定。""行言自为而天下化。"(《天地》)可见,"无为"、"自为"、"自化"这几个观念是胶着在一起的。

其次,《庄子》所说的"化"应该从"物之终始,人之生死"的角度来理解和把握,无论这个"化"是表示宇宙过程的"大化"与"造化",还是表示人生过程的"化生化死":

---

① "自化"出自《老子》第三七、五七章。

人生天地之间,若白驹之过郤,忽然而已。……已化而生,又化而死。生物哀之,人类悲之。(《知北游》)

就是说,《庄子》试图从“生死始终的过程”的角度把握事物及其性质,因为万物终究都经历了一个生灭变化的过程。《庄子·则阳》举例说:“蘧伯玉行年六十而六十化,未尝不始于是之,而卒诎之以非也;未知今之所谓是之非五十九非也。”“行年”即历年。这段话表明了《庄子》诉诸时间流程(历史)以分析事物及其知识的理论旨趣,《淮南子·精神训》说“以死生为一化,以万物为一方”,这是对《庄子·天道》“其生也天行,其死也物化”命题的进一步阐释与发挥,而古言“我非昔人,犹昔人”和今语“盖棺论定”折射了同样的观念。这种思想很值得玩味,因为它殊不同于古希腊以来的思想主流(即基于原子论和逻辑学的哲学分析方法)①,当然赫拉克利特(Heraclitus)是其中的异数,应该除外。总之,“物在时间中以不断生生变化的方式存在着”,而且“变化日新”,“这种存在方式称为‘化’”②。

再次,在《庄子》那里,“时有终始,世有变化”(《则阳》)从某种意义上说已经是常识观念了。这说明,包括“时”、“变”、“生”在内的诸概念、语词其实也是“化”的相关词。前引《秋水》已经表明了这一点,而《淮南子》和《文子》中的两段话正是这种“时变”观念的注脚:

如是则万物之化无不遇,而百事之变无不应。(《淮南子·原道训》)

老子曰:夫事生者应变而动,变生于时,知时者无常之行。(《文子·道原》)

《原道训》所说的“遇”,据孙诒让考证,高诱《注》解释为“时”,但孙氏以为“遇”与“耦”通,字或作“偶”(《札迻》卷七)。实际上,孙氏辨证虽精审,高诱《注》仍值得参取。而《文子》提到的“应变而动,变生于时”,几乎就是黄

① 西方哲学自古希腊以来的主流自然哲学可谓某种“逻辑主义原子论”,即:通过分析作为万事万物的最小单位(绝对性的“一”,“始基”或“原子”)以把握事物的所谓“本质”,进而以“迂回进入”的方式洞彻宇宙万物。

② 崔宜明:《生存与智慧》,上海人民出版社,1996年,第187—190页。

老学的基本观点。我们还通过《齐物论》所讨论的“方生方死”进一步探究“化”的特点：

方生方死，方死方生。……其分也，成也。其成也，毁也。

这段话一方面表明了“化”不暂停、“生生不息”，另一方面也表明了“化”的过程其实也是一个创造过程，仿佛赫拉克利特所说的“一个人不能同时踏入同一条河流”，因为“后水已非前水”。“化”自然是生生不息的，“生生之谓易”（《周易·系辞》）、“太阳每天都是新的”（赫拉克利特 DK22B6）同样可以用来解释“化”的概念；既然如此，可以认为“万物化生”思想中包含了创造性演化的重要含义，这也是《庄子》中的“化”所以具有“化育”含义的重要原因。

最后，《庄子》中的“化”虽然诉诸“时”、“变”、“生”，却被用以表示自然宇宙的整体过程，例如：

化其万物而不知其禅之者，焉知其所终？焉知其所始？（《山木》）

显然，“化”与“物之终始”相关，同时又与整个宇宙过程相联系。换言之，“化”不是一个部分而是全体，即宇宙演化的整个过程。《庄子》所说的“物化”，亦即“终则有始”、“循环往复”的不息过程。赫拉克利特的自然哲学之所以比较独特，正在于他追究的是“变化”或“演化”（becoming）[①]，而非“本体”（being）。需要注意的是，《庄子》的“化”针对的是“物”，不能离物而言化，换言之，“化”的概念主要是一个自然哲学（物理学）的概念。对于这一点，后来的《淮南子》、《鹖冠子》诸书说得明白透彻：

不通于物者，难于言化。（《淮南子·齐俗训》）

变而后可以见时，化而后可以见道。（《鹖冠子·天则》）

一般来说，“化”比较难以理解与把握，因而《淮南子》常说“察一曲者，不可以言化”（《缪称训》），“唯圣人知化”（《齐俗训》）。《周易·系辞》亦曰：

---

① 徐梵澄曾把赫拉克利特的“变”译为“变是”，以表明它媲美于“being”，当然是很有道理的。（《玄理参同》，《徐梵澄文集》第1卷，上海三联书店，2006年，第105—106页。）

“穷神知化”，表明了把握“化”不得不诉诸于“神而明之，存乎其人”的精神境界。

以上所讨论的“化”的概念主要集中于自然哲学层面，接下来，我们将进一步探讨它在政治与伦理层面的反响。而实际上，“化”贯穿于庄子哲学的“天（道）”、“人（道）”诸方面，它的思维方式犹如《周易》谈及“时义”所说：“天地革而四时成，汤武革命顺乎天而应乎人。”（《革卦・彖》）我们知道，道家黄老学特别强调“因时”、“因化”，下面两句话见引于《庄子》中的黄老篇什《天道》与《刻意》：

> 其生也天行，其死也物化。静而与阴同德，动而与阳同波。

《淮南子・精神训》对《庄子》之《天道》、《刻意》两篇的宗旨发挥犹详，而且引述了这两句话，只不过后一句引作：“静则与阴俱闭，动则与阳俱开。”重要的是，《庄子・天道》下文将“物化”观念结合到了政治哲学（无为）层面中，其曰：

> 天不产而万物化，地不长而万物育，帝王无为而天下功。……此乘天地、驰万物而用人群之道也。

那么，强调“顺化”就意味着“因时”、“因变”或者“随变举事”、“与化推移”，黄老学和法家尤其重视“因时变法”。《庄子》认为，古、今之不同犹如水、陆，周、鲁（制度设施）之差异犹如舟、车，那么“行周于鲁”——即推行周政于鲁，无异于“推舟于陆”，所以：

> 夫三皇五帝之礼义法度，不矜于治。……礼义法度者，应时而变者也。（《庄子・天运》）

《文子》亦曰：

> 执一世之法籍，以非传代之俗，譬犹胶柱调瑟。圣人者，应时权变，见形施宜，……论世之法，随时举事。上古之王，法度不同，非故相反也，时务异也，是故不法其已成之法，而法其所以为法者，与化推移。（《道德》）

可见，“化”的概念很好地体现了道家哲学作为“变化时代的变化哲学”的特点。如果说“因时变法”是在“万物皆化”(《至乐》)观点下而提出的政治主张,那么“日与物化”、“与世偕行而不替”(《则阳》)就是《庄子》提出的一种解脱人生痛苦的方式。换言之,人类所不能摆脱的宿命悲剧就是:宇宙大化流行不息,人的生命脆弱不堪,“已化而生,已化而死,生物哀之,人类悲之”(前引《知北游》),那么,将自己融入造化或大化之中,而超乎死生、齐同物我,正是《庄子》思想的独到之处。可见,“圣人晏然体逝而终”(《庄子·山木》),以及“万物纷糅,与之转化”(《淮南子·原道训》)已经成为了道家人生哲学的基本观点。同时,《淮南子·要略》所说的“与世浮沉”、“与化游息”,陶渊明咏唱的“纵浪大化中,无喜亦无惧”(《形影神三首》之《神释》),更是这种思想的流风余韵。

二、不 化

《庄子》除了比较系统地论证了“化”,还多次提到了“不化”,而且“化”与“不化”相互对立、相互依存,呈现出一种“耦合”或“对反”的关系,例如:

> 一受其成形,不忘以待尽,与物相刃相靡,其行尽如驰,而莫之能止,不亦悲乎!(《齐物论》)
>
> 孟孙氏不知所以生,不知所以死。不知就先,不知就后。若化为物,以待其所不知之化乎!且方将化,恶知不化哉?方将不化,恶知已化哉?”(《大宗师》)

按,《齐物论》“不忘以待尽”,应为“不化以待尽”,《田子方》正作“不化以待尽”,它的意思是保持生死一如的心态来看待生命的终结与消逝,正如陶渊明诗所言:“形迹凭化往”(《戊申岁六月中遇火》)、“应尽便须尽”(《形影神》)。而实际上,《庄子》的“不化”,至少包括以下两种意涵:本体论或形而上学意义上的“均一”以及“不生”、“不化”、“不变”即恒常;心性论意义上“虚无”或“无为”,具体地说就是精神凝寂,近乎《周易·系辞》之“易,无思也,无为也,寂然不动,感而遂通天下之故”,以及孟子曾经提到的“不动心”。

第一，如果说“化”主要涉及了《庄子》的自然哲学，那么“不化”概念则不能不诉诸于“本体论”。《齐物论》论“物理”曰：“其分也，成也；其成也，毁也。”我们知道，“成”与“毁”、“生”与“灭”之间的过程就是“化”，这一点前面讨论已详；重要的是，《齐物论》随即还下了一个这样的转语：“凡物无成与毁，复通为一。”《寓言》则曰：“万物皆种也，以不同形相禅，始卒若环，莫得其伦，是谓天均。”上文提到的“一”和“均”，其实就是超然于生灭变化的“常则”，意味着不生不灭的恒常与寂静，同时也是“终则有始”、“始卒若环”的最终依据。

与物化者，一不化者也。安化安不化？安与之相靡？必与之莫多。（《知北游》）

冉相氏得其环中以随成，与物无终无始，无几无时。日与物化者，一不化者也，阖尝舍之！夫师天而不得师天，与物皆殉，其以为事也若之何？夫圣人未始有天，未始有人，未始有始，未始有物，与世偕行而不替，所行之备而不洫，其合之也若之何？（《则阳》）

上面提到的“不化者”，难道不正是《达生篇》所说的：“则物之造乎不形，而止乎无所化”吗？《庄子》看来，“形形者不形”（《知北游》）、“物物者非物”（《在宥》），所以所谓“造化”其实就是“物之造乎不形，而止乎无所化”。而“不形”、“不化”、“非物”乃是“道”的不同表述而已。这样一来，“化”与“不化”两个相互对反的侧面统一于“道物关系”的理论框架之中。也就是说，“化”与“不化”之间的关系，诚如“道可道，非常道”、“有无相生”、“道常无为而无不为”以及《周易》“易与不易”之间的关系。总之，“不化”虽是“化”的“对反”，却是“化”的最终依据；反之，“不化”亦诉诸“化”而呈现，因此“化”与“不化”关系的实质就是“道物关系”，具体地说就是，“道不离物，物不离道，道外无物，物外无道”（成玄英《老子·第廿一章义疏》）。实际上，自《庄子》以来的道家很重视从“化”与“不化”的相互关系中阐明处于自然过程之中的“物的存在”问题：

生物者不生，化物者不化。（《列子·天瑞篇》张湛注引《庄子》逸文）

与时变而不化,从物而不移。(《管子·内业》)

故生生者未尝生,其所生者即生;化物者未尝化,其所化者即化。(《文子·十守》)

夫化生者不死,[1]而化者不化。(《淮南子·俶真训》)

故形有摩而神未尝化者,以不化应化,千变万轸,而未始有极。

化者,复归于无形也;不化者,与天地俱生也。夫木之死也,青青去之也。夫使木生者岂木也?犹充形者之非形也。故生生者未尝死也,其所生则死矣;化物者未尝化也,其所化则化矣。(《淮南子·精神训》)

圣人之接物,千变万轸,必有不化以应化者。(《淮南子·诠言训》)

"化"表示"变",所谓物化迁流,"唯变所适";"不化"表示"常",所谓"不生不化","不化应化"。简言之,"化"涉及"物"而"不化者"诉诸"道"。从"道物关系"层面看,"化"与"不化"的对立统一,恰能说明《庄子》以及《周易》和赫拉克利特哲学中蕴涵的"不变之变"、"不化之化"的思想。苏轼《前赤壁赋》:"逝者如斯而未尝往也,盈虚者如彼而卒莫消长也。"正可移植过来解释《庄子》的"化与不化"、《周易》的"易与不易"。[2]

第二,进而言之,"不化"并不限于"物理"或"物论",而属于"本体论"或形而上学的范畴,很自然《庄子》以之表示"道高物外"的精神境界;也就是说,人虽然不能摆脱大化无情、生命朽败的悲剧宿命,却可能通过精神境界的提升与高扬,超然于物的生灭变化、有始有终的过程之上或之外,从而将有限的个体生命赋予无限的意义与价值,恰似佛教力图使人的生活由"流转"趋于"还灭"一样。实际上,《庄子》论及"不化"时常从"内"、"外"及其关系的角度入手进行分析与讨论:

---

① 俞樾认为,"化生"当作"生生"。(刘文典《淮南子集解》引)《文子·守真》与之略同,其曰:"夫生生者不生,化化者不化。"

② 钱锺书曾征引了赫拉克利特"唯变斯定"(by changing it rests),普罗丁(Plotinus)"不动而动"(L' Intelligence se meut en restant immobile),以及圣奥古斯丁"不变而使一切变"(immutabilis, muants omnia),来说明"易一词而兼三义"之无独有偶。(《管锥篇》,商务印书馆,1979 年,第 7 页)当然,把它们移植到《庄子》中"化"的阐释中也是很有启发性的。

将而不化，外合而内不訾，其庸讵可乎！（《人间世》）

古之人外化而内不化，今之人内化而外不化。与物化者，一不化者也。安化安不化？安与之相靡？（《知北游》）

显然，所谓“外化”就是我们前面讨论过的“化”，所谓“内不化”就是凝定湛寂的内心状态——我们通常称之为“精神境界”。相反，出现于上文中的“内化”意味着内在精神的焦灼、紧张与迷惑，当然是负面性的。人作为万化之途的过客，应该在变化的川流当中保持那种不与物迁的“不动心”，以免于“丧己于物”。因此，《庄子》说：

贵在于我而不失于变，且万化而未始有极也，夫孰足以患心。……万物亦然，有待也而死，有待也而生。吾一受其成形，而不化以待尽。效物而动，日夜无隙，而不知其所终。（《田子方》）

这样看来，“不化”的一个重要方面就是“贵在于我而不失于变”，这里所说的“我”代表了“真性”、“性命之情”或者“常心”。[①] 既然“万化”（或“物化”）是“有待”的，那么，借用郭象阐释《庄子·齐物论》时启用的概念——“无待”，来解释“不化”也就没有什么不可以的了。《淮南子·齐俗训》曰：“故圣人体道反性，不化以待化，则几于免矣。”[②]总之，“不化”概念除了运用于本体论之外，还开展出了一个新的、内在的向度，即心性论的层面，因而“内不化”的概念自然就成为体证“道的真理”的圣人独具的精神境界了。《淮南子》和《文子》明确发挥了这一思想，例如：

故达于道者，不以人易天，外与物化，而内不失其情，至无而供其求，时骋而要其宿。（《原道训》）

得道之士，外化而内不化，外化，所以入人也，内不化，所以全其身也。（《人间训》）[③]

---

① “贵在于我而不失于变”的“我”其实也就是“吾丧我”的“吾”。

② 《文子·道德》略同，其曰：“故圣人体道反至，不化以待化，动而无为。”

③ 《文子》与此略同，其曰：“得道之人，外化而内不休。外化，所以知人也；内不化，所以全身也。故内有一定之操，而外能屈伸，与物推移，万举而不陷，所贵乎道者，贵其龙变也。”（《微明》）“休”，按即“化”字。

> 故化生于外，非生于内也。……今夫道者，藏精于内，栖神于心，静漠恬淡，讼缪胸中，邪气无所留滞，四枝节族，毛蒸理泄，则机枢调利，百脉九窍莫不顺比，其所居神者得其位也，岂节拊而毛修之哉！（《泰族训》）

值得注意的是，《淮南子》在阐述了“外化而内不化”的观点之后，特别提到了“藏精于内，栖神于心”（例如《泰族训》），显示出了明确的心性论的开展向度，这一点尤其重要。马王堆出土黄老帛书《名理》曰：

> 处于度之内而见于度之外者也。处于度之内者，不言而信；见于度之外者，言而不可易也。处于度之内者，静而不可移也；见于度之外者，动而不可化也。静而不移，动而不化，故曰神。

这说明“神”、“精神”正是“内在的方面”（“内”）。我们知道，“精神生于内”，更具体地说，就是“圣（人之心）若镜，不将不迎，应而不藏，故万化而无伤”（《淮南子·览冥训》）①。另外，《淮南子·原道训》曰：“通于神明者，得其内者。”这段话是对《庄子》中《天道》、《刻意》两篇中下述文字的敷述与发挥：

> 悲乐者，德之邪；喜怒者，德之过；好恶者，德之失。故心不忧乐，德之至也；一而不变，静之至也；无所于忤，虚之至也；不与物交，惔之至也；无所于逆，粹之至也。故曰，形劳而不休则弊，精用而不已则劳，劳则竭。水之性，不杂则清，莫动则平；郁而不流，亦不能清；天德之象也。故曰，纯粹而不杂，静一而不变，惔而无为，动而以天行，此养神之道也。夫有于越之剑者，柙而藏之，不敢用也，宝之至也。精神四达并流，无所不极：上际于天，下蟠于地，化育万物，不可为象，其名为同帝。纯素之道，唯神是守；守而勿失，与神为一；一之精通，合于天伦。

上面一段话呈现出明确的心性论思想语境，出现于其中的“性”、“情”、

---

① 按《淮南子》此文“圣”字之下，疑脱“人”字。而《庄子·应帝王》曰“圣人之心若镜”，《文子·精诚》“是故圣人若镜”，据补“人之心”，以完语义。

“精”、“神”以及“静”、“惔”、“清”、“粹”等尤其值得玩味。[①] 同时，以继承《庄子》为己任的《精神训》亦沿着心性理论的向度反复阐释说：

夫悲乐者，德之邪也；而喜怒者，道之过也；好憎者，心之暴也。故曰：其生也，天行；其死也，物化。静则与阴俱闭，动则与阳俱开。精神澹然无极，不与物散，而天下自服。

且人有戒形而无损于心，有缀宅而无耗精。夫癞者趋不变，狂者形不亏，神将有所远徙，孰暇知其所为！故形有靡而神未尝化者，以不化应化，千变万轸，而未始有极。化者，复归于无形也；不化者，与天地俱生也。夫木之死也，青青去之也。夫使木生者岂木也？犹充形者之非形也。故生生者未尝死也，其所生则死矣；化物者未尝化也，其所化则化矣。轻天下，则神无累矣；细万物，则心不惑矣；齐死生，则志不慑矣；同变化，则明不眩矣。众人以为虚言，吾将举类而实之。……以生而若死，终则反本未生之时，而与化为一体。死之与生，一体也。（《精神训》《文子·守朴》略同）

我们知道，“神”是“深层之心”，乃超越了理性之心而可能了悟“道的真理”的“常心”。同时，“神”或者“精神”也表示高迈的精神境界。“神”与“化”的关系也包含两个方面的内容：一是“变化若神”的观念，在这一问题上《庄子》与《周易》、《荀子》、《文子》、《淮南子》等相去不远；一是“内不化”不能不诉诸“神”，基于这一点，道家后学提出了“神与化游”（《淮南子·原道训》、《文子·原道》）、“精通于灵府，与造化者为人”（《淮南子·原道训》、《文子·下德》）、“上与神明为友，下与造化为人”（《淮南子·齐俗训》），陶渊明亦有“形迹凭化往，灵府常独闲”的名句。[②]

---

① 那么，《淮南子·原道训》所说的“非以一时之变化而定吾所以自得”者，其实就是《庄子》和《淮南子》所说的“一不化者”。按“自得”即“自德”、“内德”（或曰“中得”），就是“性”的另一种表达。《原道训》前文云：“内有以通于天机，而不以贵贱贫富劳逸失其志德也。”文中出现的“志德”，根据杨树达《淮南子证闻》的辨正，应作“自德”。

② 《淮南子·原道》中的一段话能够比较充分地表明“神与化游”的旨趣：大丈夫恬然无思，澹然无虑，以天为盖，以地为舆，四时为马，阴阳为御，乘云陵霄，与造化者俱。

三、物　化

以上较详细地分析了《庄子》中“化”与“不化”的概念，接下来，我们拟将在此基础上进一步分析和讨论“物化”概念。《庄子》“物化”概念已出现于自然哲学语境（物理学）中了，例如前引《天道》“其生也天行，其死也物化”，以及《天地》关于“物理”的讨论：

彼且乘人而无天，方且本身而异形，方且尊知而火驰，方且为绪使，方且为物絯，方且四顾而物应，方且应众宜，方且与物化而未始有恒。夫何足以配天乎？

历来注家关于这段话的解释分歧很大。但很明显，这里所说的“物化”其实相当于“化”、“顺化”。由于这种意义上的“物化”仅是“化”而不及“不化”，所以《庄子》一方面批评说“未始有恒”①，一方面质疑说：“夫何足以配天乎？”然而，镶嵌于伦理—审美语境中的“物化”却不同，因为它介于“化”与“不化”之间、超乎“化”与“不化”之上。《庄子》说：

昔者庄周梦为胡蝶，栩栩然胡蝶也。自喻适志与，不知周也。俄然觉，则蘧蘧然周也。不知周之梦为胡蝶与？胡蝶之梦为周与？周与胡蝶则必有分矣。此之谓物化。（《齐物论》）

工倕旋而盖规矩，指与物化而不以心稽，故其灵台一而不桎。忘足，屦之适也；忘要，带之适也；知忘是非，心之适也；不内变，不外从，事会之适也；始乎适而未尝不适者，忘适之适也。（《达生》）

这段话似可看做物我之说的敷述和延伸。郭《注》、成《疏》于此仍然不得要领。褚伯秀云：“庄、蝶，梦、觉各不相知，终归于化而未尝有异。”其实，这里所谓“化”，和《周易》的“易”有“易”与“不易”两端一样，也有“化”与“不

① 王夫之：《庄子解》释“未始有恒”曰：“不能通于一”，是也。

化”两个层面。[1] 陈碧虚(景元)更指出,庄周与蝴蝶之性,归于“妙有之气”,是以物化相通。[2] 可见道家随物顺化之旨,固然有“凄然似秋,煖然似春”、不容于己的意味,亦有“成然寐,蘧然觉”、以生死为梦寐的意味。

由此可见,“庄周梦蝶”的核心在于“物化”。那么怎么理解“物化”概念呢?钟泰提示的两点十分重要:第一,他引述了《知北游》“古之人外化而内不化”,“与物化者,一不化者也”解释《齐物论》的“物化”,这显示了正确的阐释方向;第二,“物化”是《齐物论》起首命题“吾丧我”的转深,也就是说,“丧我”、“无我”是理解“物化”概念的重要基础。[3]《达生》所说的“指与物化”相当于“梦化为蝶”,其中“不内变”者,正相当于前面所说的“不内化”。值得注意的是,《达生》特别强调了“忘”,意味深长。《庄子》所谓“忘”表示一种“无我”的精神境界,正如《庄子·大宗师》所说:

> 泉涸,鱼相与处于陆,相呴以湿,相濡以沫,不如相忘于江湖。与其誉尧而非桀也,不如两忘而化其道。……若人之形者,万化而未始有极也,其为乐可胜计邪?故圣人将游于物之所不得遯而皆存。善妖善老,善始善终,人犹效之,又况万物所系而一化之所待乎!

“相忘于江湖”、“两忘而化其道”的说法隐含了一种伦理、价值判断的蕴涵。但更重要的是,《庄子》“物化”理论由于涉及了技术—艺术实践的内容,而成为了《庄子》审美理论的重要组成部分。我们知道,《养生主》所载的“庖丁解牛”的故事(以及《达生》所载的“技巧章节”),充分体现了“技进乎道“的旨趣;《秋水》所载的“濠梁之辩”寓言,表明了“鱼乐”也许能够“知之濠上”,换言之,“物”、“我”虽然不同,然而却可能相通。

《庄子·逍遥游》曰:“列子御风而行,泠然善。”《列子》进一步发挥其中的意蕴,说:

---

① 道家所谓“化”,其实有“化”与“不化”两层含义:化者,形也;不化者,性也。行年七十而七十化,庄周梦为蝴蝶,乃形化也;形化在于“分”。然而,“日与物化者,一不化者也”(《则阳》)。

② 其曰:“周、蝶之性,妙有之一气也。昔为胡蝶乃周之梦,今复为周,岂非蝶之梦哉?周、蝶之分虽异,妙有之一气也。夫造物之机,精微莫测,傥能如此,则造化在己而不迁于物,是谓生物者不生,化物者不化。”(转引自崔大华:《庄子歧解》,第109页。)

③ 钟泰:《庄子发微》,上海古籍出版社,2002年,第62—63页。

> 心凝形释，骨肉都融，不觉形之所倚，足之所履，随风东西，犹木叶干壳。意不知风乘我耶？我乘风乎？（《黄帝篇》）

苏辙解释说："方黜聪明，遗心胸，足不知所履，手不知所冯，澹乎与风为一，故风不知有我而吾不知有风也。"（《栾城集》卷十八《御风辞题郑州列子祠》）正是这种将"我"（自我）溶解于"物"（外部世界）的思想，奠定了"无我之境"之审美趣味。而真正的艺术创造又何尝不是——以消释了心、手隔阂的方式——消解了物我间的距离。苏东坡《咏文与可画竹诗》曰："与可画竹时，见竹不见人。岂独不见人，嗒然遗其身。其身与竹化，无穷出清新。庄周世无有，谁知此疑神。"[①]这难道不是《庄子·养生主》的注脚吗？宋罗大经《画说》自述："某少时取草虫，笼而观之，穷昼夜不厌。又恐其神不完也。复就草地观之，于是始得其天。方其落笔之际，不知我为草虫耶，草虫之为我耶？此与造化生物之机缄，盖无以异。"石涛说，"山川脱胎于予也，予脱胎于山川也。……山川与予神遇而迹化也。""池塘生春草"是谢灵运的名句，可是他却说："此语有神助，非吾语也。"大凡诗人妙手偶得的神来之笔，仿佛不是出于我的手，而是出于神的手，后者也可以说是"有物假我以思"。[②]"入神"是一切艺术创造乃至实践自由的化境的突出特征，它是某种心手、物我的心理意识状态，更是"天人合一"的精神境界；当此之时（出神入化），艺术与审美创造只是某种听命于神秘而莫解的音响，袁枚说"我不觅诗诗觅我，始知天籁本天成。"（《老来》）这样的审美艺术创造活动自然具有某种"行神如空，行气如虹"的特点。《神曲》（*The Divine Comedy*）的作者但丁（Dante Alighieri）的"欲画某物，必化为其物，不尔则不能写真"说法也比较接近。马蒂斯（Henri Matisse）说："画家那么深入理解自己的客体，以致与它溶合成为一个统一的整体；他在自己的客体中发现了自己，所以他对客体的处理同时也是自己本质的表现。""没有一片无花果的叶子与另一片一模一样；它们彼此都各有特色，可是每一片叶子都向我们表明：我是无

---

① 《苏东坡集》前集卷十六《书晁补之所藏与可画竹三首》。

② 参考钱锺书：《管锥编》，第1206页。

花果的叶子。"①

总之,艺术体验与艺术真理是我们可以直观理解与把握的东西,它也恰恰反映了道家关于"道的真理"的一个重要方面。庄子的三个寓言所讲述的道理、所表达的"道的真理"究竟是什么呢?"庄周梦蝶"与"知之濠上",从本质说,乃是"物化"而"神遇",换言之,就是自我沉潜入万物存在的核心,以焕发出来的我之神明契会自然天成的物之神明。邓椿《画继杂说》云:"世徒知人之有神而不知物之有神。此若虚深鄙众工谓虽曰画而非画者。盖止能传其形,不能传其神也。"这段话泄漏了造化之秘,也揭示了审美和艺术创造的真谛,这就是为什么中国古代画家追求"传神写照"的原因所在。道家以为,物之神即我之神,惟沉潜至深,方能"澹然独与神明居"而"通乎物之所造"。

《庄子》"物化"概念与理论的重要意义在于揭示了庄子与梦中之蝶、水中之鱼之间的关系,庖丁之手、刀与牛之间的关系,列子与风之间的关系,罗大经与草虫之间的关系,文同与竹之间的关系,袁枚与诗歌之间的关系,马蒂斯与所画树叶之间的关系,……并不能纳入那种西方思想占据主导地位"主客二分"(subject-object dichotomy)模式!因为他们(哲人与艺术家)已经克服了"对象化"的思维模式。② 就是说,上述关系的双方,从审美理论上说,既不能借助于亚里士多德的"模仿说"得以阐明,亦不可纳入"自然与艺术平行"的近代观念的体系之中。哲学上的物我关系,可以转化为艺术上的"手"(包括工具,例如笔墨)与"艺术作品"间的关系。那么,《庄子》所说的"物化"显然提出了某种克服心、手、物之间对立、隔阂与疏离的方式。总之,"物化"既非"化"亦非"不化",它意味着形骸俱释的陶醉和一念常惺的澈悟,从这个意义上说它比西方美学中的"契合"(correspondence)更深邃有力。

---

① 《马蒂斯论创作》,第54—55、58页。

② 例如"庖丁解牛"却有"牛不知其死也"(一个版本如是说)的文字,这难道不是克服对象化的思维的趣味表述么?

权力的自我节制

——对老子哲学的一种解读

王　博*

在本论文中，我尝试着对老子哲学进行一种政治哲学角度的解读，并且主要围绕着节制权力的问题。这种解读并不需要把老子看做是一个现代意义上的政治哲学家，虽然他确实始终不懈地关注政治和权力以及与此有关的一些问题。我们不要忘记，在汉代的学者那里，以老子为代表的道家从整体上被概括为君人南面之术。[①] 这可能和很多人心目中的隐士哲学大相径庭，却更符合思想史的事实。需要澄清的是，所谓的君人南面之术并不是一种适用于君主和臣子之间的权术，如后来法家特别强调的与法相对的术[②]，而是君主治理国家的根本原则、态度和方法。这种主题内在地包含了政治哲学中要处理的许多内容，譬如权力的基础、使用以及节制等，从而为本论文的讨论提供了某种逻辑上的合法性。我很高兴地看到，罗素在《权力论》中提到了儒家和道家，虽然他的理解并不会得到本文完全的认同。该书的第十八章就是"对权力的节制"，在引用了中国著名的"苛政猛于虎"故事后，罗素说道：

> 本章的主题是，怎样才能保证政治不如老虎凶猛。从上面援引的一段话来看，节制权力这一问题很早就已经存在的了。道家认为这个

* 王博，1967年生，男，北京大学哲学系主任、教授、博士生导师。

① 班固《汉书・艺文志》指出："道家者流，盖出于史官。历记成败、存亡、祸福、古今之道，然后知秉要以执本、清虚以自守、卑弱以自持，此君人南面之术也。合于尧之克攘，易之谦谦，一谦而四益。此其所长也。"这种说法或许本于更早的刘向，代表了汉代学者对于老子和道家的一般理解。

② 《韩非子・难三》："术者，藏之于胸中，以偶众端，而潜御群臣者也。"

问题是无法解决的，因而主张无为；儒家则相信通过某种伦理的和政治的训练，可以使掌权者成为温和仁爱的贤人。①

罗素所谓"道家认为这个问题是无法解决的，因而主张无为"的说法是不确的，这可能源自于翻译而导致的对无为内涵的误解。事实上，在本文的解释中，我们可以看到无为的真谛正是对于权力的节制，不过是采取了自我节制的方式。

一、关于权力的哲学

人类经常会发现自己处于非常尴尬的处境之中，一方面，我们需要并因此不得不接受某物，另一方面，我们又必须去寻找节制或限制它的方法。就如同水，这个我们生活中须臾不能离开之物，如果没有得到有效的控制，就有可能成为世界的毁灭者。我一直觉得，大禹治水的寓言不应该仅仅在治水的意义上被讨论②，它应该是一个具有普遍意义的思想范式，以表现人类和世界之间纠缠和矛盾的关系。本文讨论的权力问题就具有如此的特点，人类社会对于权力的需要使得历史上很少有人去正面质疑它存在的必要③，相反，那些解释和论证权力必要性和合理性的文字却屡见不鲜。从儒家、墨家再到法家、阴阳家和道家，这些文字超越了学派的分歧，存在于思想家普遍的视野之中。

权力的不可或缺并不意味着权力可以随心所欲地行使，在权力的存在得到确认之后，如何使用就成为最重要的问题。事实上，几乎与权力的出现同时，有关驯服或节制权力的思考就在展开。最早进入人们视野的似乎是天，象征权力的王在天面前的谦卑是众所周知的事实，这在"天子"这个称

① 罗素：《权力论》，商务印书馆，2008 年，第 195 页。

② 当孟子把大禹治水、周公驱夷狄和孔子作《春秋》看做是人类文明史上三件最重要的事情的时候，大禹治水的意义就已经超越了对水患的治理，而具有更广泛的象征意义。

③ 虽然在中国和欧洲曾经分别出现过无君论和无政府主义的主张，但在大部分时间内它们的影响力都微乎其微，特别是无君论，以至于我们可以忽略类似的看法。

呼中得到了最好的体现。[1] 古代中国最重要的一篇政治著作是《尚书·洪范》,其中记载着夏商周三代王朝一贯而又根本的统治原则。该篇一直突出天对于人间世的绝对控制角色,当然也包括对于世俗权力的主宰性,以第七项有关卜筮的论述为例:

> 七,稽疑:择建立卜筮人。乃命卜筮,曰雨,曰霁,曰蒙,曰驿,曰克,曰贞,曰悔,凡七。卜五,占用二,衍忒。立时人作卜筮,三人占则从二人之言。汝则有大疑,谋及乃心,谋及卿士,谋及庶人,谋及卜筮。汝则从,龟从,筮从,卿士从,庶民从,是之谓大同,身其康强,子孙其逢,吉。汝则从,龟从,筮从,卿士逆,庶民逆,吉。卿士从,龟从,筮从,汝则逆,庶民逆,吉。庶民从,龟从,筮从,汝则逆,卿士逆,吉。汝则从,龟从,筮逆,卿士逆,庶民逆,作内吉,作外凶。龟、筮共违于人,用静吉,用作凶。

这里提到了最重要的五项决定因素:王、卿士、庶民、卜、筮。前三项都属于人,后两项则指向着天。不难发现,在这个“天—人共治”的权力结构中,数量上的优势并不给人带来多大的利益。起决定作用的仍然是天,当卜筮都支持一个决定的时候,吉的结果是必然的。而当它们共违于人的时候,静而不作就成为唯一的选择。我们同时也注意到,庶民的存在已经得到了注意和肯定,成为节制权力诸因素的一部分。提出这一点是非常重要的,因为人类政治世界的权力关系最主要的就体现在天子(君主)和庶民之间。[2]

作为一个曾经的史官,老子对于此一时期及更早的政治文化是相当熟悉的。与同时及稍后的诸子们相比,或许由于身份而来的特殊生存经验,老子对于政治及权力的问题给予了更多更直接的关注。史官的职责并不是简单地记录历史或者收藏档案,更重要的,他们是利用着关于天道和历史的知

---

① 我们似乎不能用后世的心态来揣摩古代人的想法,以为天不过是个象征性的存在。考古所见任何一个古代文明中心里都会发现的祭祀遗存,在在显示着天对于人而言的意义。在那个时代,最重要的关系永远不是人和人之间的,它只存在于人和天之间。

② 当然我们不能高估庶民的角色,在《洪范》第五畴“皇极”中,一直强调的是王的绝对权力以及庶民的绝对服从。“皇建其有极,敛时五福,用敷锡厥庶民。惟时厥庶民于汝极,锡汝保极。凡厥庶民,无有淫朋,人无有比德,惟皇作极……无偏无陂,遵王之义;无有作好,遵王之道;无有作恶,遵王之路。无偏无党,王道荡荡;无党无偏,王道平平;无反无侧,王道正直。会其有极,归其有极。”

识,为天子或者侯王提供解决现实政治问题的建议。因此,具有史官身份的老子不是生活在历史里的人,而是直接生活在当下的政治和权力世界之中。老子说话的对象从来就不是普通的庶民,而是拥有权力的天子或者侯王。高亨曾经有如下的说法:

> 老子之言皆为侯王而发,其书言圣人者凡三十许处,皆有位之圣人,而非无位之圣人也。言我言吾者凡十许处,皆侯王之自称,而非平民之自称也……故《老子》书实侯王之宝典,《老子》哲学实侯王之哲学也。

蒋锡昌也有类似的意见。① 他们是对的,《道德经》中处处体现着侯王中心的思考方式,圣人或者侯王的字样充斥在很多章节段落里,成为其哲学的诉求对象。② 但这并不意味着他的眼中只有侯王,同时大量出现的字眼是"民"或者"百姓",并且经常以和侯王相对的身份出现。这种叙述的方式意味着,侯王必须在与民或者百姓的关系中才能够最终确立自己的存在形态。换句话说,侯王并不是绝对的存在,在他之外,还有作为他者的百姓。其实,意识到对方的存在就意识到了自身的边界。他者就是限制,关系就是限制。因此,权力节制的问题也就必然地提了出来。从本质上来说,这是一个侯王和百姓分享的世界。处在权力关系中的两端必须保持一种相对的平衡,以维持对于权力而言最重要的稳定。

这就使得老子的哲学成为一种主要是关于权力的哲学,其中包括关于权力的根源、使用、节制等方面的思考。《道德经》中一系列重要的概念都可以也必须在与权力的关系中获得理解,如无为、自然、柔弱、刚强、道、德等。这样说其实正合乎汉代人以老子及道家为"君人南面之术"的概括,并能够突出老子对于政治问题的强烈关注。

---

① 高亨说见《老子正诂》,蒋锡昌说见《老子校诂》。

② 从这也可以理解为什么在历史上有众多的帝王对《老子》有浓厚的兴趣。从梁武帝开始,唐玄宗、宋徽宗、明太祖、清世宗等都亲自注释《道德经》,发挥其玄义和治道。

二、王的道与德

在现实世界中,权力是借助于人间的王得到体现的。如《诗经》所说:"溥天之下,莫非王土;率土之滨,莫非王臣。"王通过对于土地和人民的控制来证明自己是人间最高权力的拥有者。老子对此当然有充分的了解,《道德经》二十五章说:

> 故道大、天大、地大、王亦大。域中有四大,而王居其一焉。人法地,地法天,天法道,道法自然。①

在这个世界中,王占据着四大之一的角色。另外的三大分别是道、天和地,显然非人类世界的一员。从这个意义上讲,王代表着人类世界中最高的权力,并以此身份跻身于四大的行列。但是从另一方面来看,这里却也包含着对于王的蔑视。拥有人间最高权力的王不过在世界的四大中敬陪末座,位居道、天和地之后。这段话中,同时包含着对于权力的肯定和限制双重意味。就后者而言,王在这个世界上必须要仰视地、天和道,并具体地效法它们的做法。无论如何,"人法地,地法天,天法道,道法自然"的说法中都表现着人在另三大面前的学徒角色。包括王在内的人只应该是模仿者,真正的原型存在于地、天和道中。因此,我们在《道德经》中经常可以看到由道、天地到圣人或者侯王的自然过渡,试举例如下:

> 天地不仁,以万物为刍狗;圣人不仁,以百姓为刍狗。(五章)
>
> 天长地久。天地所以能长且久者,以其不自生,故能长生。是以圣人后其身而身先,外其身而身存。非以其无私邪,故能成其私。(七章)
>
> 道常无名,朴。虽小,天下莫能臣。侯王若能守之,万物将自宾。(三十二章)
>
> 道常无为而无不为。侯王若能守之,万物将自化。(三十七章)

---

① 这段话存在着重要的版本差异。如"道大、天大、地大、王亦大"句,傅奕本作"道大、天大、地大、人亦大"。不过较早的帛书甲、乙本及竹简《老子》都作"王亦大",可证"王亦大"比较接近原初的形态。

天之道，利而不害；圣人之道，为而不争。（八十一章）

以上的五例中，五、七、八十一三章是从天地或者天推及圣人，32、37两章则是从道推及侯王。这种表述的方式很显然把道或者天地置于原型的地位，圣人或者侯王只是模仿者。同时我们必须要注意到，道只是圣人或者侯王效法的对象，用来处理与万物或百姓的关系。在老子那里，一直有一个如影随形的对子，一面是道、天地与万物，另一面是圣人、侯王与百姓。在这个对子中，百姓和万物对应，圣人、侯王则与道和天地对应。因此，如果说得更清楚一些，道不过是圣人或者侯王之道，在这个意义上，它与百姓无关。这样的说法并不是要抬高侯王的地位，只是想揭示出老子的核心关注。他关注的是侯王、圣人所拥有的权力，以及权力该如何被使用。权力的使用当然不能是任意的，它必须遵守某些原则。当老子把侯王和道进行连接的时候，他其实是想把权力纳入到道的规范之下。道在此时扮演了权力驯服者的角色。

但是道有什么资格充当这样的角色？这不仅是读者的问题，更是王会提出的问题。最简单的答案就是道比王大，并且是王之为王的根据。作为此世界的生成者，道代表着这个世界里最高的权力，以及一切次级权力的来源。四大其实可以分成三个不同的层次：道、天地和王。道的大是绝对的，而天地和王的大则是相对的。在老子的理解中，包括天地万物在内的一切都产生于道，如25章所说的“有物混成，先天地生”，以及四十二章所说的“道生一，一生二，二生三，三生万物。万物负阴而抱阳，冲气以为和”等。即便有天帝，也该臣服在道的脚下。[①] 因此，道对于万物的态度，足以成为一切权力的模范。那么，这个世界里最高的权力又是如何行使的呢？我们可以51章为例来说明道和万物之间的关系：

道生之，德畜之，物形之，势成之。是以万物莫不尊道而贵德。道之尊，德之贵，夫莫之命而常自然。故道生之，德畜之，长之育之，亭之毒之，养之覆之。生而不有，为而不恃，长而不宰。是谓玄德。

从中我们可以归纳出以下的几点：第一，道对于万物是生之畜之，长之育之；

---

① 《老子》第四章：“吾不知谁之子，象帝之先。”

第二，道并不随意地对万物发号施令，而是采取顺应的姿态；第三，道并不因为创造或生养万物而有主宰它们的想法；第四，万物因此对道尊而贵之。

这里的说法是有典型意义的，老子给出的是一个有关权力道德的范本。权力首要的事情是生畜长养万物或百姓，它要对整个世界负起责任，而不仅仅是面向自身和服务自身。如荀子所说的，“天之生民，非为君也；天之立君，以为民也”。[①] 在这样的理解之下，权力的第一原则是施与。它首先是一个负责任的施与者，而不是统治者或者索取者。《道德经》四十一章结尾的一句话值得注意，“夫唯道，善贷且成”。贷就是施与，成便是成就。在施与和成就之中，道才显示出了它对于世界的价值和意义。正是在施与的基础上，权力的合法性才建立了起来。老子特别提醒读者注意的一点是：权力是来成就而不是毁灭这个世界的。由此出发，在有关权力的道德中，于施与之外，节制就成了另外一个核心的内容。只有节制才能够保证施与。在“莫之命而常自然”中，我们看到的是对处在权力关系另一端的万物（百姓）存在的承认。这个世界中不仅权力的拥有者（君主）是主体，百姓也是主体。对世界的这种双主体结构的理解直接就可以导致出权力节制的问题。权力本身并不能够成为发号施令的理由，它必须和先前的施与原则结合起来。换言之，如果这种号令不合乎施与的原则，那么它就是该放弃或者节制的。施与和节制原则的结合，就是老子所谓的玄德，一种仅仅和权力有关的道德。其内容就是“生而不有，为而不恃，长而不宰”，创造而不占有，成功而不居功，引导而不主宰。这是《道德经》给权力提供的“道”和“德”，它要消解的是权力的拥有者占有及主宰这个世界的冲动，取而代之的是一种通过节制来成就万物和百姓的德性和智慧。

我们不必从无私和高尚的角度来理解老子上述关于权力的要求，权力从来就不是无私和高尚的，关于权力的思考也必须考虑权力的本性。施与和节制也不就是单向的付出或者放弃，在老子的设计中，它同时有利于处在权力关系中的两端，并且尤其有利于君主。《道德经》最后一章的说法是带有总结性的，其中“圣人不积，既以为人己愈有，既以与人己愈多”把“玄德”

---

① 《荀子·大略》。

中隐藏的玄机明白地呈现了出来。为人和与人之德必须落实到实际的“得”上面，才不会背离“德者，得也”①的古训。于是我们看到存在于老子哲学中的为人和为己的统一。权力在给万物和百姓空间的同时，也就给自己准备了更大的空间。《道德经》六十六章说：

> 江海之所以能为百谷王者，以其善下之，故能为百谷王。是以圣人欲上民，必以言下之；欲先民，必以身后之。是以圣人处上而民不重，处前而民不害。是以天下乐推而不厌。以其不争，故天下莫能与之争。

所谓的不争，是说君主不与百姓争，但不就是放弃。通过采取下之、后之的方式，换得百姓乐推而不厌的结果，君主也可以实现上民、先民的目的。这是“将欲取之，必固予之”的大道。第7章把这层意思说的更加透彻：

> 是以圣人后其身而身先，外其身而身存。非以其无私邪？故能成其私。

后而取先，外则得存，无私能成私，老子发现了一条由无以通向有的路。如四十章“反者道之动，弱者道之用”所说，反动之道不过就是这条路的升华，柔弱之德则是落实这条路的具体方法。

从最根本的意义上来说，老子所谓的道德乃是王的道德，权力的道与德。权力只有合乎道德才是正当的，当三十五章说“执大象，天下往”的时候，大象（道）就成了权力的根据。三十九章“侯王得一以为天下正”，也包含着同样的意义。在这里，“大象”和“一”所代表的道成为人间权力正当性的基础。其具体的表现为，“故贵以贱为本，高以下为基。是以侯王自称孤、寡、不谷。此非以贱为本邪？”这就是权力的自我节制。也只有在自我节制中，权力才发现了自己真正的道德。

三、无为与自然

对于老子而言，与权力节制有关的最值得注意的概念就是无为和自然。

---

① 此语见《管子·心术上》、《礼记·乐记》、王弼《老子注》等，《韩非子·解老》也有“德者，内也；得者，外也”之说。

这两个容易引起而且已经引起了大量误解的词汇必须安放在有关权力的哲学中,才可以获得清楚的理解。在正式讨论它们的意义之前,我想特别指出无为和自然的主语在老子那里有着明显的不同。无为显然是道和圣人或侯王的性质,自然的主语则是万物或者百姓。试举例说明:

是以圣人处无为之事,行不言之教。(二章)

爱民治国,能无为乎?(十章)

功成事遂,百姓皆谓我自然。(十七章)

道常无为而无不为。侯王若能守之,万物将自化。(三十七章)

故圣人云:我无为而民自化,我好静而民自正,我无事而民自富,我无欲而民自朴。(五十七章)

是以圣人欲不欲,不贵难得之货;学不学,复众人之所过。以辅万物之自然而不敢为。(六十四章)

从二、十、三十七诸章可以很清楚地看到无为的主语是圣人、侯王或者道,而不是百姓;十七章则明白地告诉读者自然的主语是百姓,六十四章也是如此。最能体现君主无为而百姓自然说法的是五十七章,一连串的"我(圣人)"和"民"的相对关系再明显不过地呈现出了这一主题。上一节已经引用到的五十一章的文字"是以万物莫不尊道而贵德。道之尊,德之贵,夫莫之命而常自然",也表现的是道不对万物施加号令,因此万物能够自然的主题。由此来看老子"道法自然"的说法,"自然"的前面其实省略了作为主语的"万物",补足之后的说法是"道法万物之自然"。如此理解下的该句意义其实相当清楚,就是道效法、辅助万物之自然,与五十一和六十四两章的说法若合符节。①

① 关于"道法自然"句的意义,各家的说法相当歧异,并引起若干义理上的纷扰。甚至有学者主张"自然"乃是比道更高的一个存在,因此才能够得到道的效法。至于通常把"自然"解释为自然而然,不能够说完全错误,但由于没有把自然的主语确立为万物或者百姓,仍然有明显的意义模糊及扭曲之处。传统的注释中,王弼对此的解说仍然是精当的:"道不违自然,乃得其性,法自然也。自然者,在方而法方,在圆而法圆,于自然无所违也。自然者,无称之言,穷极之辞也。""在方而法方,在圆而法圆"的说法很显然是就道和万物的关系而言的,并清楚地表现着道法万物之自然的意义。

由上述的引文中,我们可以感受到老子哲学对于万物自然问题的强烈关注。万物之自然,牵涉到的是处在权力关系中弱势一方的万物存在的主体性问题。换句话说,作为道所生成的对象,万物在获得了生命之后是以什么方式存在的?仅仅是创造者的附庸,还是拥有独立性和主体性的生命?处在道和万物的关系中,以上问题的答案并不能由万物的一方单独地获得解决,它主要地还是取决于道的态度和做法。由前节关于玄德的讨论可以得知,道因其无为之德而保证了万物的自然和主体性。

这种关于道和万物关系模式的论述,其用心显然是在给有关君主和百姓的关系提供一个基础。万物的自然在此转变为百姓的自然,与之相应的,道的无为就该转变为君主的无为。老子的态度是鲜明的,必须找到一种适当的方式来保证百姓某种程度的主体性,而不仅仅是处在单纯的"对象"角色之中。这种方式一定会涉及对于君主权力的节制,无为正是在这个背景之下成了权力最重要的道德。用最简单的话来说,无为不是别的,就是权力的自我节制。与此相反,为则是权力的扩张和放纵。从老子的论述来看,无为是以权力自我的"损"和"啬"等为前提的,于是我们在《道德经》中就可以看到"为学日益,为道日损。损之又损,以至于无为"和"治人事天莫若啬"等说法。损和啬的对象不是别的,正是君主要干涉甚至主宰百姓的权力欲望。这种欲望及其主导下的行为被称为有为,在有为的原则之下,百姓完全被对象化了,成为君主按照自己的意志或原则来塑造和改变的对象。38 章把无为称为上德,有为则是下德:

> 上德不德,是以有德。下德不失德,是以无德。上德无为而无以为,上仁为之而无以为,上义为之而有以为,上礼为之而莫之应,则攘臂而扔之。

无论是上德和下德,都是就权力的道德来说的。它们之间的区分:一是不德和不失德,二是无为和为之,三是有德和无德。第一条偏重在心的有无,第二条偏重在行为的有无,第三条则是结果的有无。如果从前此我们的理解出发,有心和有为之所以是下德,主要在于这种态度和做法通过把君主的意志强加于世界,因此破坏了百姓的主体性,也就破坏了这个世界建立在君主和百姓双主体结构之上的和谐与平衡。以儒家所主张的仁义礼为例,它们之间尽管存在着程度的差异,但是在教化的原则之下,都存在着由此及彼、推己及人的问题,因此都属于下德和有为的范畴。无论以何种名义,这种对百姓主体性的干涉和破坏不会是没有后果的,它会引起百姓一方的抗议和抵制,并进而导致权力关系双方的冲突,“上礼为之而莫之应,则攘臂而扔之”描述的就是这一景象。也正因为如此,原本是为了赋予社会以秩序的礼竟然成为“忠信之薄而乱之首”。如果再进一步,由礼而进至更刚性的刑法的话,那么老子所说“民不畏威,则大威至”,以及“民不畏死,奈何以死惧之”的局面就会出现。所为越多,就越混乱,五十七章说:

> 天下多忌讳,而民弥贫;人多利器,国家滋昏;人多伎巧,奇物滋起;法令滋彰,盗贼多有。

在75章中,这被概括为“民之难治,以其上之有为,是以难治”。在民的难治中,君主的危机也就出现了。权力的过分放纵不仅不会带来其希望的东西,反而招致最不想看到的衰弱和毁灭。

在双主体结构的理解之下,百姓是不甘于被对象化的,他们需要来自于权力一方的尊重和承认。权力一方在处理与百姓的关系时可以有两种选择,一种是有为的刚,另一种是无为的柔。刚便是独断专行,柔则是莫之命而常自然。老子在多章中都直接地讨论到刚柔及其不同的结果,其根本性的结论是“柔弱胜刚强”。这句话的意思不是说柔弱的一方会胜过刚强的一方,而是说在权力的使用上,柔弱的态度要好过刚强的态度,无为的做法要胜过有为的做法。如果说刚强是以我(君主)为主的,柔弱则指向对我的消解。老子称之为无心,《道德经》四十九章说:

> 圣人常无心,以百姓心为心。善者,吾善之;不善者,吾亦善之;德善。信者,吾信之;不信者,吾亦信之;德信。圣人在天下,歙歙焉,为天下浑其心,百姓皆注其耳目,圣人皆孩之。

这一章的重要性似乎还没有得到研究者的普遍关注,但它蕴涵的问题却是富有意义的。最值得注意的是圣人常无心的说法,这意味着权力欲望的消解。权力主动放弃了按照自己意志主宰世界的冲动,取而代之的则是万物如其所是般的呈现。[1] 如我们所知道的，在圣人的常无心中，百姓的心才可以在圣人的心中呈现出来。可以从相反的方面来进行思考，如果圣人常有心，并以己心为百姓心，那又该是一个什么样的情形？那是一个为百姓安心的过程，也就是一个按照君主的想法来塑造和改变世界的过程。[2] 譬如所谓的善和不善，究竟是谁的善和不善呢？当善的相对性消失的时候，善也就变成了恶的东西。因此，“善者，吾善之；不善者，吾亦善之”的说法并不意味着必须容忍恶的存在，究其实质，乃是对善恶区分的绝对标准的拒绝。这个绝对标准是君主根据己心设立的，用来引导和规范百姓的行为。老子真正的问题是，君主的权力是否可以化为塑造世界和改变他人存在方式的权力？这种权力又是否必须把所有的存在都纳入到一个统一轨道上去？答案显然是否定的。为此之故，君主或者圣人就必须收敛自己宰割世界的想法，消解个人的意志，不以己心去搅动、控制百姓之心。

到此为止，我们可以把无为的政治归结为君主无心的政治。就与百姓的关系而言，它具有某种不干涉主义的精神。在这一点上，胡适是敏感的。他在讨论老子时说：“凡是主张无为的政治哲学，都是干涉政策的反动。因为政府用干涉政策，却又没有干涉的本领，越干涉越弄糟了，故挑起一种反动，主张放任无为。”[3]后来，胡适更进一步把老子的思想称为无政府主义。这个概括或许有些过分，无为仅仅是对于权力的节制，而不是否定。老子从来没有想象过一个没有权力的世界。在他那里，无的意义并不是不存在，无和有的区别是存在内部的区别，其不同仅仅是存在方式的不同。因此，无为也并不就是无所作为，只不过这种作为主要通过辅助和因循的方式出现，不会引起百姓强烈的权力存在感而已。

---

① 就和百姓的关系而言，有为的权力重在塑造和改变对象，无为则重在呈现对象的真实情形。

② 读者或许会想到张载所说的“为天地立心，为生民立命”之说，放在老子的思考中，这是一个有为的典型。其实质则是以己心为天地心，以己命为生民命。

③ 胡适：《中国古代哲学史》，台湾商务印书馆，1958 年，第 47 页。

四、自知与自胜

我们究竟对于这个世界了解多少,以及在这个世界中处于什么样的位置?这些问题对于采取正确的行动而言是至关重要的。普通人很容易可以意识到自己的渺小和无力,但对于权力的拥有者来说,则是另外的一回事。权力经常给人带来生命、知识和道德等方面的虚幻优势,以为自己可以了解他人和世界。这种感觉常常会引起知识上的武断和行为上的专制,为此,穿过迷雾的自知就成为老子思考权力问题时的一个重要方面。

自知可能是人生最困难却也最要紧的一件事情。苏格拉底喜欢的格言"认识你自己",老子同样喜欢。《道德经》三十三章开头就说:"知人者知,自知者明。"从表面上看,这是把知人和自知分成两事。但是我们知道,这不会是两件事情。不了解自己的人也不会真正地了解自己之外的世界,那种所谓的了解不过是扭曲而虚构的知识。在我看来,"知人者知,自知者明"的叙述方式主要是在突出"知"的转向,由外到内、从人到己的转向。知人当然重要,但如果不是建立在自知的基础之上,那都是没有意义的。《道德经》中的自知,如果将意义补足的话,就是权力对于自我的认知:权力在这个世界上究竟占据何种的地位,它又在多大程度上可以了解和影响世界呢?同样是苏格拉底,曾经认为智慧就在于知道自己的无知。《道德经》七十一章也有类似的说法:

> 知不知,尚矣。不知知,病也。圣人不病,以其病病。夫唯病病,是以不病。

真正的圣人并不是博物君子,或者以为自己知道了世界的人。恰恰相反,让他成为圣人的不过是一种特别的知的能力:知道自己不知道。我们经常生活在一种病态的幻觉之中,不知道却自以为知道。权力尤其如此。这种病态会带来很大的危险,即按照所谓的"知"来理解和改变世界,譬如所谓的"以智治国"。权力陶醉在"知"所开辟的光明之中,并相信这种光明可以照耀世界。老子对此充满警惕,并不断地提出告诫,“以智治国,国之贼”。[①]第十章的说法是极有意义的,“明白四达,能无知乎?”[②]这是对光明和智慧的重新诠释,那不是别的,正是无知。[③] 所谓的“知”引导我们走进的不过是愚昧,如三十八章所说的“前识者,道之华而愚之始”。前识的说法,总会让我们联想到“先知先觉”。《孟子·万章上》说:“天之生此民也,使先知觉后知,先觉觉后觉也。予,天民之先觉者也,予将以斯道觉斯民也。”权力经常会把自己视为先知先觉者,并把百姓看做后知后觉甚至不知不觉者,视为需要启蒙的对象。但在老子看来,这不过是一种病,“不知知”的病。你必须知道这是一种病,才能够避免患上这种病。在七十二章,我们可以看到如下的说法:

> 民不畏威,则大威至。无狎其所居,无厌其所生。夫唯不厌,是以不厌。是以圣人自知不自见,自爱不自贵。故去彼取此。

如果把自见和自贵理解为自大狂式的表现和自我中心的态度,那么自知和自爱充满的就是节制的精神。我们可以很清楚地看到这种论述的背景出现在君主和百姓的关系中。权力如果完全不考虑百姓的生存方式和感觉,那一定是极其危险的。君主必须知道自己不过是世界的一方,还有作为另一方的民存在于这个世界之上。你不能漠视对方的存在,完全漠视的结果就是来自于对方的对自己的毁灭。世界是由位于权力关系的两端来分享的,而不是某一方独占的。老子认为,权力必须意识到这一点,并由此发展出作为节制的“自胜”。如三十三章所说:“胜人者有力,自胜者强。”真正的强者靠的不是战胜他者,而是对自我的战胜。一味地追求战胜他者是病态的自恋表现,比较起来,战胜自己才是更紧要的,譬如权力对于自身“控制和主宰”欲望的战胜。从本质上来说,自胜寻求的并不是自我压抑,而是处于权力关系两端的平衡,以及由此而来的权力占有者追求的稳定。《老子》的很多章都在说明此一道理,如二十二章:

---

① 《老子》六十五章。

② 此句河上公本作“明白四达,能无知”。帛书本作“明白四达,能毋以知乎?”

③ 《庄子·人间世》:“闻以有知知者矣,未闻以无知知者也。”所强调者正在无知之知。

曲则全,枉则直,洼则盈,敝则新,少则得,多则惑。是以圣人执一为天下式。不自见,故明;不自是,故彰;不自伐,故有功;不自矜,故能长。

其实这一章要和二十四章"企者不立,跨者不行。自见者不明,自是者不彰,自伐者无功,自矜者不长"对读。"企者"和"跨者"等呈现的是一个典型自恋者的形象,过度自大的结果却是一无所获。相反,在能够表现自胜主题的不自见、不自是、不自伐、不自矜中,自恋者原本要努力的目标却实现了。这不是一个数学家可以理解的简单世界,两点之间,直线并不是最短的,最短的其实是曲线。让权力能够充分舒展的并不是一味地逞强,反而是示弱。在权力的自胜中,它实现了控制和拥有这个世界的愿望。既然如此,权力为什么不变得智慧些呢?我们在二章和五十六章都可以看到如下的几句话:

挫其锐,解其纷;和其光,同其尘。

我们要挫掉的并不是别人的锐气,和去的也不是他者的光芒,而是面向自身。唯有如此,才可以解决纷争,玄同彼此。真正的圣人是"方而不割,廉而不刿,直而不肆,光而不耀"的。权力始终意识到他者的存在,并由此而收敛自我。六十七章中作为三宝之一的"俭",不是一般所理解的节俭,它是收敛,略同于五十九章所说的"治人事天,莫若啬"中的啬。这是权力主宰欲望的吝啬,是权力控制冲动的收敛。在这种收敛中,德行得以积累,而权力之本得以稳固。

五、爱与宽容

自我节制的领域并不仅仅包括诸如欲望、财富、知识等,比较起来,更重要的是对爱的节制。初读到《道德经》五章"天地不仁,以万物为刍狗;圣人不仁,以百姓为刍狗"这段文字的时候,很少有人不心生讶异。我们已经在很大程度上习惯了把"仁"视为普适价值来加以接受,因此,当老子倡导着天地不仁,特别是圣人不仁的时候,那种震撼的感觉是可以理解的。追问理由当然是更重要的事情。为什么要拒绝仁?

作为儒家的核心观念，仁最根本的意义就是爱人。[1] 这是一个奠基在血缘关系基础上的人类之爱，郭店竹简《五行》对此有简单而清晰的叙述：

颜色容貌温，变也。以其中心与人交，悦也。中心悦旃，迁于兄弟，戚也。戚而信之，亲也。亲而笃之，爱也。爱父，其继爱人，仁也。[2]

由爱父而爱人，这是仁的情感在这个世界展开时呈现出的最简单结构。它是由近及远、由亲及疏的，而其根源则在所谓的“中心”。这个“中心”当然是个人自己的心，否则便成为不实虚幻之物；但它又不能完全是自己的，否则就无法普遍化。因此，儒家仁的观念的展开从逻辑上来说需要普遍人心和人性的假设，孟子提出心之同然以及性善之说算是此理论初步的完成。唯有如此，由己及人、由近及远的外推才是可能和合理的。我们知道，这种外推在《论语》中就已经是儒家仁学实践的基础，无论是表现“忠”的“己欲立而立人，己欲达而达人”，还是作为恕道的“己所不欲，勿施于人”，背后都清楚地呈现着一个由己及人的外推之路。这个外推之路预设了己和人的同质性，从而使外推可以无矛盾地进行。

对于老子来说，包含在仁的观念中的几个核心因素都是无法接受的。首先是根源性的“中心”的存在，以及稍后出现的“良心”的假设；其次是心之同然的普遍性；最后是由己及人的外推。老子也提到心，但几乎在谈到的每一个地方，都要求着心的虚或者无，如“虚其心”，“致虚”，“常无心”，以及“涤除玄鉴”[3]等，以期保持与作为万物根源的道的一致。道是虚的，天地之间是虚的，圣人之心也该是虚的。我们知道，虚心的强调其实是为了避免权力强人从己的冲动。有时候，权力和某种心的结合会把这个世界带入绝境，即使是所谓的良心。在这样的理解之下，老子哲学根本是无法容纳中心或良心概念的。良心的定义首先就会成为问题，什么是良，谁的良？在未必会给这个社会带来“良”的结果之前，“良心”却一定会制造关于什么是“良”的争论。和肯定良心相比，老子更希望的是“使民无知无欲”的“为天

① 《论语·颜渊》：“樊迟问仁。子曰：爱人。”

② 李零：《郭店楚简校读记》，北京大学出版社，2002 年，第 80 页。

③ 此句见《道德经》十章，通行诸本作“涤除玄览”，帛书本作“涤除玄鉴”，此从帛书本。

下浑其心”,淳朴的心灵不必去思考什么是善或者良的问题。由此,也根本不会产生次级性的心之同然的普遍性问题。我们知道,普遍性固然可以带来某些积极的东西,诸如大家都会遵守的秩序,但同时也会强化权力专制的欲望。至于推己及人,则内在地包含着强梁的因素,当然会被老子归入“先”或者“刚”的范畴而加以拒绝。推可能是个把自己的心强加于人的过程,权力在爱的名义之下用自己的意志来改变他人,这不能不说是爱的悖论。说到底,仁爱仍然是个自我中心的体系,缺乏百姓主体性的向度。相对于刚性的“推”,老子更推崇的是柔性的“辅”。其间的根本区别在于,推是改变和塑造,而辅是如实的呈现。

在《正义论》中,罗尔斯曾经讨论过有关爱的问题。“爱本质上显然希望像施爱者的合理的自爱所要求的那样推进对方的利益。一个人是多么经常地要实现这一希望是足够清楚的,困难在于对几个人的爱,一旦这些人的要求相冲突,这种爱就陷入了困境……只要仁爱在作为爱的对象的许多人中间自相矛盾,仁爱就会茫然不知所措。”[①]罗尔斯是在讨论仁爱和正义的关系时给出如上说法的。他主要针对的是爱的对象之间的复杂性,并指出这种复杂性给施爱者带来的困惑。但在这种困惑之外,更大的困惑其实来自于施爱者和被爱者之间。当他们没有一个共同的心的时候,爱就成为一个彻底的悖论。施爱者的爱到了被爱者那里却变成了痛苦。因此,在仁爱的哲学中,教化就成为不可或缺的原则。这一原则的实质是在百姓中建立一个普遍的心,以感受到来自于施爱者的爱,使爱得以最终完成。

但这又回到了改变的问题。爱的哲学其实是一个改变的哲学,朱熹把《大学》中的“亲民”读为“新民”,尽管引起包括王阳明在内的很多人的不满,但在突出儒家改变主题的意义上,他是正确的。但是谁改变谁?为什么是君主改变百姓,而不是相反?君主又在什么样的意义上有资格改变百姓?如果可以接受某种改变的话,它的限度是什么?在这些问题没有得到很好的思考之前,单纯地主张爱就可能是一件很危险的事情。从这来看老子,他对于爱的拒绝其实是一种很深刻的思想。“大道废,有仁义”,“绝仁弃义,

---

① 罗尔斯:《正义论》,何怀宏等译,中国社会科学出版社,2006 年,第 188 页。

民复孝慈”，以及把仁义归为下德，都不是随便的话语，而是经过了缜密思考之后形成的看法。无论如何，仁爱都属于有为的范畴。于是，在对爱的反省之上，老子提出了新的价值：宽容。这个词在《道德经》中并未出现，但是见于《庄子·天下》篇对老子思想的概括之中：“常宽容于物而不削于人。”作为通论古代思想的著作，《天下》篇基于对不同思想的了解而对各家进行的概括是相当精辟的。宽容这个词，的确说出了老子思想的精髓。我们不妨借助老子的文字来感受一下，首先看十六章的一段文字：

> 致虚极，守静笃。万物并作，吾以观复。夫物芸芸，各复归其根。归根曰静，静曰复命，复命曰常，知常曰明。不知常，妄作凶。知常容，容乃公，公乃王，王乃天，天乃道，道乃久，没身不殆。

可以体现宽容的词汇是容和公，值得注意的是，它们建立在虚和静的基础之上，和爱无关。的确，只有在心灵的虚和静中，差异的万物才可以同时呈现。而在一个充满爱的心中，某些东西呈现了，另外一些却遮蔽了。宽容的心并不想去按照某些人为的、出于私意的想法割裂这个世界，一切都混而为一，“善者，吾善之；不善者，吾亦善之；德善。信者，吾信之；不信者，吾亦信之。德信。”在此背景上看五十六章，似乎别有一番味道：

> 知者不言，言者不知。塞其兑，闭其门，挫其锐，解其纷，和其光，同其尘，是谓玄同。故不可得而亲，不可得而疏；不可得而利，不可得而害；不可得而贵，不可得而贱。故为天下贵。

“玄同”在过去经常被看做是一种神秘主义的状态，在宽容的视野下，却一点都没有神秘的色彩。[①] 有了亲疏、利害、贵贱的分别，这个世界就被分成两部分。当这些分别消失的时候，它们都被包容在一起。[②] “上德若谷”，有容乃大，故为天下所贵。由此，我们也就更清楚六十七章的三宝之说：

---

① 在我看来，至少把某些思想批评为神秘主义的做法，在很大程度上是因为缺乏对对象真正的了解。这种虚假的神秘主义的根源不过是个人理性的缺陷或不足，而不是作为对象的思想本身的性质。

② 《庄子·天下》篇在评论彭蒙、田骈和慎到的时候，特别指出“大道能包之而不能辨之”。彭蒙等一般被归为道家的黄老学派，包而不辨的主张与老子此处的说法有一脉相承之处。

> 吾有三宝,持而保之。一曰慈,二曰俭,三曰不敢为天下先。慈故能勇;俭故能广;不敢为天下先,故能成器长。

我想特别讨论"慈"的意义。老子反对仁,却主张慈,仁和慈的分别是显然的。但在学者的解释中,这个分别显然没有得到重视。以刘笑敢先生的《老子古今》为例,本章慈的观念被看做是儒道相通的一个例证。其中提到慈的基本意义就是爱,不过更侧重于上对下、老对小,更强调爱之深。评论中还引用《论语》《大学》等儒家典籍提倡慈的文字,以见儒道两家论慈的异同。[1] 从根本上说,慈和仁是完全不同的价值。关于慈意义的最恰当解释也许就是宽容,而不是爱。爱是自我中心的,而慈却是消解了自我之后的他者的呈现。

六、结　语

以上我们对老子哲学中权力的自我节制问题做了一个初步的讨论。在缺少外在节制的前提之下,自我节制对于权力的使用方式而言是至关重要的。必须指出,就先秦时代的哲学而言,儒家、墨家、法家等都提出了不同的节制权力的思考。儒家的德、仁和天命,墨家的天志,法家的法,都起着节制权力的作用。但从整体上来说,这些思考仍然无法与老子的主张相提并论。一方面,各家并没有如老子一样把权力问题作为关注的中心;另一方面,在权力的节制方面,各家也远没有达到老子般深刻的认识。就后者而言,我的意思是说,儒家、法家等仍然是在征服和服从的结构中理解君主和百姓的关系[2],而老子却更倾向于君主和百姓的双主体结构。在古代中国哲学传统中,从来没有一个哲学像老子那样突出百姓的权利和自主性,以及从此出发

---

① 刘笑敢:《老子古今》上卷,中国社会科学出版社,2007 年,第 653—654 页。

② 《孟子·公孙丑上》:"以力服人者,非心服也,力不赡也;以德服人者,中心悦而诚服也,如七十子之服孔子也。"这可以看做是孟子对法家和儒家区别的一种理解。但其中共同的一点,他们都要求来自于百姓的"服",不同的只在于服的方式。

的对君主权力的节制。这正是严复视老子哲学为民主治道的主要理由。[①]当然，正如严复已经指出的，“中国未尝有民主之制也，虽老子亦不能为未见其物之思想。于是道德之治亦于君主中求之不能得，乃游心于黄农以上，意以为太古有之。盖太古君不甚尊，民不甚贱，事与民主本为近也”[②]。近于民主，而非民主，这正是本文取名“权力的自我节制”的主要理由。

① 严复《老子道德经评点》时有此等语，如“黄老为民主治道也”，“夫黄老之道，民主之国之所用也。故能长而不宰，无为而无不为”，“老子者，民主之治之所用也”等。见《无求备斋老子集成》续编，台湾艺文印书馆。

② 同上书，第36页。

浅论哲学经典的解释问题

——以《庄子》的解释为例*

韩林合**

在《〈逻辑哲学论〉研究》中，笔者曾经写道：

> 既然达于对TLP（即《逻辑哲学论》）的完全正确的理解不可能，那么解释者也就只能满足于各自从自己的解释框架或“先入之见”出发所给出的“一隅之见”。在笔者看来，在进行这样的解释或“理解”时，最低限度说来，我们需要遵循如下几条原则：完全性；系统性；一致性。首先，我们要将尽可能多的、甚或全部相关内容纳入到我们的解释系统中。此即所谓完全性原则。其次，要尽可能使这些内容出现于一个层次分明的展现或论证过程之中，而不是把它们单纯地堆放在一起。此即所谓系统性原则。最后，要尽可能地避免自相矛盾。毫无疑问，在维特根斯坦的论述中存在着这样或那样的自相矛盾之处，但是作为解释者我们不仅需要明确地指出它们，更需要合理地排除它们。此即所谓一致性原则。除如上原则之外，笔者在解说中还遵循着所谓独立性原则：在所有问题上都尽可能提出自己的看法，而不是单纯地依赖成说——除非其完全可信。①

现在，我愿将上面段落中谈到的几个原则——我更愿意将其中的“独立性原则”改称为“创新性原则”——当成哲学经典的一般性的解释原则。在本

---

* 本文撰写于2007年夏，以略有不同的形式载于潘德荣、付长珍编：《对话与和谐——伽达默尔诠释学思想研究》，安徽人民出版社，2009年。

** 韩林合，1965年生，男，北京大学哲学系教授、博士生导师。

① 韩林合：《〈逻辑哲学论〉研究》，商务印书馆，2007年，第819—820页。

文中,我以《庄子》的解释为例来对它们做出进一步的说明和发挥。

一、完全性原则

首先来谈一下完全性原则。对于一部哲学经典,如果我们只是感兴趣于其部分文本,那么解释起来似乎要容易一些。但是,事实也并非尽然。因为部分文本的意义在很大程度上是由整体文本的意义决定的。这样,如果对于整体文本的意义没有很好把握,那么部分文本的意义也很难得到真正把握。因此,面对一部哲学经典,无论如何我们都需要对其整体文本的意旨有一个比较全面的先行了解。不过,完全性原则对于某些哲学经典似乎不太适用。比如,《庄子》似乎就提供了这样的特例。我们知道,《庄子》是由内、外、杂篇构成的。很早就有人(比如苏轼、焦竑、王夫之、屈复等)怀疑外、杂篇中的一些篇章,甚至于整个外、杂篇,不是历史上的庄子这个人写的。一些解释者更根据如下语言和历史现象断定内篇必定早于外、杂篇,而且只有内篇才是历史上的庄子写的:(1)一般来说,汉语中复合词的使用在时间顺序上总是后于单纯词的使用;(2)"道德"、"精神"、"性命"等复合词只出现在外、杂篇,没有出现在内篇,而相应的单纯词"道"、"德"、"精"、"神"、"命"等则大量出现在内篇;(3)战国中期《孟子》以前的各书中都没有使用这三个复合词,而战国后期《荀子》以后各书中却频繁地使用了这三个复合词,并且庄子恰巧是战国中期的人;(4)《庄子》书中的部分内容事实上为庄子本人所写。[①] 显然,这种论证方式是有问题的。首先,"道德"、"精神"、"性命"等复合词只集中出现在外、杂篇中的少数篇章之中,而在其大多数篇章中只有相应的单纯词出现,而且在一些篇章中甚至都没有相应的

---

① 在发表于《文史》(第十八辑,中华书局,1983年)上的《〈庄子〉内篇早于外杂篇之新证》一文及博士论文《庄子哲学及其演变》(中国社会科学出版社,1988年)中,刘笑敢以最为明确的形式给出了这个论证。在发表于《文史》(第15辑,中华书局,1982年)上的《考订古书撰作年代通则补说》一文中,唐钺部分地给出了这个论证。实际上,早在上世纪50年代中期,钱穆便已经做出了这样的论证。而且,钱穆给出的论证更为复杂,将老子年代的考证也作为参照物引入论证之中。(请参见钱穆:《庄老通辨》,三联书店,2002年,第161、166、196—197、205—206、265页。此书香港初版于1957年。)

单纯词出现。这样，上述论证不免有以偏概全之弊。[1] 其次，即使假定在汉语中复合词的使用在时间顺序上总是后于单纯词的使用，特别说来，“道德”、“精神”、“性命”等复合词的使用后于相应的单纯词的使用，如下结论也决非是必然的：不使用这些复合词的《庄子》内篇必定早于部分使用它们的外杂篇。因为即使在其写作的时代已经出现了这些复合词，相关作者还是可以偏爱如下做法：只使用相应的单纯词来写作相关的内容，而不是相反。比如，常常被看做成于战国后期、甚至汉初的外、杂篇中的许多篇章并没有使用这些复合词。再其次，即使假定庄子是战国中期之人，再加上上述论证的其他前提，我们也得不出内篇必定是历史上的庄子写的这样的结论，而至多只能得出外、杂篇中使用了这些复合词的篇章不是他写的这一结论。实际上，甚至于这个结论也不能必然地得出，因为我们也完全可以假定，外、杂篇中使用了这些复合词的（部分）篇章是庄子晚年的作品。我们知道，晚年庄子大致与青年荀子同时，而荀子已经使用了这些复合词。[2] 最后，与外、杂篇一样，内篇之文风、构成、来源也极为复杂，决非像有的解释者所说的那般文风一致，也非结构严谨，更非来源单一。实际上，即使在内篇的同一章之中，前文与后文的文风往往也区别甚大，内容上往往也没有任何内在的关联，来源也极可能是非常不同的。因此，内篇也不太可能完全是由一个人写定的。不过，现在假定历史上的庄子撰写了内篇的全部，而且他仅仅撰写了内篇，外杂篇全是后人写的。这样，一些解释者的如下做法似乎就有了充分的根据：仅仅解释内篇，而不去关心外杂篇。显然，如果一个解释者坚定地认为只有内篇是历史上的庄子写的，而且他只关心历史上的庄子写了什么，坚持什么样的思想，那么他只解释内篇当然是没有问题的。不过，这样的解释者往往同时还坚持着如下偏见：只有他们的做法才是适当的，绝对

---

① 参见朱锋：《〈庄子〉真伪的考论与思想系统的划分》，载于《复旦大学学报》，1995 年第 5 期，第 50 页。刘笑敢自己也意识到了这个问题，因而企图通过其他的方式来进一步佐证他的结论。（参见《庄子哲学及其演变》，第 13—32 页）但是问题是，他从所述的语言和历史现象已经先行得出了在他看来确凿无疑的结论。因此，他的论证思路前后矛盾。另外，即使加上他所追加的其他论据或论证方式，其结论也还是无法得到令人信服的证明。

② 参见舒金城：《中国古代智慧的殿堂——深闳奇特的〈庄子〉哲学》，民族出版社，1998 年，第 49 页。

不应该将解释的关注点扩及《庄子》全书。我认为,这样的偏见是不可取的。诚然,《庄子》这本书毫无疑问历经了非常曲折的成书历史,作者肯定不止一个人,成书甚至长达几百年时间,因而思想极为庞杂,甚至含有许多前后矛盾(或者前后看似矛盾)的说法。(实际上,这种矛盾决非如一些解释者所言,仅仅出现在内篇和外杂篇之间,而是也出现于内篇的不同章之间,甚至更出现于同一章的不同段落之间。)但是,我认为,《庄子》书中的任何一段文字之所以能够出现于其中,除了有其历史上的偶然性原因之外,更为重要的原因是其与核心思想之间的或大或小的内在的联系。因此,我们完全可以把它作为一个整体来看待,以期得到一个贯通的解释。在拙作《虚己以游世——〈庄子〉哲学研究》[①]中,笔者便是这样做的。事实上,即使那些声称只应当将内篇作为一个整体来看待的解释者在具体地解释内篇的思想时往往也毫无顾忌地使用外、杂篇的材料。当这样的解释者中的一些人竭力为将解释仅仅局限于内篇的做法进行自我辩护时,我们感觉到的不是其辩护的强大说服力,而仅仅是其刻苦精神,甚或解释能力(或思想力度)方面有所欠缺的事实。

二、系统性原则

在确定了以一个哲学经典的整体文本作为解释的对象之后,接下来要考虑的问题当然是它是否向人们提供了一个大致完整而严密的理论体系。我们知道,大多数西方哲学经典的确都向人们提供了这样的体系(至少就其表面形式而言)。但是,中国哲学经典则大都不是这样的。它们往往是某位思想家甚或是许多思想上具有或大或小的亲缘关系的思想家的言论或文章的总汇。流传至今的《庄子》文本显然就是如此。这也就是说,就其本身来看,这个文本并没有呈现给人们一个完整而严密的思想体系。但是,这不能说明,解释者无法从中解释出一个完整而严密的思想体系。因为我们可以通过创造性的重新解释或补足缺失环节的方式来强化不同但有或大或

① 韩林合:《虚己以游世——〈庄子〉哲学研究》,北京大学出版社,2006 年。

小亲缘关系的段落之间的联系，并且让这些段落所表达的思想内容出现在一个层次分明的展现或论证过程之中。在这样的解释体系中，我们可以给《庄子》文本中本来不甚清楚的概念以清楚的界定，给其中本来不甚明晰的论题以明晰的形式，赋予其中本来不甚明确的论证以明确的形式，并补足其中本来缺失但是却又十分必要的论证（或论证步骤）。同时，在必要的地方，我们还要指出其论证上的不当之处。事实上，恰恰是在这样的体系之中，许多关键的概念和命题的意义才能得到适当的理解或规定。在拙作《虚己以游世》中，笔者便试图提供这样一个解释体系。笔者认为，《庄子》一书所要解决的主要问题是：人生意义问题。而这个问题又是由如下子问题构成的：如何获得绝对的自由？如何获得绝对的安全？如何获得绝对的幸福和快乐（至福和至乐）？如何获得真正的永恒（不死不生）？如何获得绝对的价值（至真、至善、至美等等）？按照《庄子》的观点，人生或人的存在之所以成为问题，是因为人背离了其本质，即与道同一的状态。而人之所以背离了这种状态，则是因为人的"成心"的形成。在人类之初和人生之初，人们均保有着这样的本质，但随着"成心"之形成，人们便逐渐背离了这种本质。那么，如何回归到这种本质，重新与道同而为一？《庄子》认为，唯一途径是安命；而为了安命，必须首先齐物；为了齐物，必须首先进行心斋。一个人一旦重新与道同而为一，所有的人生问题便悉数获得了最终的解决，人生因此也就具有了最终的意义。

在这个解释体系中，笔者首先对道的意义做出了澄清，指出从《庄子》赋予道的主要特征和作用来看，我们完全可以将其理解为作为一种事实结构的世界整体。进一步说来，我们应当将道理解为去掉了所有人造的区分之后的世界整体本身，即所谓"至一"（并非与"二"相对的"一"，而是超越一、二、三、四……这样的区分的"一"，因而也就是无所谓一或二的"一"）。同时，笔者认为，《庄子》中大多数地方出现的具有哲学意义的"天"或"天地"实际上是代称世界整体本身的，因而与"道"同义。如此清楚地界定了的道概念在笔者的整个解释体系中扮演着核心的角色。因为，正是世界整体本身的一些独特特点（绝对、绝待、永恒等等）使得与其同而为一的至人一劳永逸地解决或消解了所有人生问题。但是，反观传统的解释，我们会发现，它们或者完全消解了道概念，进而完全取消了其在《庄子》哲学中的核心地位（郭象的解释即是如此）；或者虽然一开始便讨论了道概念，但是，在其后关于《庄子》哲学的讨论中却没有给予其以任何实质性的作用，即没有清楚地说明道在《庄子》所要解决的主要问题即人生问题中究竟扮演着什么角色（时下流行的许多《庄子》解释便是这样的）；或者由于无法解释《庄子》中的本根意义的道如何能够在其所要解决的人生问题中发挥作用，因而执意将其曲解为所谓人生的境界（甚或精神境界）（徐复观、牟宗三、陈鼓应等的庄子解释即是如此）；还有人由于认识到不能完全不顾《庄子》之道的本根意义，所以宣称《庄子》的道具有两重意义：一为本根意义上的道，一为最高认识或最高境界意义上的道（刘笑敢坚持这种观点）①。笔者认为，在《庄子》书中，具有哲学意义的道概念只有一种意义，即意指世界整体本身。

三、一致性原则

完整而严密的思想体系首先当然要满足一致性要求。但是，在一些哲学经典中却常常存在着这样或那样的表面上的甚或真正的自相矛盾之处。这种现象在中国哲学经典中更是经常发生。发现并尽可能合理地消解它们构成了解释者不得不正视的重大困难。下面，我们还是以《庄子》书为例来

① 刘笑敢认为，本根意义上的道不可被亏损、被伤害。但是，庄子却说："是非之彰也，道之所以亏也。道之所以亏，爱之所以成。""道隐于小成，言隐于荣华。""小识伤德，小行伤道。"由此，他得出这样的结论：在这些说法中出现的"道"只能指最高的认识，即无差别的精神境界，进而即真理。在此，刘笑敢特别指出，不能将这种意义上的道等同于体道的境界。（参见其《庄子哲学及其演变》，第113—123页）不过，在1997年写的《关于庄子研究的回顾与反思》一文中，刘笑敢转而认为，他以前所谓最高认识意义上的道就是与道为一的境界。与将道（之一义）视同于最高认识甚或真理这种不着边际的看法相比，将道（之一义）视同于体道境界的看法显然进步多了。的确，严格说来，人类所能够亏损、伤害、遮蔽的并不是道本身，而是作为其本真状态的与道同一的至一境界。不过，由此不能像刘笑敢那样断言："道"这个词在上述语境中意指的是所谓最高认识或体道境界。不如说，在这些地方"道"这个词是"与道为一之境"这种复杂说法的简写。事实上，这样的用法在《庄子》书中是大量存在的。同样的现象也出现在"天"这个词的使用上。在有些地方，"天"这个词实际上是"与天（即道）为一之人"或"与天为一之境"的缩写，如在"广成子之谓天矣"（语出《在宥》）中。

讨论一下这个问题。

《庄子》一方面说体道之人“独与天地精神往来”、“游乎四海之外”、“芒然彷徨乎尘垢之外”、“游方之外”、“游于六合之外”、“以出六极之外，而游无何有之乡，以处圹埌之野”，另一方面又说其“不敖倪于万物，不谴是非，以与世俗处”、“游世俗之间”、“游于世而不僻，顺人而不失己”。传统的解释者通常是这样来消解这些说法之间的“矛盾”的：前一种说法描述的是体道之人的精神或心灵，而后一种说法描述的则是体道之人的形体。笔者则给出了一种全新的解释：通过心斋的方式，一个经验主体（作为一个身心统一体）将自己升格为与道或世界整体本身同而为一者，成为至人。由此，他便进入了一个与世俗之人所生活于其中的世界完全不同的世界：一个绝对自由、绝对安全、至福、至善、至美、至真、永恒的境界，可以说他：“游乎四海之外”、“芒然彷徨乎尘垢之外”、“游方之外”、“游于六合之外”；换言之，“游无何有之乡，以处圹埌之野”（由于道或体道之人是绝对绝待的，而且在其所处的境界中没有任何区分）。但是，这种意义上的“游乎四海之外”、“游方之外”等等并非意味着“就薮泽，处闲旷，钓鱼闲处”，相反，某种意义上说它就是“游于世俗之间”：从至人的角度看，“游乎四海之外”、“游方之外”等等说法只是意味着他对世俗世界所采取的一种全新的“态度”，使得它对于他来说变成了一个完全不同的世界；从世俗之人的角度看（或者说从现象上看），至人就生活在他们之间，做着其为了维持其表面上的形体的暂时的存在所不得不做的一切事情。

《庄子》书一方面说体道之人“死生无变于己”、“不死不生”、“死生亦大矣，而不得与之变；虽天地覆坠，亦将不与之遗”，另一方面又说其“不知说生，不知恶死”，“出不訢”、“入不距”，“生也天行”、“死也物化”。如何消解这些说法之间的“矛盾”？笔者认为：前一种说法描述的是体道之人的真正的形体（和心灵——所谓“常心”），即道或世界整体本身，而后一种说法描述的则是体道之人的表面上的或暂时的形体（和心灵）。

《庄子》中的如下断言表面上看也是不相容的：“沛乎其为万物逝”和“审乎无假而不与物迁”。但是，按照笔者的解释，二者不仅并非不相容的，相反，它们的意义是密切相关的，构成了条件关系：前者意为将自己等同于世界整体、等同于整个物化过程（即庄子意义上的“外化”）；这一过程便意味着回归于自己的本真自我，这样便不会作为万物中的一个物件而与物迁流（通常意义上的“外化”，庄子意义的“外不化”），不会丧己于物（庄子意义上的“内不化”）。

当然，《庄子》书中的有些矛盾的确是无法消解的。这时，我们只需要在解释体系中明确地指出矛盾中的一方不合于我们解释出来的《庄子》的思想体系即可。比如《天道》篇中如下思想便是这样的：最理想的统治秩序只能是君无为而臣有为：“无为也，则用天下而有余；有为也，则为天下用而不足。故古之人贵夫无为也。上无为也，下亦无为也，是下与上同德，下与上同德则不臣；下有为也，上亦有为也，是上与下同道，上与下同道则不主。上必无为而用天下，下必有为为天下用，此不易之道也。”进而，其中所表达的如下思想与《庄子》的整体思想也相悖：即使帝王能够尽可能地按照“虚静恬淡寂漠无为”原则行事，这也仅仅说明他掌握了治世之根本原则，此外，他还是必须求助于大量其他的手段，主要是礼法数度和形名比详等等。只不过，他会特别注意本末先后之次序：首先要明天，其次明道德，接着依次明仁义、明分守、明形名（即名实）、明因任、明原省、明是非，最后明赏罚。最后，作者甚至于断言：“夫天地至神，而有尊卑先后之序，而况人道乎！宗庙尚亲，朝廷尚尊，乡党尚齿，行事尚贤，大道之序也。语道而非其序者，非其道也；语道而非其道者，安取道！”这显然与《庄子》书的整体思想严重相悖。

上面的分析表明，完全性和一致性往往是彼此冲突的。一个解释体系越是完全，就越是难于保持一致性。但是，无论如何，一致性都是好的解释体系的最低要求。令人不解的是，有些学者鼓吹，庄子哲学事实上是，而且也应该是，一种充满内在的、无法消解的矛盾的哲学：“庄子哲学的顶点就是‘矛盾’。”（语出张京华：《庄子哲学辨析》，辽宁教育出版社，1999 年）实际上，在此之前，刘笑敢已经提出了相同的观点，请看他的如下论述：

> 庄子的哲学体系……包容了许多不同的思想侧面，这些思想侧面也都被融合为一个有机的整体，因此庄子的哲学体系……是比较成熟的。庄子哲学中既有至高无上的道，又有通于天下的气；既有辩证法，

又有诡辩论；既有与人不争、安时处顺的一面，又有傲视权贵、放达不羁的一面；既有对现实的深刻观察和批判，又有对现实的冷漠超脱，这些不同的侧面在庄子哲学中都是有机地联系在一起的。这些不同的思想侧面之间表现了既对立又统一的关系，形成了庄子哲学体系的内在矛盾。①

……我们考察了庄子哲学中随顺与孤傲、外化与内不化、消极与积极、悲观与乐观等矛盾，在这些矛盾中，基本上是以现实世界为一方，以精神世界为另一方，即是说在现实世界中随顺世俗，在精神世界中孤傲自立；在现实世界中安于外化，在精神世界中保持内不化；在现实世界中心灰意冷，悲观绝望，在精神世界中乐观挚烈，充满信心；在现实世界中消极被动，无所作为，在精神世界中积极主动，追求自由。这说明在庄子哲学中的诸多矛盾中始终贯穿着现实世界与精神世界的对立……②

在庄子哲学中存在着两个对立的世界，一个是现实世界，一个是精神世界，所谓精神世界也就是理想世界，理想与现实的对立是庄子哲学中诸多矛盾产生的基本原因。③

庄子哲学中的根本矛盾应该是现实中的客观必然性与理想中的绝对自由的矛盾。④

第一，在如上段落中，刘笑敢严重地混淆了庄子的理想人格即至人——与道同体即与道为一之人——的生存状态与历史上的庄子其人的生存状态。其次，刘笑敢将《庄子》哲学中本来构成条件关系的至人的两种生存状态截然对立起来，做成一种内在的矛盾：一方是“外化”即安命（刘笑敢简单地将其视同于通常意义上的“随顺”，并进一步将其视为悲观的、消极的人生态度）；另一方是“内不化”即本真的自我的保持或回归（刘笑敢错误地将其混同于通常意义上的“孤傲”，并进一步将其视为乐观的、积极的人生态

---

① 刘笑敢：《庄子哲学及其演变》，中国社会科学出版社，1988 年，第 200—201 页。
② 同上书，第 207 页。
③ 同上书，第 208 页。
④ 同上书，第 209 页。

度)。接着,他一方面断言这个矛盾是内在的、不可消解的;另一方面却又按照传统的思路给出了一个消解方案,这就是:将至人的"内不化"(刘笑敢所谓孤傲进而乐观积极)的一面生拉硬扯地放到所谓精神世界之中,相应地,将其"外化"(刘笑敢所谓随顺进而悲观消极)的一面强行拉到现实世界之中。因此,最后,刘笑敢便得以将他一手制造的诸多矛盾归结为或强化成所谓精神世界与现实世界的矛盾,并进而莫名其妙地将精神世界等同于理想世界。

在此,我们要指出:第一,从《庄子》书的描述不难看出,历史上的庄子其人不大可能已经成为至人,因为他远没有做到心斋、齐物,进而也远没有做到绝对的安命或者说外与物化,而总是在分别彼此,辨名析理,舌战诸子,针砭时弊,傲视权贵……。至人显然不可能有这样的作为。①

第二,按照《庄子》书的总体思想,一个人如果不能心斋,那么他便总是分别物我、彼此、是非等等,总是要这个不要那个,也即总是"外不化"(不能外与物化),与世总是格格不入,并因之生活在与道(即世界整体本身)相违的、丧失了本真的自我的状态之中,此即所谓"内化";而如果他能够进行心斋,那么他便不再分别物我、彼此、是非等等,因而能够无条件地接受一切,即总是能够"外化"(所谓"不敖倪于万物,不遣是非,以与世俗处"),由之便生活在与道为一的、回归于本真的自我的状态之中,此即所谓"内不化"。这样的"外化而内不化"之人便是《庄子》意义上的至人。由于至人与道即世界整体本身同而为一,而后者是绝对绝待的,所以也可以说至人"独与天地精神往来"、"独往独来"。但是,显然,至人的这种"内不化"或"独往独来"决不能混同于世俗之人常有的那种孤傲,而恰恰是一种与其绝对相反

---

① 事实上,在解释任何有关人生问题的哲学经典时,我们都要注意严格区分开所解释经典的作者所构想的理想生存状态(或理想人格)与该作者本人的实际生存状态,因为一个作者自己未必完全地实践了其理论。实际上,真正伟大的哲学理论也许根本就是不可能完全地加以实践的。比如,维特根斯坦之于其著作《逻辑哲学论》也是这样的。在《逻辑哲学论》中维特根斯坦构建了一个关于如何解决人生问题的哲学理论,但是在笔记中他明确地承认,他自己总是难于严格按照这个理论所开列的处方行事。(参见拙作:《〈逻辑哲学论〉研究》,第九章;进一步可参见维特根斯坦:《战时笔记:1914—1917 年》,韩林合编译,商务印书馆,2005 年,第 8—9、23—24、78—80、97、104、202—203、206—207、209—213 页。)

的状态，因为它是通过外与物化（即绝对地安命）而达到的一种状态。[①] 相反，只有世俗之人的那种“外不化”才构成了通常意义上的孤傲。按照笔者的解释，在《庄子》所构想的至人的生存状态中不仅没有通常意义上的孤傲、消极、悲观的一面，而且也没有通常意义上的随顺、积极、乐观的一面。他的生存状态是：外与物化而又保持着本真的自我，因而享有绝对自由、绝对安全、至福、至善、至美、至真、永恒。因此，在《庄子》的思想中，根本不存在刘笑敢所发现——毋宁说他所制造——的那些内在矛盾。进而，刘笑敢为了消解这种子虚乌有的矛盾而虚构出来的现实世界和精神世界的决然二分对于《庄子》来说也是完全不需要的。实际上，对于至人来说，正如对于世俗之人一样，只有一个世界，那就是他们所共同生活于其中的这个世俗世界。只不过，至人和世俗之人对于这同一个世界所采取的截然不同的态度（一种是齐物、安命，另一种是不齐物、不安命）使得它对于他们来说成为完全不同的世界。

第三，无论在何种意义上，现实世界与精神世界都构不成什么矛盾。而且，这种对举使用本身便是对这两个概念的严重误用。人们做对举通常使用的是物理世界（外部世界）与精神世界（内部世界）或现实世界与虚构世界（包括理想世界）。所谓精神世界，按照其通常的意义，当属于现实世界之内；无论在何种意义上，它都不同于理想世界。

第四，现实世界与任何意义上的理想世界均构不成任何真正意义上的矛盾。理想世界是人们力图通过改造现实世界而努力逼近的目标，而决不是其反面！显然，按照庄子的理解，人的理想的生存状态与人的现实的生存状态之间的关系也是这样的。

---

① 令人不解的是，在断言“外化”与“内不化”构成一种矛盾关系之后，刘笑敢接着又断言“外化”构成了“内不化”的前提条件。在此，他一方面将“内不化”解释为通常意义上的孤傲，另一方面又像其他解释者一样，将其解释为不动心或内心的宁静。（参见《庄子哲学及其演变》，第203—204页）我们不禁要问：“孤傲”如何能够等同于“不动心”？一种矛盾关系如何能够摇身一变而成为一种条件关系？（按照笔者的解释，“内不化”除了可以理解为本真自我的保持或回归以外，也可以理解为本然之心或常心不受外物之化，即心斋的状态。在这种理解之下，“内不化”反过来构成了“外化”的条件。）

四、创新性原则

最后来谈一下所谓“创新性原则”。一个解释体系,如果从其框架方面,甚至于从其主要细节方面,都只是在一味地重复旧说或成说,那么它是没有必要再次给出的;否则,便不仅浪费了读者的时间和生命,也浪费了有限的自然和公共资源,而且更浪费了解释者自己的时间和生命。“创新”在此有两层意义:一为解释上的创新,一为思想上的创新。两种意义上的创新密切相关,前者往往构成了后者的前提条件。

可悲的是,在《庄子》思想的研究中,人们恰恰总是在津津有味地重复旧说或成说。其中,被重复最多的是如下观点:《庄子》追求的是心灵或精神的逍遥或自由。在拙作《虚己以游世》中,笔者力图破除这种成见,指出它不过是望文生义之结果。实际上,当《庄子》在“游心”的意义上大量使用“游”这个词的时候,他用这个词所做的事情是:生动地描述至人所沉浸于其中的那种神秘境界——在其中存在着绝对自由、绝对安全、至福、至善、至美、至真、永恒等等最为美好的事项。因此,庄子所追求的是一种绝妙的身心一如的生存状态。

与创新性相比,在哲学经典(乃至所有经典)的解释问题上,人们往往更注重忠实性。但是,我们应该注重什么样的忠实?是要忠实于文本的意义(字面意义),还是要忠实于作者要表达和传达的意义(作者的真实意图)?显然,文本的意义与作者要表达和传达的意义并非总是一致的,因为,无可否认,存在着词不达意、言不尽意的情况。而且,即使假定了文本在其形成之时准确而完全地表达和传达了作者的意图,作为文本的基础的语词的用法和命题的句法结构,进而其意义,有可能也会因时而变,甚或因时而失,再加之解释者只能以自己的理智(或直觉)水平为基础,并且从自己所处的特定的历史、社会、思想、教育等等背景出发来进行解释,故而他们有可能无法真正地了解他们所面对的文本在其形成之时所具有的准确意义,进而更无法从其中了解作者的真实意图。另外,所谓忠实的解释毫无例外地假定了任何文本的作者都有一个要表达和传达于人的清楚而明确的思想意图,进而思想系统。但是,事实可能并非总是如此。有可能作者本人的思想就没有那么清楚明确,更没有那么系统。因此,至少在许多情况下,所谓忠实的解释——忠实于文本的意义的解释,进而忠实于作者原意的解释——是不可能的事情。由此看来,与其盲目地、徒劳地追求忠实于文本的解释,不如自觉地追求**以文本为基础**的解释和思想上的创新。

笔者认为,上面的分析和结论特别适合于《庄子》这个复杂至极的文本。原因如下:

第一,庄子明确地断言,他所谓道及体道境界是绝对不可言说的。

第二,庄子不得以而给出的关于道及体道境界的描述中所使用的语词的用法和命题的句法结构,进而其意义,在许多情况下均已因时而变,甚或因时而失了。

第三,笔者认为,一方面,庄子是一个理智洞察力或直觉能力超强之人,我们大部分解释者在这方面实际上远逊于庄子,而只能以自己的理智或直觉能力为基础来勉强地理解和解释其思想;但是另一方面,我们又无一例外地长期受到了发源于西方的逻辑和科学方面的系统训练,所以我们的逻辑分析和系统思维能力远非庄子所能比拟。

第四,与前一点相联,在其所关心的问题上,庄子不太可能已经拥有了一个我们希望他拥有的那种清楚而系统的理论体系。

第五,我们所处的历史、社会、思想、甚至于自然环境等等背景与庄子所面对的背景可以说已经具有天壤之别。

以上几点决定了我们几乎没有可能"完全准确地"了解我们所面对的《庄子》文本在其形成之时所具有的准确意义,进而更无法从其中了解庄子(和该书的其他作者)的真实意图。

我们知道,历史上总是有人自诩自己或吹捧他人提供了对于某部哲学经典的最为忠实的解释。比如,一些人就是这样来对待自己或他人对《庄子》的解释的。一些人甚至于断言,他们所推崇的庄子解释者简直就是庄子的替身或化身,其解释犹如复活了的庄子对自己思想所作的解释。晋人在夸赞向秀的《庄子注》时说："庄周不死矣！"①在为林希逸著《庄子鬳斋口义校注》所写的跋中，宋人徐霖写道：

> 今鬳翁所著，卓然起庄子于朽骨，发千古之宝藏，鬳翁亦博大弘伟，豪杰巨儒哉！②

在为王夫之的《庄子解》所写的序言中，清人王天泰写道：

> ……今忽于读先生之解《庄》，不啻庄之自为之解，是又不知庄生之为先生，先生之为庄生矣。此岂第解之者之心甚快也欤？岂第古人之心之所甚愿也欤？③

但是，按照我们上面的分析，这样的吹捧他人或自我吹嘘之词显然是不理解解释之为何物的人所下的轻率之语。实际上，即使历史上的庄子其人（或者说《庄子》一书的诸作者）真的复活了，并且复活了的庄子仍然与他死前所具有的所有心理活动（包括记忆和思维活动）保持着足够的连续性，又完好地理解并掌握了今人所使用的语言，他也非常有可能不能以更为清楚、系统的方式告诉我们他当时的思想。因为，或许他自己根本就未曾——甚或未能——足够清楚、系统地思考过他的相关思想，而且甚至于他自己根本就没有能力以更为清楚、系统的方式思考和表述他的相关思想。

历史上，还有人力主要"以庄解庄"，而断不可以老解庄、以儒解庄、以佛解庄等等，一言以蔽之，以己意解庄（因为以老解庄、以儒解庄、以佛解庄的人首先必定认为庄子的思想与老子的思想、儒家的思想、佛家的思想有相通甚或相同之处）。请看如下引文：

> 近时释《庄》者益众，其说亦有超于昔人，然未免翼以吾圣人言，挟以禅门关键，似则似矣，是则未是。余谓不若直以《庄子》解《庄子》，上绝攀缘，下无拖带，庶几调适上遂之宗，可以见其端涯也。④

---

① 徐震堮：《世说新语校笺》，中华书局，1999 年，第 111 页。

② 林希逸：《庄子鬳斋口义校注》，周启成校注，中华书局，1997 年，第 515 页。

③ 王夫之：《庄子解》，王孝鱼点校，中华书局，1981 年，第 2 页。

④ （宋）汤汉：《南华真经义海纂微序》，载于《庄子序跋论评辑要》，谢祥皓、李思乐辑校，湖北教育出版社，2001 年，第 27 页。

> 《庄子》为解不一，或以老解，或以儒解，或以禅解。究竟牵强无当，不如还以庄子解之。①

如果“以庄解庄”的意思是：为了弄清楚一个词、一个命题、一段话的意义或用法，解释者应该考察一下其在《庄子》书中其他相关地方的意义或用法，或者应该考察一下与其意义或用法相近的词、命题、段落的意义或用法，那么这种说法当然是可以而且应当加以接受的。但是，如果它的意思是：解释者须完全排除己意，须严格按照庄子其人或其书的原本思想或意义来解《庄子》，那么它就完全不可接受了。因为这时它假定了存在着独立于解释者所解释出来的思想或意义的庄子其人或其书的原本思想或意义，进而假定了解释者可以独立于《庄子》文本，通过其他途径预先知道独立于解释者所解释出来的思想或意义的庄子其人或其书的原本思想或意义。但是这两个假定均是不可接受的。《庄子》一书，无论对于其作者来说如何伟大、奇妙，对于作为读者的我们来说，如果不以己意（包括自己所接受的其他人的理解、其他思想流派的主张）来加以解释，都仅仅是一卷带有诸多墨迹的、没有任何生命或意义的纸张而已。这样的结论当然也同样适用于所有其他哲学经典，乃至人类创造的所有其他经典文本。

① （清）林云铭：《庄子杂说》，载于《庄子序跋论评辑要》，第300页。

王夫之《乾》卦阐释的两个面向*

张学智**

《乾》是《周易》首卦，象征天，在六十四卦中，承载的信息最多，可以发挥的余地最大。尤其王夫之主乾坤并建为本体而生其余六十二卦，故对《乾》卦给予了最多关注。他在《周易外传》中对《乾》卦的阐释有两个重要的面向，这就是将乾与天道联系起来，对天道的健动不息，在健动中万物各正性命的存在样态做了充分论证；以此主动主有的哲学思想为基础，对佛教的虚寂和功利主义的废德崇智做了批评。这些理论内容是他总结明亡教训，重建昂扬、正大、健实的中国哲学这一意向的鲜明体现。

一、乾：主有、主动及健顺一体

王夫之首先从字义上对乾进行诠解，作为义理引申发挥的根据。他认为，“乾”的本义是气的舒展衍伸。在气的阴阳两个方面中，阴主气之凝结，形成物之体质，阳主气之舒展，使形质舒开而顺通。在这二者中，阳主动，阴主静，阳推移摩荡于阴之中使其发生变化并趋向于阳所指向之规范，阴以质完成阳的指令。气无所不至，阴阳的作用也无处不有。阳和煦温暖，刚健有为。《乾》六画皆阳，为阳之极至，其性质和作用是健而舒，恒常如此，无少倦怠，故谓之乾。“乾”合气而言，重在体；“健”则专就其刚健之性质而言，重在用。乾坤并建，无有阴而不阳，也无有阳而不阴。乾与坤、健与顺本不可单独论说，但在乾坤并建之体中，乾与坤各有其性质和功用，可以在二者

---

* 本文原载《北京大学学报》（哲学社会科学版），2011 年第 2 期。

** 张学智，1952 年生，男，北京大学哲学系教授、博士生导师。

合运中单独指出各自之特点。故王夫之说:

> 而此以纯阳为乾者,盖就阴阳合运之中,举其阳之盛大流行者言之也。六十二卦有时,而乾、坤无时。乾于大造为天之运,于人、物为性之神,于万事为知之御,于学问为克治之诚,于吉凶治乱为经营之盛。故与坤并建,而乾自有其体用。①

王夫之特别加以强调的是,乾就宇宙说,是统御、主宰万化运动的天;就人与物说,是决定其发展方向,具有未来实现之潜能的内在本性。就人的精神修养说,是人的道德创造的深厚基础和内在动力,是战胜精神修养之阻碍的强大力量。就吉凶治乱说,是人通过发挥自身力量兴起大用,变被动为主动,变不利为有利,变艰难困苦为通顺畅达的现实作为。总之,是一切主动力量的根源所在。

王夫之将此主动性、根源性、健顺一体性与代表宇宙本体的"道"会通起来,赋予乾以道的性质和功能。所以在《周易外传》论说《乾》卦之开首,即先说"道":

> 道,体乎物之中以生天下之用者也。物生而有象,象成而有数,数资乎动以起用而有行,行而有得于道而有德。因数以推象,道自然者也,道自然而弗借于人;乘利用以观德,德不容已者也,致其不容已而人可相道。道弗借人,则人与物俱生以俟天之流行,而人废道;人相道,则择阴阳之粹以审天地之经,而《易》统天。故乾取用之德而不取道之象,圣人所以扶人而成其能也。盖历选于阴阳,审其起人之大用者而通三才之用也。天者象也,乾者德也,是故不言天而言乾也。②

这段话,涉及道与德、体与用、象与数、天与人诸关系,是王夫之哲学思想的重要表达。道是王夫之的最高范畴,它不是宇宙发生论的道,不是天地万物产生之前的初始状态,而是乾坤并建、阴阳合撰之本体,它体现于万物之中,使万物各循其本性之必然发生现实作用。这里的精义是,具体事物只有在

---

① 王夫之:《船山全书》第一册,岳麓书社,1996年,第43页。

② 同上书,第821页。

互相联结成的整体中才能存在和运动。道就是万物存在和运动的总体。这个定义,这样的认识,已经为他批判老子宇宙发生论的道奠定了理论基础。就构成道的每一具体事物来说,先有质的存有,再有此存有的外在相状。有相状就有对此相状进行刻画和描述的数量规定,数量上的不同导致了事物的千差万别,天地万物各各资借、依凭内在动能产生运动并发生作用。事物皆在运动中和道之总体有了关联并在此运动之大流行中实现自己。所谓德即具体事物的性质,德即道实现于个体自身。象、数、德都是具体的,但德是深微的,象与数是外显的。故由数量之规定即可推求一事物之相状,因为事物是道的显现,道是自足的、自然的,不资借于人而无不足。人的职责在观察、测度事物的各种表现,从而发现和掌握事物自然的、不得不然的性质和规律,来对万物之存在与运动进行描摹。道自足而不资借于人,故人与万物实际上对道不能有所损益,只顺承道、静观道;而人之描摹道,不过是利用阴阳之升降分合,造出一套符号系统来摹拟道的运行变化,使人的活动与道的运化更加吻合因此更加有效而已。故《易经》能够以概括、化约的方式摹拟天道。

具体到《乾》卦,是用卦辞“元亨利贞”和爻辞中龙自潜伏不显到高飞在天的整个过程来象征从幼弱到大成的“健动”之理,着眼点在健之用,不在乾所代表的天的自然无为,意在揭示圣人在《乾》卦中表达的道理,以此启示人、鼓励人据此道理去行为,发挥人的能力来成就大业。而《周易》的符号系统,是用自然中的阴阳升降构成卦爻,以之代表天地人三才,来启发人的智慧。总的说,乾既代表天象,也代表其所象征的德行。卦象重在外在的显现,它启示人的是它的构成上的自然无为,不假人力。卦德重在深微的本性,它启示人的是它的刚健有为,根据自身具有的潜在动能,不断升进,迈向理想之域的品德。《乾》卦重点发挥的是后者。对《乾》的这一诠释路向,《外传》已经奠定了基础,不过是通过外在发挥、引伸解说的方式,而《内传》则把这一点作为乾的内在品质,用“我注六经”的方式把内涵于其中的德行展示出来。

《外传》对《乾》卦的讨论,还涉及位、材、德三者间的关系。就《易学》语言说,位指爻位,材指爻位奠立的物质实体——阴阳,德指卦爻之特性。

就哲学语言说,位指物质实体运行中所处的时空境域,材指物质实体最基础的原素,是事物的时空境域的物质承担者。德指处在具体境域中的事物的性质、特征、原理等。任何事物都由气构成,都有自己的物质承担者,这一点是共通的,无例外的。但气是有阴阳的,具体事物的阴阳有分剂多寡之不同,由阴阳之分剂不同、位德不同,构成了事物间的复杂关系。王夫之对此有深刻的理解和论述。他说:

> 且夫天不偏阳,地不偏阴;男不偏阳,女不偏阴;君子不偏阳,小人不偏阴。天地,其位也;阴阳,其材也;乾坤,其德也。材无定位而有德,德善乎材以奠位者也,故曰"天行健"。行则周乎地外、入乎地中而皆行矣,岂有位哉?是故男德刚而女德柔,君子德明而小人德暗。男女各有魂魄,君子小人各有性情。男不无阴,而以刚、奇施者,其致用阳;女不无阳,而以柔偶受者,其致用阴。是故《易》之云乾,云其致用者而已。[1]

这是说,就具体事物的构成而言,每一事物都禀受了阴阳之气,但就决定其特征、成就其运用说,或就一事物所以为此事物的主次、主辅等因素说,每一事物都有偏于阳或偏于阴之侧重。比如代表阳刚和阴柔的"乾道成男,坤道成女"一语,王夫之的解释是,男与女各具阴阳,不过男其性质为刚,其表现为奇,其作用主要为施予,而女则性质为柔,其表现为偶,其作用主要为接受。故男为阳,女为阴,是就其致用方面着眼。《周易》之《乾》,也就此方面着眼。王夫之作此说明,一方面是要指出,说到乾时,并非无阴,而其致用为阳,由此杜绝有阳而无阴之时的推断与联想,保持乾坤并建的一贯性、恒常性,另一方面是要指出,构成事物的阴阳中,必有一方是起主要、主导作用的,另一方则是起辅助、顺成作用的,由此杜绝均衡论,使爻位、中位、承乘、进退、来去等建立在尊卑、主次基础上的各种理论有《易》理的内在根据。同时也使王夫之以上阳为气为神,恒舒而毕通,以推荡于阴之中而为其动力,为其作用者的理论相一贯。

---

① 王夫之:《船山全书》第一册,第822页。

而在位、材、德三者关系中,德是最活跃、最有主宰力的。天地是位,它为德提供了展现的舞台;阴阳是材,它是德借以展现自己的物质载体。天地至大,德的展现范围也至大,但不管德展现于何处,它的内在属性是不会改变的。这种属性借助于阴阳之载体使自己显露于任何时空位置并自处于最佳位势。故触处皆健,健行天下。就此意义说,健是无所谓位的,位反而使健具有了在不同制约场所历练从而增益其所不能的作用。材也不能抑制乾的创造力、冲击力,反过来使乾在乘阴阳之气以运行的过程中,有起伏跌宕、收放有致的节奏韵律之美。如乾之六位,潜龙勿用是健之深潜蓄势,见龙在田是健之初试牛刀,积累力量,日乾夕惕、或跃于渊是健之苦练内功,继长增高,飞龙在天是健之大展宏图、充量发展,亢龙有悔是健之知极必反、全身而退。健无论至何处,皆不失其健而展现为不同形态。此即"德善乎材以奠位"的意义。材与位都是德完成自己使命的辅助。

王夫之对《乾》卦的发挥,首重道的本体义、体用如一义,就是要确立存在的第一义性,一切义理、原则皆从存在推出。在存在之先,无有更高的本体。因此他对老子宇宙生成论的道,"有物混成,先天地生"的道,进行了猛烈批评,他指出:

> 道者,天地精粹之用,与天地并行而未有先后者也。使先天地以生,则有道而无天地之日矣,彼何寓哉!而谁得"字之曰道"?天地之成男女者,日行于人之中而以良能起变化,非碧宵黄垆取给而来贶之,奚况于道之与天地,且先立而旋造之乎![①]

王夫之的道,是本体论的道,道与天地万物同时而有,一体两面,非有时间上的先后和空间上的彼此。如果承认有先天地的道,必至承认有有道而无天地之时,此时道寓何处!宇宙的本体是阴阳之气,气是有,天地万物的变化,即以此气为基质,非从虚无中取来转赠万物。道之于万物,非先有道而旋造出万物,而是道即万物。所谓道生万物,是本体论的"生",是本有而显现,非无有而造出,故王夫之说:

---

① 王夫之:《船山全书》,第823页。

> 夫道之生天地者，则即天地之体道者是已。故天体道以为行则健而乾，地体道以为势则顺而坤，无有先之者矣。体道之全，而行与势各有其德，无始混而后分矣。语其分，则有太极而必有动静之殊矣；语其合，则形器之余终无有偏焉者，而亦可谓之“混成”矣。夫老氏则恶足以语此哉！[①]

体道，即以道之全体观照个体物。全体个体，在存在上非有先后之可言。老子的混成之道，也可作如是观。就道着眼，形器之总合外无他物；就个体事物着眼，皆太极中有动静之殊别。皆自有处立论。有处立论，就是要安立一个健动、实际存在的本体，反对佛老的虚空、阴柔，使昂扬、健实、真纯之儒学，在遭遇异族入侵、中原丧乱的残祸烈毒之后，重新屹立于中国文化的中坚地位。这是王夫之《乾》卦阐释的首要注目点。

二、元亨利贞：德与智

“元亨利贞”是《乾》卦卦辞，历代解易者对此发挥极多。其诠释方向之大端有二，一主取象说，即以乾坤两卦象阴阴二气，汉代人多主此说。此点为孔颖达《周易疏》所沿袭。一主取义说，即以天地之德行健与顺解释乾坤始物与生物之作用。后世义理派多主此说，如王弼和程颐。王夫之则二者兼取，先以气释作为存在之基础，再以德释作为存在中细绎出之原理。王夫之先以气释《乾》：“乾，气之舒也，阳气之行于形质之中外者，为气为神，恒舒而毕通。”[②]再在气的特性中引申出其德行：“其用和煦而靡不胜，故又曰‘健’也。此卦六画皆阳，性情功效皆舒畅而纯乎健。”[③]因王夫之主义理解《易》，故二者相较，王夫之更重视、发挥更多的是乾之德行与其中蕴涵的义理。

就义理发挥说，《外传》较为简单，《内传》则要深广得多。《外传》的发

---

① 王夫之：《船山全书》第一册，第823页。

② 同上书，第43页。

③ 同上。

挥首先在德智关系上。王夫之说：

> “贞”者，“事之干”也，于时为冬，于化为藏，于行为土，于德为实，皆信也。然则四德何以不言智乎？《彖》云：“大明终始，六位时成”，则言智也。今夫水，火资之以能熟，木资之以能生，金资之以能莹，土资之以能浃。是故夫智，仁资以知爱之深，礼资以知敬之节，义资以知制之宜，信资以知诚之实。故行乎四德之中，而彻乎六位之终始。终非智则不知终，始非智则不知始。故曰“智譬则巧也”，巧者圣之终也；曰“择不处仁，焉得智”，择者仁之始也。是智统四德，而遍历其位，故曰“时成”。各因其时而借以成，智亦尊矣。虽然，尊者非用，用者非尊。其位则寄于四德，而非有专位也。……是故夫智，不丽乎仁则察而刻，不丽乎礼则慧而轻，不丽乎义则巧而术，不丽乎信则变而谲，俱无所丽则浮荡而炫其孤明。幻妄行则君子荒唐，机巧行则细人捭阖。故四德可德，而智不可德；依于四德，效大明之功，而无专位。[①]

以元亨利贞配仁义礼智，前人注《易》言之甚多。[②] 特别是朱熹主以仁义礼智配元亨利贞，言“仁义礼智，便是元亨利贞”[③]。“以天道言之，为元亨利贞；以四时言之，为春夏秋冬；以人道言之，为仁义礼智；以气候言之，为温凉燥湿；以四方言之，为东西南北。”[④]宋以后学者多宗之。王夫之则以信配贞，将“智”屏于四德之外。此点他一生奉守，晚年之《内传》，仍以仁义礼信配元亨利贞。[⑤] 传统上以土配信，信“寄旺于四时”。但王夫之以贞配信，“智”寄寓于仁义礼信四德中。他的解释是，智只是聪明慧巧，随处发生照知的作用，故可用《彖传》之“大明终始，六位时成”一句来形容。智必须在正确价值观念的指引、统领下，所发生的作用才是有正面价值的。正面的价值观念无过于仁义礼信，故智必须附丽在仁义礼信之后才能发生好的作用。智主照察、知觉、思索、谋划，故仁借助智，其爱的发生才是真实的；礼借助

---

① 王夫之：《船山全书》第一册，第824页。

② 参见（清）李道平撰：《周易集解纂疏》，潘雨廷点校，中华书局，1994年，第42—44页。

③ 黎靖德编：《朱子语类》，中华书局，1986年，第106页。

④ 同上书，第1689—1692页。

⑤ 王夫之：《船山全书》第一册，第59页。

智，其敬的发生才是有节度的；义借助智，其裁制的发生才是合乎机宜的；信借助智，其诚的发生才是切实可行的。四德离不开智，因为智贯穿于四德之中，是四德发生作用的前提条件，故智知终知始。如果套用《中庸》的说法，智可谓“诚者物之终始，不诚无物”。在这个意义上，智统四德。故智的地位是最尊贵的。但王夫之对智的地位是明扬实抑：智之所以尊贵是四德离不开它，但它没有专位，只能寄位于四德。没有专位，就没有自主性，没有内在的价值主体性，和使他物不得不依附自己的统御性。没有价值主体性就有越出价值规范浮荡无归的危险。如没有仁之控御的智就会陷于苛察刻薄，没有礼之控御的智就会陷于巧慧轻浮，没有义之控御的智就会陷于巧伪诈术，没有信之控御的智就会陷于滥变诡谲。单纯的、无所附丽的智是虚浮的明、寡头的明。明是人天生的禀赋，无人不如此。如果放弃仁义礼信的范导，单单凭恃寡头的智，君子也会干出诬枉之事而陷于荒唐，小人更会要弄机巧而极尽纵横捭阖之能事。所以王夫之的结论是，仁义礼信都可作为独立的德行，唯独智不可，智只能附丽于四德之中，依靠四德的指导作用，才可以将它明的功能发挥于有价值之处。就智作为纯粹的知识理性说，它更多地具有知的特性；而仁义礼信四德因有意志、选择、情感等实践理性的因素，则更多地具有行的特性。行重于知，知无行，只为狂慧而已。狂慧、浮明，是王夫之最为反对而力倡戒除的。

王夫之在《外传》中大力论述智非独立的德行，目的在批评佛老和功利主义。王夫之认为，佛老虽主张般若无知、绝圣弃智，但它们的核心观念空无、虚静中都无仁义等有价值意义的观念，思维中如果排除了价值观念，那只能“空余性地”，只有纯粹的知了。而纯粹的知，只能落入巧慧、机诈、浮明。法家、阴阴家、名家、兵家等，或以机谋、权诈等实效性结果取胜，或以名理、辩术等知识性结果取胜，皆崇尚功利，卑视价值意义。二者虽有出世与用世、个人潜修与博施济众取向之不同，但在排斥仁义礼信四德，唯倚恃智识这一点上是相同的。故王夫之将佛老与功利主义放在一起批判：

老氏谓上善若水，而释氏以瓶水青天之月为妙悟之宗。其下者则刑名之察，权谋之机，皆崇智以废德。乃知大《易》之教，为法天正人之极则也。子曰：“逝者如斯夫，不舍昼夜。”夫逝者逝矣，而将据之以为德乎?①

此中对释老唯恃智字的批判,都切"水"字,大概与孔子"智者乐水,仁者乐山"一语有关,这从上引孔子语中对水的贬抑可知。王夫之对寡头的智、狂慧、浮明的批评,就是要指出,德是中国文化特别是儒家文化的核心价值,对这一价值的轻视、贬落,会引起严重后果。轻者可使士子行检不修,猖狂妄作,重者可毒害士习世风,导致亡国之祸。在这一点上,王夫之忧思深重,毫无隐讳。他曾批评禅宗和龙溪:

释氏缘见闻之所不及而遂谓之无,故以真空为圆成实性,乃于物理之所必感者,无理以处之而欲灭之;灭之而终不可灭,又为"化身无碍"之遁辞,乃至云"淫坊酒肆皆菩提道场",其穷见矣。性不可率之以为道,其为幻诞可知。而近世王畿之流,中其邪而不寤,悲夫!②

这是对张载《正蒙》"浮图不知穷理而自谓之性,故其说不可推而行"一句的延伸。仍是说佛教以圆成实性为最高追求,而圆成实性为真空,其中并无性理等价值性追求。又倡"三身说",以化身为佛身之当机显现,佛身为体,化身可有无量数,乃至淫坊酒肆皆为修道之所。此为不循内在之价值本体而行必然会有的结果。泰州、龙溪循先天良知,率性而行,不有功夫上之汰滤,以至良知与私欲夹杂,皆自以为推致良知。晚明士风世风,皆以率性而行相尚相高,以兢业做功夫为拖泥带水,为不俊逸超脱,又以禅宗上述话语为口实,以为"酒色财气不碍菩提路",结果是一世士风之糜烂。明朝之亡,相当大的责任要由王门弟子来负。这在顾炎武、黄宗羲等明末清初思想家的相关论述中并不少见。王夫之对泰州龙溪的指斥虽未有如此激烈,但在《张子正蒙注》、《思问录》、《俟解》、《搔首问》诸书中多有涉及,甚至连带对王阳明亦多有微辞。如《搔首问》中一段,以为龙溪、李贽之言行对当时善恶颠倒、是非混淆的士风有不可推卸的责任:

自古小人淹没宠利,不恤君亲者,即无所不至,未敢以其所为公然

① 王夫之:《船山全书》第一册,第824页。
② 王夫之:《船山全书》第十二册,第182—183页。

标榜，与天理民彝相亢，其良心固尚不尽亡也。自龙溪窃中峰之说，以贪嗔痴治戒定慧，惑世诬民；李贽益其邪焰，奖谯周、冯道而诋毁方正之士，时局中邪佞之尤者，依为安身之计。猖狂之言，正告天下而无复惭愧。……更有作诗者曰："豫让何当称国士，李陵原不愧家声。"至此，则虽舜为天子，皋陶为士，亦末如之何也。①

对方以智明亡后出家，仍不忘故国，不废文化之事，斥何心隐、李贽为刑戮之民之举极为赞扬：

乃披缁以后，密翁（按方以智字密之）虽住青原，而所延接者类皆清孤不屈之士，且兴复书院，修邹、聂（按指邹守益、聂豹）诸先生之遗绪，门无兜鍪之客，其谈说，借庄、释而欲檠正之。……特其直斥何心隐、李宏甫为刑戮之民，则允为铁案。无知轻躁之徒，翕然从之，其书抵今犹传，乌容不亟诛绝之邪！②

对顾宪成辩无善无恶之旨，以救正王学末流的猖狂自恣之举也十分赞赏：

昭代理学，自薛文清而外，见道明，执德固，卓然特立，不浸淫于佛老者，唯顾泾阳先生。锡山书院所讲说见院志者如日星，有目者无不可见也。东林会讲，人但知为储皇羽翼，不知其当新学邪说横行之日，砥柱狂澜，为斯道卫之尤烈也。先生前无所承，后亦无所授，同时同志若高景逸先生，已自有不同者。要之，有得之言，唯心得之，乃与往圣合符。……阳明天泉付法，止依北秀南能一转语作葫芦样，不特充塞仁义，其不知廉耻亦甚矣。③

说阳明天泉付法有似南能北秀，此说非真知阳明者。斥阳明此说为充塞仁义，不知廉耻之甚，也贬抑太过。又有一段，专抨击李贽、龙溪，并以杨慎作对比：

滇中所在为杨用修（按杨慎字用修）立祠屋，迄今俎豆不衰；李贽

① 王夫之：《船山全书》第十二册，第648页。
② 同上书，第635—636页。
③ 同上书，第625页。

> 生祠，贽死即拆毁，弃其像于沟壑。用修戍滇，嬉游不修小节，而滇人思慕不忘者，其忠耿大节既足动人，且以贵公子状元及第，而未尝挟之以交当事与滇中政刑，弋一钱之获。贽为郡守，恣其贪暴，凌轹士民，故滇人切齿恨之。贽受法于龙溪。龙溪之告唐应德曰："他人以戒定慧治贪嗔痴，公当以贪嗔痴治戒定慧。"宜其心印之若此。[①]

李贽果否如此贪暴，龙溪此语是在何种背景下说出，其意谓若何，皆一面之词，此处不深究。应该着眼的是，王夫之受明亡之惨祸烈毒的刺激，激烈抨击王学，意欲扭转明末奢靡、荡越、狂放的士风世习，故出语不无偏激之处。另，王夫之心仪经学理学并重、格物穷理与明心见性并重、质实笃厚的朱子学，反对空灵、浑融、统约性思维方式，故对王学不宽容、不能同情理解也是意中之事。

从对泰州、龙溪乃至王阳明的批评看，王夫之是从总结明朝灭亡的教训，重建中国文化重视价值的传统，恢复经史并重的传统，扭转理学语录之学的枯瘠单薄的大格局着眼去批评佛老和功利主义，去论证和树立"四德可德，而智不可德"的理论的，故在明末清初的文化背景之下有重要意义。这一点是贯彻于《周易外传》乃至他的整个经学诠释的始终的。

三、对功利的阐释：道释与儒

王夫之对乾卦的发挥，很重要的一个方面就是对功利主义的反对。他将智排除在四德之外，批评释老崇智而废德，意皆在此。他批评程颢从得失成败角度解释"元"，也是这一意向的贯彻。他说：

> 先儒之言"元"曰："天下之物，原其所自，未有不善。成而后有败，败非先成者也；有得而后有失，非得而何以有失也？"请为之释曰："原其所自，未有不善"，则既推美于大始矣。抑据成败得失以征其后先，则是刑名器数之说，非以言德矣。文言曰："元者善之长也。"就善而

---

① 王夫之：《船山全书》第十二册，第625页。

> 言,元固为之长矣。比败以观成,立失以知德,则事之先,而岂善之长乎?①

王夫之这里就程颢关于“元”的一段话发表批评意见从而引出他自己对功利主义的批评。在王夫之看来,程颢这段话前半是对的,后半是错的。因为天下万物皆起于元,元作为万物之资始是最高的善。《乾·文言》就是在这个意义上说“元者,善之长也”。此意自正而无偏,但又以成与败、得与失论先后,则与前不伦。一般来讲,先者本然,后者派生;先者主体,后者辅助。如此则成与得为本然,为主体矣。以成败得失为本,则陷于法家霸道之说,非以正义与德行为准则了。成败、得失是行为的重要参照,但不可作为众善之长。王夫之继续申论:

> 彖曰:“大哉乾元,万物资始。”元者,统太始之德,居物生之先者也。成必有造之者,得必有予之者,已臻于成与得矣,是人事之究竟,岂生生之太始乎?②

这仍是说,乾元作为万物的本体、始源,才是万物的最先者。而成与得作为人的活动结果,是完成的、给予的,不能作为生生之源。

王夫之又说:

> 夫一阴一阳之始,方继乎善,初成乎性,天人授受往来之际,止此生理为之初始,故推善之所自生,而赞其德曰“元”。成性以还,凝命在躬,元德绍而仁之名乃立。天理日流,初终无间,亦且日生于人之心。唯嗜欲薄而心牖开,则资始之元亦日新而与心遇,非但在始生之俄顷。③

这是说,就万物之始言,天赋予其开端,物接受此赋予,此时只有生生之理。人推求万物之始源,指此生生之理为“元”。而人与物之成性、凝命等,正是继承发扬生生之理之过程,此生生之理连同其生长、发育,就是仁。仁是生

① 王夫之:《船山全书》第一册,第825页。
② 同上。
③ 同上书,第825—826页。

理，是过程，也是结果，总之是动态发展的，不是一成不变的。

由此王夫之批评佛教的“缘起性空”，宣说“有”为万物本体之观念。他指出，佛教“六相”之说认为世间万物由总、别、同、异、成、坏六种相构成，故无有真实不变之自性，其实性为“空”，一切成败、得失皆假象，皆不足挂怀。王夫之从“有”的立场认为，败是已成的东西的坏灭，失是已得的东西的失去，失与败是对成与得而言，是在与成与得的对比、观照下成立的。人对于成与得的褒扬奖励，是为了显示按照天理去做必有成与得之功效，而败与失是人之懦弱、阘茸招致的结果，非如佛教“六相”所言为事物固然之状。成与得为应追求之价值，则佛教泯灭理事、捐弃伦物之说不能成立。但以成与得为万物资始之“元”，则未可。王夫之总结此旨义说：

> 合成败、齐得失以为宗，释氏缘起之旨也。执成败、据得失以为本，法家名实之论也。执其固然，忘其所以然，而天下之大本不足以立；以成为始，以得为德，而生生之仁不著。吾惧夫执此说者之始于义而终于利矣。①

此中之“所以然”、“天下之大本”皆指生生之仁，是王夫之着力提扬的万物本体，而佛家之“缘起性空”、法家之“综核名实”皆违背此生生之仁，虽在破除人之执持奔竞、奖掖人之事业功烈方面皆有可取，但其学说不可作根本宗旨，因为二者皆以功利为归趋。

王夫之虽批判佛教、法家所讲之功利，但亦大力标揭儒家之功利。关于功利，王夫之心仪的是《文言》所谓“利者义之和”、“乾元者，始而亨者也；利贞者，性情也”、“乾始能以美利利天下，不言所利，大矣哉”诸说所表达的思想。王夫之在《外传》中说：

> 夫功于天下，利于民物，亦仁者之所有事。而以为资始之大用即此在焉，则“享其利者为有德”；亦且不知君子正谊明道之志未尝摈失与败而以为非道之存，况天之育万物而非以为功者哉！“元”者，仁也，

① 王夫之：《船山全书》第一册，第826页。

“善之长也”，君子之以长人者也。成败得失，又奚足论之有！[①]

这是说，功利是儒者的价值理想，但儒者所追求的功利，是功于天下、利于民物，不是一已之小利，也不是搏取其他价值的手段。儒者所倡导的功利，首先是能给万物资始者，是能普遍给予万物以滋养且不据为己功者。由此义，则天道、乾始是“元”，是“善之长”，是万物最大的功臣，世间最有德者。而正义明道过程中的成败得失，皆儒者效法天道追求功于天下利于民物中小的波澜和曲折、阶梯和由藉，亦为追求天下之功利必然会遇到的。这样，佛家、法家所置于首位、视为最高价值的功利，也在儒家的天下之大利中得到合理的安顿。

而在晚年所作的《内传》中，王夫之对功利的解释，眼量不止于对佛教和法家功利主义的批判改造，而是在《外传》所言功于天下利于民物的基础上，将“利”置于天道之元亨利贞四者关系之中，言天道之大利，重点发挥“利者义之和”之旨。如王夫之在对《文言》“元者善之长……”一段的注释中说：

元、亨、利、贞者，乾之德，天道也。君子则为仁、义、礼、信，人道也。理通而功用自殊，通其理则人道合天矣。“善之长”者，物生而后成性存焉，则万物之精英皆其初始纯备之气发于不容已也。“嘉之会”者，四时百物互相济以成其美，不害不悖，寒暑相为酬酢，灵蠢相为事使，无不通也。“义之和”者，生物各有其义而得其宜，物情各和顺于适然之数，故利也。“事”谓生物之事。“事之干”者，成终成始，各正性命，如枝叶附干之不迁也。此皆以天道言也。[②]

这是说，元亨利贞为乾之四德。元者，乾之纯备之气在其舒张运通之中予万物以存在与性质之潜能；亨者，万物在互相联结中损益相济而各成其美因而顺通；利者，万物各顺适其本性之必然性，各成其能各逞其用，因而发生于己于他之利益功效；贞者，万物各顺通其性质，各完成其使命，秩然其有序，敛

① 王夫之：《船山全书》第一册，第826—827页。
② 同上书，第59页。

然其潜藏。元亨利贞为一总体,而四者又各有其使命、职责。“利”是这一总体的某种特性,某个侧面,是在四者的统一运行中实现的。王夫之特别重视的是其中的“利者,义之和”所包含的意义。义是万物之性、之理,是其不得不然的原理和法则,利是在诸事物的相互济助中实现的,利是总体性的,也是个体性的。总体是一个绵延的大流,一个连续不断的链条。个体之利遭到破坏,也就表明总体之网出现缝隙,整个链条出现断裂。对个体的修补就是对整体的完善,个体与整体不可分割地联接在一起,元亨利贞虽功用各殊而通为一体。这就是王夫之对《乾·文言》解释的精粹之处。在义利之辩上,它明确表现出“利者义之和”之精义。

这一原理在人道上的贯彻就是,通过“体仁”、“嘉会”、“和义”、“贞固”来体现仁、义、礼、信四德,以效法元、亨、利、贞天之四德。王夫之说:

> “体仁”者,天之始物,以清刚至和之气,无私而不容已,人以此为生之理而不昧于心,君子克去己私,扩充其恻隐,以体此生理于不容已,故为万民之所托命,而足以为之君长。“嘉会”者,君子节喜怒哀乐而得其和,以与万物之情相得,而文以美备合理,事皆中节,无过不及也。“利物”者,君子去一己之私利,审事之宜而裁制之以益于物,故虽刚断而非损物以自益,则义行而情自和也。“贞固”者,体天之正而持之固,心有主而事无不成,所谓信以成之也。此以君子之达天德者言也。①

《文言》这一段话本天而言人,本天之四德而言人之四行,王夫之对它的解释直接承此而来,体现了占学一理、占君子不渎告小人、《易》为穷理尽性之书诸基本义理。“体仁”者,将天无私溥施之生理体之于己心,内能克己之私,外能普爱万物;清修则为高洁之士,理政则为民之托命。“嘉会”者,诸美备于一身,文采绚烂,充实光辉;喜怒哀乐中礼,己情与外物相谐。“利物”者,去一己之私利,合天下之公利;植元亨顺通之因,结利贞干固之果。“贞固”者,法天理之正于己而牢固持守,内立坚贞之志,外秉有恒之行,则自然无不利。王夫之主张效法乾之元亨利贞四德,体之于己身,而有仁、义、

---

① 王夫之:《船山全书》第一册,第59页。

礼、信四行。四行是具体德目,而为仁所包贯;四德功用自殊,而为乾所总括。总括者犹《中庸》所谓“大德敦化”,殊别者犹《中庸》所谓“小德川流”。大德小德,敦化川流,皆天道的不同表现。王夫之就此义说:

> 仁、义、礼、信,推行于万事万物,无不大亨而利正,然皆德之散见者,《中庸》所谓“小德”也。所以行此四德,仁无不体,礼无不合,义无不和,信无不固,则存乎自强不息之乾,以扩私去利,研精致密,统于清刚太和之心理,《中庸》所谓“大德”也。四德尽万善,而所以行之者一也,乾也。故曰:“乾,元亨利贞”。唯乾而后大亨至正以无不利也。①

此中强调,天道之利益群生是最大的利,此利最无私,最普遍。而此大利的前提是天道的大亨至正。人欲自利利他,首先必须效法天道,大亨至正,也即无私而普遍,方能达成此大愿。天道之无私而普遍同时说明,普利万物是天道的自然本性,是它不得不然的表达,无需目的,无需理由。并且也只有这样,才能形成“乾道变化,各正性命”的太和局面。这一点正是天道“以美利利天下,不言所利,大矣哉”的根本原因。王夫之对此句的解释,集中表达了他关于天地之大利的思想:

> “美利”,利之正也。“利天下”,无不通也。“不言所利”,无所不利之辞。异于《坤》之“利在牝马”、《屯》之“利在建侯”。当其始,倚于一端,而不能统万物始终之理,则利出于偏私,而利于此者不利于彼,虽有利焉而小矣。乾之始万物者,各以其应得之正,动静生杀,咸恻隐初兴、达情通志之一几所函之条理,随物而益之,使物各安其本然之性情以自利;非待既始之余,求通求利,而唯恐不正,以有所择而后利。此其所以为大也。②

利天下而不言所利,普利群生而无有偏私,“利天下”,不过是天道固有的生生之几在仁之本性的表达中之自然贯彻。这就是王夫之晚年反复强调的“利”。此中多言天下之大利,多言利天下而不据为己有,此其所以为大。

---

① 王夫之:《船山全书》第一册,第59页。
② 同上书,第69页。

这与早年的批判释老,批判功利主义,要平和、广大得多,境界与胸怀也高远得多。此时他更多地把揭示天道,作为人效法的榜样这一点,置于他经典诠释的最重要地位。把"六经注我"中的激愤、侧重于一义一理的发挥,自觉变为宽平、渊深、内蕴浑厚的文本阐释。这一特点是我们在对比《外传》与《内传》诠释之不同时经常可以碰触到的。

卦序与时义:程颐对王弼释《易》体例的超越[*]

杨立华[**]

与北宋的大多数易学家同样,程颐的《周易》注释也是在与王弼《周易注》的对话关系中展开的。对于伊川而言,要想真正超越王弼以老庄为根柢的易学解释、重建属于儒家的易学系统,关键在于能否构建起一套与王弼的释《易》体例有着本质区别的解《易》原则。

在根本的解释学姿态上,程颐继承了王弼的立场。同王弼一样,他并不试图全无凭借地解释《周易》,而是自觉地将自己的解释学视野内置于一个由《彖》、《象》、《文言》和《序卦》构成的前视野。这种解释学态度首先关注的并不是如何解释《周易》的卦爻辞,而是把握和揭示《彖》、《象》等文本解释《周易》的原则和方法。换言之,后世的易学诠释不是为了揭示《周易》的"本义",而是以理解和揣摩孔子的释《易》原则为目标的。[①] 有所不同的是,王弼只关注《彖》、《象》和《文言》,而程颐则在《彖》、《象》和《文言》之外,又增加了《序卦》。《序卦》的引入,对于程颐解《易》原则的确立有着至为关键的影响。本文将以此为重心,藉此探明《程传》中种种创设的立意所在。

一、卦　才

余敦康先生在其新著《汉宋易学解读》一书中指出:"程颐关于成卦体

---

* 本文原发表于《中国哲学史》,2007 年第 4 期,第 77—82 页。

** 杨立华,1971 年生,男,北京大学哲学系教授、博士生导师。

① 当然,在王弼和伊川那里,这样一种基于我们今天解释学理念的区分并不存在。在他们看来,孔子在《易传》中所揭示的,正是《周易》的本义。

例的这些思想,大体上本于王弼,但是他又进一步提出了'卦才'之说,对卦义的由来作了更为细致的区分,批评王弼的某些解释过于笼统。"①在此基础上,余先生又进一步分析了"卦才"在《周易程氏传》中的具体含义:

才与德相对,卦德为体,卦才为用。照程颐看来,大有之所以元亨,关键在于卦才之用。卦才由卦德而来,但必由体起用,以六五之君应于乾之九二,居尊执柔,始能为众阳所归,而得元亨。王弼对此不作区分,援引比吉、谦亨之例,仅凭卦名而释大有元亨之义,而忽视了卦才之用,这种解释不足为训。……照程颐看来,卦序前后相继之义皆由爻变而来,爻变则卦变,卦变则体变,体变则用变。一卦六爻在特定时限内所形成的组合关系谓之卦体,其总体特征与基本性质谓之卦义,也叫做卦德,六爻在此组合关系中所具有的功能谓之卦用,也叫做卦才。②

以体用关系解说卦才与卦德,的确是一个新见解。但未免失之笼统,而且在程氏《易传》中也并没有明确的根据。至于将"卦才"理解为"六爻在此组合关系中所具有的功能",则更有将此核心概念在《周易程氏传》中的各种用法简单化的嫌疑。

在《周易程氏传》中,"卦才"是用来解释卦辞和彖辞的概念。

"卦才"这一概念与所谓"成卦之由"的问题并无直接的关联。关于《周易》各卦名的"成卦之由",程颐在《贲》卦彖辞的注释中做了全面的阐述:

凡卦,有以二体之义及二象而成者,如《屯》取动乎险中,与云雷《讼》取上刚下险与天水违行是也。有取一爻者,成卦之由也,柔得位而上下应之,曰《小畜》;柔得尊位,大中而上下应之,曰《大有》是也。有取二体,又取消长之义者,雷在地中《复》,山附于地《剥》是也。有取二象兼取二爻交变为义者,风雷《益》兼取损上益下,山下有泽《损》兼取损下益上是也。有既以二象成卦,复取爻之义者,《夬》之同刚决柔,《姤》之柔遇刚是也。有以用成卦者,巽乎水而上水《井》,木上有火

① 余敦康:《汉宋易学解读》,华夏出版社,2006年,第425—426页。
② 同上书,第426—427页。

> 《鼎》是也,《鼎》又以卦形为象。有以形为象者,山下有雷《颐》,颐中有物曰《噬嗑》是也。此成卦之义也。……卦之变,皆自《乾》、《坤》。[1]

"成卦之由"讨论的是卦象与卦名之间的关系,即《周易》为每一卦象给出相应卦名的根据。这是王弼的《周易注》未能真正提出和面对的问题。对此,程熙根据《彖传》总结出了七种情况:有的卦,如《屯》和《讼》,依据的是上下卦的卦义和卦象的关系;有的卦,如《小畜》和《大有》则是取六爻中某一爻的爻位关系,为卦名的来由;有些卦,如《复》和《剥》,用的是上下卦的卦义以及阴阳的消长关系;有些卦,如《益》和《损》,则是兼取上下卦和卦变为根据;此外,还有兼取上下卦和某一爻爻位的(如《夬》),有依据上下卦的实际用途的(如《井》),有由卦象的外形而得名的(如《颐》和《噬嗑》)。与王弼的另一显著不同是,程颐并不排斥卦变的理论。[2]

值得注意的是,在《周易程氏传》中,"成卦之由"和"卦义"同样不能混淆。《程传》注解《讼》卦彖辞曰:

> 卦有更取成卦之由为义者,此是也。卦义不取成卦之由,则更不言所变之爻也。[3]

这里,"成卦之由"与"卦义"的区别是显而易见的。就《讼》卦而言,九二和九五这两个居中的阳爻是成卦的主要根据。而《彖》辞以"有孚,窒惕,中吉"为卦义,在程颐看来,就是"取成卦之由为义"。而这并非《彖》的通例。更常见的则是"卦义不取成卦之由"的情况。

在《程传》中,"卦才"主要有两种典型的用法,两种分别有其固定的句式:其一是"如卦之才……可以"或"卦之才……可以";其二是"以卦才言也"。两者分别针对不同的问题。

"如卦之才……可以"这一用法,讨论的都是卦辞和彖辞之所以言"吉"

---

① 《周易程氏传》,《二程集》第三册,中华书局,1981 年,第 808—809 页。

② 王弼的《周易注》完全摈弃卦变说,《周易略例·明象章》云:"互体不足,遂及卦变,变又不足,推致五行",《王弼集校释》,楼宇烈校释,中华书局,1980 年,第 609 页。

③ 《二程集》第三册,第 728 页。

言“亨”的问题。[①]《程传》释《大有》卦辞“大有:元亨”云:

> 卦之才可以元亨也。凡卦德,有卦名自有其义者,如《比》吉、《谦》亨是也;有因其卦义便为训戒者,如《师》贞丈人吉、《同人》于野亨是也;有以其卦才而言者,《大有》元亨是也。[②]

程颐注意到,《周易》各卦卦辞中的“吉”“亨”不可一概而论。有些是卦名本身就有“吉”“亨”之义的,如《比》和《谦》。有些则必须“如卦之才”才可以致“吉”“亨”,如《大有》。而具体的区划标准,则是以程颐个人对儒学价值的理解为依据的。比如《谦》之亨之所以不论卦才,是因为在儒家思想中,“谦”道本身就足以致亨。而《大有》等卦的“亨”义,则必须有相应的“才德”。就《大有》卦来说,“卦之德,内刚健而外文明”,正是这样的“才德”,才带来“元亨”的结果。

在余先生的《汉宋易学解读》中,卦德与卦才成了《程传》中的两个相对立的范畴,这样的分疏恐怕难以成立。《程传》释《大畜》彖辞云:“以卦之才德而言也,乾体刚健,艮体笃实。”[③]又释《大有》彖辞:“卦之德,内刚健而外文明。……**其德如此,是以元亨**。……非大有之义便有元亨,**由其才故得元亨**。”在这两段注释中,前者是卦之“才德”并用,后者是卦之“才”“德”互换,都可以证明“卦德”与“卦才”的一致性。由此,“人能如卦之才,可以致元亨”[④],意即“人能有卦象中体现出的‘才’和‘德’,方能有‘元亨’的结果”。在程颐看来,“吉”“亨”与人的德行是密不可分的。

“以卦才言也”这一用法,讨论的则是一部分《彖辞》的立说根据和原则。《程传》释《益》卦彖辞“益,损上益下,民说无疆,自上下下,其道大光”云:

---

① 这一问题的产生,实际上源于程颐对《乾》《坤》二卦的独特地位的强调,《程传》释《乾》卦卦辞云:“惟《乾》《坤》有此四德,在他卦则随事而变焉。”(《二程集》第三册,第695页)又释《大有》彖辞云:“诸卦具元亨利贞,则《彖》皆释为大亨,恐疑与《乾》《坤》同也。”(同上书,第768页)

② 同上书,第768页。

③ 同上书,第828页。

④ 《鼎》卦彖辞注,同上书,第958页。

以卦义与卦才言也。[①]

而对于后面一句“益,动而巽,日进无疆”则说:

又以二体言卦才。[②]

在程颐看来,“损上益下”这句彖辞是依据“卦义”和“卦才”来解释的,而“动而巽”一句则是在以《益》的上下卦(巽上震下)解释“卦才”。“以卦才言也”是《程传》对彖辞的注释中常见的一种表达,与此同类的表达还有“以卦变及二体之义而言”(《蛊》彖辞注,页789)等。

王弼在《周易略例》中提出了把握彖辞的一般原则:

凡彖者,通论一卦之体者也。一卦之体必由一爻为主,则指明一爻之美以统一卦之义,《大有》之类是也。卦体不由乎一爻,则全以二体之义明之,《丰》卦之类是也。[③]

卦被分成两类,一类是以一爻为主的卦,对于这类卦,《彖辞》就着眼于为主的这一爻的特点来申说整个卦象的意义;另一类是没有主爻的卦,对于这些卦,《彖辞》就根据上下卦的特点和关系来加以解说。与之相较,《程传》的解释系统要复杂得多。除了继承王弼一爻为主和二体之义这两个原则外,又引入了卦变说,并创立了“卦才”的体例。有时还会直接以卦名所涵之义来理解部分彖辞。

在了解了“卦才”在《程传》中的用法以后,我们有必要进一步探讨“卦才”的具体内涵:

以卦才言之,五居君位,为需之主,有刚健中正之德,而诚信充实于中,中实有孚也。(《需》卦注,页723)

以卦才言也,内健而外巽,健而能巽也。二五居中,刚中也。阳性上进,下复乾体,志在于行也。……以卦才言,则阳为刚中。

(《小畜》彖辞注,页745)

---

① 《周易程氏传》,《二程集》第三册,第912页。

② 同上书,第913页。

③ 《王弼集校释》,楼宇烈校释,中华书局,1980年8月,第615页。

以卦之才德而言也。乾体刚健,艮体笃实。(《大畜》彖辞注,页828)

言卦才之善也。刚虽过,而二五皆得中,是处不失中道也。(《大过》彖辞注,页839)

又以二体言卦才。下动而上巽,动而巽也。(《益》彖辞注,页913)

健而说,决而和,以二体言卦才也。(《夬》彖辞注,页919)

从上述引文看,"卦才"显然不只是"六爻在此组合关系中所具有的功能"。对于某些卦来说,卦才的内容来源于爻位,比如引文中的《需》卦。而对于另外一些卦,卦才显然出自上下卦的卦德。当卦才的内容来源于爻位时,它常常强调爻的质性的"刚健"以及爻位的"中正";而当卦才根据的是上下二体时,则主要强调上下卦的"健"、"说"、"巽"之类的卦德。由此看来,"卦才"指的是爻位或上下卦中体现的应对某一卦的卦"时"所应有的德性和品质。这里,卦"时"所象征的是人生的种种情势和处境。

二、卦序与时义

对《序卦》传的重视,是《程传》与王弼易学体例的又一个重要区别。而伊川引入《序卦》的用意所在,则更有进一步掘发的必要。

《程传》在《易序》之后,特立《上下篇义》,专论《周易》卦序安排之义:

《乾》、《坤》,天地之道,阴阳之本,故为上篇之首;《坎》、《离》,阴阳之成质,故为上篇之终。《咸》、《恒》,夫妇之道,生育之本,故为下篇之首;《未济》,《坎》、《离》之合,《既济》,《坎》、《离》之交,合而交则生物,阴阳之成功也,故为下篇之终。二篇之卦既分,而后推其义以为之次,《序卦》是也。①

在程颐看来,上篇从"阴阳之本"至"阴阳之成质",下篇则由"生育之本"至"阴阳之成功"。总体说来,上篇是由天道渐推至人事,而下篇则是由人道

① 《二程集》第三册,第692页。

反归于天道。而《序卦》正是将《周易》各卦作为这样的“时义”演进的展开环节，“推其义以为之次”的。

除了卦序的次递推演关系外，程颐还强调了上下篇的区分在卦的阴阳质性上的根据：

> 卦之分则以阴阳。阳盛者居上，阴盛者居下。所谓盛者，或以卦，或以爻。卦与爻取义有不同。如《剥》：以卦言，则阴长阳剥也；以爻言，则阳极于上，又一阳为众阴主也。[①]

以阳盛者居上，阴盛者居下，是对阴阳尊卑地位的强调。程颐对王弼“一阴为之主”的观念，也持反对的意见：“卦一阴五阳者，皆有乾也，又阳众而盛也，虽众阳说于一阴，说之而已，非如一阳为众阴主也。王弼云‘一阴为之主’，非也。”[②]当然，这样的区分原则不免碰到例外的情况。而《上下篇义》则对这些看似例外的情况，做了详细的解释，以贯通“阳盛者居上，阴盛者居下”的分篇原则。

卦序之间的承转，有的时候是顺承的关系。比如《屯》、《蒙》、《需》、《讼》、《师》这一顺序，就体现了物之始生、幼弱、长养，进而因长养所需而致争讼，最后由争而兴师的过程。又如《姤》、《萃》、《升》，物相遇而后聚，聚而后渐次高大上升。有的时候则是反转的关系。比如《泰》和《否》，《剥》和《复》，《损》和《益》，《既济》和《未济》。处于这种关系中的卦象既是义理上相互否定的关系，又是时势和际遇之间相互转换的关系。

除前两种典型的关系外，还有一种卦序比较特殊，如《大有》、《谦》、《豫》这一卦序。对于《谦》之所以接续《大有》，《程传》以《序卦》为基础解释道：

> 《谦》，《序卦》：“有大者不可以盈，故受之以谦”。其有既大，不可至于盈满，必在谦损，故大有之后，受之以谦也。[③]

---

① 《二程集》第三册，第692页。
② 同上书，第693页。
③ 同上书，第773页。

由此可知,《谦》之所以安排在《大有》之后,是因为谦损是人处于大有的境况下应有的品质和态度。至《豫》位于《谦》之后,则是因为:

> 《豫》,《序卦》:"有大而能谦必豫,故受之以豫"。承二卦之义而为次也,有既大而能谦,则有豫乐矣。①

《豫》有"安和悦乐之义",是处大有之时而能谦损自持的结果。

六十四卦之间相互承转,构成了某种或许可以称为"时义的辩证法"的义理和时势的系统。

这一时义的系统总体说来是相当完备的,但也有需要曲为解释之处。如关于《蛊》之所以承续《随》,《程传》云:

> 《蛊》,《序卦》:"以喜随人者必有事,故受之以蛊"。承二卦之义以为次也。夫喜悦以随于人者,必有事也。无事,则何喜,何随?②

前面《豫》是处《大有》之时而持《谦》道的结果,这里变成了因"有事"而"喜悦以随于人"。其中《豫》的意义被悄然改变了。而"无事,则何喜,何随"的解说,也有失之牵强之处。

《程传》对卦序的强调,是以对《易》本质的理解为基础的。在《易序》中,程颐指出:

> 时固未始有一,而卦亦未始有定象……。以一时而索卦,则拘于无变,非《易》也。③

在程颐看来,对于任何一个卦象,如果仅仅依卦象所象征的时义来把握,就成了拘滞无变,也就从根本上违背了《易》的精神。卦的时义是相互依存,相互转变的。而这种转变又有一个整体的系统,并非任意和偶然的。这样一来,每一卦象也都不再是一个相对封闭的时势,它所表征的时义本身就包含着扬弃自身、超越自身的可能。

与卦序的引入同样,伊川对"时义"的分析和讨论,也指向了对王弼易

---

① 《二程集》第三册,第778页。
② 同上。
③ 同上书,第690页。

学的超越。王弼《周易略例》云："夫卦者，时也；爻者，适时之变者也。"①王弼对于《周易》的功用，强调的是"寻名以观其吉凶，举时以观其动静"。卦象所象征的是人生的各种"时"遇和情境。各卦之"时"是彼此孤立的，没有一定的依存转变关系。"犯时之忌，罪不在大；失其所适，过不在深"，人的作为只有依时适遇，才能免咎。正是由于这样的出发点，王弼《周易注》完全不关注《豫》、《坎》等卦的彖辞中"时义"、"时用"等概念。仅对《姤》卦彖辞"姤之时义大矣哉"中的"义"字，做了笼统的解释："凡言义者，不尽于所见，中有意谓者也。"②在这一解释中，"时义"的"义"，只是卦象中无法直接呈现的未尽之意。而对于《睽》卦彖辞"睽之时用大矣哉"，则说："睽离之时，非小人之所能用也。"③由此可知，"睽之时用"之大，在王弼看来，是指唯大人能用此一卦时之义。总的说来，王弼更强调的是对卦所象征的"时"的被动适应。

程颐对彖辞中的"时义"极为重视。在《豫》卦注中，他讨论道：

> 时义，谓豫之时义。诸卦之时与义用大者，皆赞其大矣哉，《豫》以下十一卦是也。《豫》、《遁》、《姤》、《旅》言时义，《坎》、《睽》、《蹇》言时用，《颐》、《大过》、《解》、《革》言时，各以其大者也。④

彖辞中赞"时义"、"时用"或"时"之大的，一共有十一卦。而之所以有"时义"、"时用"和"时"的不同，是因为各卦可以称扬其大的侧重点不同：《豫》等四卦是"时""义"皆大，《坎》等三卦是"时"和"用"大，而《颐》等三卦则是"时"大。

在《程传》中，"时"、"义"和"用"是彼此区别的概念。《随》卦彖辞"随时之义大矣哉"注云：

> 凡赞之者，欲人知其义之大，玩而识之也。此赞随时之义大，与

① 《王弼集校释》，第604页。
② 同上书，第439页。
③ 同上书，第405页。
④ 《二程集》第三册，第779页。

> 《豫》等诸卦不同，诸卦时与义是两事。①

《随》与《豫》等诸卦的不同，就在于《随》卦的时与义相一致，而《豫》等诸卦之时与义是相区别的。

余敦康先生《汉宋易学解读》中也讨论了“时义”和“时用”的问题：

> 彖传曾于豫、遁、姤、旅四卦赞其“时义”之大，于坎、睽、蹇三卦赞其“时用”之大。在程颐的易学体例中，“卦德”的概念相当于“时义”，“卦才”的概念相当于“时用”，二者的含义并不相同，比如小畜卦的卦德是以小畜大，以阴畜阳，其卦才指的是阳为刚中所具有的畜虽小而能亨的功能。②

卦才与卦德问题的复杂性我们已经在前一节中做了详尽的讨论。将“时义”与“时用”的关系等同于“卦才”与“卦德”的关系，在《程传》中，同样没有明确的根据。这样的把握，非但没有揭示出“时”、“义”和“用”之间的区别和联系，反而在某种简单化的处理中，将其掩盖了。

对于《彖传》赞时义之大的四卦，程颐强调的重心也有所不同。在他看来，《彖传》之所以赞《豫》的时义之大，是因为豫顺之道，“旨味渊永，言尽而意有余”，因此通过赞辞来引导读者深味其义理之余蕴。《遁》卦为阴长之时，圣贤“虽知道之将废”，而不“肯坐视其乱而不救”，因此要为时势寻找“可变之道，可亨之理”。这样一来，《遁》的时义之大的重心就落在“处遁时之道”上。《程传》对《姤》的时义的把握，颇耐寻味：

> 赞姤之时，与姤之义至大也。天地不相遇，则万物不生；君臣不相遇，则政治不兴；圣贤不相遇，则道德不亨；事物不相遇，则功用不成。姤之时与义，皆甚大也。③

姤所蕴涵的相遇之义及其所象征的相遇之时，对于一切事物的成就都至关重要，因此说它的“时与义，皆甚大”。这里又一次暗示出时与义在概念上

---

① 《二程集》第三册，第 784 页。
② 余敦康：《汉宋易学解读》，第 427 页。
③ 《二程集》第三册，第 925 页。

的区别。一般说来,当卦的时与义相一致时,对时义的强调提示的是对未尽义理的深入体会;而当卦的时与义相背离时,时义强调的就是以义救时,即用正确的人事上的努力,匡正时势的废乱倾向。

《坎》、《睽》、《蹇》的彖辞皆言"时用之大"。《程传》于《坎》卦则云:

> 高不可升者,天之险也。山川丘陵,地之险也。王公,君人者。观坎之象,知险之不可陵也,故设为城郭沟池之险,以守其国,保其民人,是有用险之时,其用甚大,故赞其大矣哉!山河沟池,设险之大端也。若夫尊卑之辨,贵贱之分,明等威,异物采,凡所以杜绝陵僭,限隔上下者,皆体险之用也。①

险的时用,主要是指当需要用险的时势下,设险的用处。城郭沟池的建立与尊卑贵贱的限隔,都是用险的具体体现。这里,用险显然不是用《坎》的卦时,而是用它的卦义。值得注意的是,在《程传》中,时用并不只是对卦时或卦义的运用。在对《蹇》的彖辞的注释中,程颐论曰:"处蹇之时,济蹇之道,其用至大,故云大矣哉!天下之难,岂易平也?非圣贤不能,其用可谓大矣。顺时而处,量险而行,从平易之道,由至正之理,乃蹇之时用也。"②很显然,《蹇》卦的时用,不能理解为"用蹇",而只能把握为"处蹇之道"。这与上面提到的《遁》卦的时义,是有其相通之处的。

至于《颐》、《大过》、《解》、《革》四卦彖辞中的"时大",《程传》在诠释方向上虽有细微的差别,但大旨基本上是相同的。如《解》卦注云:

> 既明处解之道,复言天地之解,以见解时之大。天地之气开散,交感而和畅,则成雷雨;雷雨作而万物皆生发甲坼。天地之功,由解而成,故赞解之时大矣哉!王者法天道,行宽寡,施恩惠,养育兆民,至于昆虫草木,乃顺解之时,与天地合德也。③

解的时势促成天地之功,因此赞其时大。而在这样的时势面前,正确的姿态

---

① 《二程集》第三册,第845页。
② 同上书,第896页。
③ 同上书,第902页。

是顺应,从而"法天道","与天地合德"。与讲"时义"和"时用"的卦相比,在这样的卦时之下,人的主体性、能动性的作用不再突显。

结 论

伊川对王弼《周易注》的批评,主要着眼于王弼《注》的老庄气味:"王弼注《易》,元不见道,但却以老、庄之意解说而已。"这其实是北宋易学的共识。[①] 但王弼《周易注》的"老、庄之意"的具体体现是什么,却并不明确。实际上,这种老庄倾向就集中体现在王弼将《易》卦完全理解为"时"的诠释取向之中。由于《周易》各卦象征着人生的种种时遇,而这些时遇之间又是相对独立的,人处在这种种时遇当中,只能顺应外在的境遇来调整自己的行为,藉此免于悔吝凶咎而已,至于匡时救弊,是根本谈不上的。这种对时遇的被动顺应,正是老庄因任无为思想的体现。这是伊川要在根本上加以反对的。在伊川看来,有些时遇当然要顺应,如《解》、《革》等卦,不仅要被动的顺应,还要主动的效法。而对于《遁》这样小人道长、君子道消的卦,则不能一味的简单顺应——遁而去之,须谋有所匡正,以补时弊[②]。在这样的考量之下,如何克服和超越王弼《周易注》就成了《程传》的重要课题。而王弼《周易注》在解释学上所达到的高度,使得这一目标显得无比艰难。《程传》种种体例的创设和引入,如"卦才"、"卦序"和"时义"等,均与此有关。

我们前面已经指出,"卦才"在《程传》中的主要用法之一是处理卦辞中常见的"亨"义。它的通常表达是:"如卦之才","可以元亨"。比如《大有》卦,与王弼将卦辞中的元亨理解为卦时和卦义本身所固有的质性不同,伊川认为《大有》卦义本身并不具备元亨之义,即使是处大有之时,人们也需要具有该卦所强调的德性,才能得到元亨的结果。而且,即使是《比》、《谦》这

---

① 《二程集》第三册,第 8 页。司马光也有类似的见解,他在元丰八年所作的《答韩秉国书》中说:"常病辅嗣好以老庄解《易》,恐非《易》之本指,未足以为据也。"《全宋文》第二十八册,上海辞书出版社,2006 年,第 416 页。

② 《程传》《遁》卦注云:"圣贤之于天下,虽知道之将废,岂肯坐视其乱而不救? 必区区致力于未极之间,强此之衰,艰彼之进,图其暂安,苟得为之,孔、孟之所屑为也,王允、谢安之于汉、晋是也"。参见《二程集》第三册,第 866 页。

些卦义中本具亨义的卦，亨通之义也主要来自义而非时。在伊川看来，时遇本身并不能给人以元亨之利，人的品质和原则才是超越种种人生际遇的根本。

卦序中所蕴涵的“时义的辩证法”，则强调每一卦的卦义和卦时本身都包含着超越自身要素和倾向。这种倾向有的时候体现为顺承和发展，有的时候则体现为对自身的否定。卦序的“辩证”展开，为人的主体性的发挥设定了客观的前提。比如，人如果处身于《遁》的时遇之中，需知阴长阳消的客观情境，并在此情境下谋补时救弊之道。既不能简单消极的退避，无所作为，也不能不考虑客观条件，依己意妄作。只有正确的处遁之道，才能让《遁》向《大壮》的转化顺利的实现。

而“时义”、“时用”和“时”的细致区别和讨论，则进一步强调了对待不同的卦时，人的主观姿态的变化和调整。总体说来，在《程传》的解释中，对“时义之大”的赞辞强调的是“处时”的重要性，如《遁》和《旅》；而“时用之大”强调的是“用时”的重要性，如《坎》；而“时大”则强调“顺时”，如《解》和《革》。“处时”强调的是“应时”和“救时”，即慎处之中有所补救；“用时”强调的是“设时”和“造时”，即人为地创造出所需的现实情势；而“顺时”则强调“适时”和“效时”，即顺适卦所象征的时遇、效法卦所蕴涵的义理。针对不同的卦时，人的主体性的发挥方式和程度，各有不同。任何一种一成不变的态度，都将是对易道的背离。

经由上述种种解释学上的创发，伊川也就从根本上超越了王弼以道家精神为根柢的注释原则和方法，成功地构建起真正属于儒家的易学系统。

论中国古代天文学向占星学的转折

章启群*

笔者在《〈月令〉思想纵议——兼议中国古代天文学向占星学的转折》一文中，论及中国古代天文学向占星学的转折这一问题，后来又收集到一些相关资料，特别是几个重要证据，促进了笔者对于这一问题的进一步思考。由于这是一个涉及中国古代思想史、科学史的重大问题，本文缺漏和不足之处在所难免。但由此在更深层面上探求中国古代思想和科学发展的真正历程，亦不失为学界一大幸事。故希望各界同人不吝赐教，推动这一问题的深入研究，从而得出真理性的结论。为了论证的完整统一，原来文章中的材料也一并使用，特此说明。

一、问题的提出

中国古代占星学的出现、形成，及其与天文学的关系，中国天文学史学界的权威们对于这个问题一直没有明确的界说，很多学者把中国上古天文学与占星学笼统地混淆一起。陈遵妫先生说：

> 我国大概在商代以前，占星术就已经萌芽了。由于奴隶主阶级的提倡，占星术得到了迅速发展，商代的许多甲骨片就是占卜用的，其中有不少天象纪事，正是占星术发达的证明。古代史籍中常见的巫咸就是商代著名的占星家。到了周代，占星术不仅为统治阶级所把持，而且明显地在为其服务了。春秋时代占星术更为盛行，从《左传》及《国语》的记载，可以看到占星术在公元前七世纪及公元前六世纪的兴旺景象。

* 章启群，1956年生，男，北京大学哲学系教授、博士生导师。

> 占星术的基本内容是,凭着那时看来是反常或变异的天象,预言帝王或整个国家的休咎以及地面上灾祸的出现,从而尽了提出警告的责任,使之预先有所警戒或准备。①

很明显,陈先生对于古代占星学的界定非常模糊。甲骨文中的天象记录或星占,与当时的卜筮属于同一类事物,而占星学是运用星辰的运行规律指导人间行为,与之是两回事。巫咸可能是商代的掌管天象的史官,与后来的占星家也不是一类。占星学的蓬勃发展是战国以后的事,春秋以前基本上还没有占星学。

中国天文学史整理小组编著的《中国天文学史》则笼统地认为:“到了阶级社会,原始迷信和神话传说的成分却变成相当细致的占星学。”②似乎是阶级社会的出现,导致中国古代占星学形成。但全书没有论及占星学与天文学的异同和关系。

可见现存仅有的两部最权威的《中国天文学史》,对于中国古代天文学与占星学的关系和界限没有论述。其他一些相关著述也基本如此。例如,冯时先生说:

> 东西方的天文学在尚未摆脱神学影响的时代,都或多或少地染上了占星术的色彩。西方的占星术……认为,日月众星对人体具有的某种作用,如同铁在磁场中受到磁力作用一样,而中国人则更相信天人感应和天人相通,……因此,中国的占星术并不像西方那样完全根据人出生时日月五星在星空中的位置来预卜人的一生命运,而是把各种奇异天象看做是天对人间祸福吉凶发出的吉兆和警告。显然,中国的占星术更多地为统治阶级所利用,这与中国天文学官营特点是密切相关的。③

这里基本上把中国古代天文学与占星学混合为一体,也没有描述它们的界限和历史发展过程。

---

① 陈遵妫:《中国天文学史》第一册,上海人民出版社,1980 年,第 194 页。
② 中国天文学史整理小组编著:《中国天文学史》,科学出版社,1981 年,第 3 页。
③ 冯时:《中国天文考古学》,社会科学文献出版社,2001 年,第 69 页。

上述这些观点在中国天文学史学界长期流行,更值得关注的是,近期江晓原先生在此基础上又尖锐提出了"政治天文学"的观点,认为中国古代天文学实质上始终就是占星学,并且主要不是为农业生产服务的:

> 诚如《汉书·艺文志》数术略"天文"类下所言:"天文者,序二十八宿,步五星日月,以纪吉凶之象,圣王所以参政也。"这里"天文"的性质判然可见,不折不扣,即今人所谓之占星学也。而与"农业生产"之类扯不上任何关系。历代官史中的《天文志》,皆为典型的占星学文献,这类文献最早的,在《史记》中名为《天官书》,天官者,天上星官所呈之象,即天象,尤见"天文"一词之原初遗意。今人用"天文"去对译西方astronomy 一词,其实是大违"天文"的中文本意的。想象一下,大学的"天文系",按照中文的本义是应该理解为"占星学系"的,这多么荒唐可笑![①]

江晓原先生由汉字"天文"二字的本来意义破析中国古代天文学与占星学的关系,似乎中国天文学一诞生就是占星学,这就使得上述各家观点更加鲜明而突出地展现出来。

中国上古原发形态的天文学是否就是占星学?或者说,中国上古原发形态的天文学与占星学是否混为一体?它们究竟是什么关系?厘清这个问题不仅对于推进中国古代科学史研究,而且对于中国古代思想史研究都是意义重大和十分必要的。

二、《夏小正》与《诗经·豳风·七月》没有占星学思想

《汉书·艺文志》的确用占星学思想来解释"天文"一词的含义。[②]《史记·天官书》和《汉书·天文志》的基本内容确实是占星学,但是,不能由此断言《史记》、《汉书》之前的中国天文学也是占星学。例如,《夏小正》与

---

① 江晓原:《占星学与传统文化》,广西师范大学出版社,2004年,第193—194页。

② 冯友兰先生将此分别:"'序二十八宿,步五星日月',是天文学;'纪吉凶之象',就是占星术了。"《中国哲学史新编》第二册,《三松堂全集》第八卷,河南人民出版社2000年,第522页。

《诗经·豳风·七月》是现存可靠的、具有代表性的上古天文学资料,可以帮助我们明晰上古天文学与占星学的关系。

《夏小正》现存《大戴礼记》中,《隋书·经籍志》首次单行著录。经文只有463字,文义古奥,亦有错乱残缺。故《四库全书总目提要》云:"《小正》文句简奥,尤不易读。"在很长时间里人们忽视《夏小正》的价值。[①] 而《夏小正》中具有夏代天文历法资料,这一观点基本上已为学界共识。

孔子曾主张"行夏之时,乘殷之辂,服周之冕"(《论语·卫灵公》)。"夏时"就是夏代历法。《竹书纪年》语云:"帝禹夏后氏元年壬子,帝即位居冀,颁夏时于邦国。"说明有一种"夏时"即夏历存在并流传。此外,甲骨卜辞属于商代中后期,对于年月日与农事关系的记录描述已经相当精确、稳定。可以推论,在这种比较成型的历法之前应该有一种更原始、更简易的历法。夏历的存在应该是不容置疑的。

《礼记·礼运》记载:"孔子曰:我欲观夏道,是故之杞,而不足徵也,吾得夏时焉。"郑玄注:"得夏四时之书也。其存者有《小正》。"《史记·夏本纪》云:"孔子正夏时,学者多传《夏小正》云。"陈遵妫先生说:"《夏小正》相传是夏代的历法。……尽管这书作于西周至春秋末叶之间,也可能为春秋前期杞国人所作或春秋时居住在夏代领域沿用夏时者所作,但其中一部分确信是夏代流传下来的。"他认为,《夏小正》根据天象、物候、草木、鸟兽等自然现象,定季节、月份,还记有各月昏旦伏见南中的星象,并指明了初昏斗柄方向和时令的关系,这可能是后代每月斗建的起源。[②] 当代专治"三礼"的沈文倬先生认为,杞国是夏后裔,夏代的历法在传说中保留一些下来,到春秋时始被录成书是可能的,《夏小正》很可能保留了一些夏代的历法材料。因此,他说:"《夏小正》一书(就其经文言)应与《尚书》《诗经》一样,看做是我国最古的文献资料之一"。"只要有部分真实,仍不实为研究夏后氏

---

① 据沈文倬先生研究,自汉至宋,《夏小正》只有卢辩的注。宋代有傅崧卿和金履祥的注释,清代形成整理《夏小正》为研究天文学动植物的专门科学,先后有二十多家。校勘以卢文弨黄丕烈、孙星衍、叶大壮最著名,注释有诸锦的《夏小正诂》、孔广森的《夏小正补注》、毕沅的《夏小正考注》、王聘珍的《夏小正解诂》、朱俊声的《夏小正补传》、王筠的《夏小正正义》等。见沈文倬:《菿闇文存》,商务印书馆,2006年,1001—1002页。

② 陈遵妫:《中国天文学史》第一册,第200页。

的重要材料。”[①]李学勤先生也认为，由戴德最后编订的《夏小正》极可能依据夏代传下的历法。他说：“可见从晚周到汉代，人们都认为《夏小正》确与夏代有关。学者认为《夏小正》是我国现存最早的，具有丰富物候知识的著作”，是合乎实际的。……其经文不会像一些学者所说的晚到战国时期。”[②]

我们节录其中一个月，直观地了解一下：

> 三月：参则伏。摄桑。委杨。羵羊。彀则鸣。颁冰。采识。妾子始蚕，执养宫事。祈麦实。越有小旱。田鼠化为鴽。拂桐芭。鸣鸠。[③]

其中内容包括：天象（参则伏）、物候（摄桑、委杨、鸣鸠等）、气象（越有小旱）、农事（采识、妾子始蚕、祈麦实）、政事（颁冰）。可见《夏小正》描绘了四季日月星辰的运行，并把天候物象与农业生产联系起来，通告什么时候适宜和不适宜各种农业工作，与农政相关，像是农书。这一点正是它的主要内容和目的。清代学者王筠解释《夏小正》的“正”字，以为是“政之古文，非正朔之正”。[④] 而这一切与占星学或“政治天文学”无关。

再看《诗经·豳风·七月》：

> 七月流火，
> 八月萑苇，
> 蚕月条桑，
> 取彼斧斨。

---

① 沈文倬：《菿闇文存》，1002 页。

② 李学勤：《夏小正新证》，《古文献丛论》第 212、222 页。上海远东出版社，1996 年。詹子庆先生说：《夏小正》是“我国现存的一部最古老的月令。它是按十二月顺序，详细地记载了大自然包括天上星宿、大地生物和与之相应发生的变化，形象地反映了上古先民对时令气候的认识。”见詹子庆：《夏史与夏代文明》，上海科学技术文献出版社，2007 年，第 32—33 页。

③ （清）王聘珍：《大戴礼记解诂》《夏小正》第四十七，中华书局，1983 年。张汝舟：《二毋室古代天文历法论丛》无“执养宫事”，浙江古籍出版社，1987 年。

④ 见沈文倬：《菿闇文存》，1001—1002 页。当代学者在我国哈尼族的调查中发现了一种普遍流行的“十二月生产调”，“内容或简或繁，大体包括月份名称、各月的自然现象、农事经验、宗教活动等等。实际上起了生产百科全书的作用。在有些民族中几乎人人会说会唱。……这种生产调可以说是一种口头的历书。它给我们一个启示，大约整理成书于春秋的《夏小正》即由上古时代的十二月生产调脱胎而来。”参见邵望平、卢央：《天文学起源初探》，载《中国天文学史文集》第二集，科学出版社，1981 年，第 7—8 页。

以伐远扬，
猗彼女桑。
七月鸣鵙，
八月载绩。
……
五月斯螽动股，
六月莎鸡振羽。
七月在野，
八月在宇，
九月在户，
十月蟋蟀入我床下。（节选）

作为中国最早的一部诗歌总结，《诗经》不仅是诗歌史和文学史的宝藏，也是社会学和思想史的宝藏。《豳风·七月》的产生年代大约是公刘处豳的西周初期。[①] 这首民歌不仅描述了一年之中星辰运行的天象，记述了天象与季节农时的关系，几乎说到每个月具体的农事，还描述了劳动者生动鲜活的思想情感，包括春日里的欢快、秋收的喜悦、酒宴上的欢庆、肃穆的祭祀活动以及对于统治者的抱怨和无奈，是我们见到的最早描述关于季节与农耕生活的可信文献。但它只是素朴地描写四季天象、物候和农家生活，与占星学或"政治天文学"也是无关的。

三、中国上古原发形态的天文学与占星学无关

《夏小正》、《诗经·七月》没有涉及占星学并非偶然。

现存最早的中国古代天文观测资料，都是很单纯的天象资料，与占星学基本无关。例如，有关夏代的两条天文记录，第一是关于五星聚的："禹时五星累累如贯珠，炳炳若联璧。"（《太平御览》卷七引《孝经·钩命诀》）学

① 参见《汉书·地理志》："公刘处豳，……故豳诗言农桑衣食之本甚备。"颜师古注："谓《七月》之诗。"

者推算在公元前1953年2月中旬至3月初,黎明时分的东方地平线上,土星、木星、水星、火星和金星排成一列。2月26日夜,五大行星之间的角距离小于4度。这是迄今五千年中最难得的一次五星聚(纬合宿),时间长达一个月。[①] 古人观此异常壮丽的天象,难以忘怀,将此记忆代代流传下来,而且只是一种纯粹的天象记录。

第二是关于仲康日食。《左传》昭公十七年引《夏书》云:"辰不集于房,瞽奏鼓,啬夫驰,庶人走。"今人考证得出这次日食可能发生在洛阳地区的4种时间:公元前2043年10月3日,公元前2019年12月6日,公元前1970年11月5日,或公元前1961年10月26日。[②] 此记载被认为是世界上最早的日食记录,除了认为日食是一种自然灾害以外,没有其他寓意。《史记·夏本纪》与古文《尚书·胤征》也记录此次日食的事情,文字基本相同,但《尚书·胤征》语前多出"乃季秋月朔"一语。"辰"为日月会次之名,"房"是星宿名,"集"通"辑","瞽"是乐官,奏,进也。啬夫是小臣,汉代有上林啬夫。庶人即百役。意为:日月会次,不相和辑,而掩蚀于房。乐官击鼓,小臣奔忙,百姓奔走帮助祭祀。古人逢日食伐鼓用币救日。[③] 这与《春秋》鲁庄公二十五年、鲁庄公三十年、鲁文公十五年记有"鼓,用牲于社"一样,是古代对待日食的办法,就像大旱求雨的仪式一样,与占星学有本质区别。

据今人研究,在出土的甲骨文中,发现由"星"字组成的词有"其星"、"不(或毋)其星"、"大星"、"鸟星"、"新星"(或"新大星")。"星"义或解为天晴,或解为星辰。殷墟甲骨文记载的月食有五次,这是定论。[④] 其中是否有日食的记载还在争论之中。[⑤]《诗经》、《春秋左传》、《国语》等记载的关于日食、月食的现象,基本为学界所认同。例如,《春秋》纪年自鲁隐公元年至鲁哀公十四年,共242年,记录日食37次。这是确实无疑的观测记录,年

---

① 见徐振韬、蒋窈窕:《五星聚合与夏商周年代研究》,世界图书出版公司,2006年,第64—65页。

② 见夏商周断代工程专家组编著:《夏商周断代工程1996—2000年阶段成果报告》简本,世界图书出版公司,2000年,第80—81页。

③ 参见《书经集传》,(宋)蔡沈注本,中国书店,1994年,第64页。

④ 常玉芝:《殷商历法研究》,吉林文史出版社,1998年,第9—20页。

⑤ 冯时:《中国天文考古学》,社会科学文献出版社,2001年,第232—250页。

月日基本相符。[1] 其中有经无传26条。经文记载几乎都是“某月某日，日有食之”，只有鲁庄公二十五年、鲁庄公三十年、鲁文公十五年记有“鼓，用牲于社”。[2] 这些记载基本表明，上古人们看待日食月食虽然也是灾异，但认为日食月食就像刮风下雨打雷下雪等一样，是一样的自然破坏力，这与战国以后的占星学思想具有本质的区别。现在已经发现春秋战国以前很多天象记录，包括日食、月食、太阳黑子、彗星、木星、恒星、新星甚至超新星，基本上属于单纯的天象记录。[3]

这里还有一个有意思的现象，中国古代最早命名的星辰名称，都来自生活中的用具及其相关事物、动物和神话传说，与占星学毫无关系。例如营室（房屋）、壁（墙壁）、箕（簸箕）、毕（捕兔小网）、井、斗、定（锄类农具）等属于用具，牵牛、织女、参、商等属于神话传说。[4]《诗经》中出现的星宿有：火（心）、箕、斗、定（室、壁）、昴、毕、参、牛、女，等，还用“天汉”指银河，用“启明”、“长庚”、“明星”来指金星。《小雅·大东》：“维南有箕，不可以簸扬。维北有斗，不可以挹酒浆”，直接把星辰与用具进行有意思的比较，反映了古人天真的心理状态。[5] 二十八宿的名称，以及后来岁星纪年的十二次，例如星纪、析木、大火、寿星、鹑尾、鹑火、鹑首、实沈、大梁、降娄、娵訾、玄枵，这些名称都没有占星学色彩。

这些情况说明，至少在春秋以前的中国天文学，目的主要是为农业生产

---

① 张培瑜：《〈春秋〉、〈诗经〉日食和有关问题》，载《中国天文学史文集》第三集，科学出版社，1984年。

② 见杨伯峻：《春秋左传注》，中华书局，1981年。

③ 据徐振韬、蒋窈窕先生研究：“1974—1977年，中国科学院、教育部和国家文物局的有关部门和学校，以及各省市的有关图书馆和博物馆等，大约一百多个单位和三百多人按计划对古代天象记录进行普查。查阅古籍总数高达15万卷，收集到的天象记录1万多条。其中包括太阳黑子、极光、陨石、日食、月食、流星、流星雨、彗星、新星和超新星、月掩行星、日月变色、异常曙暮光和雨灰等。1988年，以《中国古代天象记录总集》为名，由江苏科学技术出版社出版。”（见徐振韬、蒋窈窕：《五星聚合与夏商周年代研究》，第57页）

④ 《左传》昭公元年：“昔高辛氏有二子，伯曰阏伯，季曰实沈，居于旷林，不相能也，日寻干戈，以相征讨。后帝不臧，迁阏伯于商丘，主辰。商人是因，故辰为商星。迁实沈为大夏，主参，唐人是因，以服事夏、商。……故参为晋星。”

⑤ 现在某些地区还有“犁星”、“水车星”、“轱辘把星”，沿海地区有“南挂星”、“三枝浆星”等。（见中国天文学史整理小组编著：《中国天文学史》，第42页）

服务，表达了一种农耕社会的宇宙观，基本上没有受到占星学的影响，不属于“政治天文学”。①

四、中国古代天文学的根本性质、历程与二十四节气

中国上古天文学的性质是由农耕文明的社会性质决定的。

现代考古学证明，中国大约在一万多年前就出现了农业。② 农作物的播种、生长、收获需要适当的阳光、雨水和温度，必须与时令、物候等条件一致。于是，对于节气和季节的认识是农业生产的先决条件。就像古代埃及人根据尼罗河水的涨落来决定历法一样，中国原发形态的农耕文明，决定我们的先人必然由“观象授时”来制定历法，就是通过观察太阳、月亮尤其是星辰的运行规律等天象，来制定历法。因此，伴随着农耕文明的进步，中国古代天文学也自然产生。③ 这种早熟的农耕文明无疑是决定早期中国天文学形态的根本因素。

在农业出现之前远古人类的渔猎和采集生活中，日月星辰只有纪日和标识方向的功能。中国仰韶文明的彩陶上就有太阳纹、月亮纹、日晕纹、星座纹。新石器时代半坡遗址中的房屋已经有一定的朝向。到了农耕社会，太阳比月亮和其他星辰对于生活就更重要了。山东大纹口遗址出土5800年前的彩陶上刻有“旦”字的图案，意味着太阳的升起。《山海经·大荒南经》说“羲和者帝俊之妻，生十日”。《大荒西经》说“帝俊妻常羲，生月十有二”。《海外东经》说“汤谷上有扶桑，十日所浴……九日居下枝，一日居上枝”，等等，都可以解释为十二个月太阳和月亮升落的不同方位。郑州大河村仰韶文化遗址出土的一件复原陶钵肩部，有十二个太阳图案，也可以作这

---

① 《诗经》中描绘天象的诗有不少，如前所述，内容都是描述农耕生活与星辰的一般关系，唯《小雅·十月之交》不仅描绘了日食和月食，还有“日月告凶，不用其政”之说。我认为，不管这首诗写于何时，仅此一首诗决不能说明在那个时期系统的占星学理论已经建立。

② 详见袁行霈等主编:《中华文明史》第一卷，北京大学出版社，2006年，第31—34页。

③ 古代人们传说关于“观象授时”的历史是从三皇五帝开始的。《史记·历书》云:“黄帝考定星历，建立五行，起消息，正闰余，于是有天地神祇物类之官。”《尚书·尧典》云:帝尧“乃命羲和，钦若昊天，历象日月星辰，敬授人时”。

样解释。

但是,太阳光芒耀眼刺目,难以观测。月亮是地球的卫星,同属太阳系,月相的盈虚圆缺周期,大致一个月的长短,不能明显反映季节不同。因此,古人观测天象主要是观看星辰。由于中原地区四季分明,古人最早观测的星大概是北斗七星,也有人说是红色亮星大火,即心宿二,现在通称为天蝎座 α 星。据推算,公元前 2400 年左右,黄昏时在地平线上见到大火,正是春分前后的播种季节。此后白昼越来越长,进入农忙季节。[①] 殷商武丁时期,初昏时大火星在正南方的季节是仲夏之月,这与《尚书·尧典》记载的"日永星火,以正仲夏"是一致的。[②] 这说明大火星的观测历史确实远在上古。[③]

传说颛顼、尧时就有火正,负责观测大火,指导农事。《国语·楚语》云:"颛顼受之,乃命南正重司天以属神,命火正黎司地以属民。"《史记·历书》有同样记述。《左传》襄公九年曰:"陶唐氏之火正阏伯居商丘,祀大火,而火纪时焉。"陶唐氏即帝尧,"火正"就是观测大火星的官员,即历象天文"观象授时"的官员。这些记载虽然只是传说,也不应该完全是子虚乌有。夏商周三代设有天文官员,应该是很可靠的,西周称冯相氏、保章氏,还有执掌漏壶的挈壶氏。

因此,上古先民在描述天象和星辰的时候,总是与农耕生活内容相关的。

---

① 中国天文学史整理小组编著:《中国天文学史》,科学出版社,1981 年,第 10 页。

② 常玉芝:《殷商历法研究》,第 403 页。

③ 庞朴:"二子(参、大火——引者)在一年里对于人们的关系,正如日月在一天里对于人们的关系一样。太阳在东方升起,开始了'日'和劳动;太阳到西方落下(明月或早或迟代之而起),进入'夕'和休息。一年的情景,刚好是一天的放大:大火在东方升起之时,开始了'春'和劳动;大火到西方落下之后(代之而起的是参的东升),进入了'秋'和休息。长期的这种实践,在人们头脑里形成了一个牢固的观念,时间上的'春'天和空间上的东方、天上的大火星象和地上的东方方位,成了混沌一体而不可分离;有如人们一直习惯于把太阳和东方联系在一起那样。这正是原始思维的特点,它带有种种感性的色彩,有时更有幻想的成分。"(庞朴:《"火历"续探》,载《中国文化》第一集,复旦大学出版社,1984 年,第 132 页)春秋时期,"晋人用的是夏历,记史者用的是周历,彼此相差两个月。当时,周历虽然具有政治权威,而且在天象上有着更大的合理性,但脱离农事这一点,成了它的致命弱点,在生活中难以推行,更不用说取其他历而代之了。"(同上,第 134 页)

《诗经·七月》起首句:“七月流火,九月授衣。”①意为:在七月的黄昏时,大火星开始由南偏西向下降行。它不仅表明当时人们认识大火星,还表明这个星运行状态与人们的日常生活密切相关。《夏小正》则把天象与农耕生活更直接结合起来。例如:“五月,初昏大火中,种黍菽糜。”②如果说《诗经·七月》只是一种民间歌谣,吟唱先民日出而作、日落而息的生活,那么,《夏小正》则是一种历书的雏形,它的主要功能即是指导先民进行农业耕作种植活动。

农耕生活决定着当时的天文学内容和性质,或者说决定着当时人们的宇宙观。《左传》昭公十七年记梓慎言曰:“夏数得天。”《逸周书·周月解》亦云:“夏数得天,百王所同。”“夏数”即是夏代历法,说明夏历比较适合农时、符合天象。因此,中国的历法一开始就不是单纯地纪日、纪月、纪年,每一天,每一月,都有具体的农事。这种历法可以说是“农时”的代名词,也就是后来的农书。对中国古代天文历法有精深研究的张汝舟先生说得很明确:

> 中国古代“天文”与“历法”是一回事,它的对象虽也是天文,这与西方天文学是一致的,但观察的目的却是“观象授时”,这与西方天文学又有所不同了。两者不应混淆,混淆是有害的。③

由于“观象”是为了“授时”,中国历法中二十四节气的出现因此具有一种必然性。

根据现代天文学者的研究,夏代时可能用立杆测影法来计量年月日。夏历以冬至后两月为孟春,作一年之始。干支记日一轮正好两个月。在这个阶段,古人用肉眼观测容易见到的参、大火、北斗、织女等星象,看它们于

---

① 张汝舟先生发现中国上古天文学中的几个概念“中”、“流”、“伏”、“内(入、纳)”,表明不同月份中星宿在天际显示的不同位置和状态。例如:“昏火中”(《月令》六月记),“流火”(《诗经·七月》),“辰则伏”(《夏小正》八月记),“内火”(《夏小正》九月记)。(张汝舟:《二毋室古代天文历法论丛》,第16页。)

② 据后人考察,《夏小正》的说法基本符合农事规律。宋黍升《〈夏小正〉笺疏》曰:“五月中气黄道日躔柳十六度九分,昏之中星,当距日一百七度,日距心前一百一度二十分,故大火中。心中,种黍菽糜时也。……《尚书考灵曜》云:‘主夏者,心星昏中,可以种黍’是也。又言菽者,《尚书·大传》云:‘主夏者,火星中,可以种黍菽。’又言糜者,《开元占经》引《神农书》云:‘大岁在四仲夏至,可以种糜。’此正夏至种糜之据也。”(转引自沈文倬:《菿闇文存》,商务印书馆,2006年,1001—1002页)

③ 张汝舟:《二毋室古代天文历法论丛》,第13页。

日出日落后前后在天空的方位，来确定月份和季节，再参照气象、自然景物和物象来制定历法。[①]《夏小正》载："正月，鞠则见，初昏参中，斗柄悬在下。"意为：黄昏时参星正好在正南方的上空，北斗的斗柄又指在正下方，这就是正月。《夏小正》正月记"越有小旱"，四月记"越有大旱"，七月记"时有霖雨"，这些已经把直接影响农作物生长的重大气象情况记述出来。《国语·周语中》云："《夏令》曰：'九月除道，十月成梁。'"表明夏代历法与人们农业生产生活的密切关系。

殷商时代，甲骨文"众"，是指众人劳作。大规模的农业生产必须了解季节时令，因此，商代的天文历法已经相当发达。现存殷墟甲骨文中有月、日、年字，甲骨卜辞每条都记有日期。记日用干支，甲骨文中有完整的干支表。[②] 记月用数字一、二、三……。十二月一年，闰月为十三月。季节有"春""秋"，没有"冬""夏"。甲骨文中有连续 10 天的气象记录，为当时世界之最。卜辞中有对风雨、阴晴、雷、霾、雪、虹、霞的记载，其中关于风有分大风、小风、大骤风、大狂风的不同，而卜雨的卜辞数量最多，据统计共有 344 条。[③] 除"雨"、"乃雨"、"亦雨"、"帝令雨"、"不雨"等，也有"大雨"、"多雨"之分。另外，还有不少卜辞卜问"旱"、"立黍"（商王是否要亲自莅临视察种黍或种黍）、"受（帝授）年（成）"、"受禾"、"保（帝保佑）年"等，以及大量关于耕耘、收割、节气与农事活动的卜辞。[④] 根据常玉芝的研究，"殷人将一年分为春、秋两季。春季相当于殷历的十月到三月，即夏历的二月到七月，即农作物的播种、生长时期；秋季相当于殷历的四月到九月，即夏历的八月到一月，即农作物的收获时期"。据此，"气象卜辞证明殷历岁末岁首的

---

① 见殷玮璋、曹淑琴：《中国远古暨三代科技史》，人民出版社，1994 年，第 95 页。

② 可能盘庚迁殷（约前 1300 年）之前已经采用干支纪日。《春秋》记载的第一次日食发生在鲁隐公三年（前 720 年）二月己巳日，这次日食已被证实，日期准确。由此证明从春秋一直到清宣统三年，干支纪日 2600 余年，没有一日差错。天干地支的起源，有学者认为天干与羲和生十个太阳有关，地支与常羲生了十二个月亮有关神话。（见黄金贵主编：《中国古代文化会要》，西泠印社出版社，2007 年，第 65 页）

③ 见常玉芝：《殷商历法研究》，第 386 页。

④ 例如："贞：帝不降大旱。九月。"（郭沫若主编：《甲骨文合集》10167，中华书局，1978—1982 年版。）"月一正曰食麦。"（郭沫若主编：《甲骨文合集》24440，中华书局，1978—1982 年版）见常玉芝：《殷商历法研究》，第 409—422 页。

交接是在夏季；殷历的岁首一月是种黍和收麦之月，即相当于夏历五月；殷人以‘大火’（即心宿二）昏见南中的夏历五月为岁首，即殷正建午。但由于殷人尚处在观象授时的历史阶段，还没有掌握置闰的规律，或是建巳，或是建未。”①可见，殷代历法是以与农作物的生长、收获季节相符合为依据的。

《尚书·尧典》曰：“日中星鸟，以殷仲春；……日永星火，以正仲夏；……宵中星虚，以殷仲秋；……日短星昴，以正仲冬。”这里的仲春、仲夏、仲秋、仲冬，即是春分、夏至、秋分、冬至。就是说，在黄昏时候，星鸟（心宿一）正好出现在南方中天，就是春分，这时昼夜长度相等；大火（心宿二）出现于南方中天就是夏至，这时白昼时间最长；虚（虚宿一）出现于南方中天则为秋分，这时昼夜长度相等；昴出现于南方中天则为冬至，这时白昼时间最短。用四组恒星黄昏时在正南方天空的出现来规定季节，而且知道这四气在仲春、仲夏、仲秋、仲冬月份之中，这大概是古人春夏秋冬四季星象的最早思想。② 这种知识最晚在商代末期形成。因为甲骨文中就有用来描绘春天南方中天初昏时天象的鸟星。《尚书·尧典》：“期三百有六旬有六日，以闰月定四时成岁。”表明

---

① 常玉芝：《殷商历法研究》，第425—426页。她的结论也完全证明了关于夏代建寅、商代建丑、周代建子的“三正说”只是汉儒的臆造，纯属子虚乌有。杨向奎先生的研究也表明，商代历法的岁首实际上是不固定的。他说：“我国早期历法中，虽然季节月名有基本固定的关系，但岁首有一定的摆动。因此认为：商代历法的岁首很可能在主要农作物收获前后的秋季，即建申、建酉，含今立秋至寒露、霜降三个月中，这不仅符合武丁纪月的月食考订，也能解释许多纪月与季节有密切关系的农事、气象卜辞。”（杨向奎：《宗周社会与礼乐文明》，人民出版社，1997年，第244页。）张汝舟先生经过对比，发现《夏小正》、《诗经·七月》、和《月令》皆用殷正，《尚书·尧典》用的是夏正。（张汝舟：《二毋室古代天文历法论丛》，第597—598页）

② 中国天文学史整理小组编著：《中国天文学史》，第11页。也有人认为“日中”、“日永”、“宵中”、“日短”指二分二至。（见徐传武：《中国古代天文历法》，山东教育出版社，1996年，第50页）有学者认为：“战国秦汉间的四季仲月初昏中星，据《礼记·月令》与《吕氏春秋》记载，是孤矢、亢宿、牛宿、壁宿。这是战国秦汉间的天文历法现象，当时人抬头即见，容不得任何人作伪。而《尧典》四中星却是星宿、大火、虚宿、昴宿，它与战国秦汉四中星相比，各星向西后退了大约三十度。……中间就要经过2152.5年，这正是帝尧到战国秦汉之间的年数。由此可知，《尧典》中的历法材料，一定就是当时的历法天文材料，而不是战国秦汉人的作伪。”（郑慧生：《星学宝典——天官历书与中国文化》，河南大学出版社，1998年，第24页）竺可桢曾认为《尧典》四仲中星是殷末周初时候的天象。还有人认为四仲中星是公元前2100年左右的天象。（江晓原：《占星学与传统文化》，第58—59页）据《左传》记载，我国最早的冬至时刻的测定，是在春秋时代鲁僖公五年（前655年）正月辛亥，和鲁昭公二十年（前522年）二月己丑两次。是用圭表测定的。（申先甲：《中国春秋战国科技史》，人民出版社，1993年，第82页）

一年 366 日、“四时成岁”以及闰月的概念已经十分明确。

西周不仅对年月日有明确区分，还用十二地支来计时，把一天分为十二个时辰。干支纪时是秦汉以后，在古代十二辰基础上建立的。大概在周以前就发明了计时的仪器漏壶。《诗经》有很多诗篇将星辰的出没与季节变化和农业生产生活结合起来，例如《豳风·七月》、《召南·小星》、《陈风·东门之杨》、《唐风·绸缪》、《郑风·女曰鸡鸣》等。周人对于月亮盈亏变化规律的认识也相当清楚，用“初吉”、“既生霸”、“既望”、“既死霸”来描述月相。有关月相记录的甲骨文和青铜铭文很多，例如牧簋铭文：“七年三月既生霸甲寅。”周代已经发明了用圭测影的方法，能确定冬至（正午日影最长）和夏至（正午日影最短）。此前只能利用昏旦中星以及北斗的斗柄指向来定季节，这说明人们已经能够将太阳的周年视运动与星空背景直接联系起来，认识回归年的精确长度，准确制定二分二至等重要节气。

周代的历法还能够定出朔日。《诗经·小雅·十月之交》：“十月之交，朔日辛卯，日有食之，亦孔之丑……”据推算这一天是周幽王六年十月初一，这是我国第一次明确记载日食日期的记录。周代还渐渐发现了二十八宿，即是把沿着天球赤道和黄道附近的星象划分为 28 个部分，是由间接参酌月亮在天空的位置来推定太阳的位置而设立的。因为星象在四季出没的早晚是不同的，反映了太阳在天空的运动，于是就可以通过测定月亮的位置以推断太阳在星宿中的位置，从而确定一年的季节。①

① 二十八宿的说法西周时期还没有完善。现已证明这个体系至迟是在战国早期完善起来的。（参见《二毋室古代天文历法论丛》，第 16 页）其中部分星宿名称在《诗经》和《夏小正》中有记载。《周礼》中的《春官》、《秋官》中都有二十八宿之说。到《吕氏春秋·有始》才最早给出了自角至轸的全部名称。竺可桢、钱宝琮、夏鼐认为，建立二十八宿的目的是为观测月亮运动。正如《吕氏春秋·圜道》所言：“月躔二十八宿，轸与角属，圆道也。月行于天，约二十七日又三分之一天而一周，约日旅一星，经二十七日余而复抵原星，故二十八为宿舍之数，以记月亮所在位置。”中国、印度、阿拉伯、两河流域古代都有二十八宿之说。陈遵妫和日本学者新城新藏认为中国起源最早，与四季相关。新城新藏说：“二十八宿是在中国周初或更早的时代所设定，而在春秋中期以后自中国传出，经由中亚细亚传于印度，更传入波斯、阿拉伯等地方。”印度古代分冬春夏雨秋露六季，现在还分寒暑雨三季，与二十八宿不配合。根据岁差的计算表明，距今 3500 年之前，冬至在虚，夏至在星（七星），春分在昴，秋分在房，天球赤道正好与二十八宿中大部分星宿的位置相符合，即二十八宿大部分处于赤道附近。后汉时代，我国黄道坐标概念才得以形成。（见申先甲：《中国春秋战国科技史》，人民出版社，1993 年，第 70 页）

春秋时期,人们发现木星约十二年(实际11.8年)绕天一周,便以木星每年所在的位置纪年,称岁星纪年(因此称木星为"岁星",又名摄提、重华、应星、纪星)。[①] 后来又用太岁纪年,即假想一个与木星运行速度相等、方向相反的行星"太岁",以它每年所在的位置纪年。[②]《左传》僖公五年记载僖公于冬至那天登台观看云色,并说当时"凡分、至、启、闭,必书云物,为备故也"。分是春分、秋分,至是夏至、冬至,启是立春、立夏,闭是立秋、立冬,说明当时已经知道这八个节气了。《吕氏春秋》十二纪明确在孟春、仲春、孟夏、仲夏、孟秋、仲秋、孟冬、仲冬八个月中,分别安插立春、日夜分、立夏、日长至、立秋、日夜分、立冬、日短至这八个节气,这是每年二十四节气中最重要的八个节气。春秋后期出现了四分历,回归年的长度为365.25日,并用19年7闰为闰周。这是世界上当时最精确的历法。[③]

在这样的情况下,二十四节气的产生应是水到渠成。第一次把二十四节气全部列出是《淮南子·天文训》(公元139年),次序与今天完全一致。但这不是最早的文本,因为《管子》、《吕氏春秋》已有二十四节气的大部分名称,战国古六历包含了节气概念,秦统一时制定的颛顼历把历元定在立春,也证明二十四节气产生在秦统一之前。此外,《夏小正》中节气有启蛰(惊蛰)、夏至、冬至。《逸周书·时训解》记二十四节气,次序与今亦完全相同。这些可以说明,它的出现远在汉代之前。[④]

二十四节气,即从冬至日开始,将一回归年等分为二十四分,以反映太阳在黄道上视运动的二十四个特定位置,从而反映出气候变化的情况。这是根据太阳的运行变化制定的,与月亮运行无关。这种特殊的历法,不仅表明古人观测天体视野的广阔,更重要的是反映了农业生产在古人心中的优

---

① 金木水火土五星中最先被人们认识的是木星。可能与它在一年中被人们看到的时间很长而且明亮有关。有人认为:大约在公元前20世纪以前,人们就知道木星是颗行星,12年绕天一周。周初已经用推算木星的位置来占卜。(见申先甲:《中国春秋战国科技史》,第74页)用木星进行占卜是巫术,与后来的占星学具有本质的不同。占星术也不同于古代的天地日月之神的崇拜,与这些祭祀活动有根本区别。

② 东汉建武三十年(54年)以后用干支纪年。(见黄金贵主编:《中国古代文化会要》,西泠印社出版社,2007年,第65页)

③ 中国天文学史整理小组编著:《中国天文学史》,第23页。

④ 白寿彝总主编:《中国通史》第三卷上册,上海人民出版社,1994年,第583页。

先地位。因为,二十四节气最根本的用处和意义是在农业生产方面。二十四节气是上古中国历法思想最典型、最集中的体现。中国早期的宇宙观和哲学意识也就自然生长于其中。正因为如此,明末清初的顾炎武《日知录》云:

> 三代以上,人人皆知天文。"七月流火",农夫之辞也;"三星在户"妇人之语也;"月离于毕",戍卒之作也;"龙尾伏辰",儿童之谣也。

中国早期历法的这种根本性质贯穿在整个中国古代社会,同时也决定了古代任何帝王在试图通过历法强调自己的统治理念时,也不能无视这种根本性质。因此,上古重农思想与皇权意识在历法中似乎是一体的。许倬云先生认为:"古代文献资料中,'藉'是与农业有关的行事,其来源可能甚早。《夏小正》中的藉,列在正月,可算是农事之始。"①"藉"也见于金文铭辞中。《国语·周语上》有王室藉礼的详细说明:

> 先时(立春前)九日,太史告稷曰:"自今至于初吉(二月朔日),阳气俱烝,土膏其动。弗震弗渝,脉其满眚,榖乃不殖。"稷以告王曰:"史帅阳官以命我司事曰:'距今九日,土其俱动,王其祗祓,监农不易。'"王乃使司徒咸戒公卿、百吏、庶民,司空除壇于藉,命农大夫咸戒农用。先时(立春前)五日,瞽告有协风至,王即斋宫,百官御事,各即其斋三日。王乃淳濯饗醴,及期,鬱人荐鬯,牺人荐醴,王祼鬯,饗醴乃行,百吏、庶民毕从。及藉,后稷鉴之,膳夫、农正陈藉礼,太史赞王,王敬从之。王耕一墢,班三之,庶民终于千亩。其后稷省功,太史监之;司徒省民,太师监之;毕,宰夫陈饗,膳宰监之,膳夫赞王,王歆大牢,班尝之,庶人终食。

另外,《诗·豳风·七月》"三之日于耜,四之日举趾"可能不仅记载单纯下田工作,也可能指涉初耕的仪礼。最后的"跻彼公堂"就是祭祀和飨礼。《诗经》中《小雅·甫田》、《小雅·大田》、《周颂·载芟》、《周颂·良

---

① 许倬云:《西周史》,三联书店,2001年,第284页。占星学出现以后这种思想有了改变,比较一下可以看出其中的变化。

耜》、《周颂·臣工》、《周颂·噫嘻》都描写田间生活,包括王公大臣。统治者不仅认识到不违农时,而且在农忙时候采取措施保护耕作,不兴土工,不作师旅,庶民"不冠弁、娶妻、嫁女、享祀"等。[①] 这个传统一直延续到清末,贯穿整个中国封建社会的始终。

五、从天文学向占星学的转折

中国上古天文学的主要目的是指导农耕生活,但《史记·天官书》、《汉书·天文志》为何成为占星学?我认为大约从春秋末战国初开始,中国天文学发生了一个根本的转折:即从"治历明时"走向"占星祈禳",试图用天象反映人间社会的等级制度,论证人间帝王统治的合法性。因此,这期间的天文学把星叫做"星官",凡星都是"官"。《史记·天官书》唐司马贞《索隐》曰:"星座有尊卑,若人之有官曹列位,故曰天官。"这就在"四象"之后,出现了"分野"、"三垣"的说法。占星学正是由此脱颖而出。

"四象"是把二十八宿分为四组,并以动物形象名之,故曰四"象",即东方苍龙、西方白虎、南方朱雀、北方玄武(龟)。人们发现,每组的星象确实与以之称名的动物很像。有人认为,《尚书·尧典》关于四仲中星的说明,产生了把周天恒星分为四群以分别表示春夏秋冬四季星象的思想。因此人们很容易想象,"春分前后初昏时当朱雀升到南方中天(上中天)时,苍龙的房宿正处于东方的地平线附近;白虎的昴宿正处于西方的地平线附近;而龟蛇的虚宿正处于地平线下与朱雀的七星相对的北方(下中天)。这是就定东、西、南、北四个方位的由来,它是以古代春分前后初昏时的星象为依据的。"[②]可以看出,四象说还属于比较纯粹的天文学,与占星学没有明显的关系。陈遵妫先生认为,"四象"的出现应在二十八宿之前。因为角、心、尾就

① 参见《吕氏春秋·上农》,转引自白寿彝总主编:《中国通史》,第594页。
② 申先甲:《中国春秋战国科技史》,第66页。

是东方苍龙的龙角、龙心、龙尾。“四象”的名称来源可能很早。[①]

“分野”是用天上的列宿对应地上的封国。《左传·昭公元年》所说的高辛氏长子阏伯迁于商丘,主辰,故辰为商星,次子实沈迁于大夏,主参,故参为晋星。可见星辰与地域已有关联。后来共有十二分野之说,几乎每一列国对应天上一个星宿。这个观念一般认为出现在二十八宿之后。[②]《周礼·春官·保章氏》曰:“以星土辨九州之地所封,封域皆有分星,以观妖祥。”可见分野已经与占星有关。

如果说“四象”中有一些苍龙、麟、凤这样神话中的动物,实质上还是关于天象的纯粹描述,“分野”把星辰和地域联系起来,表明一种天人生活同构的雏形,而“三垣”则完全反映了统治阶级的观念。“三垣”即紫薇垣、太薇垣、天市垣,把位于二十八宿以内的恒星分为三大块。紫薇垣是天上皇宫的意思,其中有帝星、帝后星、群妃星、三公星、太子星等;太薇是天上政府的意思,有将星、相星、诸侯星;天市是天上都市的意思,有主管秤权交易和商人的宦者星、宗正星、宗人星、客星等。紫薇垣和天市垣见于《开元占经》辑录的《石氏星经》,大约出现于战国时代。太薇垣初见于唐初的《玄象诗》。[③] 这即是我们现在所称的名副其实的占星学,或者也可以说“政治天文学”。

在当时的天文学中,以巫咸、石申、甘德三大学派影响最大。

巫咸传说是殷代大臣,史载的《巫咸星经》为我国最早星表,据说含33座共144星,但原本亡佚,后世存本列齐、赵国名,显然属于伪托。有人认为,西周巫咸学派为宋国司星继承,巫咸袑(字子韦)是其代表,《庄子·天

---

① 见陈遵妫:《中国天文学史》第二册,第330页。《礼记·礼运》曰:“麟凤龟龙,谓之四灵。”《十三经注疏》云:“前朱雀而后玄武,左青龙而右白虎。”后来把麒麟换为白虎,有人称与孔子作《春秋》到获麟为止相关。“麟为周亡天下之异。”所以后人以山兽之君虎代替。《礼运》孔疏引:“龙东方也,虎西方也,凤南方也,龟北方也,麟中央也。”西方为白虎,麟在中央。湖北随县曾侯乙墓(前433年左右)中有一漆器箱盖,绘有二十八宿图案,东方绘有青龙,西方绘有麟。可见在汉代麟才换成白虎,而二十八宿在当时已是很普遍的知识,“四象”的知识可能还会更早。

② 徐振韬、蒋窈窕先生认为:十二次分野大概是在战国时代形成的。(见徐振韬、蒋窈窕:《五星聚合于夏商周年代研究》,第20页。)

③ 参见郑慧生:《认星识历——古代天文历法初步》第三编第五章:“唐·无名氏《玄象诗》”,河南大学出版社,2006年。

运》中有“巫咸袑”,即是证明。① 甘德活动于战国时期,为楚人或鲁人,作《天文占星》八卷,亡佚。石申是魏国司星,开封人,活动约在前4世纪战国中期,作《天文》八卷,但早已亡佚。虽然甘德和石申的原著亡佚,但从《史记》、《汉书》和引文中可知一二。后人拾遗补阙,把石申的《天文》与甘德的《天文星占》合并,该书在宋代称《甘石星经》,又名《星经》,托名为“汉甘公、石申著”,始见于晁公武《郡斋读书志》的著录,曾收入《道藏》,题名为《通占大象历星经》,流传至今,是一部对天文研究有很高科学价值的文献。

从本质上说,这时候的天文学家已成为占星家。虽然他们掌握了丰富的天文学知识,但是他们要用天象知识为各国国君服务,实际上就是运用占星学来服务于各国国君,天文学在性质上因此发生了根本转变。占星内容涉及用兵、立嗣、农桑、祭祀等众多国家大事。例如,《左传》襄公二十八年记载,梓慎发现当年的岁星应在星纪,却到了玄枵(实际是由木星运行的误差所至),这即是春行夏令,他预言郑国和宋国要发生饥荒。《国语·晋语四》说晋国史官董因根据天象预测重耳可以成功继承君位。《国语·周语下》还说到武王伐纣的天象有利,故能成功。汉代《淮南子·兵略》也说到这件事,其实都是附会。

占星家最关注的天象,首先是日食、月食、彗星这些历来被认为是不祥的天象。日食这时已经被占星学家说得玄乎其玄。据《开元占经》记载:“甘氏曰:‘日始出而蚀,是谓无明,齐、越受兵,一曰亡地。’甘氏曰:‘日中而蚀,荆魏受兵,一曰亡地,海兵大起。’甘氏曰:‘日将入而蚀,大人出兵,赵燕当之,近期三月,远期三年。’”②只要日食,都与兵灾和亡国失地有关。

此外就是关于五星的运行状况。金木水火土五星,又被称为五纬,与东南西北中的方位相连,这些观念都应该在阴阳五行说之后才能产生。前述夏代关于五星相聚的记录没有这些说法。《汉书·天文志》云:“古历五星之推,亡逆行者,至甘氏、石氏《经》,以荧惑、太白为有逆行。夫历者,正行也。古人有言曰:‘天下太平,五星循度,亡有逆行。日不食朔,月不食

① 申先甲:《中国春秋战国科技史》,第58页。

② 刘韶军编著:《古代占星术注评·开元占经》,广西师范大学出版社,1992年,第132页。

望。'……甘、石氏见其常然，因以为纪，皆非正行也。"说明甘德、石申对于五星规律的观测有着重要发现，同时，他们关于五星的占辞也很多。例如：

甘氏曰："五星主兵，太白为主。五星主谷，岁星为主。五星主旱，荧惑为主。五星主土，填星为主。五星主水，辰星为主。五星木土以逆为凶，火以钩已为凶，金以出入不时为凶，水以不效为凶。五凶并见，其年必恶。"

石氏曰："五星不失行，则年谷丰昌。"

石氏曰："五星行二十八舍星七寸以内者及宿者，其国君死。五星舍二十八宿，王者诛除其国。五星犯合宿中间星，其坐者在国中，犯南为男，犯北为女，东为少，西为老。五星逆行去宿虽非七寸内而守之者，其国君被诛刑死，顺而留之，疾病死。"①

占星家们把五星的运行状况，看做国家兴亡的预兆，后来史家经常以此附会。为了给刘汉王朝罩上神秘色彩，《汉书·高帝纪上》云："元年冬十月，五星聚于东井，沛公至霸上。"现代天文学证实这次五星聚合的天象是发生在第二年五月，属故意捏造。《史记·天官书》亦云："汉之兴，五星聚于东井。"《史记·张耳陈余列传》仍说此事："汉王之入关，五星聚东井。东井者，秦分也，先至必霸。楚虽强，后必属汉。"可见王朝更替的合法性要获得占星学的证明。1995年在新疆民丰县尼雅遗址一座东汉至魏晋墓葬中出土一件色彩鲜艳的五色织锦，上绣"五星出东方利中国"。长沙马王堆出土帛书《五星占》保留了秦汉之际关于五星的占星学宝贵资料。②

这种情况到了战国末期就很严重了。秦始皇的阿房宫就是按天上的星象建造的。《月令》也是按天象给天子设计每月移动的住处。由此可见占

① 《开元占经》卷十八。见刘韶军编著：《古代占星术注评·开元占经》，第142、144—145页。另：马王堆出土的西汉帛书《五星占》和《云气星象杂占》表明，当时对于五星会合周期的了解已经相当准确。其中《五星占》，包括占文和表格共六千多字。（详见袁行霈等主编：《中华文明史》第一卷，第350页）

② 徐振韬、蒋窈窕：《五星聚合与夏商周年代研究》，附录二"中国古代五星会聚记录"，统计了远古至清乾隆六十年各种史籍关于五星聚合的记载，其中很多是当作祥瑞。

星学对于当时政治生活和学术思想的巨大冲击。[①]

六、转折的原因及元素

春秋战国之际中国天文学界为什么出现了这样的现象?《史记·历书》云:

> 幽、厉之后,周世微,陪臣执政,史不记时,君不告朔,故畴人子弟分散,或在诸夏,或在夷狄……

《汉书·律历志》所载与此略同:

> 三代既没,五伯之末史官丧纪,畴人子弟分散,或在夷狄……

就是说,东周以降,天文历算学者从周王室分散外流。各国诸侯却因争夺称霸,招揽人才。这是中国古代天文学向占星学转折的一个重要条件和原因。然而,在周王室的天文学人才散入各诸侯国的时候,占星学为什么会蓬勃兴起呢?我们还必须回到上古先民的原始自然崇拜和巫术活动来考察这个问题。

由于中国文明的特点,"观象授时"的史官应该自古有之。然而,在早期先民的原始崇拜和巫术活动中,观天象与原始崇拜和巫术不能完全无关。现有资料证明,用龟甲、牛骨作占卜材料早在新石器时代就有。《史记·龟策列传》云,"三代"以上的占卜不可记,三代以下皆以卜筮以决疑。占卜之人称史、卜、祝。殷商甲骨文中的"贞人"即占卜者,具有巫史双重身份。贞人可能还懂得医术,掌握文字,有丰富的社会知识。[②] 在这些古代巫术中就

---

① 马王堆出土的西汉帛书《五星占》和《云气星象杂占》表明,当时对于五星会合周期的了解已相当准确。(详见袁行霈等主编《中华文明史》第一卷,第350页)

② 而在我国部分少数民族中,用骨、木、竹等占卜延至近代。(见孟世凯:《商史与商代文明》,上海科学技术出版社,2007年,第2、146页)1973年在藁城台西商代遗址发现植物种子三十余枚,其中有桃仁和郁李仁,是治病的药物。灸、刺和按摩的治病方法已经存在。上古刺即用石针,殷商时应是青铜针。"殷高宗武丁一朝,五十九年之间殷人之病,凡有头、眼、耳、口、牙、舌、喉、鼻、腹、足、趾、尿、产、妇、小儿、传染等十六种,具备今日之内、外、脑、眼、耳、鼻、喉、牙、泌尿、产妇、小儿、传染诸科。"(胡厚宣、胡振宇《殷商史》,上海人民出版社,2003年,第308、314页)

有一种星占的活动。《国语·楚语》曰:颛顼"乃命南正重司天以属神,命火正黎司地以属民,使复旧常,无相侵渎,是谓绝地天通。"这里是说让重和黎分别负责天上星辰和地上人民的事务,不让老百姓直接和天上星辰交往、沟通。意思是把上天的意志垄断起来,不让老百姓知道。正表明古代先民有关于星辰的崇拜和巫术等祭祀活动。

上古先民对待水旱灾害和疾病瘟疫,只能用巫术祛除。这些巫术有傩、雩、禜、酺等。① 其中禜是一种对于星神的祭祀活动,可能与星占有关。《礼记·祭法》云:"幽宗,祭星也。"郑玄注:"宗皆当为禜,字之误也。幽禜,星坛也。星以昏始见,禜之言营也。"《周礼·春官·大祝》云:"掌六祈,以同鬼神示……四曰禜……"《左传》昭公元年云:"山川之神,则水旱疠疫之灾于是乎禜之;日月星辰之神,则雪霜风雨之不时,于是乎禜之。"(子产语)《左传》哀公六年云:"是岁也,有云如众赤鸟,夹日以飞三日。楚子使问诸周大史,周大史曰:'其当王身乎!若禜之,可移于令尹、司马。'王曰:'除腹心之疾,而置诸股肱,何益?不榖不有大过,天其夭诸?有罪受罚,又焉移之?'遂弗禜。"(楚昭王语)杜注:"禜,禳祭。"这些资料说明,禜可能是一种与星占相关的巫术。

甲骨文中也有星占的记载。如前文所述,在出土的甲骨文中,发现由"星"字组成的词有"其星"、"不(或毋)其星"、"大星"、"鸟星"、"新星"(或"新大星")。其意义一是指天晴,一是指星辰。殷墟甲骨文记载的月食有五次,这是定论。② 这说明殷人对于这些特殊天象的关注和解释,其中不乏星占的思想和观念。

同时,《易经》和《诗经》中亦可发现星占的资料。例如,《离卦》九三爻辞曰:"日昃之离,不鼓缶而歌,则大耋之嗟,凶。""日昃"指太阳偏西。"日昃之离"的意思是:日在西方附丽于天空,不久将落,如同人之暮年,故要击鼓缶而歌。高亨《周易大传今注》曰:"离,读为螭。"即螭龙,云气形成龙,谓

---

① 金景芳先生说:"用傩、雩、禜、酺的办法来对待水旱疾疫,虽然最早只见于周代文献,但不能即认为是周人创始,它也应有长远的历史,在这里保存着原始时代'魔术'的遗迹。"(金景芳:《先秦思想史讲义》,天津古籍出版社,2007年,第58页)

② 常玉芝:《殷商历法研究》,第9—20页。

之霓。螮、霓一声之转。意思是:太阳偏西时有霓出现在天空,是个凶兆,老年人悲叹,故击鼓缶歌唱禳解之。《丰》卦辞曰:“亨,王假之,勿忧,宜日中。”六二爻辞:“丰其蔀,日中见斗,往得疑疾,有孚,发若吉。”九四爻辞曰:“丰其蔀,日中见斗,遇其夷主,吉。”“日中”是正午。“斗”即北斗。卦辞的意思是:祭祀仪式可在正午举行,不必忧虑。这也是从天象看吉凶。[①]

《易经》还有用月亮卜筮吉凶的。《小畜》上九爻辞:“既雨既处,尚德载。妇贞厉。月几望,君子征凶。”“月几望”就是月既望,为月满过后的月象,月望后至下弦前一段日子。这是因为古人认为月食不祥。已知月食必发生在望,望日在十五前后发生。因此,他们把月望作为可能的凶日。望后就没有月食,比较安全。《归妹》六五爻辞曰:“帝乙归妹,其君之袂,不如其娣之袂良。月几望,吉。”出家时在月几望,即月望之后,因此吉。《中孚》六四爻辞曰:“月几望,马匹亡,无咎。”月既望时,马匹丢失,但无咎。[②]《诗·小雅·十月之交》不仅描绘了日食和月食,还有“日月告凶,不用其政”之说,也是把日食月食看做不祥天象。

上古这些原始崇拜和巫术活动,具有深厚的社会土壤和广泛的应用范围,与人们的日常生活不可分割,因此成为一种文化和观念深深扎根于人们的意识中。西周以后,有所谓周公“制礼作乐”之说,人们逐渐崇尚理性,这些上古时期的星占,与其他巫术一样式微。但孔子说过:“凤鸟不至,河不出图,吾已矣夫。”(《论语·子罕》)还有闻“西狩获麟”,令他悲愤、感慨不已。一方面说明即使孔子这样伟大的思想家对于这些远古的宗教、巫术也深信不疑,另一方面也说明这些原始崇拜和巫术像一股潜流,仍然涌动在当时的社会生活之中。到了春秋战国之际,诸侯争霸,这些本来潜伏在社会生活底层的原始遗存被一些“畴人子弟”重新整理起来,与日渐发达的天文学知识相结合,从而形成了占星学的大气候,对于当时的政治、思想和学术产生了重大影响。因此,原始宗教崇拜和星占巫术可能是占星学兴盛的一个

---

① 闻一多对《乾》卦研究,认为乾卦整体是北斗星的表征,各爻是东宫苍龙所代表的龙马,拉着帝车在天空运行。《睽》卦上九爻辞:“睽孤,见豕负涂,载鬼一车,先张之狐,后说之狐,匪寇婚媾,往遇雨则吉。”(参见卢央:《易学与天文学》,中国书店,2003年,第3页)

② 参见卢央:《易学与天文学》,第3—5页。

源头。五星聚合,日月食,彗星等都是奇异的天象,容易引起人们附会猜测。

应该特别强调的是,这些星占活动原来只是原始巫术活动的一种,与占星学无关。它只是给后来的天文学家以启示和灵感,天文学家运用新的天文学知识对这些特殊的天象进行解释,从而形成占星学。

中国古代天文学出现向占星学的转折,不仅是中国古代天文学的重大变革,也是中国古代思想史上的一件大事。我认为这个事件与邹衍阴阳五行学说的出现关系密不可分,并以此为标志。限于篇幅,不再赘述。[①]

七、转折证据之一:利簋铭文与《国语·周语下》的异同

《国语·周语下》记载伶州鸠叙述周朝姬氏的祸福与星相的运行关系,并涉及上古五帝,基本属于传说。但其中说到武王伐纣的天象有利,故能成功的事迹,因此留下可以考证的空间。

武王伐纣的史实究竟如何?是否符合伶州鸠的描述?我们通过史籍关于武王伐纣的记述与伶州鸠的描述进行比较,就可以看到占星学发展的清晰轨迹。

> (伶州鸠)曰:"昔武王伐殷,岁在鹑火,月在天驷,日在析木之津,辰在斗柄,星在天鼋。星与日辰之位皆在北维。颛顼之所建也,帝喾受之。我姬氏出自天鼋,及析木者,有建星及牵牛焉,则我皇妣大姜之侄伯陵之后,逄公之所凭神也。岁之所在,则我有周之分野也。月之所在,辰马农祥也。我大祖后稷之所经纬也,王欲合是五位三所而用之。自鹑及驷七列。南北之揆七同也,凡人神以数合之,以声昭之。数合声和,然后可同也。故以七同其数,而以律和其声,于是乎有七律。"(《周语下》)

这里"岁在鹑火,月在天驷,日在析木之津,辰在斗柄,星在天鼋。星与日辰之位,皆在北维",都是占星学内容。伶州鸠说的"岁"指岁星,意

① 参见拙文:《两汉经学观念与占星学思想——邹衍学说的思想史意义探幽》,《哲学研究》2009年第1期。

即岁星当空，利于征伐。这个故事被后来学者经常引用，《战国策·赵二》记张仪语云："愿以甲子之日合战，以正殷纣之事。"汉代《淮南子·兵略》曰："武王伐纣，东面而迎岁，至汜而水，至共头而坠，彗星出而授殷人其柄。"

武王伐商的时间，一直是一个悬而未决的重要问题。现存相关史料中一个最重要的证据，是1976年出土于陕西临潼的一件西周早期的青铜器利簋，又名武王征商簋。此器现收藏于中国国家博物馆。簋腹内底铸有极为宝贵的铭文4行32字：

珷征商唯甲子朝岁鼎克闻夙有商辛未王在管师锡又事利金用作檀公宝尊彝

一般释读为：武王征伐商纣，甲子日早晨，岁星当头，贞卜能克，灭亡了商。辛未日武王在阑地，赏赐青铜给右史利，用作制造檀公宝尊彝。

这段铭文的重要意义在于印证了《尚书·牧誓》、《逸周书·世俘》及《史记·周本纪》等古代文献中关于武王伐纣在甲子日的记载，与史书文字几乎完全吻合。右史利因参与克商之役受赐而作此器，时间又是在武王克商后的第八天，故利簋是现存最早的一件西周青铜器，几乎是这场中国古代史上划时代变革的现场记录。然而，铭文所说甲子日凌晨，岁星当头宜于征伐，这只是一种星占，是占卜的一种，与龟占、卜筮属于一类，而非后来的占星学。上节我们对此区分进行了详细论述，因此与伶州鸠所说的含义完全不同。

尤其值得引起我们进一步讨论的是，把铭文中的"岁"释读为"岁星"，是以张政烺先生为代表的学者的观点，虽然这种解释影响广泛，但是疑难很多。第一，"岁"在甲骨和西周金文中当作岁星的解释至今未见，故难成立。第二，把"岁"释为岁星，接下来的"鼎"就要训为"丁"，义为"当"，意即"岁星当其位"，而"鼎"字这种解释在钟鼎彝器中也没有例证，难以成立。

因此，有人认为，把铭文中的"岁"释读为岁星是不能成立的。而如果把"岁"释为"岁祭"，可能更符合铭文原义。因为，第一，从甲骨到金文，用

"岁"作岁祭的例证不可胜数。第二,把"岁"释读为岁祭,"鼎"则可训为"贞",王国维认为贞鼎二字"自古通用"。这样解释文义既有训诂证据,符合文法,非常通畅,又符合早期史书的记载。[①] 而按照思想史发展的逻辑来说,我也认为这里的"岁"应该是"岁祭",不是"岁星"。如果我们把铭文"岁"释为"岁祭",原文应读为:

> 珷征商,唯甲子朝,岁,鼎(贞):克闻(昏),夙有商。辛未,王在管师,锡(赐)又(右)事(史)利金,用作檀公宝尊彝。

大意为:武王征伐商纣,在甲子日早晨,岁祭,贞卜黄昏时能克,遂灭亡了商。辛未日武王在管师,(因占卜有功)赏赐青铜给右史利,用作制造檀公宝尊彝。

这里不见与占星学有丝毫关系。

更值得注意的是,较可信的史籍中都没有提及"岁星当空"之说:

> 时甲子昧爽,王朝至于商郊牧野,乃誓。(《尚书·牧誓》)
>
> 越若来二月既死魄,越五日甲子,朝至,接于商,则咸刘商王纣,执天恶臣百人。(《逸周书·世俘》)
>
> 二月甲子昧爽,王朝至于商郊牧野,乃誓。(《史记·周本纪》)

比较上述原始的资料,所谓"岁星当空"是空穴来风。即使对占星学极为崇信的司马迁在《史记·周本纪》中也没有提及。

上述两种解释都说明,利簋铭文中没有占星学内容。由此可以得出两点结论:

第一,伶州鸠的说法只能是后来者臆造。这也恰好证明占星学家为了宣扬他们的学说,而采取对上古历史进行占星学的篡改和虚构的事实。因此在《史记·天官书》、《汉书·艺文志》所述的上古占星学和占星家的历史

① 见吴伟:《利簋铭文再释》,载《文博》2009年第3期。黄德宽教授认为,"岁"应解释为岁祭。岁祭由史官利主持,得大吉。武王克商之后,作为对于祭祀史官的奖励,赐他铸簋以志。这样解释非常符合情理。

也完全属于虚构。①

第二,至少在伶州鸠说话时的春秋晚期,即周景王二十三年(昭公二十年,公元前522年),占星学已经大行其道,成为流行观念了。②

八、转折证据之二:《左传》、《国语》其他记载

从《左传》、《国语》等典籍的记载中,我们可以证明从星占巫术到占星学的一些发展轨迹。《左传》中涉及天象与占星学内容的资料如下:

春,无冰。梓慎曰:"今兹宋、郑其饥乎?岁在星纪,而淫于玄枵。以有时灾,阴不堪阳。蛇乘龙,龙,宋、郑之星也。宋、郑必饥。玄枵,虚中也。枵,耗名也。土虚而民耗,不饥何为?"(襄公二十八年)

夏四月甲辰朔,日有食之。晋侯问于士文伯曰:"谁将当日食?"对曰:"鲁、卫恶之。卫大,鲁小。"(昭公七年)

史赵曰:"陈,颛顼之族也。岁在鹑火,是以卒灭,陈将如之。今在析水之津,犹将复由。"(昭公八年)

夏四月,陈灾。郑裨竈曰:"五年陈将复封,封五十二年而遂亡。"子产问其故。对曰:"陈,水属也;火,水妃也。而楚所相也。今火出而火陈,逐楚而建陈也。妃以五成,故曰五年,岁五及鹑火,而后陈卒亡,楚克有之,天之道也。故曰五十二年。"(昭公九年)

春,王正月,有星出于婺女。郑裨灶言于子产曰:"七月戊子,晋君

---

① 1996年国家启动了夏商周断代工程,历史学、考古学、天文学和物理学家们通过分析研究史料、对相关遗物进行碳14测定,同时根据天文现象推算等艰苦细致地考证研究之后,得出武王克商的确切年代是公元前1046年1月20日,而这一天正是甲子日。但其天文依据仍然把利簋铭文"岁"释为岁星,并采用《周语》伶洲鸠"岁在鹑火"的说法,因此留下巨大疑问,令人质疑。(见夏商周断代工程专家组:《夏商周断代工程1996—2000年阶段成果报告·简本》,第44—49页)

② 此外,伶州鸠在叙述了武王伐纣的天象之后,接着说周朝得天象依据是"颛顼之所建也,帝喾受之。我姬氏出自天鼋,及析木者,有建星及牵牛焉,则我皇妣大姜之侄伯陵之后,逄公之所凭神也"。基本上与早期传说混为一体了。这样的叙述在《国语》中并不少见。例如《楚语》说:颛顼"乃命南正重司天以属神,命火正黎司地以属民,使复旧常,无相侵渎,是谓绝地天通。"也是记载了一种古代传说。由此可证《国语》很多文字成文较晚,所记人物很多是后人补记,不可全信。

将死。”(昭公十年)

冬,有星孛于大辰,西及汉。申须曰:“彗所以除旧布新也。天事恒象,今除于火,火出必布焉。诸侯其有火灾乎?”梓慎曰:“……若火作,其四国当之,在宋卫陈郑乎!……”郑裨灶言于子产曰:“……若我用瓘斝玉瓒,郑必不火。”(昭公十七年)

(梓慎)曰:“二至二分,日有食之,不为灾。日月之行也,分,同道也;至,相过也。其他月则为灾,阳不克也,故常为水。”(昭公二十一年)

夏五月乙未朔,日有食之。梓慎曰:“将水。”昭子曰:“旱也。日过分而阳犹不克,克必甚,能无旱乎?……”(昭公二十四年)

(史墨)曰:“六年及此月也,吴其入郢乎,终亦弗克。入郢必以庚辰,日月在辰尾。庚午之日,日始有谪。火胜金,故弗克。”(昭公三十一年)

夏,吴伐越。……史墨曰:“不及四十年。越其有吴乎!越得岁(指木星)而吴伐之,必受其凶。”(昭公三十二年)①

《春秋》一书纪事长达241年。《左传》纪事至鲁哀公二十七年,前后共计254年。笔者大略统计,《左传》真正提到占星学内容的只有上述十处。其中昭公十七年记申须对于彗星出现的解释语“天事恒象”,即天的意志一定要通过天象表达出来,是引起后来学界极为关注的思想,为众多学者经常引用。《左传》提到的占星家有梓慎、士文伯、史赵、郑裨灶、史墨等人。从《左传》可以看出,与占星学相关内容最早出现在鲁襄公二十八年,在鲁昭公以后才开始进入人们的视域之中,引起人们关注,但还没有形成强势。

《国语》与占星学相关内容如下:

范蠡曰:“人事必将与天地相参,然后乃可以成功。”“臣闻古之善用兵者,(赢)[嬴]缩以为常,四时以为纪,无过天极,究数而止。天道皇皇,日月以为常,明者以为法,微者则是行。阳至而阴,阴至而阳;日

① 见杨伯峻:《春秋左传注》,中华书局,1981年。

困而还,月盈而匡。古之善用兵者,因天地之常,与之俱行。后则用阴,先则用阳;近则用柔,远则用刚。后无阴蔽,先无阳察,用人无艺,往从其所。刚(柔)[强]以御,阳节不尽,不死其野。彼来从我,固守勿与。若将与之,必因天地之灾,又观其民之饥饱劳逸以参之。尽其阳节、盈吾阴节而夺之。宜为人客,刚彊而力疾;阳节不尽,轻而不可取。宜为人主,安徐而重固;阴节不尽,柔而不可迫。凡陈之道,设右以为牝,益左以为牡,蚤晏无失,必顺天道,周旋无究。""圣人之功,时为之庸。得时不成,天有还形。天节不远,五年复反,小凶则近,大凶则远。"(《越语下》)

内史过归,以告王曰:"……夫天事恒象,任重享大者必速及……"(《周语上》)

(单子)曰:"夫辰角见而雨毕,天根见而水涸,本见而草木节解,驷见而陨霜,火见而清风戒寒。故先王之教曰:'雨毕而除道,水涸而成梁,草木节解而备藏,陨霜而冬裘具,清风至而修城郭宫室。'故《夏令》曰:'九月除道,十月成梁。'其时儆曰:'收而场功,偫而畚梮,营室之中,土功其始。火之初见,期于司里。'此先王所以不用财贿,而广施德于天下者也。"(《周语中》)

(单襄公)曰:"……天六地五,数之常也。经之以天,纬之以地。经纬不爽,文之象也。"(《周语下》)

献公问于卜偃曰:"攻虢何月也?"对曰:"童谣有之曰:'丙之晨,龙尾伏辰,均服振振,取虢之旗。鹑之贲贲,天策焞焞,火中成军,虢公其奔!'火中而旦,其九月十月之交乎?"(《晋语二》)

子犯曰:"……天事必象,十有二年,必获此土。"(《晋语四》)

姜曰:"……吾闻晋之始封也,岁在大火,阏伯之星也,实纪商人。商之飨国三十一王。瞽史之纪曰:'唐叔之世,将如商数。'"(《晋语四》)

(董因)曰:"岁在大梁,将集天行。元年始受,实沈之星也。实沈之墟,晋人是居,所以兴也。今君当之,无不济矣。君之行也,岁在大火,阏伯之星也,是谓大辰。辰以成善,后稷是相,唐叔以封。瞽史记

曰：嗣续其祖，如榖之滋，必有晋国。”（《晋语四》）

《国语》所涉及占星学内容谨录于此，加上节所述《周语下》共十处。① 但这里的情况却与《左传》大不相同，一是占星学思想比较成熟，二是出现年代比较早。此外，《周语上》亦有“天事恒象”之说，与《左传》昭公十七年申须所言完全一样，《晋语四》还有“天事必象”之说。

在《左传》和《国语》中同时记录了“天事恒象”这个术语，表明它应该有一个共同来源，同时也表明这个术语已经进入了人们耳熟能详的日常生活，被人们随时运用，因此，这个术语实则已经是一个成语。这个成语出现也恰好证明，在这个时期占星学的观念已经流行。《左传》记载这个术语的年代是昭公十七年（公元前525年）。而《国语》记载的说话人内史过是周惠王（前679—前655）、襄王（前654—前620）时人，子犯是晋文公（公元前639—前630）时人，比《左传》的年代早一百年以上。就是说，大约在这个时期，占星学的观念已经比较流行了。据此我们可以判断，早于这个时间的其他关于占星学的说法，基本上都是后人杜撰，纯属附会。

《左传》全名《春秋左氏传》，作者一般认为是与孔子同时代的左丘明。《国语》被《汉书·艺文志》称为《春秋外传》，司马迁又说：“左丘失明，厥有《国语》。”因此汉唐以降都认为《左传》和《国语》的作者为同一人，即左丘明。近代学者对此说置疑，认为《国语》可能是当时各国史乘的原始记录。笔者无意于将此问题追根究底，但通过以上辨析，说明《左传》与《国语》作者同属于一人的可能性很小，成书的年代也可能属于不同时期。

从甲骨文关于“星”的卜辞，到《诗经·七月》（包括《小雅·十月之交》），以及《夏小正》，再到《左传》、《国语》，这些文献资料比较清晰地展示了中国古代天文学向占星学转变的大致发展轨迹。

---

① 《周语上》记：“幽王三年，西周三川皆震。伯阳父曰：‘周将亡矣！夫天地之气，不失其序；若过其序，民乱之也。阳伏而不能出，阴遁而不能烝，于是有地震。今三川实震，是阳失其所而镇阴也。阳失而在阴，川源必塞；源塞，国必亡。夫水土演而民用也。水土无所演，民乏财用，不亡何待？昔伊、洛竭而夏亡，河竭而商亡。今周德若二代之季矣，其川源又塞，塞必竭。夫国必依山川，山崩川竭，亡之征也。川竭山必崩。夫天之所弃，不过其纪。’是岁也，三川竭，岐山崩。十一年，幽王乃灭，周乃东迁。”伯阳父用阴阳二气失调解释地震原因，也不属于占星学。

九、占星学在当时的影响

以上大略论证了在春秋末战国初发生的中国天文学向占星学的根本转折。了解这个转折，我们不仅可以知道中国古代天文学与占星学的基本界限，同时还会发现上古思想发展的一个重要轨迹，更为重要的是，我们还可以由此探索这种思想史的转变对于当时中国学术的影响。

战国以降的这种与阴阳五行说合为一体的占星学在汉代达到全盛。司马谈《论六家要指》把阴阳家列为六家之首，称之以"阴阳四时、八位、十二度、二十四节各有教令"，"大祥而众忌讳"。司马迁对于盛行的占星学作了总论性质的概括，《史记·天官书》则是最早全面系统描述全天星官的著作，也可谓集占星学之大成。《汉书·天文志》开篇曰：

> 凡天文在图籍昭昭可知者，经星常宿中外官凡百一十八名，积数七百八十三星，皆有州国官宫物类之象。其伏见蚤晚，邪正存亡，虚实阔陋，及五星所行，合散犯守，陵历斗食，彗孛飞流，日月薄食，晕适背穴，抱珥虹蜺，迅雷风袄，怪云变气：此皆阴阳之精，其本在地，而上发于天者也。政失于此，则变见于彼，犹景之象形，乡之应声。是以明君睹之而寤，饬身正事，思其咎谢，则祸除而福至，自然之符也。

《汉书》还首立《五行志》，专载五行灾异，例如日食、月食、地震等，天人感应。在战国列国纷争、风云变幻的局面中，占星学应运而生以后，一个《月令》这样的新型天人模式也横空出世了。尽管如此，司马迁还是把《天官书》和《历书》分开，表明占星与历法之间仍然是有区别的。

自此以后，中国古代占星学异常繁荣。查《隋书·经籍志》，所载天文书共 97 部，675 卷；历书 100 部，263 卷。今日出土汉代帛书即有《五星占》之类。这些天文书实质上与占星学已成一体，其著述繁富，可见一斑。

我们发现，经过汉人整理的古代典籍，有些明显留下这种占星学和阴阳五行学说的深深印记。汉代经学中不但程度不同羼杂了这种占星学与阴阳五行混合的思想，甚至在根本上受到占星学观念的支配，其中"观象于天，法类于地”的占星学思想，成为《易传》的核心观念，而《春秋》公羊学大家董仲舒，把先秦儒学与阴阳五行学说结合起来，提出天人感应学说，在中国历史上影响巨大而深远。可见占星学对于秦汉以后的中国思想、学说和政治，产生的影响不可估量！

但是，思想界反对这种占星学的声音从来不绝，当时的代表人物为荀子和王充。荀子说：“天行有常，不为尧存，不为桀亡。”“星坠、木鸣，国人皆恐。曰：是何也？曰：无何也，是天地之变，阴阳之化，物之罕至者也，怪之可也，而畏之非也。夫日月之有蚀，风雨之不时，怪星之党见，是无世而不常有之。”(《荀子·天论篇》)王充的《论衡》对于日食、月食作了专门讨论，把“阴阳符验”、“天人感应”之类斥之为“虚妄”。这些思想观点应该是上古中国朴素天文学思想的延续，非常难能可贵。这些思想家与占星学理论的冲突交锋，构成了中国古代思想史发展的另一条重要线索。

应该说明的是，即使出现了中国古代天文学向占星学的转折，占星学思想甚至成为某一时代的统治阶级的意识形态，但天文学的观测和计算、以及据此推算建立的历法，仍然具有科学的意义，没有断绝，一直相对独立发展。它与占星学的合流，在不同的历史时期也占据不同的比重。中国古代天文学与占星学之间这种相互依存又相对独立的关系，源自各个历史时期社会政治与科学发展的内在张力，并且在相互交错中发展、演进，经历了二千年的历史发展，直至清末中国帝制的结束。西学东进之后，这种状况才得到彻底改变，近现代中国学者完全剔除了古代天文学中占星学的思想内容，建立了与西方科学一体的中国现代天文学，占星学终于成为历史。

道、自然、自由、和谐

——略谈老子道家的基本思想*

许抗生**

“道”是老子道家哲学的最高概念，是宇宙（天地万物）的本原本体，是整个宇宙的最高的最一般的规律，同时也是人类社会的价值观的本体，是人们的行为必须遵循的最终法则（“人法地，地法天，天法道，道法自然”）。“自然”则是“道”的本性和存在的状态，也是天地万物的本性和存在的状态。自然者，自己而然也，自尔也。也就是说，自然者就是自己存在，自己运动，自己在变化。用我们现在的话来说，自然者就是自然而然的客观的存在，它是不依人的意志为转移的。所以后来人解释说：“自然者，无为也。”无为就是无意志、无目的、不加人为的客观存在。老子所说的“道法自然”，河上公注为“道性自然，无所法也”，大概就是指的这个意思。当然“道”存在于天地万物之先，天地万物又存在于人类之先，它们的存在都是自然的，与人为（有意志的、有目的的人的行为）无关。但一旦人类在世界上产生之后，“域中有四大，人居其一”时，人就参与了客观世界的活动，就要改造世界为我所用，在原有的客观世界上打上了人类活动的烙印，使之成为人化了的自然，或称自然的人化。但是在这里有一点必须强调，人的活动必须遵循客观世界的法则，而不能违背其法则。人的行为正如老子所说：“辅万物之自然而不敢为。”（《老子》六十四章）人的行为必须遵循万物的自然发展的法则，辅助、促进其发展，而决不能违背其法则，做主观妄为的事，不然的话，“不知常”就会“妄作凶”，给人类自己带来灾害。

---

* 本文原载《诸子学刊》第2辑，上海古籍出版社，2009年。

** 许抗生，1937年生，男，北京大学哲学系退休教授。

“道”与“自然”是老子道家哲学中最重要的概念，是它整个理论的基础和前提。老子的其他思想都可以从其“道”与“自然”思想中推出。所以老子的思想可以称为“道哲学”或“道主义”，也可称为“自然主义哲学”。那么老子道家讲道、讲自然，探究宇宙的真谛，崇尚自然主义，究竟要解决什么问题呢？其实老子道家也是要解决人类的社会政治、人生问题。这与儒家仁学（人学）是一样的，其不同的地方是：儒家从人伦关系（从血缘的亲亲关系推及到社会上一般人与人的关系）出发，讨论人的问题，以调谐人与人、人与社会国家的关系问题。而道家则从人的自然本性出发，认为人的自然本性来自于“道性自然”，从而讨论人的问题，要求人类社会人与人的关系能符合人的自然本性，以调谐人与人、人与社会国家的关系。可见儒道两家都是以人为本的，都是要解决社会人生问题的。在这里我们不想来全面地研讨有关老子道家的社会、政治、人生问题的思想，只想就其中最关键的两个思想，即个人的自由和社会的和谐思想，作一初步的研讨。从某种意义上说，整个道家学派，就是围绕着个人自由与社会和谐这两大主题而展开的。自老子开创道家之后，列子学派，庄子学派，而后的嵇康阮籍的老庄学，向秀、郭象的庄子学，乃至支道林佛教玄学等，都是偏重于讨论个人的自由、并以个人的自由达至社会的和谐为主题的；而先秦的黄老学、汉初的黄老学，乃至何晏王弼的老子学等，则更偏重于社会政治的问题，以讨论社会国家的治平乃至社会的和谐为主题。当然他们在讨论社会国家的治平时，也十分重视人的自由发展，即给老百姓一定的自由发展的余地，如汉初黄老学即是如此。由此可见，个人自由和社会和谐确是历史上道家学派所讨论的两大主题。

“自由”按其词义来说，就是指人的一切思想和活动由自己作主，自己作决定，不受限制和束缚，能根据自己的意志行事的意思。如《礼·少仪》：“请见不请退。”汉郑玄注：“去止，不敢自由”，就是指的这个意思。“自由”这一概念在中国思想史上出现较晚（在唐禅宗思想中曾经出现过“自由”的概念），但有关自由的这一思想，在先秦哲学中即已有之。确切地说，在老子思想中即已涉及，庄子则用“逍遥游”来表达一个人精神的自由自在，不受任何的束缚。在老子道家思想中，自由是与“自然”有着密切的联系的，是直接从“道法自然”(即道性自然)中推演而出的。道性是自己而然的,道是自己存在的,是自己运动变化的,它不依神或人的意志为转移。天地万物(包括人在内)皆为“道”所生,它们身上也都体现了“道性自然”的这一普遍原则,皆有着自己存在、自己发展的法则。因此,道产生了天地万物后,道与天地万物的关系是:“生而不有,长而不宰,”完全是因循着万物自然成长的。为此老子多次告诫国家的最高领导者应当实行因循万物(老百姓)、自然发展的无为而治。由此老子说:“是以圣人……以辅万物之自然,而不敢为。”(《老子》六十四章),又说:“故圣人云‘我无为而民自化,我好静而民自正,我无事而民自富,我无欲而民自朴’。”(《老子》五十七章)这即是说,圣人的治国治民的原则是“辅万物之自然”,而不能主观妄为;也就是说,只有实行无为、好静、无事,无欲顺应民心(“圣人无常心,以百姓之心为心”)、不妄加干扰民事的无为政治,这样老百姓自己就能做到“自化”、“自正”、“自富”、“自朴”,即老百姓自己就能发展,自己就能走上正道,自己就能富足,自己就能纯朴。这就是老百姓的行为由自己作主、自己作决定、自己求得发展、自己走上正道。这就是给予老百姓以自由的思想,这也是领导者充分相信老百姓的表现。因此,老子说:“太上,下知有之;其次,亲而誉之;其次,畏之;其次侮之。信不足焉,有不信焉。悠兮其贵言,功成事遂,百姓皆谓:‘我自然’。”(《老子》十七章)最高最好的领导者(“太上”)实行的完全是顺应民心的无为而治,他充分信任老百姓,决不横加干扰老百姓,最后“功成事遂”,老百姓都说是自己成就的,这就是一位最好的领导者。至于老百姓自己如果出问题,出现了贪欲,那么又怎么办呢?老子的回答是:“道常无为而无不为。侯王若能守之,万物将自化。化而欲作,吾将镇之以无名之朴。镇之以无名之朴,夫亦将不欲,不欲以静,天下将自正。”(《老子》三十七章)如果老百姓在“自化”中产生了贪欲,那么还得用无名之朴的道(道的朴实、朴素性)来安定老百姓,使老百姓按照“道”来行事,去掉自己的贪欲,做到“见素抱朴,少私寡欲,”这样老百姓自己就能端正自己的行为。由此可见,在上的领导者要遵循“道”来治理天下,在下的老百姓也要按照“道”来行事,上下皆“法道而行”,这样在下的老百姓能得到自由的发展,在上的领导者就能治理好天下,使天下得到安宁,达至社会的和谐。这就是老子哲学所追求的目的。

在西方哲学中，有一种观点视自由是与必然相对的概念，提出了自由是对必然（客观规律）的认识的思想。这是从认识论上来把握自由的。在老子哲学中，自由是从本体论“道性自然”中推演而出的，显然与西方有所不同。至于庄子则更是从人生态度、人生理想的精神境界上来理解自由（“逍遥”）的。庄子说：“吾生也有涯，而知也无涯，以有涯随无涯，殆已。已而为知者，殆已矣。”（《庄子·养生主》）这即是说，一个人的生命是有限的，而知识是无限的，需用有限的生命来认识无限的知识，这是不可能的。因此，要解决人生问题，超脱俗世的纷争与烦恼，就不能从知识论（认识论）上着手，而必须另寻道路。仅仅掌握知识、认知了客观规律，是否就能获得人生自由呢？恐怕并不这样简单。认识了必然，认识了规律，并不一定就能得到自由。妨碍人生自由的还有自己的私心贪欲、争名逐利、追求权势欲望等等。它们都是一个人获得自由的大敌。它们不仅阻碍人们认识必然，并且即使人们认识了必然，它们也会阻碍人们按照必然的规律去行事，从而使人们处于盲目的纷争之中。正如庄子所描绘的那样：“一受其成形，不亡以待尽。与物相刃相靡，其行进如驰，而莫之能止，不亦悲乎？终身役役而不见其成功，苶然疲役而不知其所归，可不哀邪！人谓之不死奚益！其形化，其心与之然，可不谓大哀乎？”（《庄子·齐物论》）一个人一生斤斤计较于私心贪欲的名利场中，尔虞我诈，勾心斗角（“日以心斗”），“相刃相靡，”而“莫之能止，不亦悲乎？”这样的人生确是悲哀的。终身疲劳不见成功，也不知道归宿在何处，这样的人不死又何益。这种人不仅形体疲劳，心神也一样疲劳，真是人之大悲。人生在世，就是这样盲目的啊！那么人生的归宿究竟在何处呢？何处是安顿自己精神的家园呢？如何摆脱这种人生窘境呢？对此庄子提出了自己的逍遥学说，即精神自由的学说。庄子哲学的最高目的，就是要追求一个人精神上的逍遥（即绝对自由）的境界。庄子认为一个人之所以不得逍遥，不得自由，就是人的一生中受到各种各样的限制与束缚，在重重束缚之下，就不可能获得人的自由。这些限制与束缚总起来说，不外乎来自两个方面：一是外物的限制，一是自我的限制。外物就是周围的环境和客观的世界，人的生存要依赖于它们，就会受制于它们。自我，即指自己的感觉、情感、欲望、意志等等，如各种各样的私心杂念、名利观念、权势欲望等等的是是非非。庄子认为要获得完全的绝对的精神自由，就必须从思想上超越外物与自我(物我双忘)，超越一切的限制与束缚，达至所谓“无待”的逍遥(无任何限制的自由)。如庄子所说：“若夫乘天地之正，而御六气之辩，以游无穷者，彼且恶乎待哉！故至人无己，神人无功，圣人无名”(《庄子·逍遥游》)。这是说，最高人格的至人是“无己”的，顺应着天地自然之性，随顺着自然六气之变化，以游于无穷的境域，他还要什么依待的呢？所以说最高人格的至人是“无己”的，是超越了自我的(无我的)；其次的神人是无功利的，在世的圣人则是无名的。总之，达至逍遥的人是超越了功名利禄、超越了自我的人。由此可见，庄子的逍遥游主要强调的是超越自我，超越世俗的名利纷争，超越俗世的是是非非，而达至自己精神的独立、宁静与自由，不为世俗的是是非非、名利纷争所干扰所束缚而已。

至于道家讨论的另一大主题，即社会和谐的问题，道家创始人老子就十分重视。可以说和谐思想是《道德经》的基本思想。关于《道德经》的和谐思想，我曾在《和谐社会，法道而行》的文章中作过讨论。现把这一文章的主要内容再重述如下：

老子认为：宇宙万物的本原和本体的“道”，其基本的法则，或存在的状态，就是“和谐 ”的法则和“和谐”的状态。《老子》通行本五十五章说：“知和曰常，知常曰明。”知晓了和谐的道理就是把握了宇宙万物的最高的永恒法则，就有了自己的智慧。这样的思想在郭店竹简本《老子》中表达得更为明显，竹简本《老子》说：“和曰常，知和曰明。”这即是说，和谐就是宇宙的永恒的法则，把握了和谐就是有了最高的智慧。老子不仅认为宇宙的本原“道”是和谐的，而且认为“道”自己产生出来的万物也是和谐的，体现了道的和谐的法则。《老子》说：“道生一，一生二，二生三，三生万物。万物负阴而抱阳，冲气以为和。”(《老子》四十二章)道所产生出来的万物是由阴阳二气(对立的两种气)互相作用产生出来的和谐之气所组成的，都是阴阳二气对立的统一物。人是万物中的最灵者，然而人也是道所产生的一物，在他最初的本性中，也是最能体现“道”的和谐法则的。为此，老子认为，刚出生的婴儿，就最能体现“道”的和谐法则。老子说：“含德之厚，比于赤子……终日号而不嗄,和之至也。”(《老子》五十五章)这是说,含有“道”的德性最多的就是赤子婴儿,他们是最能体现“道”的性质的。以此老子提倡“知其雄,守其雄,为天下溪。为天下溪,常德不离,复归于婴儿”(《老子》二十八章),要求人们回到婴儿时代的最柔弱、最纯朴、最具生命力的、最和谐的状态。有鉴于此,道家主张返朴归真,回到人类幼年的时代。道家的第二号重要代表庄子,则认为初民时代是最符合“道”的和谐法则的“至德之世”。老子也提倡“小国寡民”的和谐社会的思想。

然而又为什么婴儿时期的和谐状态和初民时代的“至德之世”后来会丢失呢?老子认为,这是由于人们丢失了“道”,违背了“道”的结果。老子说:“失道而后德,失德而后仁,失仁而后义,失义而后礼。夫礼者,忠信之薄而乱之首。”(《老子》38章)可见,只因人们逐渐丢失了道德仁义,最后只剩下虚伪的礼仪,社会才出现了纷争祸乱,从而丧失了原有的和谐。至于人们为什么会丢失“道”,丢失原有的和谐呢?对此,老子作了认真的研讨,认为其原因就在于人类进入文明社会后,或婴儿逐渐长大之后,由于文明的智慧日开,从而产生了贪欲多私和巧伪之智,而丧失了人原来朴实的本性。老子说:“天下有道,却走马以粪;天下无道,戎马生于郊。祸莫大于不知足,咎莫大于欲得。”(《老子》四十六章)社会战乱的产生,就在于人们的贪得无厌不知满足,从而产生了纷争与战乱。老子又说:“大道其夷,而民好径。朝甚除,田甚芜,仓甚虚,服文彩,带利剑,厌饮食,财货有余,是谓盗夸,非道也哉!”(《老子》五十三章)大道甚平坦,老百姓却不敢走大道而走邪路,这是为什么呢?这是由于在上的统治者把宫室修饰得十分完美,却使得田野一片荒芜,仓库中十分空虚,然而还要穿着华丽的服装,佩带着昂贵的利剑,贪得无厌地追求吃喝享受而财货有余,这就是强盗头子。可见老百姓不能走正道,完全是统治者追求无节制的享受所逼出来的。所以老子说:“民之饥,以其上食税之多,是以饥,民之难治,以其上之有为,是以难治,民之轻死,以其上求生之厚,是以轻死。”(《老子》七十五章)民之饥,民之轻死,都是统治者贪心贪欲造成的。至于民之难治,老子则认为这主要是统治者之“有为”治国的结果。何谓“有为”治国呢?即指违背了道的自然法则的主观妄为,即所谓的“巧智”来治理国家。老子认为如果在上者用“巧智”(虚假的聪明)治国,那么老百姓也会仿效你用“巧智”(要小聪明)来对付你。所以老子说:“天下多忌讳,而民弥贫;民多利器,国家滋昏;人多技巧,奇物滋起;法令滋彰,盗贼多有。”(《老子》57 章)在这里,忌讳、利器(权谋)、技巧、法令滋彰,皆是在上者之“有为”巧智所成,从而造成了民之弥贫,国家之昏乱,邪物之滋起,盗贼之多有。由此可见,人类社会的和谐之破坏与丧失,就在于人,尤其是在上者的私心贪欲和巧智妄为所造成的结果。有鉴于此,为了恢复人类社会的和谐,就必须克服人,尤其是在上者的私心贪欲和违背“道”的巧智妄为,回到人原有的朴实的本性上来(“返朴归真”),这样真正的和谐社会才能实现。

道家一方面讲个人的自由发展,按个人的意志行事,另一方面又讲社会和谐,要构建和谐的社会,和谐的世界,在这里两者是否可以统一起来呢?道家的回答是,这两者完全可以统一。在老子那里,只要圣人(在上的领导者)遵照“道”的自然无为的法则,实行顺应民心(“圣人无常心,以百姓心为心”)的无为而治,老百姓就可以得到自由的发展,社会亦可以达至和谐。当然,老百姓自己的自由发展,也应按照“道”的法则来行事,如果违背了“道”,丧失了“道”,也就不可能得到自己的发展,也就自己走上了死路(“不道,早已”)。可见,在老子这里,个人的自由发展和社会和谐的构建的统一,完全是建立在“道”之上的,“道”是两者统一的基础,违背了“道”,失去了“道”,也就谈不上什么个人的自由发展和社会的和谐。

庄子的道家思想与老子的思想又有所不同。庄子是以追求个人精神的独立,宁静与自由为目的的。然而,庄子也认为个人精神的自由是与社会的和谐相统一、相一致的。庄子认为,要获得一个人精神的绝对自由,就必须超越俗世上一切是是非非的纷争。依庄子看来,世俗社会上一切的是是非非之争,皆是“随其成心而师之”的成见之争,没有客观标准的,皆是以自己为是、以别人为非的,“故有儒墨之非,以是其所非而非其所是”,所以要获得一个人的精神的宁静与自由,就必须跳出这一是非之圈,超越是非之圈,以“得其环中,以应无穷”,必须站在宇宙的根本——“道”的立场上来看待这一切。“以道观之,物无贵贱”,“物无是非”,物皆是“自贵而相贱”的,“自是而彼非”的,如果一个人能完全超越世俗社会贵贱、是非、名利权势之纷争,就可不为物累,从而达至其心游于万物之初,游于无究的逍遥游境地,即精神达到绝对自由的境界。如果人人都能超越世俗的是是非非,名利权势之争,这个社会也就消除了纷争,达至和谐了。因此,这样的社会也就可以不治而治了。当然,这自然是一种理想的境界,理想的社会,在现实中是很难实现的,只是想象而已。

继先秦道家之后,在个人自由和社会和谐(世界和谐)问题上讨论得最多的莫过于西晋时期的郭象了。郭象在《庄子注》中提出了"独化"学说,认为每个事物的存在皆是无待而独化的。"物各自造而无所待焉,此天地之正也。"(《庄子·齐物论注》,然而郭象又认为正由于物各自造,是自生自化的("独化"),所以事物之间又有着相因的关系,形成了自然的合和关系。郭象说:"物各自造而无所待焉。………故彼我相因,形景俱生,虽复玄合而非待也。……今罔两之因景,犹云俱生而非待也,则万物虽聚而共成乎天。"(同上)又说:"天下莫不相与为彼我,而彼我皆欲自为,斯东西之相反也,然彼我相与为唇齿,唇齿者未尝相为,而唇亡则齿寒,故彼之自为,济我之功宏矣。斯相反而不可以相无者也。"(《庄子·秋水注》)可见,事物之间联系与和谐的关系,完全是建立在各个事物的无待而独化的基础之上的。这就叫"独化而相因"说。每个事物皆是独化的、自生自化的、由自己决定自己的,为此郭象提出了"足性逍遥"说,即只要事物"自足其性"(性分)即可得到自由的学说。他说:"夫小大虽殊,而放于自得之场,则物任其性,事称其能,各当其分,逍遥一也。"又说:"苟足于其性,则虽大鹏无以自贵于小鸟,小鸟无羡于天池,而荣愿有余矣。故小大虽殊,逍遥一也。"(《庄子·逍遥游注》)大鹏与小鸟虽有大小之殊,性分之不同,然而只要各自"足于其性",都可以获得自己的自由,这完全是一样的("逍遥一也")。所以大鹏无以自贵于小鸟,小鸟也无羡于大鹏,只要各当其性,"小大虽殊,逍遥一也。"很显然,这一逍遥("自由")的理论,是郭象的独化学说所推至的必然结果。在这里,我们也可看到郭象在个人自由与社会和谐乃至宇宙和谐关系上的主张。郭象认为,社会和谐是建立在个人的自由基础之上的。当然,这里的个人自由(逍遥)是指各自满足于自己的性分而已。从某种意义上说,这种自由还是有限制的,限于自己的性分(各守其本分),不得有非分之想。

由《礼经》看古代丧祭之礼中所蕴涵之形神与身心观念*

王锦民**

在先秦至汉初的儒家学术中,丧祭之学占有重要地位。《礼记·昏义》曰:“夫礼始于冠,本于昏,重于丧祭,尊于朝聘,和于射乡。此礼之大体也。”《仪礼》之中属于丧祭之礼的有《士丧礼》、《既夕》、《士虞礼》、《特牲馈食礼》、《少牢馈食礼》、《有司彻》等六篇,而《丧服》一篇虽通乎上下,其主要内容亦属丧祭。《礼记》之中属于丧服一类的有《曾子问》、《丧服小记》、《杂记》上下、《丧大记》、《奔丧》、《问丧》、《服问》、《间传》、《三年问》、《丧服四制》等十一篇,另外《檀弓》上下亦主要说丧祭之礼。

现有的关于丧祭之礼的研究,主要集中在礼仪制度与风俗方面,而对其中所蕴涵的思想内容则少有阐发,挖掘得不够深入。自人类学的角度说,丧祭之礼作为一套外在的礼仪形式,一定包含其内在的观念内涵。按笔者的臆见,丧祭之礼的观念内涵主要体现在三个方面:一是死者的形神变化,二是死者与生者之间的天命转移,三是生者身心之生仁。这三个方面的观念内涵是逐次地、复合地体现出来的,其在中国哲学史上的意义,则为揭示在观念之起源过程中道德的生成如何以礼仪及礼仪所造成的身心关系为基本前提。

一、丧祭之礼释义之一:死者的形神变化

按照《仪礼》之《士丧礼》、《既夕》、《士虞礼》三篇的记述,丧祭之礼大

---

* 本文原发表于刘小枫、陈少明主编:《经典与解释》第3辑,华夏出版社,2004年。

** 王锦民,1963年生,男,北京大学哲学系副教授。

致分为以下几个阶段：

第一阶段是始死：招魂——迁尸——楔齿、缀足——奠脯醢、帷堂——讣告——入哭——君及宾客吊、襚——设铭——沐尸——饭含——袭——设重、设燎；

第二阶段是小敛：陈小敛衣——陈小敛奠——小敛——冯尸、变麻——设小敛奠——送宾、代哭——致襚——设燎；

第三阶段是大敛：陈大敛衣——陈大敛奠——为殡具——大敛——入殡——设大敛奠——送宾、就次——成服——拜君命及宾客——朝夕哭——朝夕奠；

第四阶段是入葬：筮宅、卜葬日——视椁及明器——启殡——朝祖——君及宾客赗赠——设大遣奠——发引——入圹；

第五阶段是虞祭：反哭——三虞——卒哭——班祔——小祥——大祥——禫祭。[①]

要理解上述丧祭之礼的观念内涵，则需要对其礼义的大势有一个整体把握。清人凌廷堪云："张尔岐曰：'丧礼凡两大端，一以奉体魄，一以事精神。楔齿、缀足，奉体魄之始，奠脯醢，事精神之始。'若然，则葬乃奉体魄之终，祭乃事精神之终也。"[②]据此可以推知，丧祭之礼大体是按照体魄和精神两端展开，换句话说，即是主要在形神二者之间变化。

形神关系是古代生命哲学的重要问题之一，古人于此的基本理解多为形神合一之论。例如《管子·内业》曰："天出其精，地出其形，合此以为人。"形与神的关系就像天与地的关系一样有分又有合。此后的形神之论虽然变化繁复，大意不出于此。不过，形神合一一般适用于生人，对于死者则又往往持灵魂不灭之说，认为人死之后，其神将离形而去。行丧祭之礼的基本目的即是《礼记·问丧》所谓"送形以往，迎精而反"，而达成此一目的的前提即是使死者之形神分离开来。就丧祭之礼说，其功能即在引导这一形神分离的过程，使死者的神被一步步地安置在新的位置上，安置在天命及

---

① 关于丧祭之礼的各节的具体内容，各种《仪礼》注本解说甚详，亦可参看钱玄：《三礼通论》之"丧礼通释"章，南京师范大学出版社，1996年。

② 凌廷堪：《礼经释例》卷八，丛书集成初编，商务印书馆，1936年，第208页。

宗族的伦理秩序之中。

丧祭之礼在死者始死之后所行的第一个礼仪即是复，也就是招魂。在这一步骤中可以看出死者形神的自然分离以及阻止这一分离的仪式引导。按照孔颖达的解释，招魂的目的是希望死者能够复生，“复者庶其生气，复既不苏，方始为死事。”此固然在情理之中，但从招魂的仪式来看，其中可能已经包含了安排死者之神的含义。《礼记外传》云：“人之精气曰魂，形体谓之魄，合阴阳二气而生也。形劳则神逝，死则难复生也。孝子之心不能忍也，故升屋而招其魂神也。神智无涯也，鬼者复于土也，气绝而收其魂，使反复于体。”[1]由此可知，复的目的是使死者之神重新复归于形。人死之后，神会自然而然地离形而出，要将之招复回来，必须用一个死者之神能够辨识的熟悉的旧物，使其有所依附，用死者的朝衣招魂即是出于这样的考虑。朝衣即是神于形之外的第一个依附之物。不过，在这里朝衣还仅仅是在起一种工具的作用。神并不就此依附在朝衣上，招魂的朝衣还要覆盖在死者的尸体上，此举意味着神重又返回到形之中，还要暂时寓居于其中。这样就造成了一个虚拟的现实，就是人虽然死了，但一开始还是形神具在的。正因为如此，在丧礼之初，生者必须要像对待生人一样对待死者。

在复之后的楔齿、缀足、沐尸、饭含等几个步骤都主要是处理死者的形，这里所做的一切一定要像对待生人一样。如楔齿、缀足，都是为了保持形之完善，从而也使仍然寓居其中的神能够完善地得以保存。从人类学的角度说，上古时代人们往往是按照具体对应的方式来理解形与神的关系的，也就是说，神不是被理解为抽象的存在，而是和形一样具有心、头、躯干、四肢等等形态，神与形二者就像是“面貌相同的双重人”。[2] 因此说丧礼开始时对死者的形的处理同时也具有处理神的重要意义。对死者形的修饰，也是对神的奉养，反之对死者形的任何伤害都可能导致神的受损。不过，在人死之后，毕竟神与形分离开了，因此要在处理死者形的同时，要简单地设奠，开始以祭祀的方式以事初始的神，即是奠脯醢。所谓奠，即是给死者荐献酒食，

---

① 成伯玙：《礼记外传》，收录在马国翰：《玉函山房辑佚书》。

② 参见拉法格：《思想起源论》之“灵魂观念的起源和发展”，王子野译，三联书店，1963 年，第 122 页。

是丧礼前期的一种祭祀。朱熹尝云:“自葬以前,皆谓之奠,其礼甚简。盖哀不能文,而于新死者,亦未忍遽以鬼神事之也。”①

不过,在丧祭之礼中尽管以形神具在为开端,强调“以生人事之”,但总的趋势却是杀形而隆神,逐渐向“以鬼神事之”变化。这种变化的转折之点在袭与设重。袭是在妥善地处理完死者的尸体之后,为之穿衣,还要套上尸套。设重是在中庭设置悬挂鬲的木架,并以苇席包裹,上插死者之铭。袭是对死者尸体的初步的包裹,但是已经将死者的形遮掩起来了。对形的遮掩,恰恰是将形内的神接引出来的前提,而设重则是与此衔接,为神从形中转出时准备好新的依附之物,不过这个依附之物只是临时的,神最终的依附应当是尸主。《礼记外传》云:“重者,未葬之前以代主也,犹以生事之,为忍作木主,设重于庭,悬瓦鬲以养病之。”②可知设重也是一个由生事之到死事之的过渡环节,凌廷堪云:“未虞以前,以重主其神。”“重为行礼之大节。”③在此后的丧祭过程中,重一直都是神的依附所在,要到行虞祭之后,神从重上转移到尸主上,重才被郑重地掩埋起来。

接下来的小敛、大敛至殡,乃是最隆重、最正式的杀形而隆神的过程。《释名·释丧制》曰:“衣尸棺曰敛,敛者,敛也,敛藏不复见也。”从人类学的角度说,将死者的灵魂接引出来,一定要经过黜形这一步骤,其极端的方式是将形尽快消灭,例如焚尸,以便使神失去对形的依凭。《墨子·节葬》记载:“楚之南有炎人国者,其亲戚死,朽其肉而弃之,然后埋其骨,乃成为孝子。秦之西有仪渠之国者,其亲戚死,聚柴薪而焚之,熏上,谓之登遐。”这些都可能是源自远古的风俗遗留。相比而言,以衣敛尸棺不是对尸体的真正消灭,而是逐渐的掩藏起来。应该说这是一种相当文明的处理死者形神的方式。

在袭的基础上,小敛和大敛都要用敛衣对死者层层包裹。按照《士丧礼》所记,士的尸体自沐浴至大敛毕,共享衣五十三套:明衣裳一,袭衣三,小敛衣十九,大敛衣三十。如果是天子、诸侯,享衣还会更多。这种对死者

① 凌廷堪:《礼经释例》卷八,第209页。
② 成伯玙:《礼记外传》。
③ 凌廷堪:《礼经释例》卷八,第218—219页。

的层层包裹,可以视为一种杀形的仪式,而同时又是在隆神。此可从袭奠、小敛奠、大敛奠的逐步增盛中看出。袭奠唯用脯醢醴酒。小敛奠亦用脯醢醴酒,而寝门外加设一鼎,鼎中盛一豚,解为四体,还有一素俎,俎上有匕。大敛奠之奠具有两瓦甒、四毼豆、两笾、四角觯、二木柶、二素勺,寝门外则设三鼎,分盛豚之左右体,鱄鱼或鲋鱼九条,腊左胖,每鼎还都配上俎、匕。[①]郑玄在解释大敛奠时尝云:"大敛奠而有席,弥神之。"孔颖达释云:"云'弥神之'者,以其小敛奠无巾,大敛奠有巾,已是神之,今于大敛奠,又有席,是弥神之。"《礼记·坊记》讲述行丧祭之礼的位置变化曰:"丧礼每加以远,小敛于户内,大敛于阼,殡于客位,所以示远也。"《释名·释丧制》云:"殡,宾也,宾遇之,言稍远。"凌廷堪云:"小敛以前,奠于尸者,疏云以其始死,未忍异于生,此说是也。大敛以后,奠于室者,既殡,则以鬼神之礼视之矣。"[②]殡是大敛之后将尸体入棺的仪式,与大敛相续进行。这些看法都指出了由袭、小敛、大敛至殡的杀形而隆神的变化趋势。

按照凌廷堪的考证,周人之制与夏、商不同之处在于大敛时犹以生人事之,既殡以后则以鬼神事之。[③] 就事形而言,殡之后主要就是入葬,从殡开始就不再触及死者的尸体,至葬则为事形之终。就事神而言,殡以后的主要礼仪基本上都是事神。入葬之前最重要的一个环节是朝祖,入葬之后则转到虞祭,由虞祭开始的一系列祭祀,将使丧祭之礼逐步由凶礼转为吉礼。

朝祖是死者在入葬前到祖庙向祖宗告别的仪式,取义于生前将出行必先告于祖之礼。朝祖的意义固然是对生时礼仪的重复,但另一方面说,朝祖自形而言是告别,自神而言则是一种加入宗庙中神灵行列的仪式。在丧礼中,自始死到殡,死者一直如生人南首,至朝庙则改为北首,从生人之礼说,这种朝向是顺死者之孝心,从鬼神之礼说,这同时是一种转折,可以说,死者之神在经历朝庙之后,最终进入了其在宗庙中的神灵之位。此后死者的尸体则可以完全按照鬼神待之,故而葬时北首,因为鬼神尚幽暗,在北方。

在丧祭之礼中,入葬并不是将死者的形神统统埋葬于坟墓之中,实际

---

① 以上据钱玄:《三礼通论》之"丧礼通释"章,第599—600页。

② 凌廷堪:《礼经释例》卷八,第211页。

③ 同上书,第206页。

上，死者的形神已通过丧祭之礼分离开了，形被埋葬，而神被接应到了神位上。正因为如此，所以在葬礼未完成时，主人和亲人要反哭，即不待墓室筑好就先返回祖庙哭泣，然后倚庐。此礼可能意味着死者之形虽葬，而其神却并不在墓中。顾炎武尝指出，古人于宗庙祭神，而于墓唯哭泣而已。他批评后世在墓旁倚庐者为违礼："汉以来，乃有父母终而庐墓者，不知其置神主何地，其奉之墓次欤？是野祭之也；其空置之祠堂欤？是视其体魄反过其神也。"①顾氏复引张尔岐之说："丧之即吉，始于虞而成于禫。虞之为礼，起于既葬，送形而往，迎精而反，故为虞以安之。未葬则无所谓虞，不虞则卒哭而祔，皆无所为而举，卒哭与祔不得举，又何为而可以练？何为而可以祥且禫？"②可见入葬之后，丧祭之礼转到一个新的阶段，既不应以入葬为丧祭之礼的终止，也不当留连于墓中之形而不知祭祀回奉到宗庙和寝中的死者之神。

虞祭是安神之祭。首虞在入葬的当天就举行，此后还要举行两次，共三虞。三虞之后隔一天而行卒哭之祭。以卒哭之祭为界，此前的奠与祭都是凶祭，从卒哭开始，以后的祭祀都是吉祭，它标志着丧祭之礼由凶转吉的一大转折。卒哭之后要行班祔之祭，要正式奉死者的神主入庙，使之依就昭穆之次。丧后一周年举行小祥祭，又称练祭。丧后两周年举行大祥祭，大祥后一月举行禫祭。禫祭是合祭宗庙。至此三年之丧完全结束了。

二、丧祭之礼释义之二：死者与生者之间的天命转移

可以想见，如果不经过上述的丧祭之礼，死者的魂魄可能在始死之后即自然远逝，成为无依无靠的孤魂野鬼，而经此礼，死者之形神都得到了妥善处理，特别是使神依就于宗庙的昭穆之序，可谓得其所也。《礼记·曲礼下》曰："天子祭天地，祭四方，祭山川，祭五祀，岁遍。诸侯方祀，祭山川，祭五祀，岁遍。大夫祭五祀，岁遍。士祭其先。"士的主要祭祀即是宗庙之祭，

① 顾炎武："墓祭"，《日知录》卷十五，甘肃民族出版社，1997年，第677页。

② 顾炎武："停丧"，同上书，第691页。

就士而言,宗庙即是其天命之所在。死者之神入庙,必然引起宗族内伦理秩序的调整,于此调整中,死者之天命将依乎礼法顺次地传递给生者。

周人天命观之发展,大体说可以分为两个阶段,周初至春秋为前期,春秋以降为后期。自前期言之,天命观有很强的宗教性,其根本点在于殷周鼎革变化的有天下之大命。关于这一大命,《尚书》、《诗经》各篇均有记载,此不赘述。其最当注意者为周公改制所造成的天命观上的变化。王国维在《殷周制度论》中云:"中国政治与文化之变革莫剧于殷周之际。……欲观周之所以定天下,必自其制度始。周人制度大异于商者:一曰立子立嫡之制,由是而生宗法及丧服之制,并由是而有封建子弟之制,天子君臣之制;二曰庙数之制;三曰同姓不婚之制。此数者皆周之所以纲纪天下。其旨则在纳上下于道德,而合天子、诸侯、卿、大夫、士、庶民以成一道德之团体。周公制作之本意,实在于此。"①其中最根本的即是立子立嫡之制,周人自文王始有天下的天命正是由此逐次的分疏下去,传承不辍。

有鉴于此,则不难理解古人所谓之天命传递,主要是通过身与身的血缘关联而实现的。《尚书·君奭》云:"其集大命于厥躬。"躬即是身,意思是说身是天命的承载。这是个重要的思想,人受天命,不是笼统的说天命在我,而是明确指我的身。经典中的身,固然可能是第一人称的一种形式,但早期的字义比较侧重实义,所以在表示自称的同时,也将自称者的实体所在表示出来了。《尚书·皋陶谟》云:"慎厥身,修思永,惇叙九族。"故而可以说修身是保持天命延续的必要前提。

在丧祭之礼中生者与死者之间的天命传递也是通过身与身的关系来进行的。但是,死者与生者之间发生直接的身与身的关系已没有可能,只能是间接的关系,即是通过服来实现。服者,身之表也。丧祭之礼中的所谓服,即是加诸死者和生者的衣服。加诸死者之服即是敛衣。如小敛衣取天地之终数,从天子到士都是十九称。大敛衣则按照天子百称、大夫五十称、士三十称递减。死者的天命尊卑可以从其敛衣的规格上清楚地看出来。

较之死者的敛衣等级更为重要的是生者的成服。在丧祭之礼中,成服

① 王国维:《殷周制度论》,《观堂集林》第二册,中华书局,1959年,第453—454页。

的礼仪是至关重要的。在小敛的进行当中,有一个环节是冯尸、变麻。在对尸体小敛后,主人在尸东,主妇在尸西,用手抚摸尸体的当心之处,这就是冯尸。然后主人括发袒衣,与众亲一起将尸体由室中迁到堂上。事毕,主人穿上衣服,带上首绖,系上腰绖,这即是变麻。冯尸和变麻可以看做是成服的前奏,而正式的成服是在大敛之后。

《丧服》曰:“丧服:斩衰裳,苴绖、杖、绞带,冠绳缨,菅屦者。传曰:斩者何?不缉也。苴绖者,麻之有蕡者也。苴绖大搹,左本在下,去五分一以为带。齐衰之绖,斩衰之带也,去五分一以为带。大功之绖,齐衰之带也,去五分一以为带。小功之绖,大功之带也,去五分一以为带。缌麻之绖,小功之带也,去五分一以为带。苴杖,竹也;削杖,桐也。杖各齐其心,皆下本。杖者何?爵也。无爵而杖者何?担主也。非主而杖者何?辅病也。童子何以不杖?不能病也。妇人何以不杖?亦不能病也。绞带者,绳带也。冠绳缨,条属右缝,冠六升,外毕;锻而勿灰。衰三升。菅屦者,菅菲也,外纳。”这里描述的丧服样式是与斩衰、齐衰、大功、小功、缌麻五种丧制相配合的,而这五种丧制又是直接表示着宗族内的伦理关系。

近人吴承仕于丧服研究颇深,他依据《礼记·三年问》所谓“至亲以期断”为基本原则,将丧服分为本位、加隆、弗及三类:

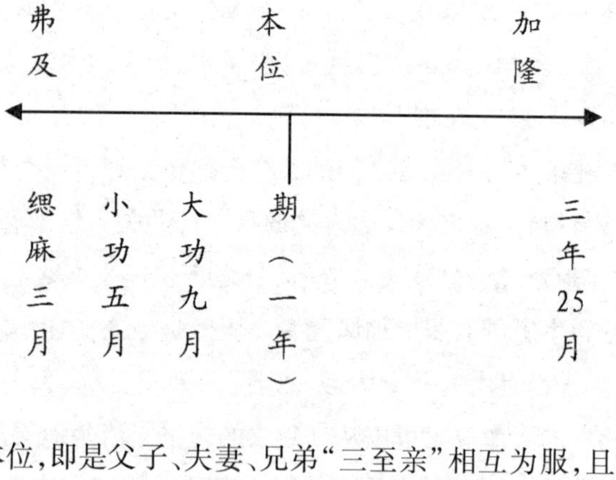

其所谓本位,即是父子、夫妻、兄弟“三至亲”相互为服,且都是为期一年的期服。由此出发,子为父期,则为祖大功,为曾祖小功,为高祖缌麻,这是上杀;父为子期,则为孙大功,为曾孙小功,为玄孙缌麻,这是下杀;兄弟期

服，则同祖兄弟大功，同曾祖兄弟小功，同高祖兄弟缌麻，这是旁杀。上杀、下杀、旁杀而亲毕。[1] 所以说，丧祭之礼最首要的是依乎亲亲之本。

不过，这只是依"至亲以期断"所规划的基本服制，而实际上实行的服制远非如此，在很多情况下要对这个基本服制再加以适当的隆杀。比如儿子为父亲、诸侯为天子、父亲为长子、为大宗后者、妻子为丈夫都要服三年的斩衰，较之期服有所加隆。斩衰以下的齐衰、大功、小功、缌麻也都较之由"三至亲"所推出的基本服制有所变化。丧服的变化说明，丧祭之礼在亲亲的基础上还要受其他因素的影响而有隆杀变化，其中最主要的因素当属尊尊。

《礼记·大传》曰："服术有六：一曰亲亲，二曰尊尊，三曰名，四曰出入，五曰长幼，六曰从服。"凌廷堪据之云："亲亲、尊尊二者，以为之经也，其下四者以为之纬也。尊尊者，皆封建之服，何休所谓质家亲亲、文家尊尊是也。先王制礼，合封建而言之，故亲亲与尊尊并重。"[2]凌氏以为，丧礼中的亲亲是无论在质家、文家都通常易见的，而尊尊则只有文家才能体现，必须结合封建才能说通。丧礼中有所谓"传重"、"受重"，凌氏并以为所谓"重"者，乃"宗庙、土地、爵位、人民之重也"[3]。此一"重"者，即是死者与生者之间所要传递的天命之所在，也是尊尊之所本。

在丧服中有个很特别的服制，即是父为长子斩衰三年，母为长子齐衰三年，由此最宜见出这种对天命传递的重视。《丧服》曰："父为长子。传曰：何以三年也？正体于上，又乃将所传重也。"郑玄注云："此言为父后者，然后为长子三年，重其当先祖之正体，又以其将代己为宗庙主也。"此即是因为长子为天命之承续者，故而将期服加隆至三年，亦即所谓"受重者，必以尊服服之。"

一般来说，丧服中属于血缘关系的父子、夫妻、兄弟所体现的是亲亲，属于非血缘关系的君臣、朋友之间才是尊尊。《礼记·檀弓上》曰："事亲有隐

---

① 参见吴承仕：《中国古代社会研究者对于丧服应认识的几个基本问题》，《吴承仕文录》，北京师范大学出版社，1984 年，第 16—20 页。

② 凌廷堪：《封建尊尊服制考》，《礼经释例》卷八，第 228 页。

③ 同上书，第 230 页。

而无犯，左右就养无方，服勤至死，致丧三年。事君有犯而无隐，左右就养有方，服勤至死，方丧三年。”郑玄于“事亲”下注云：“凡此以恩为制。”于“事君”下注云“方丧，资于事父。凡此以义为制”。孔颖达疏云：“方谓比方也，有比方父丧礼以丧君，故云资于事父。资，取也，取事父之丧礼以丧君，但居处饮食同耳，不能戚容称其服。”如此说来，则丧服中以亲亲为内，尊尊为外，二者之间有内外之别，恩义之分。实际上，在封建的背景下，宗族之内也可以构成君臣关系，《丧服》曰：“君，有地者也。”天子、诸侯、大夫均为有地者，故其于丧祭之礼中均要按照君臣尊卑而定服制，宗族之内本当以亲亲为本，但因为有封建爵位需要世袭，所以也要按诸尊尊，亲亲与尊尊是混同在一起的。比如说，按照实际的情况，只有天子与诸侯之间是君臣关系，诸侯为天子要服三年的斩衰，但这一君臣关系可以下推，诸侯之臣为诸侯，大夫之臣为大夫，均可以按君臣关系服三年斩衰。有的士是无土者，故构不成君臣关系，士之仆隶仅能按照朋友之礼为士吊服加麻。

亲亲与尊尊并重，保证了死者与生者之间的天命传递。如果无亲亲之本，则构不成身与身的血缘关联及宗族伦序，天命的传递也就无所凭依；如果没有尊尊，天命则丧失了实际内容，所谓天命传递自然也就成了空言。凌廷堪云：“先王制礼，合封建而言之，故亲亲与尊尊并重。封建既废，尊尊之义，六朝诸儒或有能言之者。宋以后诸儒，因陋生妄，于其所不知，辄以己意衡量圣人，由是说丧服者日益多，而礼意日益晦。”[①]以此来说，要对亲亲与尊尊作出合理解释，必须要回归到固有的历史背景中，也就是三代的封建之制。秦汉以下，封建之制消亡，则亲亲与尊尊并重之礼法随之失去了使其延续的历史基础，故而无论是制度上，还是观念上都不可避免地有所变化。

三、丧祭之礼释义之三：生者身心之生仁

自一方面说，丧祭之礼要引导死者的形神变化，并要使死者与生者之间完成天命之转移，这些都或多或少的要涉及丧祭之礼的宗教性功能。另一

① 凌廷堪：《封建尊尊服制考》，《礼经释例》卷八，第228页。

方面说，在丧祭之礼的进行过程中，生者的内心会有心性与情感的变化，从而为道德的生成起了促发的作用。《礼记·檀弓下》曰："丧礼，哀戚之至也。节哀，顺变也，君子念始之者也。复，尽爱之道也。有祷祠之心焉，望反诸幽，求诸鬼神之道也。北面，求诸幽之义也。拜稽颡，哀戚之至隐也。稽颡，隐之甚也。饭用米贝，弗忍虚也。不以食道，用美焉尔。铭，明旌也。以死者为不可别已，故以其旗识之。爱之，斯录之矣；敬之，斯尽其道焉耳。重，主道也。殷主缀重焉。周主重彻焉。奠以素器，以生者有哀素之心也。唯祭祀之礼，主人自尽焉尔，岂知神之所飨？亦以主人有齐敬之心也。"由此可知，丧祭之礼的每个步骤都会在生者的心理上造成影响，这种影响的意义甚至超过祭祀本身，最重要的一点即是它能引发生者的内心之仁。

《说文》曰："仁，亲也，从人二。"段玉裁以之为会意字，并根据郑玄"相人偶"之说，将之解释为人与人相存问的意思，"独则无耦，耦则相亲"[①]。按段氏的解释，举诸多古礼为证，但所引证之《射仪》、《聘礼》、《公食大夫礼》等多为吉礼，而未及凶礼。如在丧祭之礼中，人之相耦则当是生者与死者、祭祀者与尸主，《说文》中还有仁字的一个字型"𡰥"，《说文》曰："古文仁，或从尸。"王筠解释说："尸仍是人，横陈其上耳。"[②]另"𡰥"亦是夷字的古文，夷字的一种字义为尸，郑玄注《礼记·丧大记》"男女奉尸夷于堂"云："夷之言尸也。"仁字从尸，至少在字义上表明了上述生者与死者、祭祀者与尸主相耦的可能性。

顾炎武尝释丧祭之礼与仁之关系云："'其送往也，望望然，汲汲然，如有追而弗及也。其反哭也，皇皇然，如有求而弗得也。故其往送也如慕，其反也如疑。求而无所得之也，入门而弗见也，上堂又弗见也，入室又弗见也，亡矣、丧矣，不可复见已矣！故哭泣辟踊，尽哀而止矣。心怅焉、怆焉、惚焉、忾焉，心绝志悲而已矣。'(《礼记·问丧》)此于丧而观其仁也。'丧三日而殡，凡附于身者，必诚、必信，勿之有悔焉耳矣。三月而葬，凡附于棺者，必诚、必信。勿之有悔焉耳矣。'(《礼记·檀弓上》)又曰：'且比化者，无使土

① 段玉裁：《说文解字注》"仁"字条。

② 王筠：《说文句读》"仁"字条。

亲肤，于人心独无恔乎。'（《孟子·公孙丑下》）此于葬而观其仁也。'齐之日，思其居处，思其笑语，思其志意，思其所乐，思其所嗜。齐三日，乃见其所为齐者。祭之日，入室僾然必有见乎其位。周还出户，肃然必有闻乎其容声，出户而听，忾然必有闻乎其叹息之声。是故先王之丧也，色不忘乎目，声不绝乎耳，心志嗜欲不忘乎心。'（《礼记·祭义》）又曰：'祭之明日，明发不寐，飨而致之，又从而思之。祭之日，乐分哀半，飨之必乐，已至必哀。'（《礼记·祭义》）此于祭而观其仁也。"[①]

顾氏从丧、葬、祭三个方面的论述，于丧祭之礼与生者之仁的关系的阐发基本上大义已尽。顾氏并推广说："自此而推之，郊社之礼，所以仁鬼神也；射乡之礼，所以仁乡党也；食飨之礼，所以仁宾客也，亲亲而仁民，仁民而爱物，而天下之大经毕举而无遗矣。故曰孝弟为仁之本。"[②]不过，全面解说丧、葬、祭固然平允，而需要特别指出的是其中最关键的又在于祭。为什么说丧祭之礼由凶转吉时的祭祀是生者内心生仁的关键呢？原因或在于丧祭之礼转为吉祭之后，才可以说完成了天命伦序的调整。

如前述亲亲与尊尊并重的关系一样，就人的道德而言，其来源也是双重的，一方面来自内心，一方面来自天命。这种双重来源在早期经典和孔子的时代是很清楚的。阮元引用《尚书·召诰》："若生子，罔不在厥初生，自贻哲命。今天其命哲，命吉凶，命历年。"并解释说："按《召诰》所谓命即天命也。若子初生，即禄命福极也。哲与愚，吉与凶，历年长短，皆命也。哲愚授于天为命，受于人为性，君子祈命而节性，尽性而知命。"[③]王国维亦谓《召诰》中的核心思想乃是命、天、民、德四者一以贯之。[④] 均是说在早期道德的生成过程中，天命乃是必要的前提。迄孔子时，仁与德两者是有所区别的，孔子尝云："志于道，据于德，依于仁，游于艺。"这里"据德"和"依仁"是明确的两目。就德来说，其本义在于沿乎天道或天命。阮元尝说，夏商无仁

① 顾炎武："肫肫其仁"，《日知录》卷六，第 329 页。

② 同上。

③ 阮元：《性命古训》，《研经室一集》第十卷，四部丛刊丛编缩印本，上海商务印书馆，第 115 页。

④ 说见王国维：《殷周制度论》，《观堂集林》第二册。

字,仁字之义包涵在德字中。早期道德中天命比之心性的比重更大一些,但至晚在周初,德字已经既指秉承天命,又指修身爱民,既讲"祈天永命",又讲"修德永命","祈天"和"修德"两方面都成为"永命"的条件。就仁来说,它是从德字的修身爱民方面的意义所发展来的,发展的趋向越来越基于内在的心性。孔子说"天生德于予"(《论语·述而》),这与"我欲仁,斯仁至矣"(《论语·述而》)很不一样,前者不是自生的,而是承续的,后者是自生的,属于我的。在孔子看来,源自天命的德与源自内心的仁,二者能够被礼涵养于一体。孔子固然说过"人而不仁,如礼何?人而不仁,如乐何?"(《论语·八佾》)"礼云礼云!玉帛云乎哉?乐云乐云!钟鼓云乎哉?"(《论语·阳货》)的话,但也说过"克己复礼为仁,一日克己复礼,天下归仁焉。"(《论语·颜渊》)仁和礼实际上是互为前提的。孔子尝云:"君子而不仁者有矣夫,未有小人而仁者也。"(《论语·宪问》)何以小人就没有仁的可能呢?因为在当时的历史情况下"礼不下庶人",小人无礼,自然也就难以成仁。如后来封建取消,没有了文家、质家的区别,丧祭之礼就对一切人都具有生成仁的作用了。这不是说仁是脱离了礼之后才获得普遍性,仁本来就是普遍的,只是说仁由此失去了天命的限制。

由丧祭之礼所导致的生者与死者之间的仁爱之心,是一种特殊的心理体验,其体现于祭祀之斋。所谓祭祀之斋,曾见于《庄子·人间世》,庄子以之区别于心斋。按庄子的看法,祭祀之斋只不过是"不饮、不茹荤"等修身节欲的功夫。这个方面的确是儒家的传统,于此儒家经传中有更详细的记述。不过,祭祀之斋也有心理体验的过程,惟其不同于庄子的心斋而已。祭祀之斋首先使生者达到一种精明之德,达到这一步是从修身开始,再至于修心。《礼记·祭统》曰:"及其将齐也,防其邪物,讫其嗜欲,耳不听乐,故记曰:'齐者不乐',言不敢散其志也。心不苟虑,必依于道。手足不苟动,必依于礼。是故君子之齐也,专致其精明之德也。故散齐七日以定之,致齐三日以齐之。定之之谓齐。齐者精明之至也,然后可以交于神明也。"生者通过斋戒达到精明之德后,则可以通过记忆中形象的回复实现与死者的神明之交。《礼记·祭义》曰:"致齐于内,散齐于外。齐之日,思其居处,思其笑语,思其志意,思其所乐,思其所嗜。齐三日,乃见其所为齐者。祭之日,入室，僾然必有见乎其位；周还出户，肃然必有闻乎其容声；出户而听，忾然必有闻乎其叹息之声。是故，先王之孝也，色不忘乎目，声不绝乎耳，心志嗜欲不忘乎心。致爱则存，致悫则著。著存不忘乎心，夫安得不敬乎？”在这里非常重要的一点是，生者通过斋戒在心理上借助记忆复原了死者的音容笑貌，使其在生者内心中重新成为一个形神兼具的主体。孔子曰：“祭如在，祭神如神在。”（《论语·八佾》）正是通过这一斋戒中的心理体验，生者与死者如生时一样地相遇了，生者的情感也由此从单纯对死者的哀伤中转化为积极的仁爱。在某种意义上说，这种斋戒的心理体验可以视为道德观念产生的人类学根源，蕴涵在其中的仁，保持着源初的感性特征。或许可以由此引申说，每一个早期观念都有一个类似的感性的发源地。

无论是死者之形神，还是生者之身心，在丧祭之礼中均是相依而在，和合而生，最终以形神合一、身心合一的双重根源化生出道德观念。《礼记·乐记》曰：“乐者敦和，率神而从天，礼者别异，居鬼而从地。”人生在世，总是处在一个与天、地、鬼、神共在的境域中，人处其中，需要通过礼乐生活来实现形神的安顿和身心之修养。而由此所生成的道德观念，不仅饱含着天、地、神、鬼的精神，而且饱含喜、怒、哀、乐的情感，与其生存之基础血肉相连。这样一种共在的境域是由吉、凶、宾、嘉、军五礼共同体现的，丧祭之礼只是其中的一个方面。但丧祭之礼最关键的一点即是它能生成仁爱之心，这一点是先秦时代的儒家最重视的。《礼记·檀弓下》记舅犯之言曰：“丧人无宝，仁亲以为宝。”《孝经》记孔子曰：“天地之性，人为贵。人之行，莫大于孝，孝莫大于严父，严父莫大于配天，则周公其人也。昔者周公郊祀后稷以配天，宗祀文王于明堂以配上帝，是以四海之内各以其职来助祭。夫圣人之德，又何以加于孝乎？”由周公制礼，特别是立子立嫡之制，使严父配天，而孝子得以丧祭之礼以尽孝，孝为仁本，仁由此而生。

在考核中国古代道德观念的起源时，往往需要确定道德观念在何时以何种形式从其人类学根源中独立出来，转化为隶属心性的范畴形式。大体上说，儒家在经过了早期经典及孔子的阶段以后，渐转为诸子之学，思想上也更多地吸收其他学派的思想，将儒家诗、书、礼、乐的本学逐渐结合到易与天道的抽象化观念上去了，由此也就逐步远离了道德起源的人类学根源。

即使在丧祭之学的范围内,我们也能看到这样的思想变化趋势。比如《礼记·丧服四制》曰:"凡礼之大体,体天地,法四时,则阴阳,顺人情,故谓之礼。……夫礼,吉凶异道,不得相干,取之阴阳也。丧有四制,变而从宜,取之四时也。有恩有理,有节有权,取之人情也。恩者仁也,理者义也,节者礼也,权者知也。仁义礼智,人道具矣。"吴承仕指出,汉代儒家奉为圭臬的"三纲五伦",即是从丧服中化生出来的。[①] 而一旦将人情中的恩、理、节、权这些礼仪中的原则转化为仁、义、礼、智的道德范畴,丧服之隆杀转生出"君为臣纲,父为子纲,夫为妻纲",以及"父子有亲,君臣有义,夫妇有别,长幼有序,朋友有信"抽象伦常,则道德的发展也即由寓乎礼仪的阶段逐步过渡到了从属心性的阶段。大体上说,这一过渡又可分两步:一是将礼仪中所生成的道德因素归纳成众多的范畴性德目,二是复将众多的德目抽象为基本的道德本体。

四、余 论

凌廷堪于《复礼》一文中批评宋明后儒将儒家与佛教混淆之弊云:"圣人之道,至平且易也。《论语》记孔子之言备矣,但恒言礼,未尝一言及理也。《记》曰:'道之不行也,我知之矣,知者过之,愚者不及也。道之不明也,我知之矣,贤者过之,不肖者不及也。'彼释氏者流,言心言性,极其幽深微眇,适成其为贤知之过。圣人之道不如是也。其所以节心者,礼焉尔,不远寻夫天地之先也;其所以节性者,亦礼焉尔,不侈谈夫理气之辨也。是故冠昏饮射,有事可循也,揖让升降,有仪可案也,豆笾鼎俎,有物可稽也。使天下之人少而习焉,长而安焉。其秀者有所凭而入于善,顽者有所检束而不敢为恶;上者陶淑而底于成,下者亦渐渍而可以勉而至。圣人之道所以万世不易者,此也;圣人之道所以别于异端者,亦此也。"[②]凌氏揭示出儒家的早期经典之学,特别是礼学,与后儒的心性之学之间存在着思想层次的差异。

---

① 吴承仕:《五伦说之历史观》,《吴承仕文录》,第1—10页。

② 凌廷堪:《复礼下》,《礼经释例》卷首,第5页。

他把礼学放在一个既不是“过”，又不是“不及”的适中层次上，将后儒的心性之学视为一种“贤知之过”的结果。顺着这一思路，也可以说，处在天地通而未绝、淫祀状态的原始宗教，可以说就是“不及”了。从思想方法的角度，不妨说，凌氏是将礼学理解为与心性之学平行，但处在更深的根源位置。另一方面，这个根源位置并不可无限前溯到原始思维与原始宗教的年代，而是由一个特殊的文明形态所提供的。

当然，后儒向心性的开展也是符合思想发展的逻辑的，不过，因为心性之学逐渐显示出来自概念自身的独立性，加之学术之外的某些历史因素的影响，故而也逐渐脱离了其所由以生成的人类学基础。就儒家的丧祭之学来说，就经历了很大的历史沉浮，清人朱彝尊尝说：“礼有五，丧祭重矣。曲台之礼，石渠之议，于丧礼尤详焉。晋人崇尚庄老，宜其自放礼法之外，而于丧礼变除假宁之同异，独齗齗辨难，若杜预、卫瓘、袁准、孔伦、陈诠、刘逵、贺循、环济、蔡谟、刘德明、葛洪、孔衍之徒，均有撰述。宋齐以降，言凶礼者不乏。自唐徙五礼之名，置凶礼第五，于时许敬宗、李义甫上《显庆新礼》，以为凶礼非臣子所宜言，去‘国恤’一篇，自此天子凶礼遂阙。宜柳宗元以不学讪之也。迨宋讲学日繁，而言礼者寡，于凶事少专书。朱子《家礼》，盛行于民间，而世之儒者，于国恤不复措意，其仅存可稽者，杜氏《通典》、马氏《通考》已焉。呜呼，慎终追远之义，辍而不讲，斯民德之日归于薄矣。”[①]朱氏之论可谓是一篇简明扼要的儒家丧祭之学的发展史，其对于宋明儒家的批评略同于凌廷堪，或有清人在学术上的一般偏见。如果将二者放置在一个平面上，看做是冤家对头，自然会烽火不息，是非难断；而如果将之放置在不同的层面，则可以使二者相辅相成，从而构成一个更为深厚、更为丰富的思想传统。

① 朱彝尊：《读礼通考序》，《曝书亭集》卷三十四，世界书局，1937年，第424页。

论中国传统文化的人文精神

楼宇烈*

中国传统文化源远流长，博大精深。然在其久远博大之中，却“统之有宗，会之有元”。若由著述载籍而论，经史子集、万亿卷帙，概以“三玄”（《周易》、《老子》、《庄子》）、“四书”（《大学》、《中庸》、《论语》、《孟子》）、“五经”（《周易》、《诗经》、《尚书》、《礼记》、《春秋》）为其渊薮；如由学术统绪而言，三教九流、百家争鸣，则以儒、道二家为其归致。东晋以后，历南北朝隋唐，由印度传入的佛教文化逐步融入中国传统文化，释氏之典籍①与统绪因而也就成了中国传统文化中的一个有机组成部分。儒、释、道三家，鼎足而立，相辅相成，构成了唐宋以降中国文化的基本格局。所谓“以佛治心，以道治身，以儒治世”②，明确道出了中国传统文化的这种基本结构特征。

中国传统文化的根本特点之一是：观念上的“和而不同”③和实践中的整体会通。具体地说，在中国传统文化中，无论是儒、释、道三家，还是文、史、哲三科，天、地、人三学，虽有其各自不同的探究领域、表述方法和理论特

---

* 楼宇烈，1934 年生，男，北京大学哲学系、宗教学系教授、博士生导师。

① 佛教典籍浩如烟海，就其中对中国传统文化影响最深远，约可与“三玄”、“四书”、“五经”之地位相当者，当数以下“三论”：《中论》、《成唯识论》、《大乘起信论》（此论为疑伪论），“九经”：《金刚经》（附《心经》）、《法华经》、《华严经》、《阿弥陀经》、《维摩诘经》、《涅槃经》、《楞严经》、《圆觉经》（以上二经为疑伪经）、《坛经》（此经为本土禅宗之根本经典），“一录”：《景德传灯录》（此录为禅宗一千七百则公案之所本）。这一归纳仅为个人浅见所及，以便初学者入门，不当之处，切望高明赐正。

② 南宋孝宗皇帝语，转引自元刘谧：《三教平心论》。

③ 这里借用了《论语·子路》中的一句话：“子曰：‘君子和而不同，小人同而不和。’”尚“和”而卑“同”是中国传统文化中的一个重要观念，“和”是综合会通的意思，“同”是单一附和的意思。任何事物，只有不断地综合会通才能发展创新，若是一味地单一附和则将萎缩死亡。诚如周末史伯所言：“夫和实生物，同则不继。以他平他谓之和，故能丰长而物归之。若以同裨同，尽乃弃矣。”（《国语·郑语》）

征，然却又都是互相渗透，互相吸收，“你中有我，我中有你”，难分难析。这也就是说，人们既需要分析地研究三家、三科、三学各自的特点，更需要会通地把握三家、三科、三学的共同精神。此外，如果说儒、释、道三家，文、史、哲三科，天、地、人三学等构成为中国传统文化的一个有机整体，那么对于这个文化整体来讲，其中的任何一家、一科、一学都是不可或缺的，否则这一文化整体的特性将发生变异，或者说它已不再是原来那个文化整体了；而对于其中的每一家、每一科、每一学来讲，则都是这一文化整体中的一家、一科、一学，且每一家、每一科、每一学又都体现着这一文化整体的整体特性。惟其如是，对于中国传统文化的研究，不管是研究哪一家、哪一科、哪一学，我认为，首先是要把握住中国传统文化的整体精神之所在，否则将难入其堂奥，难得其精义。

一

中国传统文化如果从整体上来把握的话，那么人文精神可说是它的最主要和最鲜明的特征。需要说明的是，这里所说的中国传统文化的人文精神与现在所谓的“人文主义”或“人本主义”等概念不完全相同。在中国传统文化中，“人文”一词最早见于《周易》彖传。“贲卦彖传”曰：

> 刚柔交错，天文也；文明以止，人文也。观乎天文，以察时变；观乎人文，以化成天下。①

王弼对此解释说：

> 刚柔交错而成文焉，天之文也；止物不以威武，而以文明，人文也。观天之文，则时变可知也；观人之文，则化成可为也。②

唐孔颖达补充解释说：

> 观乎天文，以察时变者，言圣人当观视天文，刚柔交错，相饰成文，

① 孔颖达：《周易正义》卷三，《十三经注疏》（上册），中华书局，1980年影印本，第37页。
② 同上。

以察四时变化。……观乎人文,以化成天下者,言圣人观察人文,则诗书礼乐之谓,当法此教而化成天下也。①

宋程颐的解释则是:

天文,天之理也;人文,人之道也。天文,谓日月星辰之错列,寒暑阴阳之代变,观其运行,以察四时之速改也。人文,人理之伦序,观人文以教化天下,天下成其礼俗,乃圣人用贲之道也。②

由以上各家的解释可见,"人文"一词在中国传统文化中原是与"天文"一词对举为文的。"天文"指的是自然界的运行法则,"人文"则是指人类社会的运行法则。具体地说,"人文"的主要内涵是指一种以礼乐为教化天下之本,以及由此建立起来的一个人伦有序的理想文明社会。这里有两点需要加以说明:一是人们所讲的"人文精神"一语,无疑与上述"人文"一词有关,抑或是其词源。但"人文精神"一语的含义,又显然要比《周易》彖传中"人文"一词的含义丰富得多。二是中国传统文化中人文精神的出现和展开显然要比"人文"一词的出现早得多,《周易》彖传的面世不会早于战国末,而中国传统文化中的"人文精神",远则可以追求至中国文化的源头,近也至少可以推溯到殷末周初。

中国典籍中,很早就有"人"是天地所生万物中最灵、最贵者的思想。如《尚书·泰誓》中说:"唯天地,万物之母;唯人,万物之灵。"③《孝经》中则借孔子的名义说:"天地之性,人为贵。"④这句话中的"性"字,是"生"的意思。宋人邢昺解释说:

性,生也。言天地之所生,唯人最贵也。

① 孔颖达:《周易正义》卷三,《十三经注疏》(上册),中华书局,1980年影印本,第37页。

② 程颐:《伊川易传》卷二,上海古籍出版社,1989年影印《四库全书》本,第85—86页。

③ 孔颖达:《尚书正义》卷十一,《泰誓上》,《十三经注疏》(上册),中华书局,1980年影印本,第180页。

④ 邢昺:《孝经注疏》卷五,"圣治章第九",《十三经注疏》(下册),中华书局,1980年影印本,第2553页。

夫称贵者,是殊异可重之名。①

其实在《孝经》面世之前,荀子也已提出了人最为天下贵的观点了。他说:

水火有气而无生,草木有生而无知,禽兽有知而无义,人有气有生有知,亦且有义,故最为天下贵也。②

荀子用比较的方法,从现象上说明了为什么天地万物中人最为贵的道理。其后,在《礼记·礼运》篇中,人们又进一步对人之所以异于万物的道理作了理论上的说明。如说:"故人者,其天地之德,阴阳之交,鬼神之会,五行之秀气也。""故人者,天地之心也,五行之端也,食味、别声、被色而生者也。"③这句话中"鬼神之会"的意思,是指形体与精神的会合。如唐孔颖达解释说:

鬼谓形体,神谓精灵。《祭义》云:"气也者,神之盛也;魄也者,鬼之盛也",必形体精灵相会,然后物生,故云"鬼神之会"。④

汉儒、宋儒如董仲舒、周敦颐、邵雍、朱熹等,也都不断地发挥这些思想。⑤正是有见于此,中国古代思想家们认为,人虽是天地所生万物之一,然可与天地并列为三。如,《老子》书中就有所谓"故道大、天大、地大、王亦大。域中有四大,而王(或作'人'字)居其一焉"的说法,把人与道、天、地并列。不过,在《老子》书中,道还是最贵的。所以,他接着说的是:"人法地,地法天,

① 邢昺:《孝经注疏》卷五,"圣治章第九",《十三经注疏》(下册),中华书局,1980年影印本,第2553页。

② 《荀子·王制》,中华书局版《诸子集成》第二册,第104页。

③ 孔颖达:《礼记正义》卷二十二,《十三经注疏》(下册),中华书局,1980年影印本,第1423—1424页。

④ 同上。

⑤ 如,董仲舒说:"天地之精,所以生物者,莫贵于人"(《春秋繁露·人副天数》);"人受命于天,固超然异于群生。……是其得天之灵,贵于物也。"(《汉书·董仲舒传》)。周敦颐说:"二气交感,化生万物,万物生生,而变化无穷,惟人也得其秀而最灵。"(《太极图说》)邵雍说:"惟人兼乎万物,而为万物之灵。如禽兽之声,以类而各能其一,无所不能者人也。推之他事亦莫不然。惟人得天地日月交之用,他类则不能也。人之生,真可谓之贵矣。"(《皇极经世书》卷七上《观物外篇上》)

天法道，道法自然。”①与《老子》相比，荀子对人在天地中的地位强调得更为突出，论述得也更为明晰。他尝说：

> 天有其时，地有其财，人有其治，夫是之能参。②

这里的“参”字就是“叁(三)”的意思，整句话的意思是说，人以其能治天时地财而用之，因而与天地并列为三。对此，荀子又进一步解释说：

> 天能生物，不能辨物也；地能载人，不能治人也；宇中万物生人之属，待圣人然后分也。③

“分”是分位的意思。在荀子看来，“明分”(确定每个人的分位)是“使群”(充分发挥人类整体力量)、“役物”(合理利用天时地财)的根本，所以他所谓的“人有其治”的“治”，也正是指人的“辨物”、“治人”的“明分”能力。同样的意思在《礼记·中庸》也有表达，其文云：

> 唯天下至诚，为能尽其性；能尽其性，则能尽人之性；能尽人之性，则能尽物之性；能尽物之性，则可以赞天地之化育；可以赞天地之化育，则可以与天地参矣。④

按照传统的解释，“至诚”是圣人之德。《孟子》和《中庸》中都说过：“诚者，天之道也；思诚者(《中庸》作‘诚之者’)，人之道也。”这也就是说，人以其至诚而辨明人、物之性，尽其人、物之用，参与天地生养万物的活动，因而与天地并列为三。⑤

汉儒董仲舒继承荀子思想，亦极言人与天地并为万物之根本。如说：

---

① 《老子》二十五章，引自拙著《王弼集校释》上册，中华书局，1980年，第64—65页。此文中之“王”，即代表了“人”。所以王弼注此句说：“天地之性人为贵，而王是人之主也。”

② 《荀子·天论》，中华书局版《诸子集成》第二册，第206页。

③ 《荀子·礼论》，同上书，第243页。

④ 孔颖达：《礼记正义》卷五十三，《十三经注疏》(下册)，中华书局，1980年影印本，第1632页。

⑤ 此处参考朱熹的解释。朱熹《中庸章句》说：“……能尽之者，谓知知无不明而处之无不当也。赞，犹助也。与天地参，谓与天地并立为三也。”引自朱熹：《四书章句集注》，中华书局，1983年，第33页。

> 天地人，万物之本也。天生之，地养之，人成之。①
>
> 人下长万物，上参天地。②
>
> 唯人独能偶天地。③
>
> 唯人道为可以参天。④

从荀子、《中庸》和董仲舒等人的论述中，应当说都蕴涵着这样一层意思，即在天地人三者中，人处于一种能动的主动的地位。从生养人与万物来讲，当然天地是其根本，然而从治理人与万物来讲，则人是能动的，操有主动权。就这方面说，人在天地万物之中可说是处于一种核心的地位。中国传统文化的人文精神把人的道德情操的自我提升与超越放在首位，注重人的伦理精神和艺术精神的养成等，正是由对人在天地万物中这种能动、主动的核心地位的确认而确立起来的。

由此，又形成了中国传统文化中的两个十分显著的特点，即：一是高扬君权师教、淡化神权，宗教绝对神圣的观念相对比较淡薄；一是高扬明道正谊、节制物欲，人格自我完善的观念广泛深入人心。这也就是说，在中国传统文化的人文精神中，包含着一种上薄拜神教，下防拜物教的现代理性精神。

二

中国传统文化的这种人文精神，根植于远古的原始文化之中。人们常把"天人合一"视作中国文化的主要特征之一，而考其起源，则与中国原始文化中的自然（天地）崇拜，以天地为生物之本，以及祖先崇拜，以先祖为监临人世的上帝（此亦为天，天命之天）等观念，不能说毫无关系。由此可见，"天人合一"中"天"的含义是合自然之天与天命（先祖上帝）之天而言的。以后，宋明理学讲的天理之天，即是自然之天与天命之天的统合体。

---

① 《春秋繁露》卷六《立元神》，《二十二子》，上海古籍出版社，1986 年，第 781 页。

② 《春秋繁露》卷十七《天地阴阳》，第 808 页。

③ 《春秋繁露》卷十三《人副天数》，第 797 页。

④ 《春秋繁露》卷十一《王道通三》，第 794 页。

人与自然之天“合一”的中心是“顺自然”(这里“自然”一词的含义,不是指“自然界”,而是指自然界的“本然”法则与状态)。道家思想中强调顺自然,这是人们所熟知的。如《老子》书中就明确说过这样的话:

> 辅万物之自然而不敢为。①

也正是《老子》书中的这句话,长期以来道家的自然无为思想被看成是一种消极被动、因循等待的思想。其实,《老子》道家顺自然而不敢为(无为)的思想,有其相当积极合理的一面,这在以后的道家著作中有着充分的展开。如在《淮南子》一书,对道家的无为思想就有相当积极合理的论述。如说:

> 无为者,非谓其凝滞而不动也,以其言莫从己出也。②
>
> 所谓无为者,不先物为也;所谓无不为者,因物之所为也。所谓无治者,不易自然也;所谓无不治者,因物之相然也。③
>
> 若吾所谓无为者,私志不得入公道,嗜欲不得枉正术。循理而举事,因资而立功,推自然之势,而曲故不得容者。故事成而身不伐,功立而名弗有,非谓其感而不应,攻而不动者也。④

这三段话从不同角度说明了道家自然无为思想绝不是什么消极被动、因循等待,而是在排除主观、私意的前提下,主动地因势利导,即所谓“循理”“因资”地去举事立功。这也就是《老子》所追求的理想:

> 功成事遂,百姓皆谓我自然。⑤

这种顺自然而不违天时的思想,在传统儒家文化中也是极为强调和十分丰富的。前面我们曾提到荀子关于人与天地参的思想,以往人们都以此来强调荀子的“人定胜天”思想,殊不知荀子的人与天地参思想或如人们所说的“人定胜天”的思想,恰恰是建立在他的顺自然而不违天时的认识基础之上的。所以,他在提出“天有其时,地有其财,人有其治,夫是之谓能参”

---

① 《老子》六十四章,引自拙著《王弼集校释》上册,中华书局,1980年,第166页。

② 《淮南子》卷九《主术训》,《二十二子》,上海古籍出版社,1986年,第1245页。

③ 《淮南子》卷一《原道训》,第1207页。

④ 《淮南子》卷十九《修务训》,第1296页。

⑤ 《老子》十七章,《王弼集校释》上册,第41页。

的结论之前是这样来分析的：

> 不为而成，不求而得，夫是之谓天职。如是者，虽深，其人不加虑焉；虽大，不加能焉；虽精，不加察焉。夫是之谓不与天争职。①

而紧接着“夫是之谓能参”后，则又再强调说：

> 舍其所以参而愿其所参，则惑矣。列星随旋，日月递照，四时代御，阴阳大化，风雨博施。万物各得其和以生，各得其养以成。不见其事，而见其功，皆知其所以成，莫知其无形，夫是之谓天〔功〕。唯圣人为不求知天。②

最后，荀子总结说：

> 圣人清其天君 ，正其天官，备其天养，顺其天政，养其天情，以全其天功。如是，则知其所为，知其所不为矣，则天地官而万物役矣！③

这里一连串的“天”字，都是强调其为“自然”之意。荀子认为，人只有顺其自然，才会懂得什么应当去做，什么不应当去做，才能掌握天时地财，利用万物。又如，前引《中庸》“唯天下至诚，……则可以与天地参矣”一段，同样也是强调只有尽人、物的自然之性，方能参与天地之化育。儒家把大禹治水的智慧看成是顺自然的典范，充分体现了有为和无为在顺自然原则中的统一。孟子对这一问题的论述是极有启迪的。他说：

> 天下之言性也，则故而已矣，故者以利为本。所恶于智者，为其凿也。如智者若禹之行水也，则无恶于智矣。禹之行水也，行其所无事也。如智者亦行其所无事，则智亦大矣。天之高也，星辰之远也，苟求其故，千岁之日至，可坐而致也。④

朱熹非常赞赏孟子的这一论述，他的注释发挥了孟子的思想，且有助于我们了解孟子这段话的精义之所在。现摘引朱熹部分注文如下：

---

① 《荀子·天论》，《诸子集成》第二册，中华书局，第205—206页。
② 同上。
③ 同上。
④ 《孟子·离娄下》，朱熹：《四书章句集注》，中华书局，1983年，第297页。

> 性者，人物所得以生之理也。故者，其已然之迹，若所谓天下之故也。利，犹顺也，语其自然之势也。言事物之理，虽若无形而难知，然其发见之已然，则必有迹而易见。……然其所谓故者，又必本其自然之势。
>
> 禹之行水，则因其自然之势而导之，未尝以私智穿凿而有所事，是以水得其润下之性而不为害也。
>
> 愚谓，事物之理，莫非自然。顺而循之，则为大智，若用小智而凿以自私，则害于性而反为不智。①

以上所引都十分明确而概括地表达了儒家“顺自然”而与自然之天“合一”的基本观点。

三

人与天命之天“合一”的中心是“疾敬德”。这一观念，大概起源于殷末周初。《尚书·召诰》中有一段告诫周王要牢记夏、殷亡国教训的文字，很能说明这一点。其文曰：

> 王敬作所，不可不敬德。我不可不监于有夏，亦不可不有监于有殷。我不敢知曰有夏服天命，唯有历年，我不敢知曰不其延，唯不敬厥德，乃早坠厥命。我不敢知曰有殷受天命，唯有历年，我不敢知曰不其延，唯不敬厥德，乃早坠厥命。……肆唯王其疾敬德，王其德之用，祈天永命。②

这是说，夏、殷之所以灭亡，主要是由于他们“不敬德”，因此，周王如要永保天命的话，就一定要“疾敬德”。所谓“皇天无亲，惟德是辅”（《尚书·蔡仲之命》），是周初人的一种共识，也是以后儒家论述天人合一的一个中心命题。我们在《尚书》一书中，随处都可以翻检出有关于因“不敬德”而失天下

---

① 《孟子·离娄下》，朱熹：《四书章句集注》，中华书局，1983年，第297页。

② 孔颖达：《尚书正义》卷十五，《十三经注疏》（上册），中华书局1980年影印本，第213页。

的记述。诸如说：

> 禹乃会群后，誓于师曰："济济有众，咸听朕命。蠢兹有苗，昏迷不恭，侮慢自贤，反道败德。君子在野，小人在位，民弃不保，天降之咎。肆予以尔众士，奉辞伐罪，尔尚一乃心力，其克有勋。"①

"反道败德"，这是有苗失天下的缘由。

> 有夏昏德，民坠涂炭，天乃锡王勇智，表正万邦，缵禹旧服。兹率厥典，奉只若天命。②
>
> 夏王灭德作威，以敷虐于尔万方百姓，尔万方百姓罹其凶害，弗忍荼毒。并告无辜于上下神祇。天道福善祸淫，降灾于夏，以彰厥罪；肆台小子，将天命明威，不敢赦，敢用玄牡，敢昭告于上天神后，请罪有夏。③
>
> 伊尹既复政厥辟，将告归，乃陈戒于德。曰："呜呼！天难谌，命靡常。常厥德，保厥位，厥德匪常，九有以亡。夏王弗克庸德，慢神虐民，皇天弗保，监于万方，启迪有命。眷求一德，俾作神主。唯尹躬暨汤，咸有一德，克享天心，受天明命。以有九有之师，爰革夏正，非天私我有商，唯天佑于一德，非商求于下民，唯民归于一德，德唯一，动罔不吉；德二三，动罔不凶。唯吉凶不僭在人，唯天降灾祥在德。"④

"有夏昏德"、"夏王灭德作威"、"夏王弗克庸德"，这是夏失天下的缘由。

> 今商王受，弗敬上天，降灾下民，沉缅冒色，敢行暴虐，……皇天震怒，命我文考，肃将天威，大勋未集。肆予小子发，以尔友邦冢君，观政于商，……受有臣亿万，唯亿万心。予有臣三千，唯一心。商罪贯盈，天

---

① 《尚书·大禹谟》，孔颖达：《尚书正义》卷四，《十三经注疏》(上册)，中华书局1980年影印本，第137页。按，以下引《尚书》各篇只是为了说明周初以后传统文化中以"敬德"祈天命观念的广泛与深入，所以对于其中各篇今古文之别及时代之差异，未予细计。

② 《尚书·仲虺之诰》，孔颖达：《尚书正义》卷八，同上书，第161页。

③ 《尚书·汤诰》，同上书，第162页。

④ 《尚书·咸有一德》，同上书，第165页。

命诛之,予弗顺天,厥罪唯钧。①

今商王受,狎侮五常,荒怠弗敬,自绝于天,结怨于民,斮朝涉之胫,剖贤人之心,作威杀戮,毒痡四海,……古人有言曰:"抚我则后,虐我则雠"。独夫受,洪唯作威,乃汝世雠。树德务滋,除恶务本。肆予小子,诞以尔众士,殄歼乃雠。②

曰:"唯有道曾孙周王发,将有大正于商。"今商王受无道,暴殄天物,害虐烝民,为天下逋逃主,萃渊薮。予小子既获仁人,敢祗承上帝,以遏乱略。华夏蛮貊,罔不率俾,恭天成命。③

"弗敬上天,降灾下民","自绝于天,结怨于民","暴殄天物,害虐烝民"。这是殷商失天下的缘由。

这种自周初以来形成的"以德配天"的天人合一观中,无疑地其伦理道德色彩大大超过其宗教色彩。

天子受命于天,然只有有德者方能受此天命。何谓有德者?孟子在回答其弟子万章问及尧舜相传一事时,有一段论述是很值得思考的。孟子认为,天子是不能私自把天下传给他人的,舜之有天下,是天命授予的,尧只是起了推荐的作用。那么,天又是如何来表达它的意向的呢?孟子说,天不是用说话来表达的,而是通过对舜的行为和事绩的接受来表示其意向的。具体地讲,就是:

使之主祭而百神享之,是天受之;使之主事而事治,百姓安之,是民受之也。天与之,人与之,故曰:天子不能以天下与人。……《泰誓》曰:'天视自我民视,天听自我民听',此之谓也。④

这里所谓"使之主祭而百神享之,是天受之",显然只具有外在的礼仪形式的意义,而"使之主事而事治,百姓安之,是民受之",才具有实质的意义。

---

① 《尚书·泰誓上》,孔颖达:《尚书正义》卷十一,《十三经注疏》(上册),中华书局1980年影印本,第180页。

② 《尚书·泰誓下》,同上书,第182页。

③ 《尚书·武成》,同上书,第184—185页。

④ 《孟子·万章上》,朱熹:《四书章句集注》,中华书局,1983年,第308页。

由孟子所引《泰誓》一语可见，"人意"是"天命"的实在根据，"天命"则是体现"人意"的一种礼仪文饰。

这种"天命"根据于"人""民"之意愿，"人""民"比鬼神更根本的观念，发生于周初，至春秋时期而有极大的发展。《泰誓》中，除孟子所引那一句外，也还说过这样的话："天矜于民，民之所欲，天必从之。"[①]而在《尚书·皋陶谟》中说："天聪明，自我民聪明；天明畏，自我民明威。"孔安国释此句之义，最能体现天命以民意为根据的观念。他说：

> 言天因民而降之福，民所归者，天命之。天视听人君之行，用民为聪明。
>
> 天明可畏，亦用民成其威。民所叛者，天讨之，是天明可畏之效。[②]

至春秋时期，这方面的思想得到了极大的发展。以下摘引几条人们熟知的《左传》中的材料，以见其一斑。

> 〔季梁〕对曰："夫民，神之主也，是以圣王先成民而后致力于神。……故务其三时，修其五教，亲其九族，以致其禋祀，于是乎民和而神降之福，故动则有成。今民各有心，而鬼神乏主，君虽独丰，其何福之有？"[③]
>
> 史嚚曰："虢其亡乎！吾闻之：国将兴，听于民；将亡，听于神。神，聪明正直而壹者也，依人而行。"[④]

进而一些思想家更明白地宣称"妖由人兴"、"吉凶由人"。如："〔申繻〕对曰：'……妖由人兴也。人无衅焉，妖不自作。人弃常，则妖兴，故有妖。'"[⑤]

何谓"弃常"？晋伯宗在回答晋侯的话中，有一段可为说明。伯宗说：

---

① 《尚书·泰誓上》，孔颖达：《尚书正义》卷十一，《十三经注疏》（上册），中华书局1980年影印本，第181页。

② 孔颖达：《尚书正义》卷四，同上书，第139页。

③ 孔颖达：《春秋左传正义》卷六"桓公六年传"，《十三经注疏》（下册），中华书局1980年影印本，第1750页。

④ 孔颖达：《春秋左传正义》卷十"庄公三十二年传"，同上书，第1783页。

⑤ 孔颖达：《春秋左传正义》卷九"庄公十四年传"，同上书，第1771页。

“天反时为灾，地反物为妖，民反德为乱，乱则妖灾生。”①

所以，当宋襄公问周内史叔兴关于“陨石于宋五”和“六鹢退飞过宋都”二事“是何祥也，吉凶焉在”时，叔兴表面应付一下，退而则告人曰：“君失问。是阴阳之事，非吉凶所生也。吉凶由人。”②

而晏婴对齐侯欲使巫祝禳彗星之灾时，则进言曰：“无益也，只取诬焉。……君无违德，方国将至，何患于彗？……若德回乱，民将流亡，祝史之为，无能补也。”③

由此，人事急于神事，民意重于神意的观念深植于中国传统文化之中，并成为历代圣贤、明君无时不以为诫的教训。《礼记·表记》中尝借孔子之口，比较了夏、商、周三代文化的不同特色，其中在述及周文化特色时说：“周人尊礼尚施，事鬼敬神而远之，近人而忠焉，其赏罚用爵列，亲而不尊。其民之敝：利而巧，文而不惭，贼而蔽。”④

周文化这一近人而远鬼神的特色影响深远，以至当季路向孔子问“事鬼神”之事时，孔子相当严厉地斥责说：“未能事人，焉能事鬼！”⑤而当孔子在回答樊迟问“知”时，则又表示说：“务民之义，敬鬼神而远之，可谓知矣。”⑥

“务民之义”是“人有其治”的具体体现，人之治如果搞不好，鬼神也是无能为力的。因此说，只有懂得近人而远鬼神，把人事放在第一位，切实做好它，才能称为“知”。这也许就是为什么在中国传统中，把政权看得比神权更重的文化上的根源。

---

① 孔颖达：《春秋左传正义》卷二十四“宣公十五年传”，《十三经注疏》（下册），中华书局1980年影印本，第1888页。

② 孔颖达：《春秋左传正义》卷十四“僖公十六年传”，同上书，第1808页。

③ 孔颖达：《春秋左传正义》卷五十二“昭公二十六年传”，同上书，第2115页。

④ 孔颖达：《礼记正义》卷五十四，《十三经注疏》（下册），中华书局，1980年影印本，第1642页。

⑤ 《论语·先进》，朱熹：《四书章句集注》，中华书局，1983年，第125页。

⑥ 《论语·雍也》，同上书，第89页。

四

“礼”起源于祭祀，与原始宗教有着密切的关系，这是毫无疑问的。然而“礼”在中国传统文化的发展历程中，则是越来越富于人文的内涵，乃至最终成为体现中国传统文化人文精神的主要载体之一。“礼”通过祭祀，从消极方面来讲，是为了祈福禳灾；而从积极方面来讲，则是为了报本。报什么本？荀子的论述是十分值得注意的。他说：

> 礼有三本：天地者，生之本也；先祖者，类之本也；君师者，治之本也。无天地恶生？无先祖恶出？无君师恶治？三者偏亡，焉无安人。故礼，上事天下事地，尊先祖而隆君师，是礼之三本也。[①]

把君师之治作为礼之本，一方面是以礼制形式来落实人与天地参的思想，另一方面又是使“礼”包含了更多的人文内涵。“礼”字在《论语》一书中凡七十四见，然除了讲礼如何重要和如何用礼之外，对礼的具体含义没有任何表述。即使当林放提出“礼之本”这样的问题，孔子也只是回答说：“礼，与其奢也，宁俭”[②]，仍然只是如何用礼的问题。《孟子》一书中“礼”字凡六十八见，其中大部分也是讲如何用礼的问题，只有几处稍稍涉及一些礼的具体含义，如说：“辞让之心，礼之端也”；“恭敬之心，礼也”；“男女授受不亲，礼也”；“礼之实，节文斯二者（指仁、义）是也。”[③]荀子是中国传统文化中“礼”学的奠基者。《荀子》一书中“礼”字凡三百余见，全面论述了礼的起源，礼的教化作用，礼的社会功能等等，尤其是突出地阐发了礼的人文内涵。如，他对礼的起源的论述，完全抛开了宗教的解释。他说：

> 礼起于何也？曰：人生而有欲，欲而不得，则不能无求，求而无度量分界，则不能不争。争则乱，乱则穷。先王恶其乱也，故制礼义以分之，

---

① 《荀子·礼论》，《诸子集成》第二册，中华书局，第233页。

② 《论语·八佾》，朱熹：《四书章句集注》，中华书局，1983年，第62页。

③ 以上分别引自朱熹：《四书章句集注》，中华书局，1983年，《孟子·公孙丑上》，第238页；《孟子·告子上》，第328页；《孟子·离娄上》，第284、287页。

以养人之欲,给人之求。使欲必不穷乎物,物必不屈于欲,两者相持而长,是礼之所起也。①

据此,在荀子看来,礼的主要内容就是我们在上文提到过的“明分”,或者说“别”。所谓“别”或“明分”就是要使社会形成一个“贵贱有等,长幼有差,贫富轻重皆有称者也”②的伦序。荀子认为,确立这样的伦序是保证一个社会安定和谐所必需的。所以他说:

然则,从人之欲,则势不能容,物不能赡也。故先王案为之制礼义以分之,使有贵贱之等,长幼之差,知愚能不能之分,皆使人载其事而各得其宜,然后使悫禄多少厚薄之称,是夫群居和一之道也。③

毫无疑问,荀子这里所讲的礼,充满了宗法等级制度的内容,是我们今天要批判、要抛弃的。然而,我们也无法否定,任何一个社会都需要有一定的伦序,否则这个社会是无法安定和谐的。因此,荀子关于“皆使人载其事而各得其宜,然后使悫禄多少厚薄之称”,从而达到“群居和一”的理想,也还是有值得我们今天批判继承的地方。

荀子阐发的礼的人文内涵,在中国传统文化中,特别是儒家文化中,有着极为深远的影响。从而在中国文化传统中,常常是把那些带有宗教色彩的仪式纳入到礼制中去,而不是使礼制作为宗教的一种仪规。试举一例以明之。如,荀子对于人问“雩而雨何也?”回答说:“无何也! 犹不雩而雨也。”这是大家都很熟悉的一则典故。“雩”原是一种宗教色彩很浓的求雨仪式,荀子在这里虽然明确表示了“犹不雩而雨也”的意见,但他并没有完全否定这种仪式,只是认为不应当把它神化。换言之,如果把它作为一种礼的仪式,荀子认为还是有意义的。请看荀子紧接着此问后所阐发的一个重要论点,他说:

日月食而救之,天旱而雩,卜筮然后决大事,非以为得求也,以文之

① 《荀子·礼论》,《诸子集成》第二册,中华书局,第231页。

② 同上。

③ 《荀子·荣辱》,同上书,第44页。

也。故君子以为文,而百姓以为神。以为文则吉,以为神则凶也。①

这里所谓的“文”,是“文饰”的意思,相对于“质朴”而言,“礼”为文饰之具,“文”为有礼的标志。荀子这段话的主旨,就是强调要把救蚀、雩雨、卜筮等带有原始宗教色彩的仪式作为一种具有人文意义的“礼”仪来看待,而不要把它作为一种求助于神灵的信仰仪式去看待。

人们常常把荀子的这段话与《周易》“观卦彖传”中的“圣人以神道设教”说联系在一起,这是有一定道理的。但是,通常人们对“神道设教”的解释,则似乎并不符合其原义。按照一般的解释,这句话的意思是说,圣人借“神”道以教化百姓。把“圣人以神道设教”一句中的“神”字,与上述荀子《天论》中“百姓以为神”的“神”字,看成是相同的意思。其实,这里有误解。“观卦彖传”的“圣人以神道设教”一句中,“神道”是一个词,而不是单独以“神”为一个词。试观其前后文即可明白矣。文曰:“观天之神道,而四时不忒;圣人以神道设教,而天下服矣!”这里明白地可以看到,所谓“圣人以神道设教”一句中的“神道”,就是前文中“天之神道”的“神道”。何为“天之神道”?也就是文中所说的“四时不忒”,亦即自然运行法则。所以,所谓“圣人以神道设教”,即是圣人则天,以“四时不忒”之道来作为教化的原则。

值得注意的是,效法天道自然法则正是传统“礼”论中的中心内容之一。如《礼记·丧服四制》中说:“凡礼之大体,体天地、法四时、则阴阳、顺人情,故谓之礼。訾之者,是不知礼之所由生也。”②

由此可见,“观卦彖传”中所讲的“神道”,与荀子文中所表扬的“君子以为文”的精神是相一致的,而与其所批评的“百姓以为神”的“神”字意思则是根本不一样的。

以“卜筮然后决大事”为“文”而不以为“神”,这也是体现中国传统文化人文精神的一个突出例子。“卜筮然后决大事”本来是一件“神”事,然而

---

① 《荀子·天论》,《诸子集成》第二册,中华书局,第 211 页。

② 孔颖达:《礼记正义》卷六十三,《十三经注疏》(下册),中华书局,1980 年影印本,第 1694 页。

现在却把它纳入了“文”事。“文”事者,“非以为得求也”。这样,“卜筮”所决之事也就失去了它的绝对权威性,而成为只具有一定参考价值的意见。于是,“卜筮”作为一种礼仪形式的意义,也就远远超过了依它来“决大事”的意义。

把卜筮纳入“礼”中,确实有借“神”道以设教的意图。如,《礼记·曲礼》中有这样一段话:

> 卜筮者,先圣王之所以使民信时日、敬鬼神、畏法令也,所以使民决嫌疑、定犹与(豫)也。①

这里把“畏法令”也作为卜筮的一项内容,其教化的意义是十分明显的。因而,与此相关,对于利用卜筮来蛊惑人心者,则制定了严厉的制裁条例来禁止它。如,《礼记·王制》中规定:

> 析言破律,乱名改作,执左道以乱政,杀;作淫声,异服奇技,奇器以疑众,杀;行伪而坚,言伪而辩,学非而博,顺非而泽,杀;假于鬼神、时日、卜筮以疑众,杀。此四诛者,不以听。②

文中所谓“此四诛者,不以听”的意思是说,对于这四种人不用听其申辩即可处以死刑。

至此,中国传统文化和哲学中上薄拜神教的人文精神,应当说已经反映得相当充分了。

五

关于中国传统文化和哲学中下防拜物教的人文精神,则大量地体现在儒、道、佛三教的有关心性道德修养的理论中。中国传统文化之所以注重并强调心性道德修养,这是与中国历代圣贤们对人的本质的认识密切有关的。

---

① 孔颖达:《礼记正义》卷三,《十三经注疏》(下册),中华书局,1980 年影印本,第 1252 页。

② 孔颖达:《礼记正义》卷十三,同上书,第 1344 页。

上面我们曾引过一段荀子论人“最为天下贵”的文字，在那段文字里，荀子把天下万物分为四大类：一类是无生命的水火，一类是有生命而无识知的草木，一类是有生命也有识知的禽兽，最后一类就是不仅有生有知而更是有义的人类。“义”是指遵循一定伦理原则的行为规范，如荀子说的：“仁者爱人，义者循理”；“夫义者，所以限禁人为恶与奸者也。……夫义者，内节于人而外节于万物者也”[①]等等。在荀子看来，这就是人类与其他万物，特别是动物（禽兽）的根本区别之所在。荀子的这一观点是很有代表性的。在中国传统文化中，绝大部分的圣贤都持这样的观点，即把是否具有伦理观念和道德意志看做人的本质，作为区别人与动物的根本标志。如孟子也说过：“人之所以异于禽兽者几希，庶民去之，君子存之。”[②]

那不同于禽兽的一点点，就是人的伦理意识和道德感情。孔子在回答子游问孝时尝说：“今之孝者，是谓能养。至于犬马，皆能有养；不敬，何以别乎？”孟子则说：“人之有道也，饱食、暖衣、逸居而无教，则近于禽兽。”[③]

孔、孟的这两段论述都是强调，只有具有自觉的伦理意识和道德感情，才能把人的行为与禽兽的行为区别开来。对此，荀子更有进一步的论述：

> 人之所以为人者，何已也？曰：以其有辨也。饥而欲食，寒而欲暖，劳而欲息，好利而恶害，是人之所生而有也，是无待而然者也，是禹桀之所同也。然则，人之所以为人者，非特以二足而无毛也，以其有辨也。今夫猩猩形笑亦二足而毛也，然而君子啜其羹、食其胾。故人之所以为人者，非特以其二足而无毛也，以其有辨也。夫禽兽有父子而无父子之亲，有牝牡而无男女之别。故人道莫不有辨，辨莫大于分，分莫大于礼，礼莫大于圣王。[④]

《礼记·曲礼》发挥这一思想，亦强调人当以礼来自别于禽兽。如说：

---

① 《荀子·议兵》，《诸子集成》第二册，中华书局，第185页；《荀子·强国》，第203—204页。

② 《孟子·离娄下》，朱熹：《四书章句集注》，中华书局，1983年，第293页。

③ 《论语·为政》，朱熹：《四书章句集注》，中华书局，1983年，第56页；《孟子·滕文公上》，第259页。

④ 《荀子·非相》，《诸子集成》第二册，中华书局，第50页。

鹦鹉能言,不离飞鸟;猩猩能言,不离禽兽。今人而无礼,虽能言,不亦禽兽之心乎?夫唯禽兽无礼,故父子聚麀。是故圣人作,为礼以教人。使人以有礼,知自别于禽兽。①

宋儒吕大临阐发《曲礼》这段话的思想说:

夫人之血气嗜欲,视听食息,与禽兽异者几希,特禽兽之言与人异尔,然猩猩、鹦鹉亦或能之。是则所以贵于万物者,盖有理义存焉。圣人因理义之同,制为之礼,然后父子有亲,君臣有义,男女有别,人道之所以立,而与天地参也。纵恣怠敖,灭天理而穷人欲,将与马牛犬彘之无辨,是果于自暴自弃而不齿于人类者乎!②

明儒薛瑄也说:

人之所以异于禽兽者,伦理而已。何谓伦?父子、君臣、夫妇、长幼、朋友五者之伦序是也。何谓理?即父子有亲、君臣有义、夫妇有别、长幼有序、朋友有信五者之天理也。于伦理明而且尽,始得称为人之名。苟伦理一失,虽具人之形,其实与禽兽何异哉!盖禽兽所知者,不过渴饮饥食、雌雄牝牡之欲而已,其于伦理则蠢然无知也。故其于饮食雌雄牝牡之欲既足,则飞鸣踯躅、群游旅宿,一无所为。若人,但知饮食男女之欲,而不能尽父子、君臣、夫妇、长幼、朋友之伦理,即暖衣饱食,终日嬉戏游荡,与禽兽无别矣。③

吕、薛二氏的论说,足以代表宋明理学家们关于人的本质的基本观点。从以上的论述中,我们可以看到,历代思想家们一致强调,明于伦理是人与禽兽区别的根本标志。进而更认为,但求物欲上的满足,则将使人丧失人格而沦为禽兽。所以,对于人的伦理与物欲的关系问题,一直成为中国传统文化和哲学中最重要的主题之一。这也就是为什么在中国传统文化中,尤其是儒

① 孔颖达:《礼记正义》卷一,《十三经注疏》(下册),中华书局,1980年影印本,第1231页。

② 孙希旦:《礼记集解》卷一,上册,中华书局,1989年,第11页。

③ 《薛瑄全集》上册,《文清公薛先生文集》卷十二“戒子书”,山西人民出版社,1990年,第661页。

家文化中,把人格的确立(以区别于禽兽)和提升(以区别于一般人)放在第一位,而且把伦理观念、道德规范的教育和养成看做是一切教育之基础的根源之所在。

事实上,在中国历代圣贤的心目中,正确认识和处理伦理与物欲的关系问题是确立人格和提升人格的关键。对于这一问题,在中国传统文化中大致是从三个层次来进行探讨的。一是理论层次,讨论"理""欲"问题;一是实践层次,讨论"义""利"问题;一是修养(教育)层次,讨论"役物""物役"问题。在中国传统文化中,有关这方面的内容是极其丰富的。概括地讲,在理论上以"以理制欲"、"欲需合理"说为主流,部分思想家将其推至极端,而提出了"存理灭欲"说;在实践上以"先义后利"、"重义轻利"说为主流,部分思想家将其推至极端,而提出了"正其谊不谋其利,明其道不计其功"之说;在修养上则概以"役物"为尚,即做物欲的主人,而蔑视"物役",即沦为物欲的奴隶。

由于部分宋明理学家,如程朱等,在理欲问题上过分地强调"存天理灭人欲",因而不仅遭到历史上不少思想家的批评,更受到了近现代民主革命时代思想家的激烈批判,斥其为压制人性、无视人性,这是历史的需要,完全是应当的。但是,我们如果全面地来检视一下中国传统文化中有关"理""欲"关系的理论,则很容易就可以发现"存理灭欲"之说实非据于主流地位。若如程朱等所说,必待灭尽人欲方能存得天理,即使以此为极而言之说,其理论上之偏颇也是显而易见的。人们尝以为程朱之说发轫于《礼记·乐记》,如与朱熹同时之陆九渊就认为:"天理人欲之分,论极有病。自《礼记》有此言,而后人袭之。"又说:"天理人欲之言,亦自不是至论。若天是理,人是欲,则是天人不同矣。此其原盖出于老氏。《乐记》曰:'人生而静,天之性也;感于物而动,性之欲也。物至知知,而后好恶形焉。不能反躬,天理灭矣。'天理人欲之言,盖出于此。《乐记》之言,亦根于老氏。"①

理学家之谈天理人欲或根于《乐记》,然程朱等所谈之天理人欲关系与《乐记》所论之天理人欲关系已经有了很大的不同。《乐记》所论曰:

---

① 《陆九渊集》,中华书局,1980年。《语录》下,第475页;《语录》上,第395页。

人生而静，天之性也；感于物而动，性之欲也。物至知知，然后好恶形焉。好恶无节于内，知诱于外，不能反躬，天理灭矣。夫物之感人无穷，而人之好恶无节，则是物至而人化物也。人化物也者，灭天理而穷人欲者也。于是有悖逆诈伪之心，有淫佚作乱之事。是故强者胁弱，众者暴寡，知者诈愚，勇者苦怯，疾病不养，老幼孤独不得其所，此大乱之道也。是故先王之制礼乐，人为之节。[①]

对照陆九渊所引本节之文，人们可以看到陆氏引文中略去了“好恶无节于内，知诱于外”一句，然而这一句恰好是《乐记》本节所论旨趣之关键所在。《乐记》并未否定人感于物而动的性之欲，它只是否定那种好恶无节于内，知诱于外，且又不能反躬的人。这样的人，在它看来就是在无穷的物欲面前，不能自我节制，而被物支配了的人，亦即所谓“物至而人化物也”。人为物所支配，为了穷其人欲，那就有可能置一切伦理原则于不顾，而做出种种背离伦理的事来。为此，《乐记》才特别强调了“制礼乐，人为之节”的重要和必要。

《乐记》的这一思想，很可能来源于荀子。上面我们曾引用过荀子一段论述关于礼的起源的文字，在那里他肯定了“人生而有欲，欲而不得，则不能无求”。但同时他又指出，如果“求而无度量分界”，那就会造成社会的争乱。因此，需要制定礼义来节制之，以达到“养人之欲，给人之求”的理想。由此可见，如果说在程朱理学的“存天理灭人欲”命题中具有禁欲主义意味的话，那么在《乐记》和荀子那里并无此意。《乐记》主张”是“节欲”，而荀子则除了讲“节欲”外，还提出了“养欲”、“导欲”、“御欲”[②]等一系列命题，“节欲”理论甚是丰富。荀子尝指出，那些提出“去欲”、“寡欲”主张的人，

---

① 孔颖达：《礼记正义》卷三十七，《十三经注疏》（下册），中华书局，1980 年影印本，第 1529 页。

② 荀子提出“节用御欲”的命题，是强调人们在消费时应当有长远的后顾之忧，时时控制欲求，节约消费。他说：“人之情，食欲有刍豢，衣欲有文绣，行欲有舆马，又欲夫余财蓄积之富也。然而穷年累世不知足，是人之情也。今人之生也，方知蓄鸡狗猪彘，又蓄牛羊，然而食不敢有酒肉；余刀布，有囷窌，然而衣不敢有丝帛；约者有筐箧之藏，然而行不敢有舆马；是何也？非不欲也！几不长虑顾后，而恐无以继之故也。于是又节用御欲，收敛蓄藏以继之也。是于己长虑顾后，几不甚善矣哉！”参见《荀子·荣辱》，《诸子集成》第二册，中华书局，第 42 页。

其实是他们在实践中没有能力对人们的欲望加以引导和节制的表现。他说：

> 凡语治而待去欲者，无以道欲，而困于有欲者也。凡语治而待寡欲者，无以节欲，而困于多欲者也。①

他还认为，欲求是人生来就具有的，问题在于你的欲求合理不合理。如果合理，那么再多的欲求也不会给社会带来问题，如果不合理，那么再少的欲求也会给社会造成的混乱。这就是他说的：

> 欲不待可得，所受乎天也；求者从所可，受乎心也。……故欲过之而动不及，心止之也。心之所可中理，则欲虽多，奚伤于治？欲不及而动过之，心使之也。心之所可失理，则欲虽寡，奚止于乱！②

总之，荀子认为："性者，天之就也；情者，性之质也；欲者，情之应也。以所欲为可得而求之，情之所必不可免也。……欲虽不可尽，可以近尽也；欲虽不可去，求可节也。"③

荀子的这些思想是合理而深刻的，对于后世的影响也是极其深远的。宋明以往批判程朱"存理灭欲"说者，其基本理论并未超过荀子多少。试举一二以见其概，如明儒罗钦顺尝论曰：

> 夫人之有欲，固出于天，盖有必然而不容已，且有当然而不可易者。于其所不容已者而皆合乎当然之则，夫安往而非善乎？惟其恣情纵欲而不知反，斯为恶尔。先儒多以去人欲、遏人欲为言，盖所以防其流者，不得不严，但语意似乎偏重。夫欲与喜怒哀乐，皆性之所有者，喜怒哀乐又可去乎？④

又如，清儒戴震在批判程朱的"存天理灭人欲"说，以及解释《乐记》"灭天理而穷人欲"一语时说：

---

① 《荀子·正名》，《诸子集成》第二册，中华书局，第283—285页。
② 同上。
③ 同上。
④ 罗钦顺：《困知记》卷下，中华书局，1990年，第28页。

性,譬则水也;欲,譬则水之流也。节而不过,则为依乎天理,为相生养之道,譬则水由地中行也;穷人欲而至于又悖逆诈伪之心,有淫佚作乱之事,譬则洪水横流,泛滥于中国也。……天理者,节其欲而不穷人欲也。是故欲不可穷,非不可有;有而节之,使无过情,无不及情,可谓之非天理乎!①

此外,道家等从养生的角度也讲述了不少有关"节欲"、"养欲"的道理,对于丰富传统文化中的"节欲"理论也是很有价值的。②

在荀子之前就流传着这样的教训,即所谓:"君子役物,小人役于物。"荀子对此解释说:

志意修则骄富贵,道义重则轻王公,内省而外物轻矣!传曰:"君子役物,小人役于物",此之谓矣。③

这句话的意思是说,注重精神修养和伦理实践的人则轻视富贵地位,也就是说,注重内心反省的人,对身外之物是看得很轻的。历代相传的"君子支配物,小人被物支配",就是这个意思。做"役物"的"君子",还是做"役于物"的"小人",这是人格修养上必需明辨的问题。荀子进一步对比此二者说:

志轻理而不[外]重物者,无之有也;外重物而不内忧者,无之有也;行离理而不外危者,无之有也;外危而不内恐者,无之有也。……故欲养其欲而纵其情,欲养其性而危其形,欲养其乐而攻其心,欲养其名而乱其行。如此者,虽封侯称君,其与夫盗无以异;乘轩戴絻,其与无足无以异。夫是之谓以己为物役矣。

反之:

---

① 戴震:《孟子字义疏证》卷上,中华书局,1982年,第10—11页。

② 如《吕氏春秋》卷一"重己"篇说:"昔先王之为苑囿园池也,足以观望劳形而已矣;其为宫室台榭也,足以辟燥湿而已矣;其为舆马衣裳也,足以逸身暖骸而已矣;其为饮食酏醴也,足以适味充虚而已矣;其为声色音乐也,足以安性自娱而已矣。五者,圣王之所以养性也,非好俭而恶费也,节乎性也。"参见《二十二子》,上海古籍出版社,1986年,第630—631页。又,卷二"情欲"篇也说:"天生人而使有贪有欲,欲有情有节,圣人修节以止欲,故不过行其情也。"同上书,第633页。

③ 《荀子·修身》,《诸子集成》第二册,中华书局,第16页。

> 心平愉，则色不及佣而可以养目，声不及佣而可以养耳，蔬食菜羹而可以养口，粗布之衣、粗紃之履而可以养体，屋室庐庾葭藁蓐尚机筵而可以养形。故无万物之美而可以养乐，无势列之位而可以养名。……夫是之谓重己役物。①

这种不为物累，勿为物役的思想在佛、道理论系统中更是俯拾皆是，此处暂不赘述。然至此，中国传统文化和哲学中下防拜物教的人文精神，应当说也已经反映得相当充分了。

人不应当“役于神”，更不应当“役于物”，人应当有自己独立的人格。有不少人以为，依仗现代高科技，人类已经可以告别听命于“神”的历史，已经可以随心所欲地去支配“物”的世界了。然而，我们如果冷静地看看当今世界的现实，则恐怕就不会这样乐观了。“役于神”的问题是极其复杂的，绝非单纯的科技发展就能解决的。君不见，当今世界各大有神宗教，凭借着社会经济增长的实力后盾，几乎与现代高科技同步高速发展，且新兴宗教层出不穷。“役于物”的问题，则随着现代高科技的发展，人类向“物”世界索取手段的不断提高，因而对于物的欲求也是在进一步的膨胀。更何况当今世界是一个讲求实力的时代，全世界的经济实力竞争，把全人类逼上了“役于物”的险途而尚不能自反。

众所周知，18 世纪欧洲的启蒙运动，高扬人本主义去冲破中世纪神本文化的牢笼，然而诚如当时那些主要思想家所言，他们倡导的人本主义，从中国儒、道哲学的人文精神中得到了极大的启发和鼓舞。② 而当今东西方思想家注目于中国传统文化和哲学，恐怕主要是想借助中国传统文化和哲学中的人文精神来提升人的精神生活、道德境界，以抵御由于物质文明的高度发展而带来的拜金主义和拜物教，以及由此而造成的人类的自我失落和精神空虚。我想，这大概也就是中国传统文化中的人文精神为什么还值得人们在今日来认真研究一翻的理由吧！

---

① 《荀子·正名》，《诸子集成》第二册，第 286—287 页。

② 对此问题有兴趣者可参阅朱谦之先生著《中国哲学对于欧洲的影响》一书，福建人民出版社，1985 年。

启蒙在中国的艰难历程

汤一介*

一、16世纪中国的明末发生过一场不同于西方“启蒙运动”的“启蒙思潮”

康德(1724—1804)提出“要敢于运用理性”作为“启蒙运动”的口号。美国杰里·本特利和赫伯特·齐格勒在《新全球史》的“启蒙运动”一节中说:“牛顿(1692—1727)的宇宙理论如此完美和令人信服,以至于它的影响远远超过科学领域。他的成功让人们感到理性分析对人类行为和制度同样重要。……欧洲美洲的思想家雄心勃勃地开展对人类思想的改造,他们期望用理性改造世界。”[①]因此,我们可以说,“理性”开启了西方的“启蒙运动”,他们的思想家用“理性”扫除宗教的迷信和世俗的愚昧,在欧洲发生了一场资产阶级的思想文化运动。这场运动不仅使西方的自然科学有了突破性的发展,而且为西方的社会科学奠定了基础。英国哲学家洛克(1632—1704)致力于找到政治学的自然法则,他批判君主专制的理论基础——君权神授,提倡宪政政治,他主张主权在民。他的学说为英国的光荣革命和君主立宪制进行了大量的理论辩护。法国的孟德斯鸠(1689—1755)试图创建一套政治科学,找到能在一个繁荣、稳定的国家中蕴育自由的原则。法国卢梭(1712—1778)的《民约论》全面地、雄辩地论证了天赋人权,主权在民和契约在国的基本的民主理论。苏格兰思想家亚当·斯密(1732—1790)

---

* 汤一介,1927年生,男,北京大学哲学系资深教授。

① 杰里·本特利、赫伯特·齐格勒:《新全球史》下册,魏凤莲等译,北京大学出版社,2007年,第696页。

将他的注意力放在经济科学的领域,提出市场经济的供求原则。这些社会学理论导致1789年法国发生资产阶级法国大革命,推翻了封建专制,并于1793年发表了《人权与公民权宣言》,其后颁布了宪法。法国的资产阶级革命的胜利沉重地打击了欧洲的封建势力,有力地推动了在欧洲各国相继发生的资产阶级革命运动。这说明,欧洲“启蒙运动”的结果最终落实到欧洲资本主义国家共和制或君主立宪的民主国家的建立。①

在当代中国学术界,虽然常常把16世纪明末发生的反对封建专制的“存天理、灭人欲”的礼教,抨击禁欲主义,高扬个性,“独抒性灵,不拘格套”的“唯情主义”看做是新的价值观和人文主义的表现。并以“启蒙思潮”、“启蒙文化”、“启蒙思想”、“具有某种启蒙的质性”等等来说明明末的这场社会运动。但是它和18世纪在欧洲发生的“启蒙运动”在性质上是不同的,正如卢兴基在《失落的“文艺复兴”——中国近代文明的曙光》所说:“我国自身的启蒙文化运动,相当于欧洲14世纪开始的文艺复兴,不过它是土生土长的,又是在明清易代之际的战乱、经济倒退、新王朝的重树理学、大兴文字狱等多重压力下沉落了。”②这段话大体上可以得出以下两点看法:

(1)虽然对16世纪明末的反封建礼教用了“启蒙文化运动”来说明,但它仅仅相当于14世纪开始的“文艺复兴”,并不与18世纪欧洲的“启蒙运动”相似,因此从思想上看并没有提出建立民主共和政体或君主立宪政体的要求;

(2)这次“启蒙的文化运动”是土生土长的,它和西方“启蒙运动”、“要敢于运用理性”是大不相同的,而是以张扬“情感”的一种“唯情主义”的社会思潮的人性解放运动。

近现代的一些学者认为,在明末由于商品经济的大发展,资本主义萌芽在社会生活的诸多方面有着深刻的影响,使当时的文人学士尝试用新的眼光看世界,形成了“一股‘启蒙’的狂飙思潮的许多代表人物此时开始重新审视历史,思索人类的命运,给人性以新的定义。……他们强调主观精神,

---

① 此段参考了《新全球史》,第696—699页。

② 卢兴基:《失落的“文艺复兴”——中国近代文明的曙光》,社会科学文献出版社,2010年2月,第5—6页。

高扬人性,……在思想史上,这一派被称为泰州学派”[1]。他们反对“存天理,灭人欲”的礼教,提出“天理”即“人欲”;“人欲”是人之天性,“穿衣吃饭,即是人伦物理”。还有同时期的文学家袁宏道提出诗文创作应是“独抒性灵,不拘格套”的张扬个性的主张。汤显祖更是直接提出人性解放的唯情主义,他说:“人生而有情,思欢怒愁,感于幽微,流于萧歌,形诸动摇”,故“理顺人情”。[2] 因此,在20世纪30年代,任访秋曾发表一系列文章,从袁宏道研究,扩大到三袁、公安派以及以李贽为代表的泰州16世纪明代文化思潮与五四运动的关系,努力探讨我国新文化运动的历史渊源,说明明代思想已具有新的启蒙特质。[3] 但是,这次带有某种“启蒙”性质的反封建礼教、张扬个性解放,鼓吹“唯情主义”被清军入关打断了。清朝的统治重新提倡尊孔读经,对人文学士实行文字狱,颁行礼教,康熙九年(1670)颁布《学官圣谕》,“以礼教为先”,“黜弃异端以崇正学”,使僵化的理学再度复兴,使明末一度兴起的解放人性的唯情主义思潮被压下去了。中国社会的变革又得延迟200余年。

二、19世纪中叶以来,中国社会在西方“启蒙运动”思潮冲击下的艰难前行

1840年鸦片战争中国惨败,促使中国逐渐认识自己国家的国力贫弱,而西方国家的国力强盛之原因是由于中国的思想落后和政府腐败无能,于是部分知识分子和政府官员在被动挨打的情况下一步一步地接受了西方“启蒙运动”时期的思想和政治制度。

这一时期的西方“启蒙运动”思想开始进入中国,最早在1895年李提摩太的《泰西新史概要》就对卢梭的《人间不平等之起源》有所介绍,并提及与卢梭齐名的两位法国启蒙思想家孟德斯鸠和伏尔泰。虽然已有在日本于

---

① 卢兴基:《失落的“文艺复兴”——中国近代文明的曙光》,第71页。

② 汤显祖:《宜黄县戏神清源师庙记》,《汤显祖集》第三十四卷,北京古籍出版社,1997年,第188页。

③ 参见任访秋:《中国新文学研究》,河南人民出版社,1986年。

1882年由中江兆民以雅汉文文体译出的卢梭《民约论》，但《民约论》的中文全译是在1902年由杨廷栋译出。孟德斯鸠《法意》(即今译《法的精神》)在1900年就部分译成中文刊于《译书汇编》，1904—1909年严复译出了《法意》的全译本；1902年译出了亚当·斯密的《原富》。在19世纪末和20世纪初西方资产阶级"启蒙运动"的著作大都有了中文译本。(在此同时，蔡元培先生于1903年翻译了德国科培尔的《哲学要领》；1904年译了包尔生的《伦理学原理》)。这些西方资产阶级"启蒙运动"的思想家提出的民主、自由、平等、人权等观念，对现代社会具有某种"普世价值"的意义，它对推动当时人类社会的进步无疑有着重大的意义。

19世纪中国的先进知识分子和多少接触到西方启蒙思想的官员开始自觉到必须向西方学习，他们无不从西方"启蒙运动"民主、自由、人权、法制等等中吸取思想营养，试图改变中国积贫积弱、被动挨打的局面，以求平等地自立于世界民族之林。

中国的有识之士，首先认识到西方的强大是靠了先进科学技术，于是提出了"师夷之长技以制夷"的口号，开展了一场制造枪炮等机器的洋务运动，但是洋务运动并未摆脱"中体西用"的束缚，并未能动摇清王朝的封建专制制度，因而有一批更多地了解西方民主思想和政治、经济、法律制度的知识分子和官吏提出改变现存政治制度、实行君主立宪的主张，并于1898年发动了"戊戌政变"。"戊戌政变"是企图以改良主义的办法，在不改变清王朝统治的条件下，实行"君主立宪"，而这一变法路线本身就是十分软弱无力的，加之在清王朝的封建专制体制的重重压迫下以失败而告终。在这种情况下，以孙中山先生为首的革命者认为用改良的办法不可能改变中国落后的面貌，只能用革命的办法来推翻清王朝。孙中山等革命派追求的是要求建立民主共和国家的政治体制。1905年孙中山提出了三民主义的革命纲领，拟定了包括军法之治、约法之治、宪法之治的革命程序。1906年提出了五权宪法的政治体制的构想。辛亥革命取得了胜利，废除了君主专制，建立了中华民国，颁布了《中华民国临时约法》。孙中山所领导取得的革命胜利，其基本精神主要都是来自西方"启蒙运动"的天赋人权、三权分立、自由、民主与法制的精神。孙中山领导的资产阶级民主革命虽然取得了暂时的胜利,但中国的社会问题并没有解决,在外仍然受着帝国主义的侵略和压迫,在内则有两次封建专制的复辟以及强大的旧势力的抵制。中国何去何从仍然是需要中国人民解决的难题。

三、被称为中国“启蒙运动”的“五四运动”,其提倡的“科学与民主”是否在中国已经真正实现?

对五四运动,在中国学术界有着种种的看法,这里很难一一讨论,但是我认为不能把五四运动前的“新文化运动”与五四运动的爱国运动分开,认为前者是一场反传统的思想启蒙运动,而后者是一场救亡的爱国运动,也不应把“启蒙”与“救亡”看成相互矛盾的。正因为有新文化的思想启蒙运动,才促使中国知识分子能用新眼光看中国之所以落后,这无疑包含着希望中国富强的爱国内涵;正因为有了五四运动才深化了启蒙思想的现实意义,并焕发出中国人的在实际行动上实践了的反帝爱国热情。因此,只有不断地进行思想文化启蒙,提高中国人自身的自立自强的觉醒,才可以实现中国的繁荣富强;同样只有唤起千百万中国人的爱国热情才能使他们在实践中得到思想文化的启蒙。因此,救亡与启蒙本应是没有矛盾的,只是在这个过程中由于统治者或者主政的党派,把两者对立起来,用所谓的“救亡”来压制人民的民主、自由、人权的诉求,而这种所谓的“救亡压到启蒙”或“只有救亡才可以唤起启蒙”的提法在理论上和实践上都是片面的。

现在我们要问:包括“新文化”的五四运动所争取的民主、自由、人权是否真正在我们的社会生活中实现了呢? 换句话说,中国是否已经成为现代化的社会了呢? 我想,得到的答案是否定的。但是,这个问题太大,很难在此文中进行全面的讨论。下面我只想举两个例子从很局限的方面谈谈我的看法。

在80年代,我国的著名学者王元化同志,在上海提出了“新启蒙”的倡议,得到了各地的热烈响应。从20世纪的1919年的五四运动到70年代末在这60年间至少有两三代有识的知识分子都在为争取民主、自由等人的权利而献身,甚至当权的统治者或真心或假意地也把民主、自由等作为口号,为巩固他们的统治挂在嘴上。在史无前例的“文化大革命”结束之后，邓小平同志提出“解放思想、改革开放、实事求是，团结一致向前看”的改革开放指导思想，把实现四个现代化（工业、农业、科技、国防），以经济建设为中心实现社会主义现代化作为目标。同时，小平同志也提出要进行政治体制改革的要求。广大知识分子都认为，中国将可成为一民主、自由、有人的尊严的社会。

为唤起人们对争取科学、民主、自由的记忆而提出的“新启蒙”，为政治体制改革提供思想上的支持。1988年出版了《新启蒙》的创刊号，在此创刊号中发表了元化同志的《为五四精神一辩》。他提出，我们必须接续五四的科学与民主精神，以“理性”来审视自五四以来的历史，以“民主”来促进我国的政治体制改革。同期，还发表了夏衍、邵燕祥、金观涛、高尔泰等八人的“新启蒙笔谈”。夏衍提出，“新启蒙”要重提科学与民主，迎接新时代的挑战，不能错过了目前这个千载难逢的时机。在《新启蒙》第四期中邵燕祥提出：“思想文化的启蒙，意味着对原有结论的审视扬弃，过时传统观念的更新，旧的思想模式的超越，重新认识历史和观念，中国和世界、封建主义、资本主义和社会主义、马克思主义、列宁主义以及毛泽东思想。”2011年，李锐写了一篇题为《王元化与新启蒙》的文章，充分肯定了“新启蒙”的思想文化意义。从这里我们可以看出，在中国，“启蒙”这一有代表意义的思潮真是在十分艰难中进行，五四运动争取的目标“科学与民主”还没实现。

我想提的第二件与“启蒙”有关的事是1985年夏天在深圳举办的“文化研究协调会”，这次会议有北京、上海、武汉、西安以及深圳的学者二十余人参加，元化同志出席了这次会议。我们认为，当政者提出“四个现代化”对中国社会意义重大，它针对过去“以阶级斗争为纲”是一项政策上的大转变。但是，“现代化”的问题是否仅仅是工业、农业、科技、国防的问题？我们对此颇有怀疑。从中国近现代史上看，如果把“现代化”只限于科技层面，所得到的结果只能是“现代化”的失败。因为没有政治制度的现代化，特别是没有思想观念的现代化，“现代化”必然会落空。这就说明，我们所考虑的是中国必须实现民主政治，必须使“民主、自由、人权”等具有现代意义的思想在日常生活中成为现实，这都是仍然要继续“启蒙”的问题。

四、中国社会的"启蒙"将如何进行下去?

自鸦片战争后,西方的"启蒙运动"思想进入中国,中国在接受西方的"启蒙"思潮已经有160余年的历史,但中国仍然没有全面地完成"现代化","民主政治"和"思想自由"在中国尚未成为现实。因而上个世纪90年代在中国思想文化界出现了两股反对"一元化"的思潮。一股是来自西方消解"现代性"的"后现代主义"。"后现代主义"在上个世纪80年代初已经进入中国,但在那时没有什么影响,而到90年代突然被中国学术界关注了。另一股是追求复兴中国传统文化的"国学热"思潮。其实,在80年代中国学术思想界已经提出应重视中国的传统文化,但并未形成热潮,90年代"国学在燕园悄然兴起"而渐渐形成热潮。这两股思潮的兴起,说明什么问题?

我们知道,西方的"现代化"在发展了两个多世纪后,其种种弊病日渐显露,由于对"科学"的崇拜而认为"科学万能",从而引发了"工具理性"的一枝独秀,造成了对自然界的疯狂破坏,已经威胁着人类的生存,并使维护人文精神的"价值理性"边缘化。自由经济不受约束的发展,不仅造成人与人、国家与国家、民族与民族的矛盾与相互敌视,唤起了人们对金钱和权力的贪欲,致使人类社会的道德沦丧。西方18世纪崇尚"理性"的"启蒙精神"已被异化了。① 为了挽救人类社会、消除"现代性"带来的负面影响,于是有后现代思潮的出现。在20世纪60年代兴起的"后现代主义"是针对现代化社会在发展过程中的缺陷提出的,他们所做的是对"现代性"的解构,反对"一元化",主张"多元化",曾使一切权威性和宰制性都黯然失色,使一切都零碎化、离散化、浮面化。因此,初期的"后现代主义"目的在于"解构",企图粉碎一切权威,这无疑是有意义的。但是它却并未提出新的建设性主张,也没有策划过一个新时代。到20世纪末,以"过程哲学"(process philosophy)为基础的"建设性后现代主义"提出将第一次启蒙(即18世纪的

---

① 尽管这样,但18世纪"启蒙运动"提出的"理性"、"自由"、"民主"、"人权"等等,就其理想性的价值而言,人类社会对此必须重视,我们决不能丢掉它,更不能排斥它。

“启蒙运动”)的成果与“后现代主义”整合起来,召唤第二次“启蒙”。过程研究中心创会主任小约翰·柯布说:“建设性的后现代主义对解构性的后现代主义的立场持批判态度……我们明确地把生态主义维度引入后现代主义中,后现代是人与人、人与自然和谐相处的时代。……以建构一个所有生命共同福祉(For the common good)都得到重视和关心的后现代世界。”他们还认为,如果第一次启蒙的口号是“解放自我”,那么第二次启蒙的口号则是“关心他者”、“尊重差别”。目前,建构性的后现代主义的影响力在西方还很小,但我相信它在西方和东方将都会受到重视。①

卡尔·雅斯贝尔斯在《历史的起源与目标》中说:“人类一直靠轴心期所产生、思考和创造的一切而生存。每一次新的飞跃都回顾这一时期,并被它重新燃起火焰。自那以后,情况就是这样。轴心期潜力的苏醒和对轴心期潜力的回忆,或曰复兴,总是提供了精神力量。对这一开端的复归是中国、印度和西方不断发生的事情。”②在上个世纪90年代,即将进入21世纪之际,由于中华民族正处在伟大的民族复兴的过程之中,民族的复兴必须由民族文化的复兴来支撑,因此,“国学热”的出现是必然的。那么,中国如何全面实现“现代化”,而又可以避免陷入当前西方社会的困境;同时,又必须关注西方后现代主义的发展前景,而能较快地使中国文化和后现代主义接轨。我想,也许中国的“启蒙”将可以在这个过程中全面完成,而使中国实现“现代化”,并较快地进入后现代。对此,我有一些不大成熟的看法,请批评。

1.“人与自然是一生命共同体”与“天人合一”理论

建构性后现代主义的代表人物柯布说:“今天我们认识到人是自然界的一部分,我们生活在生态共同体中”,这个思想是从那里来的呢?虽然直接来自怀特海,但它无疑是和中国的“天人合一”理念有着密切的关系。“天人合一”是中国传统思想的核心价值理念之一。它和在西方长期流行的“天人二分”理论是两种不同的思维模式。1992年世界1575名科学家发

① 参见王治河、樊美筠:《第二次启蒙》,汤一介“序”,北京大学出版社,2011年1月。

② 卡尔·雅斯贝尔斯:《历史的起源与目标》,魏楚雄等译,华夏出版社,1999年,第14页。

表了一份《世界科学家对人类的警告》,在开头有这样一句话:“人类和自然正走上一条相互抵触的道路。”自然界为什么惨遭破坏,这不能不说与在西方长期有着影响的“天人二分”的思维模式有着密切的关系。① 与西方这种思维定式不同的“天人合一”思维方式可以说正是为解决自然界惨遭破坏提供了可行的思路。我们可以看到,早在2500多年前的孔子提出既要“知天”,又要“畏天”的思想。“知天”是要求人们认识自然界,以便使人们可以自觉地利用自然界为人类社会谋福祉;“畏天”是要求人们对自然界有所敬畏,认识“天”的神圣性,要自觉地尽到保护自然的责任。朱熹对“天人合一”思想的解释说:“天即人,人即天。人之始生得之于天,即生此人,则天又在人矣。”意思是说,在“天”生“人”之后,“天”和“人”就存在着一种相即不离的内在关系,因而“天”的道理就要由“人”来彰显,“人”对“天”就有了不可推卸的责任。我们可以看到,在解决“人”与“天”(自然界)的关系上,中国传统哲学和建构性的后现代主义走着相同的道路。所以正如法国大儒汪德迈说:“曾经给世界完美的人类思想的西方人文主义面对近代社会已降的挑战,迄今无法给出一个正确答案。那么,为什么不思考一下儒家思想可能指引世界的道路,例如‘天人合一’提出的尊重自然的思想、‘远神近人’所倡导的拒绝宗教的完整主义以及‘四海之内皆兄弟’的博爱精神呢?可能还应该使儒教精神在当今世界诸多问题的清晰追问中重新认识。”为什么汪德迈把西方的“人权”思想和中国的“天人合一”、“远神近人”、“四海之内皆兄弟”联系起来考虑?我们知道,“人权”对人类来说无疑非常重要,这是由于“人”的自由权力是不应被剥夺的,社会发展只能靠“思想自由”、“言论自由”、“信仰自由”、“迁徙自由”等等来实现。但是“人权”往往受到外在的力量干扰,甚至剥夺,无论中外都有这种情况。某些思想家或政客把“人”的权力无限扩大,以至于把“人”的权力扩大到可以去无序地破坏自然界,因此,汪德迈认为“人”对自然界的权力应该受到限制,这样就应该

① 罗素:《西方哲学史》,马元德译,商务印书馆,1988年。下册91页中说:“笛卡尔的哲学……它完成了,或者说极近乎完成了自柏拉图开端而主要因为宗教上的理由经由基督教哲学发展起来的精神、物质二元论。……笛卡尔体系提出来精神界和物质界两个平行而彼此独立的世界,研究其中之一能够不牵涉另外一个。”

从中国的“天人合一”思想中取得有意义的思想资源。在西方由于基督宗教认为上帝已经把世界完整地创造了,似乎“人”再无能为力了。汪德迈则认为虽然上帝把世界完整地创造好了,剩下的事就是“人”的问题,要“人”来作主了。正如法国文学家纪德所说:“神出主意,人做主意。”在中国儒家所说的“四海之内皆兄弟”是和中国传统思想的“天人观”相联系的,它认为,人类最高的理想是“天下大同”(协和万邦),《大学》说:修身、齐家、治国、平天下,因此任何民族和国家要考虑的不仅是自己的国家(治国),而且最终要考虑“天下太平”,这应是“人权”中的应有之义。这就是说,西方的“人权”思想应可以在其他民族思想文化传统(如中国的文化传统)中找到某些补充和丰富其原有价值的思想因素,以便人类社会走向更加合理之路。

2. 建构性后现代主义的“第二次启蒙”与儒家的“仁学”理论

建构性的后现代主义提出,如果说第一次“启蒙”的口号是“解放个人”,那么第二次“启蒙”的口号则是“关心他者”、“尊重差异”。“关心他者”的思想如果用中国儒家思想来表述,那就是“仁者爱人”。“仁爱”是孔子儒家学说的核心价值。儒家提倡的“仁爱”虽是从“亲亲”(爱自己的亲人)出发,如孔子所说:“仁者,人也,亲亲为大。”仁爱之心是人本身所具有的,爱自己的亲人是“仁爱”精神的出发点和基础。但是孔子认为,“仁爱”不能只停留在爱自己的亲人上面,要推己及人,“老吾老以及人之老,幼吾幼以及人之幼。”孟子也说:“亲亲而仁民,仁民而爱物。”从爱自己的亲人出发才能达到对老百姓的“仁爱”,由爱护他人才会对一切事物都有爱心。这样的思想又可以和建构性的后现代主义“关心他者”接轨。建构性的后现代主义认为,他们的哲学是在“保留现代性某些积极的东西”(主要是西方思想家依据理性提出的极有价值的“自由”、“民主”、“人权”等理想性思想)的基础上“以建构一个所有生命共同体福祉都得到重视和关心的后现代世界”,这正是对“关心他者”的更为全面的表述。因为,人类社会的发展,其文化是要不断积累,总是在传承中创新。因此,后现代社会必须是在保留“现代性”社会的“自由”、“民主”、“人权”等等中的积极因素,这样“建构一个所有生命共同体福祉都得到重视和关心的后现代世界”的意义才得以充分显现。建构性的后现代主义提出的“尊重差异”,正是儒家思想所主张的"道并行而不相悖"的另一种表述。不同的思想文化传统往往是各有其特点而不相同,但这种不同可以说对人类社会都有一定的意义,并不是要相互排斥的。[①] 例如肯定西方近代提出的"民主"思想在特定的社会条件下的积极意义,并不是要否定中国思想文化传统中的"民本"思想在特定的社会条件下也具有积极意义,更不应否定中国传统文化中的"己所不欲,勿施于人"对人类社会的"普遍价值"。只有承认在不同思想文化传统中都有其对人类社会有积极贡献的部分,这样在不同国家和民族之间才可以"共存"、"共荣"。吸收和消化不同文化传统中的优长,以达到"会通"是人类文化发展的必由之路,正如罗素所说:"不同文明之间的交流过去已经多次证明是人类文明发展的里程碑。"[②]我们应该看到,同为人类就有着共同要解决的问题,如何解决人类所面对的共同问题,道路可能不同,方法可能有异,但往往目标是殊途同归的。所以"尊重他者"和"道并行而不相悖"有同等的价值。

3. 如何定义"人"与中国传统文化中"礼"的"人权"观

"人权"观念对现代社会说是非常重要的,但如何使"人权"观念真正对建设健康、合理的社会起积极作用是应该在不同的思想文化传统中进行深入讨论的。美国著名哲学家安乐哲、郝大维写了一本书叫作《通过孔子而思》,这本书中有以下一段话:"我们要作的不止是研究中国传统,更要设法使之成为丰富和改造我们自己的一种文化资源。儒家从社会角度来定义'人',这是否可用来修正和加强西方的自由主义模式?在一个以'礼'建构的社会中,我们能否发现可以利用的资源,以帮助我们可以更好地理解我们的根基不足却富有价值的人权观念?"[③]这段话大体上说,讨论了以下三个问题:第一,西方不应仅仅研究中国思想文化,而且应用中国思想文化来"丰富和改造"西方的思想文化;第二,要理解中国传统文化是"从社会角度来注意'人'"的意义;第三,在中国的"礼"文化中包含着极富有价值的"人

---

① 张载:《正蒙·太和》中说:"有象斯有对,对必其为;有反斯有仇,仇必和而解。"

② 见《中西文化之比较》,此文收入罗素:《一个自由人的崇拜》,胡品清译,时代文艺出版社,1988 年 4 月,译文稍有改动。

③ 《通过孔子而思》,北京大学出版社,2005 年。

权”观念。我认为,安乐哲提出的三个问题正是为了对治“西方哲学的根基不足”而发的。正是近现代社会特别重视人的自由权利(第一次启蒙后的历史),才使得人类社会有了长足的发展。这是因为“人”的“自由权利”是一种巨大的创造力。但是,个人的“自由权利”和某一国家民族“自由权利”的滥用,在一定情况下对其他人的“自由权利”或者其他国家民族的“自由权利”将构成威胁和遏制,甚至侵犯。中国传统文化中的“从社会的角度定义‘人’”,意思是说“不是从孤立的‘个人’的角度来定义‘人’”,因为“人”一出生就是在各种关系中生活和成长,这颇有点像马克思在《关于费尔巴哈的提纲》中说的:“人的本质不是单个人所固有的抽象物,实际上,它是一切关系的总和。”[①]那么,如何处理这种种复杂的“人的社会关系”呢?在中国古代社会特别注意用“礼”来处理“人”在社会中的种种关系。“礼”虽然是观念形态的东西,但它带有对“人”的行为有着约束性的意义。在《论语·学而》中说:“礼之用,和为贵。”“礼”的作用最重要之点就在于促使社会和谐,这就是说中国传统文化中的“礼”是一种带有对社会规范性的力量。在《礼记·坊记》中说:“君子礼以坊德,刑以坊淫”,君子制“礼”是为了防止败坏社会的道德规范,制刑(刑法)是为了防犯祸乱社会秩序。汉贾谊《陈政事疏》中说:“夫礼者禁于将然之前,而法者禁于已然之后,是故法之所用易见,而礼之所生难知也。”可见,在中国传统中,对“礼”是特别重视的。这是因为中国儒家认为,在人与人之间应有一种相互对应的关系,如《礼记·礼运》中说:“何谓人义?父慈子孝,兄良弟弟,夫义妇听,长惠幼顺,君仁臣忠,十者谓之人义。”这是说,什么是人与人之间的道义关系,儒家学说认为在人与人之间应有一个权力和义务(责任)相对应的关系,不应只有单方面的权力而不需对所应承担的相对应的义务负责任。中国的“礼”正是为协调社会关系的权利和义务所设。因此,我认为中国前现代社会是不是可以称为“礼法合治”的社会,这当然是一种儒家的理想。从这里,我们可以设想,在确立“人权公约”的同时是否应有一“责任公约”,以便使得“权力”和“责任”之间得到平衡。这也就是安乐哲他们所说“礼”对西

---

① 《马克思恩格斯全集》第三卷,人民出版社,2008 年,第 5 页。

方颇有价值的“人权”观念可以起着“丰富和改造”的作用。从这里,甚至可以看到“责任公约”或许会对“人权公约”起着保护和提升的作用。小约翰·柯布说:“中国传统思想对建构性的后现代主义非常有吸引力,但我们不能简单地回到它。它需要通过认真对待科学和已经发生的变革的社会来更新自己。前现代传统要对后现代有所裨益,就必须吸收启蒙运动的积极方面,比如对个体权利的关注和尊重。”柯布的这段话对我们研究中国思想文化应说是颇有意义。作为前现代的中国传统文化是需要认真吸收启蒙运动以来现代社会的一切积极成果,如自由、民主、人权等“对个体权利的关注和尊重”的思想,我们决不能企图排斥“自由”、“民主”、“人权”等“极富有价值”的思想,这样前现代的中国传统文化才能和建构性的后现代主义结成联盟推进现代社会向后现代社会的转型。

我们已经注意到,中国一些学者和西方建构性后现代主义的学者之间不仅有了广泛的接触,而且开始了良好的合作。建构性的后现代主义的代表人物已经注意到中国传统文化对建构性后现代主义颇有吸引力,并已从中汲取营养;同样中国的一些学者也已经注意到建构性后现代主义对当前人类社会走出困境的现实意义,并认真地关注着该学说的发展。在中国已经发生广泛影响的“国学热”和建构性的后现代主义这两股思潮的有机结合。如果能在中国社会中深入开展,并得到新的发展,也许中国可以比较顺利地完成“第一次启蒙”的任务,实现现代化,而且会较快地进入以“第二次启蒙”为标志的后现代社会。如果真能如此,当前中华民族文化的复兴所取得的成果,在人类社会发展史上将是意义重大的。

2011 年 8 月 21 日

中国哲学的"原创性叙事"如何可能*

王中江**

对塑造中国哲学新形象的渴望和期待,促使人们提出了诸如"重写"、"改写"、"重建"、"重构"、"范式创新"、"创造性转化"等具有强烈激发意义的建设性说法。这里我所使用的"原创性叙事",也是以一种大胆的方式来预设中国哲学突破的"未来"前景。对未来中国哲学范式创新的愿望越强烈,我们对"现在"的"常规性"的中国哲学研究境况就越不安。面对大家都在为之行事而又处处表现出不满心情的中国哲学境况,我们的精神苦恼是可想而知的。但当我们真正意识到中国哲学的问题所在并努力寻求超越之路时,中国哲学的原创性叙事应该就不再是一个奢侈性的期待了。我想有人可能已经着手谋划中国哲学原创性叙事的某种实质性方式和情景了,但这种具体的实践和能够带来转变的叙事方式,最终只能通过经受住历史考验的结果来体现。因此,下面的讨论,主要不是中国哲学原创性叙事的实质性内容,而是通向和造就原创性叙事的基底性的思想方式和观念,是如何进行中国哲学重建的一些设想和预期。

一、多元"哲学观"的引导与"中国哲学"的转化

作为前提,这里需要再次强调指出的是,以"哲学"这一名词来自西方从而认为"中国哲学"缺乏正当性这一看法本身,在理论和实际上的有效性,都不是不证自明的。除了辞典式的哲学定义外,我们并不拥有统一的哲

---

* 本文原载《中国社会科学》,2004 年第 4 期。

** 王中江,1957 年生,男,北京大学哲学系教授,博士生导师。

学概念及真理，这不仅是中国近代开始使用哲学名词以来的常态，它在西方哲学内部原本就是一种常态。这就告诉我们，在反省和检讨中国哲学的过程中，我们要避免一味对“哲学”和“中国哲学”概念进行本质主义的界定和讨论，因为如果这样我们将会陷入“打破砂锅问到底”的无限后退。实际上，我们常常拥有一些大家心照不宣但又非常模糊的重要观念，这些既清楚而又模糊的重要观念，一般就构成了我们的基本前提。如果我们希望做出一种大致的界定，那么最好的选择方式，是在如同“辞典序列”或循环圈上来处理它们（比如可以提出一个临时性的“工作定义”作为参照）。除了辞典式的“哲学”观念外，我们最好把哲学放在不断变化着的历史时空和境况中来理解，这不仅符合哲学观念演变的实情，也符合哲学真理多样性的特征。如笔者基于哲学解释学为“偏见”正名的前提，为哲学的性质和特点提供了一个解释，认为“哲学不过是不同的偏见”这一见解（当然，哲学的偏见不是一般性的偏见，而是根本性的偏见）。[①] 这种主要基于“哲学认知方式和哲学真理的性质”而对哲学进行的阐述，并没有论及各种哲学偏见中所展现出的不同的根本性理念、信念和价值核心。不管这种阐述在作者看来是多么重要，无疑它也是在变化过程中对哲学所作出的一个解释。同样，“中国哲学”的性质和特征，它的如其所在和如其所是，是在我们如何解释和理解之中发生变化的。我们如何思考和研究中国哲学，中国哲学就为我们显示出不同的面貌。因此，当我们反省新时期 20 多年来甚至是百年以来中国哲学的时候，也需要从一个变化的立场来观察。“中国哲学”作为一个历史性的概念，如果我们仍然坚持有一个本来的历史的话（就像冯友兰所区分的那样），那么只有在这种意义上中国哲学是确定不移的，除此之外，我们对中国哲学的理解和解释从来就不是固定不变的。这绝不是公然鼓励任意解释和塑造中国哲学，也绝不是公开承认在各种不同的理解和解释之中没有高低、好坏的竞争。实际上，经受住时间和历史考验而被选择下来的中国哲学解释方式，就表明它们具有非同寻常的典范意义。

---

① 参见王中江：《论日常语言中的“用”——并论哲学的“用”》，载《哲学门》第二卷第二册，湖北教育出版社，2001 年。

从“中国哲学”术语的正当性出发，要改变令人不满的中国哲学现状，首先就需要建立起新的多元的“哲学观”和“哲学史观”。如果我们把黑格尔的《哲学史讲演录》、文德尔班的《哲学史教程》、罗素的《西方哲学史》和梯利的《西方哲学史》等看成是对西方哲学的原创性叙事，那么我们要问的是他们何以能够达到这种原创性叙事。人们当然可以从许多方面去说明这一点，但贯穿其中的一个根本之点则是，这些书写西方哲学史的人们，都对“哲学”和“哲学史”持有一种深刻的“观点”，也就是说，他们都拥有一种通过自觉意识而形成的“哲学观”和“哲学史观”。这表明，有所突破的哲学史，都需要一种深度意识之下的哲学观和哲学史观来引导。同样，建立新的中国哲学的原创性叙事，不管是经过反思之后接受一种哲学观和哲学史观，还是提出一种自己独见的“哲学观”和“哲学史观”，人们都需要在哲学和哲学史上抱有一种“观”，以作为他驾驭和处理“中国哲学史”和历史上中国哲学家哲学思想的根本见解。他在这种根本见解之下书写出的中国哲学史，自然就会以一种独特的面貌呈现出来了。

20世纪50年代以前，引导中国哲学写作的哲学观和哲学史观，是在西方哲学影响之下形成的“多元”哲学观和哲学史观。基于多元哲学观和哲学史观的中国哲学言说，不仅使中国哲学呈现出了丰富多彩的面貌，而且也建立起了一些中国哲学的原创性叙事，如胡适的《中国哲学史大纲》（还有他的《中国名学史》）、冯友兰的《中国哲学史》（两卷本；当然还有《中国哲学简史》）、张岱年的《中国哲学大纲》等。50年代以后，我们的哲学观和哲学史观，是被统一在政治意识形态框架之内的“一元的”哲学观和哲学史观，哲学史的书写虽然也由哲学观和哲学史观来引导，但强行统一的做法则造成了中国哲学形象的千篇一律化和公式化。改革开放以后，中国哲学开始从政治意识形态的哲学观和哲学史观中解放了出来，但我们却没有造就出具有生命力和影响力的“哲学观”和“哲学史观”，这与我们惊叹当代中国缺乏有影响力的“哲学家”和“哲学史家”，不过是一个问题的另一面。对于“哲学”、“哲学史”和“中国哲学”，我们常常处在一种无意识的“无观”状态中，虽然我们都在从事这项工作。如果中国哲学要走向多元的原创性叙事，改变目前的“无观的中国哲学”或“无观的中国哲学史”状态，那么我们就要走向深度性的多元“哲学观”和“哲学史观”。

作为对西方哲学内容划分方法的运用，在中国哲学的内容划分中，至今在相当程度上我们仍沿袭着形而上学（还有宇宙观、本体论等）、认识论、逻辑、辩证法、伦理学（或人生哲学）等方法，这也需要加以检讨和调整。即便中国哲学中存在着认识论和逻辑意识，它们在中国哲学中的意义和所处的位置，也与西方哲学有着很大的差别。它们在中国哲学中没有得到充分的发展，就是由它们在中国哲学中所处的从属性位置决定的。区别于作为信仰而存在的宗教，如果我们把哲学主要看成是建立和提供根本“信念”的话，那么中国哲学作为源远流长的信念体系，也许可以用新的方法来划分。如划分为三方面：一是提供宇宙和世界实际上是什么和如何的回答，可称作世界根源信念；二是提供理想的人生和社会应该是什么和如何的回答，可称作人间理想和价值信念；三是提供人类和社会和谐秩序如何建立以及与宇宙如何保持统一的回答，可称作规范和实践信念。由这三方面所构成的中国哲学信念体系，简单说一是对于真实世界的信念、二是对于理想生活的信念、三是对于规范和行动的信念。显然，在中国，这三者是紧密相连的，不仅理想和价值信念与世界根源信念（或者说实然世界信念与应然世界信念）紧密相连，而且规范和实践信念也与世界根源信念密切相连，因为在中国哲学中，合理的规范和行动方式，也常常被认为是内在于天道秩序的。以这种划分方式去重新组合和编织中国哲学图案，也许可以克服西方哲学框架带来的削足适履之弊。

二、在普遍性与差异性之间

19 世纪末以来，中国哲学一直在为自己的“正当性”而进行理智上的苦斗，这整体上又被认为是中国传统学术和学问向现代转变的一部分。由于“现代”的尺度是来自西方世界，因此当中国哲学被提出并作为“现代性事业”而展开时，它所依据的参照物和标准，就是西方哲学（或者是更广义的西方文化）。这就产生了将中国哲学正当化的一种类型或者说是主要类型，即在中国哲学称谓及中国哲学本身中寻求相同或接近于西方哲学的

“共同性”和“普遍性”;与此相对,中国哲学不同于西方哲学的地方或者缺乏西方哲学的那些东西,则被认为是中国哲学需要弥补的缺陷。比如常说的中国的知识论和逻辑学不发达,中国哲学思维模糊、观念含混等。按照这种“求同”的思维方式,中国哲学的正当性、普遍性和共通性,是通过西方哲学的普遍性和共通性来认定的。这可以说是一种立足于“西方哲学的普遍性”思考问题的立场,胡适和冯友兰等人的中国哲学正当化工作,所采取的基本上就是这样一种方式。[①] 然而,站在一种超越西方现代性甚至是反西方现代性立场上的人,则是通过中国哲学不同于西方哲学或者是通过只为中国哲学所具有的东西来强调中国哲学的正当性和优异性。这可以说是一种立足于“中国哲学的特殊性”思考问题的立场。从这种立场出发,越是能够从中国哲学中发现它不同于西方哲学的东西,中国哲学就越具有自己的特独性,从而也就越具有自己的自立性和自足性价值。譬如,熊十力、梁漱溟、牟宗三等基本上就是这样做的。总而言之,19 世纪以来中国哲学的正当化建构,“主流性”的思维都是在西方哲学的参照物之下展开的,但采取的“实质性”方式则恰恰相反:一是从转化和革新中国哲学的需要,重点通过中国哲学与西方哲学的“同质性”来理解和说明中国哲学,以此使中国哲学获得“普遍的意义”,起主导作用的是“可公度性”思维;与此相反,一种是通过与西方哲学“根本上”的“异质性”来强调中国哲学的独特性,以显示中国哲学的自身意义、性质和内在价值,起决定作用的则是“差异性思维”。

严格而言,把中国哲学正当化的这两种类型或者两种立场,至今仍或明显或不明显、或有意识或无意识地表现着。现在,人们一般不再把“西方哲学”作为“标准哲学”或“普遍”的哲学来看待了,但仍然相信它作为思考和研究中国哲学的最重要参照物是不应该拒绝的。把西方哲学从标准哲学转换为哲学多元对话的一种参照物,并立足于中国哲学自身获得中国哲学的普遍性,自然就使普遍性超越了“单一西方”的意义;此外,中国哲学不同于西方哲学的一些特性,自然也就不能再简单地被视为天然的缺陷了。

同理,在中国哲学的思考中,我们必须克服只看到普遍性或者只看到差

① 冯友兰《论人生哲学之比较》中所做的工作,重点就是寻找中西哲学的共同世界。

异性的“单向度”思维方式。中国哲学决不只是“普遍性”的注脚,也决不只是一系列偶然特殊事件的相加。哲学家及其所处的时代,他们的思考和行动,他们的生活都是一次性的,正像天下没有完全相同的“事体”一样,我们也没有完全相同的哲学家。每一个哲学家的生平和文本都是唯一,正是这种“惟一性”,构成了哲学事件和文本的众多性,也构成了哲学的多样性和差异性。对这些众多事件和文本本身的叙述,就构成了哲学史事务的一个非常重要的部分,也构成了哲学史丰富多彩的条件。谁要是对特殊的事件和个别的行为没有感受性和敏感性,谁对历史就是麻木的。同时,哲学家的生平活动和文本,都是带着“意义”的,都是在追求一种真实的世界、追求一种人类的理性生活和信念。谁要是对此没有统觉和领悟,哲学史对他来说不过是一笔流水账,他最多也不过就是一个高级记账员。健全的理智要求我们在可公度性、普遍性与不可公度性、特殊性之间采取一种“双向性”的立场。我们要在中国哲学的差异性世界中发现出普遍性的意义,在中国哲学的普遍意义世界中又看到紧贴着移动的历史时空的多样性和差异性。这样,差异自然就是“普遍中的差异”,而普遍自然也是“差异中的普遍”。

现在有一种令人不安的倾向,即为了对抗西方的强势和话语霸权,抵抗西方的普遍性,一些人开始否认人类的普遍性和普适性的东西,认为所谓人类的普遍性价值,不过是强权主义推行其强权政治和价值观的借口和装饰。这种从特殊需要出发而导致的从一般意义上抛弃普遍性、只强调差异性和特殊性的立场,相应地也就抛弃了中国哲学和文化的普遍意义,也等于把中国哲学和文化从全球化和全球文明的对话中孤立出来,不使之参与到整个人类普遍信念和价值的建构过程中。这反而又会助长西方普遍性的话语霸权。因此,中国哲学中的普遍性与差异性,当然不应该限于中国哲学自身内部,它还必须扩展到整个世界哲学的范围中,通过与其他地域的哲学进行广泛的对话和竞争来确认和展示自身。

三、“视域”、“范式”与“深度诠释”

受科学主义的影响,人文领域也追求科学的榜样,试图在其自身也得到类似于科学领域中那种超越时空的普遍真理。在历史领域,以追求历史本来面目的历史意识被奉为圭臬。中国哲学作为一门设在哲学系的带有历史性的专业,长期以来在方法论上也奉行科学和实证主义原则,相信中国哲学研究的目标就是通过严格的科学和实证方法以获得中国哲学的本真世界。这种科学和实证原则除了强调"文献"根据之外,没有提供更多的有意义的东西,但它却预设了很多的东西,如为了获得古代哲学思想的原意和本义,必须放弃解释者的"先见"和兴趣,必须站在古人的立场上对他们进行同情的理解。也就是说,面对哲学家及哲学思想,脱离开自己的意识、仿佛像哲学家本人那样思考、设身处地加以"同情"、消除自己的"先见",被认为是切中哲学家文本原意的前提条件。

对中国哲学的原创性叙事来说,这样的方法有效吗?从一定意义上说,想象性的同情,设身处地的体验,确实有助于我们对哲学家和他的文本保持虚心。而且,"同情"和"体验"作为人的一种存在方式,它们也能够改变我们对人、对世界的态度并从而改变我们自己。但是,"同情"和"体验"本身不可能通过"脱离开自己的意识"或者"放弃自我的语境和心境"来实现,心灵也不可能像一张白纸那样来印记作者的原意和语境。实际上,解释者已有的感受、经验、语境和意识,恰恰是想像"同情"和设身"体验"的条件和前提。一个麻木不仁的人,可以说就是一个感受贫乏和意识空洞的人。只有对"自身"形体上的痛痒有深切感受的人,他才能在自己的"心灵"上理解到肉体的痛苦是何物,他才能在看到他人受到肉体上的伤害时,自然而然表现出"同情心"的"仁"。同样,解释者要能够对哲学家及其文本产生"同情"的理解和设身处地的体验,他自身的意识、精神和生活经验恰恰是必要的条件。正像哲学解释学强调的那样,"先见"、"视域"和"范式",不仅不是深度理解和解释的障碍,相反它们恰恰是理解和解释得以可能的条件。据此而言,中国哲学的重建,迫切需要的是不断获得新的视域和范式。

20 世纪前期,中国哲学的理解和解释,也正是在各种不同的视域和范式的关照下进行的。没有各种"视域"和"范式",中国哲学就不可能向我们呈现出丰富多彩的意义。如胡适的中国哲学形象,带有很强的实验主义和进化论的格调,冯友兰的中国哲学叙事,则与新柏拉图主义和新实在论具有密切的关系,牟宗三的中国哲学思考受到了康德哲学的很大影响。胡适、冯友兰和牟宗三的视点有不准确和比附的地方是可能的,但他们根据一种视域和范式对中国哲学进行的深度观察,决不是一时的冲动和随心所欲,而是一种持续性的凝视和精神活动,这就使得他们的中国哲学建构具有开拓性的意义。问题只是,能够成为理解和解释中国哲学的“视域”和“范式”,必须与中国哲学的文本进行双向的、复杂的意义运动,即必须经过从视域和范式到文本、再从文本到视域和范式的反复交谈和对话,以在二者之间水到渠成地涌现出意义共鸣和恰到好处的契合。总之,只要我们理解和诠释中国哲学,我们就需要“先见”和“视域”,甚至可以说“先见”的不断扩展,新视域的不断产生,恰恰是实现中国哲学新的理解和诠释的基本条件。

最近20多年来,从单一的唯物、唯心和反传统等范式中摆脱了出来的中国哲学,呈现出了理解和解释范式的多样化,观察的视点和视域也发生了不少变化。例子之一是有关“儒教”的。现在越来越多的人开始倾向于把儒教、儒学与宗教联系起来加以思考,这是非常有趣的。梁漱溟、熊十力基于他们对宗教的范式和视域,都把儒教和儒家与哲学联系起来而使之与宗教划界。同样,胡适、冯友兰和张岱年等的宗教观,对他们的中国哲学研究也产生了极大的影响。如当他们将中国哲学整体上看成是对宇宙和人生“理性”追求的一种体系时,他们也都把中国哲学与宗教严格划清界限,或是对中国哲学的佛教化持否定态度(胡适),或是把它看成是中国哲学的非主流思想加以忽略(冯友兰和张岱年)。在此,他们对宗教的理解和价值观起到了关键作用。他们都相信哲学高于与科学对立的宗教,把儒学、儒家与宗教区分开恰恰是为了提升和维护儒家思想的特点和价值。但是,现在当大家重新认识了宗教及其意义的时侯,逻辑就被颠倒了过来。把儒教、儒家与宗教联系起来,或者通过宗教的视角来观察儒教、儒家,却又成为提高儒家地位和重建儒家价值的一种方式。又如,在“诠释学”的视域之下,“中国经典诠释学”的视点近几年受到了人们的关注,汤一介先生围绕“中国经典诠释学的建立”展开了一些研究工作,专门的著作和集刊也在陆续出版;再如,随着生态主义的兴起,人们也开始从生态观和生态伦理的视域去挖掘中国哲学中的生态意识。其他诸如从民主、自由、人权、人文精神、终极关怀、超越（“内在超越与外在超越”）、经济伦理、管理以及从和谐、天人合一、万物一体等视域和范式观察中国哲学的视点，都在扩展着中国哲学的理解和解释方式。但老实说，在这些范式和视域的运用中，我们还缺乏有深度和广度的视点，还没有产生出具有普遍影响力和震撼性的原创性叙事。

另外，需要指出的是，在从反传统的中国哲学叙事转向肯定传统的叙事之后，对中国传统哲学也生产了新的隔膜和疏离。一个典型表现是，在我们为中国传统哲学正名、检讨反传统的过程中，或多或少地又陷入到了保守主义和传统主义之中。“中国传统哲学”就在我们“回到中国传统”的过程中产生了单调化和贫乏化。只要我们“单向度”地把中国传统哲学视之为可恶或者完美，我们都会失去对中国传统哲学的认知和转化能力，中国传统哲学对我们就丧失掉了复杂的内涵。如把“和谐”、“天人合一”、“万物一体”等中国哲学观念公式化和口号化。当我们把这些作为中国哲学的核心范式和信念的时候，我们高度简单化的不仅是这些符号，而且也是中国哲学。当中国哲学被空洞的“和谐”、“天人合一”笼罩，中国哲学不是由此而变得充实和丰富，而是显得苍白和贫乏。这种花架子式的摆设和廉价式的推销，反而加重了中国哲学的意义危机。我们当然不是反对这些范式和符号，而只是想强调，当把这些符号作为中国哲学重要范式和价值的时候，我们必须进行理论化和体系化的建构，使之成为一个复杂的、丰富的具有立体感的信念。我们现在常常强调“问题意识”。但真正的问题意识，就是要能够提出具有开拓意义的“新的问题”，并深入地解决问题。

四、整体与部分的良性诠释循环

用双向的诠释循环来思考中国哲学的原创性叙事，我们应该追求的是把对中国哲学的整体理解与部分理解统一起来。如果把中国哲学或中国哲学史看成是一个整体，那么构成它的时代、人物、概念、理论、学说等等就是它的各个部分。我们当然不是从统计学的意义上完全量化地来看待整体意义与部分意义的对称性，但整体的意义必须“充分地”建立在对部分意义进行综合的基础上；而部分的意义也要从整体的意义上获得理解。中国哲学研究存在的一个明显缺陷是整体与部分之间程度不同的分裂。如我们自以为是的整体意义，实际上是非常“空洞的”整体意义；我们言说的部分意义，又是在“孤零零的部分”中得到的，我们总是就事论事，把自己限制在狭小的范围内，遗忘整体的世界。我们越来越精细化，却越来越不知道一个整体性的中国哲学，或者只是知道一个空洞的中国哲学。借用韦伯所说的“专家们没有灵魂，纵欲者没有心肝”，我们现在的中国哲学失去了伟大的灵魂和伟大的灵性。要在中国哲学研究中获得“突破”，必须发现中国哲学的伟大灵魂和灵性。虽然我们可以从许多具体的方面批评胡适、冯友兰、张岱年、唐君毅、牟宗三等人的中国哲学研究工作，但他们在中国哲学研究中都建立起了整体性的叙事。他们能够这样做，一是他们在“方法论”上具有高度的自觉性并拥有一套“系统的方法”；二是他们本身就有一套一以贯之的理论和信念，这就是他们整体上诠释中国哲学的“一贯之道”。现在，在一些具体问题的研究上，我们取得了许多积累并越过了他们，但是在对中国哲学的“整体理解”上，比起前辈来我们实际上显得无力甚至是无能。

从一定意义上说，这是现代学术的一个结果。现代学术的高度分工和高度细化，形成了“专家型”的学者，更别说是“通才”，就是成为一个大学者也异常困难。“专家型”学者的最大特点，是在某一专业领域进行深入细致的研究，以使知识获得积累。但他的优点同时也是他的缺点，这就是他在整体上越来越失去判断力了。他对一些树木比较熟悉，但却不知道一片森林的完整形象了。中国哲学的整体意义危机，当然不是仅指我们只思考非常有限的局部问题而遗忘了其整体意义和形象，而且也指我们又常常轻率地谈论中国哲学的整体意义，其结果就是到处充斥着大而无当的空洞之物。从世界汉学的视野看，日本的中国哲学研究以精细著称，美国的中国哲学研究以范式的新颖性和视野的开阔见长。相比之下，我们的中国哲学研究，从某种意义可以说兼有二者之长，但从另一种意义上也可以说微观研究不十分细，宏观的思考又过于疏阔。借用朱子与陆象山互相批评的“尊德性”与“道问学”之语，在中国哲学的研究中，我们不能把“先立乎其大的尊德性”与“格物致知的道问学”二者有效地结合起来。过去的一些先辈，他们毕竟以其独特方式建立了中国哲学的整体与部分的统一体。如果仍以树木和森林的关系来比喻,一方面我们必须深入其中,仔细观察作为部分的树木的特点,另一方面我们又必须出乎局部树木之外,屹立整个树林之上,俯视整个森林。首先需要进行大量的细致化的研究,建立"微观性"的"原创性叙事"。这方面的工作越细越好,越深入越具体越好。但在许多个案和微观问题上,我们还在用旧印象来判断那些东西,而这些判断确实存在着问题。顺便举几例,在老子的政治思想上、在荀子哲学与法家的关系上、在法家哲学的理解上,我们常常仍用旧的意识和印象去判断,而没有真正进入到他们的哲学意境中。再如,一般把严复看成是中国近代科学主义和实证主义的先驱,但却忽视了严复思想世界的另一面,即他还肯定一个超验的世界,肯定宗教的意义,甚至反对否认鬼神存在的独断论。这说明在中国哲学的个案和部分研究中,我们必须充分深化和细化,以建立起可靠的基础。在此基础上,我们来建立"宏大"的中国哲学"原创性叙事"。如果谁最后能够站在至高点上,俯察一切,洞察真理,发现伟大的信念,那么建立中国哲学的宏大叙事,也并非可望不可及。

五、三个向度:"描述"、"说明"和"信念关怀"

中国哲学是广义的中国历史的一部分,研究中国历史的动机和目的也可以说就是研究中国哲学的动机和目的。如果相信我们的先哲想的与做的一样有趣,那么就要设法了解先哲想什么和如何想,这可以说是中国哲学的描述工作。中国先哲所想所思主要保存在文献记载和他们的著作中,要了解他们的思想,首先当然是阅读他们的著作和以往的文献,并从语言文字层面入手进入到概念和义理层面,一步步弄清先哲所说所论的意义。但做到这一点并不容易。中国哲学概念有许多是单音词,而哲学家对它们的使用往往又不作具体的界定,不仅同一概念在不同的哲学家那里是不相同的,有时就是在同一哲学家那里也不是单一的。像道、德、性、命、天、气等这些概念,理解起来就非常困难。又如慎独,过去一般的解释就是谨慎独处。但从《五行》、荀子和刘宗周等的使用来看,这个词汇的意义也不是单一的。对于不注重体系的中国哲学来说,要在其往往是注疏性的言说中把握住一个哲学家的义理及其结构也相当困难。中国哲学的"描述"工作实际上是一种展示,从原则上说,展示得越充分、越具体越好,目的是把我们先哲所具有的"怎样的"思想及其来龙去脉、结构、中心和影响关系充分地揭示出来,但这都要建立在对中国哲学文本充分理解的基础之上。从这种意义上说,我们必须依据中国哲学的可靠文献,并虚心地跟随着我们先哲的想法走,避免不以文献为基础的先入为主和主观想像。但"描述"决不等于"复述",更不等于"复制",而是通过对中国哲学文本消化和理解之后的一种阐发和重构。老实而论,在中国哲学的这一基本方面,我们做得仍然不够。一些解释或者似是而非,或者模棱两可,一旦深究起来,问题就暴露了出来,哪怕是最重要的道和德这两个概念。因此,对中国哲学各种问题的充分、深入和有效的描述,仍然是我们面临的重要问题。

与"描述"具有相对关系的中国哲学研究的另一项工作是"说明"。这里所说的"说明",是指寻找影响、促成中国哲学出现和造就了它的那种东西。如果说"描述"是尽量如其实地展现中国哲学从部分到整体是"什么样"的,那么,"说明"则是寻找中国哲学从部分到整体为什么是这样的缘故。照劳丹(Larry Laudan)的看法,西方思想史研究一直偏于"注释"而忽略"说明"。用我们的术语,就是偏于"描述"而忽略"说明"。这种情形,在我们的中国哲学研究中可能更为突出,大量的"一般性"描述著作不断出现,而说明工作却非常不够。如我们都肯定先秦子学在中国哲学中是最具原创性的,但为什么在先秦会有各家各学同时兴起,为什么此时会造就出中国哲学其后不断发展的源头活水,实际上我们对此一直缺乏系统性的说明。

把哲学思想的出现与促成它出现的关系概括为"结果"与"原因",容易陷入机械的因果决定论之中。在中国哲学的形成和变迁中,当然没有或很难找到类似于自然现象的严格因果关系。我们也不求在这种意义上去对中国哲学进行各种"说明"。自从知识社会学产生之后,通过哲学史自身内部说明思想的形成和通过哲学史的外部社会环境说明思想形成,构成了哲学史说明的两种主要方式。与海外中国哲学研究的"社会史化"倾向相联,国内强调中国哲学思想与社会关联的意识也在增长。中国哲学的内部说明,是从某一哲学思想在时空上的纵向、横向关系,来寻找影响哲学思想产生的条件和因素。中国哲学中的各种“问题”及其解决问题的方式，可能会有逐步趋向“合理性”的一种线索，但像黑格尔所说的“绝对理念”的逻辑展开过程，恐怕是不存在的。某一哲学思想的形成完全可以是“纵横关系”中某种思想偶然刺激的结果，而且比较起来也不一定更进步、更合理。过去我们喜欢用“螺旋式”上升观念来说明中国哲学的演变方向，但实际上中国哲学并没有合乎这种逻辑的发展和进步关系。不同时期、不同时代的中国哲学确实在发生着变化和推移，然而如果用不断“递进”的逻辑来概括肯定是行不通的。

中国哲学的外部说明，是寻找影响或决定思想形成的社会环境和背景。照知识社会学的观点，知识和思想是由社会决定的，因此要说明一种思想，就要寻找决定它的社会条件和社会状况。如曼海姆认为，社会的进程影响思想的进程，社会进程在本质上渗透到了观察问题的视角。我们当然不接受思想和观念纯粹由社会或其他任何东西决定的“决定论”观念，因为思想世界的形成和演进是非常复杂的历史现象，必须从多种关系中去理解，“决定论”单挑一种因素去解释思想的出现是简单和粗暴的。社会条件作为促使思想发生的一个外部条件，它或者确实是诱发了某种思想的出现，或者只是作为一种因素参与到了某种思想产生的过程中。对于与社会和政治生活密切相关的中国哲学来说，我们更需要把它放在整个中国文明和文化的广大背景之中来理解。中国哲学的社会说明对研究者所要求的历史知识显然很高，这就要求中国哲学的研究者不能限于哲学史文本的范围，他还要进入到社会史的领域中。在中国哲学史与中国社会史之间展开一种艰苦的结合，是改善中国哲学研究状况的一个重要途径。

在中国哲学研究中，除了以上的向度外，我们还想提出一个“信念关怀”问题。这个问题比一般所说的历史和思想的“评价”范围要小，它不包括我们对中国哲学思想进行是非、对错的评判和审定，它所指的是中国的哲学信念与我们的时代之间所存在着的关联。这种关联当然不是让中国先哲简单地向我们宣布什么或要求什么，而只是我们通过对中国先哲信念的重温而获得启示和感召。在价值和信念上，我们的伟大先哲具有优先的发明权和行动机会。在人类坚韧不拔地追求完善和完美的历程中，几大文明圈的伟大价值和信念始终都在引导和点燃着我们的心灵。在作为中国文明中心的中国哲学的精神旅行中，我们不仅要得到中国哲学的知识和解释，也要从中获得对我们的时代具有启示性的意义、价值和信念。如果说中国哲学丰富了我们的精神世界和精神生活，引导了我们的人生，那也许正契合中国先哲建立意义和信念的意愿。

从身心关系理论审视精神超越之可能

胡　军*

哲学探究的首要目标应该是人。如何认识自我的本质、自我与他者、自我与宇宙的关系乃是哲学探究的最高目标。历史上曾经出现过的各种不同的哲学流派之间的一切争论中,似乎这个目标始终没有改变和动摇过。人的身、心及其相互之间的关系可以说是人认识自我的核心问题之一。

一、自我的认知割裂状态

那么究竟什么是人呢？或究竟什么是自我呢？

从不同的视角或运用不同的方法来讨论这一问题,会得出不同的看法或结论。哲学史上讨论这一问题最习以为常的方法或视角就是认识论的。众所周知,认识论所以能够成立要具备如下几个条件。第一,必须将主体和客体打开,并进而将主体的身和心打开,这是认识论系统所以能够建立的前提。舍此前提条件,认识论就无由建立;第二,认识论系统推演的基本的或主要的方法只能是分析的方法,尽管在具体的认识活动中归纳法及其他方法也起着重要的作用;第三,因此认识论的讨论往往都注重概念或范畴,认识论的结构也就因此成为了概念性的了。

认识论途径研究人生带来的更为重要的后果是,通过认识论研究而形成的知识本质上具有信念体系的特性。这就是说,知识具有至少这样三个明显的特点:第一,忽视了知识对象的个性;第二,知识内在于认识主体,是认识主体的信念;第三,任何知识都是将对象切割成片段,然后进行抽象研

* 胡军,1951 年生,男,北京大学哲学系教授、博士生导师。

究。第一点的负面作用在于，透过知识论体系我们看到的只是一类人的共性。此种共性遮掩了人的个体存在的真实性，使我们只见类，不见个体。知识的第二个特点导致的结果是知识化的人代替了现实的人出场。因此于知识论体系中，我们看见的不是真实的人，且我们用以审视或所谓看见的工具都是概念或信念。概念或信念都是形式，以这种形式来观照或审视人，人的任何感性存在内容都被过滤掉了，只存在空无内容的纯形式。更严重的问题在于，知识的特点可以使我们分科治学，也就说知识可以切割。但是人的现实存在却是完整的，是一个有机整体。知识这一特性迫使认识主体只能从不同的层面来观照人，因此有机整体的人也不得不被切成零碎的片段。一经切割后，片段也就永无可能连接成为整体。

其实，知识论研究最为令人困惑的是知识的证实(justification)问题，至今仍无定论，好像也不可能有定论。究其原因，就是因为知识论研究模式从根本上决定了认识主体与客体必须二分。这一模式先验地决定了，认识主体所构成的知识体系很难得到外在事实验证，因为知识在主体这一边，而事实之为事实必须是客观的，是在外的。于是信念或知识过不去，事实也过不来。知识论历史上的种种证实理论，如符合论、一致论、融贯论、外在论、内在论等，都充满着这样或那样的困难。知识证实理论的困难必然带来的另一个困难就是，如果信念或知识得不到证实，那么知识与其应该反映的对象之间是否符合也就永无云开日出之日。换句话说，知识论或认识论关于人的那些研究的结论也就因此好像只是主体的一厢情愿。

总之，从认识论角度来研究，人是独立于自然的，是独立于他人的，也是独立于认识者本人的。我们甚至可以进一步说，认识主体自身的性质也因此变得模糊不清。或者说认识主体在分析方法审视之下也变得极其可疑，有可能根本就没有这样的主体。总之，人自身被切割得七零八碎，不成片段。此种切割最为明显的结果就是人的身心的分离。笛卡儿便是将人的身与心切割开来的典范。他所理解的“我”便是一位没有身体的赤裸裸的精神或灵魂。他的哲学思想的第一个命题就是“我思故我在”。可见，笛卡儿所谓的“我”是完全独立于身体的“我”。他的方法是分析的方法。在此他所谓的“我”严格说来并不是生存论意义上的人，而是认识论意义上的认识主体,或者说只是概念式的“我”。这种概念式的“我”不具有生存论意义上的生命,所以有的哲学家断言“人死了”。认识论史表明,这样的自我一旦与周围世界割裂开来,与自身的肉身切割开来,他也就永远不可能有能力和途径将自己和周围的环境一起加以体验;而一旦与自己的身体分裂,他也就既没有能力把自己和他人整合起来,也无将自己的身与心整合起来加以切身体验的任何可能性。于是,认识论的自我在何时何地都是孤独的幽灵,徘徊在思辨的清冷王国而永远不得脱身。

但从个体生存的角度来审视,认识论并不是根本性的。因为人必须首先作为一个在时空中的完整独立的经验存在,他才有可能进行认识论的思考怀疑、分析推导,并建立起认识论的系统。否则,根本也就没有认识论存在的可能性。

即便笛卡儿是认识论转向的积极提倡者,但他本人也并没有彻底否认人的生存论意义上的存在,他只是在认识论的层面上“认为”、“怀疑”或“假设”没有天,没有地,没有手,没有脚,而没有断然否认身体或外物的存在。这就是说,笛卡儿之为笛卡儿首先因为他是生存论意义上完整而又真实的存在,然后他才有可能做“我思故我在”的哲学推演。他首先是一位以这样或那样的方式与自然、与他人和与自己浑然融为一体的存在,在其中并没有主体和客体的区分。存在先于认识,先于主体和客体的分离。正因为我们存在,所以我们才有可能进行认识活动,才能将自己与认识的对象分离开来。所以,虽然笛卡儿自认为他的哲学的第一前提是“我思故我在”。但是上面的分析清楚地告诉我们,他的哲学的真正前提是“存在决定思”。他的哲学思想的其余部分均是从这一前提推演出来的。所以“我思故我在”不应该是笛卡儿哲学的第一命题。

二、存在先于认知

既然存在是先于认识的,所以从认识论的层面我们不可能揭示或彰显人的存在的本真状态,而只能必然地扭曲或肢解人的完整性和真实性,带来数不清的问题、烦恼、困境。我们必须学会从具体的人出发来看人,来研究人。这里所说的人不是指人的概念，而是指活生生的人，有血有肉的人，是存在于特殊时间和空间之内的人。

海德格尔认为，此在是“在世界之中存在”。“此在”专指像人这样的存在者。但这里所说的人或存在不是抽象或普遍意义上的概念或范畴，而是以单称的人称代词称谓的“我是”、“你是”这样的单个的人。但是严格说来，海德格尔所说的单称人称代词指称的人并不是真正意义上的特殊个体。因为任何个人都可以使用“我是”、“你是”这样的单称人称代词。语言的危险就在于凡是可以被其指称的任何东西的特殊性都将被遮蔽，而不知不觉地带上了语言本身具有的普遍性。所以，要使人称代词真正能够让我们走进真实的个体，我们必须在使用单称人称代词同时用自己的手指指向对象。这就是说，生存意义上的人或存在是在特定的时间和空间内的个体，他们具有真实性、生动性、经验性和特殊性。而最为重要的是他们具有自己才有的个体性。他们就是具有特殊性的个体。但这样的个体之间并不是分离或隔离开来的，而是处在一种相互渗透、普遍联系的整体之中。不仅如此，这样的个体本身就是自然的产物，并且生存在自然之中，一刻也脱离不开自然。于是，海德格尔说道：此在是“在世界之中存在”。他解释道，所谓的“在之中”并不是像水在杯子之中，或衣服在柜子之中那样的“在之中”。因为水在杯子之中固然为水，在杯子之外水也同样为水。水并不必然地在杯子之中。可见，水与杯子之间没有必然的生存论意义上的关系。但个体的人“在世界之中”的“之中”却具有截然不同的意义或关系，它具有一种生存论的性质，是一种存在的机制。说人“在世界之中存在”实质说的是人源自世界，居寓世界之中，依赖于世界，融入世界之中。① 因此人和万物及世界是一种浑然一体的关系。人以各种方式消失在世界之中。所谓独立的个体实质上是我们抽象思维的产物，把人从世界的整体联系中肢解出来，分离开来。我们就永远也不可能对其有真正的认识或了解。用中国哲学的术语说，人与世界的关系是人“无所逃于天地之间”。像孙悟空一样，本领再大

---

① 海德格尔：《存在与时间》，陈嘉映、王庆节译，三联书店，1987 年。参见第二章第十二节《依循“在之中”本身制定方向，从而草描出“在世界之中存在”》，第 65—74 页。

也逃不出如来佛的手掌。庄子的话说得更准确，人与万物、与天地是并生的，是为一的。这就是所谓的"天地与我并生，万物与我为一"。此在在"世界之中存在"是说，世界是人的存在的最为基本方式，是存在的本质性的机制。人与他人、与社会、与自然是同构的。

按照海德格尔的理解，此在是"与他人共在"的，他人是此在的自我的另一半。同样自我也是他人的"自我"的另一半。可以说自我与他人处在交互渗透的整体性的关系之中。由于此处所说的此在或自我是具有真实性、经验性和生动性的个体，因此他人是此在的自我的一半，或自我也是他人的"自我"的一半的说法，严格说来蕴涵着这样的思想即此在或自我必须是身、心完整的统一体，而不是笛卡儿所说的纯粹的精神的或心灵的存在。这种纯粹的精神的或心灵的存在并不具有现实性、生动性和实践性。自我或此在与他人的共在必须具有现实性和实践性。因为自我或此在与他人或与世界的共在的联系既具有思想性的或精神性的性质，也同时具有现实的物质性。此处所说的此在现实的物质性的含义是指此在或自我必须是身、心统一的个体。这样的个体才是真实的、生动的、完整的，他在空间中占有位置，在时间中有连续性。只有这样的人才有可能现实地借助于身体、知觉、行动与他人、与世界共在，或"在世界之中存在"。这正如生存论哲学家R. D. 莱恩在其生存论哲学著作《分裂的自我》中所说的那样，"一个人也许觉得自己在这个世界上是个真实的、活生生的、完整的、在时间上连续的人。作为这样一个人，他可以切身进入世界，与他人相处。世界和他人在他的经验中也同样真实、生动、完整和连续"①。

三、身心一如的生存基础

上面的分析清楚地告诉我们，每一个人都处在与他人的、与世界的现实交往之中。而此类正常的交往之所以可能的真正原因就是因为存在于此类现实交往的个体或自我必须是身心完整统一的个体。我们自己丰富的人生

① R. D. 莱恩：《分裂的自我》，林和生、侯东民译，贵州人民出版社，1994年，第28页。

经验明确地告诉我们,只有在与他人的、更进一步在与世界的交往活动中,我们才有可能成就为我们自己,然后才有可能意识到自己的存在。他人、世界并不隶属于我们,没有我们,他人、世界照样存在着。但一旦来到了这个世界,我们就不可避免地与他人有着不可切割的亲缘关系。在这个意义上,我们才能说"我们"这两个字。在此,"我们"意味着个体与他人、和世界处在一种整体性中,形成了所谓的"我们的世界"。个体在自身世界中与他人发生关系,形成一种整体性。只有正确反映这一整体性,才能正确谈论个体自身具有的根本经验。正是基于这样的认识,生存论哲学指出,人的现实存在被看做是个人的生存。这样个体存在不是抽象的,被切割过的,而是在与他人、与世界的整体性关系中被规定着的。他就在世界之中存在。人在世界之中的正常的存在方式便是身心一如。

正是从自我与他人的共存、共在的关系出发,莱恩深入地分析和讨论了精神病患者。他把精神病患者定义为"精神正常和精神错乱,是由两人之间联系或分裂的程度来决定的,在这两人之中,有一人被认为是精神正常的。把一位患者判断为精神病,其关键因素在于,判断和被判断双方之间存在分裂,缺乏协调"。他指出,在与他人发生某种关系时,双方都有自我认可的倾向,对自己的身份都有自主的感觉。比如我期望你认可我,期望看到,你对我的看法,与我对自己的看法大体上一致。但是如果双方的差异足够严重时,而且事实上又无法调和,那么就只能认为,两人之间就必有一人精神异常。

那么进一步的问题就是,精神病的本质是什么?莱恩指出,所谓的精神病实质上是身心之间的过度分裂。在《分裂的自我》一书中,自我可以划分为"身体化的自我"和"非身体化的自我"。所谓"身体化的自我"是指身心统一的自我。而"非身体化的自我"则是指身心分离的自我。精神病患者本质上说是其生存状态缺乏安全感。一个正常健康的自我对自己和他人的现实性和统一性具有根本上稳定的感觉,他会感觉到自我完整的身份和统一性,感觉到事物的永恒性、自然过程的可靠性和实在性以及他人的直接现实性。这样的个体的生存是有安全感的,展望与发展同他人的联系和交往是一件使人感觉到身心愉悦的事情。但一个缺乏生存状态安全感的自我却无法享受这样的愉悦，他会坚持自我，固执己见，使自己的心灵与身体分裂开来，蜷缩在自己完全封闭和极其狭隘的心灵之中，与自己的身体和外在世界完全隔离开来。

这种存在的不安、焦虑从幼儿时期即已开始形成，它使个体无法跟正常人一样发展自己的自我意识，正视自己以及他人的现实性、生动性、意志自由和身份，正视生与死，与他人保持正常的联系与交往，从而获得基本的存在性安全感。相反，个体感到正常世界的生活威胁着他的生存，使他面临被吞没、被僵化的感觉。于是他也就无法与他人共有一个基本相同的经验世界，于是只好退缩回到自身之内。但这种规避不但不能使他否定现实世界，相反，外部世界对他的影响并不会消失或缩小，反而会更加扭曲、放大，使他深深地局限在自身狭隘的世界之中。生存的烦恼、焦虑、不安震荡着个体，使其无法适应充满险恶的现实世界。在此情形之下，为了规避烦恼、焦虑、不安、痛苦他唯一能做的就是逐渐地与其身体相分离，萎缩为忽视自己身体的"内自我"，从而失去了正常、健康而统一的身心一如的关系。此种退缩、规避带来的严重后顾就是，身体从此不再体现真实的自我，变成了假的自我系统的载体，缺乏生命力，只能在自身与他人之间进行虚假的人格扮演，无法获取真实的知觉，从而也就无法面对真实的他人、真实的世界。长此以往，真实的自我于是不得不被封闭在虚假的自我之内。对外他无法通过真实的人际交往关系来丰富自己，提高自己，完善自己，而是生活越来越贫乏，乃至人生变得越来越空虚，越来越没有意义。对内则越来越厌恶和绝望于虚假的自我系统的伪善行为。这样的人唯一的慰藉是幻想。他拒斥他人、与世隔离，极其喜欢独处，只有独处能够给他带来安全感。但不幸的是，经常的情况则是，独处似乎也没有安全感。因为问题不在他人，不在世界，而在自己的内心。因此，本来企图依靠幻想排遣烦恼、恐惧、焦虑。结果却适得其反，幻想只能使情况更为恶化。精神性分裂个体从维护自己的自我出发，最终却走向自我的崩溃。[①] 他们认为蜷缩在自己的心灵世界是最为安全的，是逃避外在世界、逃避与他人交往、逃避自己身体的途径。但事实表

① R. D. 莱恩：《分裂的自我》，"中译序"，第 3—4 页。

明这样的逃避无济于事。生在这个世界,你就决无可能完全地逃避或不理睬这个世界,不与他人交往,或者完全地超越或脱离自己的身体。

精神病患者,按照莱恩的看法,其实是忽视自己身体而导致身心分裂的产物。具有健康的身心一如的人则“感到自己有血有肉,筋腱骨骼俱全,感到生物学上的生动与真实。他知道自己是实在的。他完全内在于他的身体,就此而言,他可能具有时间上的连续感。他感到自己面临攻击、伤害、疾病、衰朽、死亡等种种危险,它们威胁着他的身体。他被身体的欲望、身体的满足和快乐以及身体的挫折所纠缠。个体由是有了自己生活的起点;他的身体对他来说是一个基础。在此基础之上,他可以作为一个人与其他人交往”[①]。与他人的真实交往、与世界的真实交往,使他深切感受到了自我身心的真实存在,也感觉到了自身存在的意义和价值。生活因此变得充实、愉悦、幸福。

可以清楚地看见,在莱恩的理论中,具有身心一如关系的自我能够使人真实地、直接地感知对象,自我体现出来的思想、感情是生动的。由于自我与他人建立了现实的直接的关系,世界的现实和自我的现实彼此互相强化。而轻视身体从而破坏了身心关系的自我则呈现出另一种状况。在其中我们看到的是一种恶性循环,一切都变得越来越不真实,越来越没有生命,爱无法实现,恐惧取而代之,直至个体会绝望地感到一切都停止不前,淤积在一个再也走不动的地方。无运动之物,无生动之物,一切死寂,连自我本身也无法幸免。自我为分离所阻,无法接近真实性和生动性,无法具有饱满的经验。个体无法体验到良性循环中与他人那种创造性的关系,无法体验到自我与他人的相互强化、相互丰富。相反,个体只能做出条件反射,做出机械的反应。这种反应虽一时看来是有效的,但由于没有生命在其中,最终的结果只能是失败、绝望、痛苦。[②]

如果说精神分裂性疾病的本质是身心关系的分裂,那么治疗此种疾病的有效方法似乎是使患者的心灵逐渐地走出身心关系割裂的自我,慢慢地

① R. D. 莱恩:《分裂的自我》,第57页。

② 同上书,第73页。

走入身心一如的自我之中。当然这样的治疗过程充满了种种技术性手段和生存论哲学的问题。这些手段和问题可能既不是我们能够解决的，也不是我们现在感觉兴趣的，所以大可不必在此考虑或关心莱恩对这一治疗过程的论述。他上述关于身心关系的理论已经为我们提供了足够的证据，使我们从生存论哲学的角度来审视和估价中国哲学的“身心一如”思想的现代意义或价值。

四、心为主宰的身心关系论

生存论哲学把自我看做是一个有血有肉的存在，是身心一如的完整个体。从生理学角度说，身体的开始便是生命的开始，而身体的死亡便是生命的结束。但从生存论哲学看来，对生命这样的看法是不完全的。真正的生命一定是生理学意义上的生命和生存论意义上的生命的完美结合。或者说真正的生命一定是身与心的完美的融合。

任何一个人都是身心的统一体。但这里的问题在于，人与其他动物的区别不在于身体，因为人的本质属性似乎是思想。我们知道“人的全部尊严就在于思想”。没有思想，人也就丧失了人之为人的本质。然而人不仅仅是思想的存在，他更是一实践的主体。他存在于世界之中，他是在自己的生活过程中实现自己的本质。因此他的思想、理念、想法必须借助于身体或身体的行动、动作才具有直接的交往活动的现实性。没有身体，思想的自我不可能直接地走进现实生活之中。人的身体由于是与思想或精神或灵魂相为表里，互相渗透的，所以人的身体也就不同于动物的躯体。人的身体的动作或活动也就相应地与动物的有着本质的区别，因为前者是在精神或思想高度的深思熟虑的指导下的结果。

如果上述的看法是正确的，那么我们就比较容易看出中国传统哲学中的“身心一如”的思想仍然具有现代意义和价值。西方几千年的宗教思想和哲学思想的基本趋势是割裂主体和客体，割裂身和心，片面地推崇思想或精神或灵魂，贬抑自然的世界和人的躯体，认为肉体是“黑暗的牢房，是行动着的死亡，是丧失了感觉的僵尸，是你与生俱来的坟墓，是你背负的十字架,是你盗贼般的朋友,他佯作爱你,暗中却妒恨你"。[①] 基督教提倡的忏悔和赎罪就是通向灵肉分离的道路,让精神或灵魂超越沉重的肉身走向神圣的天国。这种过度斥责身体自我的思想严重压抑、窒息或者说杀死了真实、生动的经验个体。但是物极必反,这一倾向也更容易使人幡然觉醒,大彻大悟。20 世纪兴起的存在主义哲学和生存论哲学就是这种觉悟的表现,是对这种只注重抽象的本质的人的哲学反动。

中国传统哲学在身心关系问题上的基本立场是肯定"身心一如"。如荀子主张"形具而神生",肯定了神对形的依赖关系。王充则更进一步申说道:"人之所以生者,精气也;死而精气灭。能为精气者,血脉也;人死血脉竭,竭而精气灭。"(《论衡·论死》)在他看来,精神是不能脱离身体的。又如范缜所著《神灭论》一文提出了形质神用的思想。他说:"形者神之质,神者形之用。是则形称其质,神言其用。"精神是形体的作用,作用显然是不能离开形体而独立存在的,所以形体消亡,精神也就随之消灭。可见,上述关于身心关系的论述强调二者之间的统一和谐并存的关系,反对将此二者割裂开来。从生命起源论上说,这样的思想当然正确。但这样的论述似乎仅仅局限于生理学。生理学的诞生只是生命的第一步。真正的生命不能够仅仅停留在生理学意义,而必须上升至生存论哲学意义。正因为如此,中国传统关于身心关系的论述也亟需做出系统的理论化阐述。

这就是说,生命的个体必须有精神的追求、思想的目标,生命要有自主性。从这个意义上讲,生命是一个具体的过程。于是,我们的问题就是,在这一过程之中,身心是不是永远统一不可分的?通过上面的分析,我们知道,健全的存在必须是身心和谐的统一体。但这种统一体也只是基本上或大体的,并不是两者在任何时间和地点都是紧密相合、不可须臾分离的。如果从此着眼,我们或许能够看到,中国传统哲学关于身心关系的论述有过度关注身体的倾向。如范缜就有这样的看法。他在《神灭论》中说道:"神即形也,形即神也,是以形存则神存,形谢则神灭也。"说"形存则神存,形谢则神灭"应该是对的,但说"神即形也,形即神也"就明显有问题,即它过度地

① R. D. 莱恩:《分裂的自我》,第 57 页。

注重身体在身心关系中的作用。

其实过度关注身体和过度贬抑肉身具有同样的理论和现实问题。这正如孔子所说的那样,“过犹不及”。过度贬抑身体的自我如上面所说的那样,容易导致自我与他人、与环境的完全割裂,从而萎缩在精神的狭小世界之内,最后走向精神的彻底崩溃。过度关注身体同样也会给自我带来不少的麻烦。自我往往容易为身体的欲望、需求、行动所纠缠,追求肉体的满足或快感,沉湎于感官的欢乐或忧愁。这样的人反不如过度贬抑身体的自我更能经受得住自我内在的剧烈冲突和外在世界的猛烈打击。身体的疾病、痛苦、衰朽和面临的死亡能够马上瓦解他的精神追求或心灵寄托。因此他们不如贬抑身体的自我能够在任何艰难困苦的环境之下信守思想的崇高和精神的神圣不可侵犯。其实孟子早已看到了这一点。他指出:“民之为道也,有恒产者有恒心,无恒产者无恒心。苟无恒心,放僻邪侈,无不为已。”(《孟子·滕文公上》),因此他主张要给黎民“五亩之宅”、“百亩之田”以使百姓衣食无忧,然后王道才能施行。普通民众关心的首先是身体的温饱或饥寒。如果不能满足生活的基本要求,他们就会“放僻邪侈,无不为已”。显然他们具有过度关注身体欲望、需求的倾向,其精神生活容易为身体和外部世界所左右或支配,而缺乏思想的独立性和精神的自主性。可见,过度关注身体也正如过度贬抑身体一样有着本身不可避免的弊病。

要克服过度关注身体弊病就必须要求精神或心灵在某种适当的程度上超越身体。这种超越的可能性存在于心灵或思想本身。思想或心灵具有对自己进行反思或思想以自己为思考对象的能力。正因为有这样的能力,所以自我才有可能进行像知觉、怀疑、思想、信仰、推论等等纯思的活动。正如心理学所正确指出的那样,这些纯思的活动不是对外在事物的种种属性的概括和总结,而只是对人类复杂的内心的或精神的活动的性质特点的概括和总结。至于对人生的设计或对人生价值理念的追求更是精神或思想的专利。这样的设计和追求及其实现当然不能背离自我与他人、与世界的现实联系,但它们的本质却是思想的或精神的。这也就是说,在身心一体的关系中真正能够体现自我性质的还是精神或思想,而不是身体。借助于思想或精神的自主性或独立性,自我才能与他人区别开来。孟子似乎没有专门论述过身心关系,但正是他正确地看到了心灵或精神必须适度地超越身体。如他说道:“耳目之官不思,而蔽于物。物交物,则引之而已矣。心之官则思,思则得之,不思则不得也。此天之所与我者。”(《孟子·告子上》)他说,耳目没有思虑的功能,所以在接触外物时易受外物的蒙蔽,所以要真正了解外物的本性就只有运用“心”去思考。心要超越身体的感官去直接认识外物。他还指出:“养心莫善于寡欲”,要尽量少与外物接触。在他看来,道德标准也并不依赖外物,而是义的道德观念和道德行为积聚起来“浩然之气”。他说道:“我善养吾浩然之气”,“其为气也,至大至刚,……是集义所生者”(《孟子·公孙丑上》)。因为有此“浩然之气”,所以士才能做到“富贵不能淫,威武不能屈,贫贱不能移”。这就是说,士的精神或思想是不受身体和外部环境的影响或左右的,是在一定程度上超越了身体和环境的。

孟子“人皆可以为尧舜”的思想在以后的漫长历史空间中得到不断回响。比如王阳明就提出过“满街皆圣人”。“圣贤人格”是人之所以为人的终极关怀和最高境界,就是心或精神超越身体后达到的境界。但“人皆可以为尧舜”是从可能性立言的。“圣人可学而至”是儒家思想的通义。学圣之道,正心、养心而已。从理论上讲,圣人境界并不是高不可攀的。中正而诚,即所谓圣。但在事实上,只有极少数人才可以达到这样崇高的境界。所以儒家所谓的理想人格或圣人境界在历史上并没有成为中国民众所接受的价值观。因此张载的“合天地万物为一体”、“民吾同胞,物吾与也”的理想对于绝大多数的中国人而言是高不可攀的。所以从身心关系的角度考察,绝大多数中国人还是心满意足地沉湎于人与自然、他人、自我身心的和谐统一的整体之中。

身心的分裂导致自我不能完整地体验外在真实的世界,不能完整地进入与他人发生的生动活泼、富有生机的交往世界,而是不断地退缩,把自己的身体当作一种抵挡或防御所谓的来自外界威胁的围墙,身体因此成为了与自己思想或心灵完全割裂的假自我系统,自我也因此深深地陷于完全封闭的、永远也找不到出路的狭隘堡垒之中,除了绝望的像幽灵的自我,无物相伴。孤独、绝望、痛苦也就是不可避免的。其结果就是自我逐渐走向彻底的崩溃或死亡。治疗身心分裂的唯一有效的方法似乎仍然在于引导这样的人重新走入身心统一的完整关系之中。

需要注意的是，理想的身心统一也并不是身心的完全一致和永远不相分离。这样的关系事实上是不存在的。身心是统一不可分的，两者在生命过程之中融会胶合成一体。但彼此之间也有着不同的特点和身份，起着不同的作用。在身心关系中，决定人之为人者的本质的东西仍然是思想或精神。正因为如此，所以人才能将自己与动物区别开来，也才能将人的身体与动物身体区别开来。也正因为这样，所以我们主张思想或精神对于身体的某种超越的地位。超越不是脱离，更不是割裂或分裂，但心灵或思想或精神的超越性或崇高感是必须的，人的全部尊严就在于他有思想。帕斯卡尔是对的。他说："人只不过是一根苇草，是自然界最脆弱的东西；但他是一根能思想的苇草。用不着整个宇宙都拿起武器才能毁灭他；一口气、一滴水就足以致他于死命。然而，纵使宇宙毁灭了他，人却依然要比置他于死命的东西要高贵得多；因为他知道自己要死亡，以及宇宙对他所具有的优势，而宇宙对此却是一无所知。因而我们全部的尊严就在于思想。正是由于它而不是我们所无法填充的空间和时间，我们才必须提高自己。因此，我们要努力好好地思想；这就是道德原则。"①

五、精神超越之范例

由于思想支撑我们整个人生，人生因此也就会呈现出不同的意义。人生的意义并不是先天具有的，而是后天的自觉选择。这对于作为类的人来说是如此，对于个人来说更是如此。

这就是说，人生究竟有无意义完全取决于我们自己的选择。对于同一件事物，由于采取的视角不同，也就相应地会产生截然不同的意义。下面的故事很好地诠释了上述的身心关系理论。19 世纪的一个夏天，在英国小城达勒姆的一个庭院中，鲁丝的家庭舞会正在热烈地进行着。这一天是鲁丝 28 岁的生日，盛装的她在舞会中光彩夺人，她的脸上洋溢着幸福的笑容，优

① 帕斯卡尔：《思想录》，何兆武译，商务印书馆，1987 年，第 157—158 页。

美的舞姿赢得众人的赞叹。

正当人们沉浸在这热闹的氛围中时,意外突然发生了。鲁丝在做一个高难度的旋转动作时,一下子摔倒在地上。舞曲戛然而止,鲁丝挣扎着想爬起来,却没有能够成功。在医院里,医生经过仔细紧张的会诊后,向鲁丝及其亲朋好友宣布了这样一个不幸的消息:她患上了一种极罕见的神经系统疾病,全身的神经将会慢慢地丧失功能,而药物只能延缓病情发展的速度。

那一刻,人们都惊呆了,包括鲁丝自己。她知道,自己将再也无法站起来,再也无法跳出优美的舞姿,而且自己将最终瘫痪,知道有一天心脏也停止跳动。是的,这一切真是太残酷了。她是小镇舞蹈学校最出色的教师,她热爱舞蹈,喜欢舞会上那种激情四射的感觉。每一年她过生日时都要举办家庭舞会,而这一次,却成了她生命中最后的表演。在人们的痛惜与祝福中,她在家里开始了漫长的休养。

有很长一段日子,鲁丝就坐在空荡荡的院子里,看着墙角的花儿在微风中轻轻地摇动,心底一遍一遍地回想着每一年过生日时这庭院中舞会的盛况。转眼一年过去了,人们以为鲁丝再也不会像往年一样举办舞会,可是鲁丝生日前一天他们都接到了鲁丝的邀请,让他们穿上最华美的衣服,带着最精彩的舞姿前来。

鲁丝在钢琴后面笑着对大家说:“虽然我不能跳舞了,可我还可以为你们弹琴,能欣赏你们的舞姿我同样开心快乐!你们尽情地跳吧,要对得起我的琴声哦!”纯净的音乐如清澈的河水从她指间流出,人们在感动中陶醉了。这是一场令人难忘的舞会,鲁丝纤巧的十指在黑白键盘上灵活地跳跃,就如她当年优美的舞姿。

就在这一年,鲁丝病情恶化,除了头部,全身都不能动了。听到这个消息,人们都很难受,知道她那美妙的琴声也已成为绝响。而鲁丝在30岁生日的舞会上却第一次向人们展示了她的歌喉,正如她所说,不能弹琴就为大家唱歌吧!这一年的舞会,来的客人要比往年都多,大家都想听听她的歌声,给她最美好的祝福。

在那次舞会的四个月后,鲁丝失去了她的声音。人们都沉默了,不知道失去歌声的鲁丝将会怎样面对生活。可是在她31岁生日前夕,人们照例收到了她的邀请。那一天,来的人极多,院子里满了,院墙外也挤满了人,都是小镇善良的人们,他们来为鲁丝祝福。音乐依然,舞蹈依然,鲁丝卧在一张躺椅上,只有眼睛还能艰难地眨着,只有心还能激情地跳。人们从她的眼中看到了对生活的热爱!

鲁丝终于没能跨过31岁的门坎。出殡的那天,小城里认识和不认识她的人都来送行,陪这美丽的女子走完最后一段路。在她的墓碑上,刻着这样一段话:“不能跳舞就弹琴吧,不能弹琴就唱歌吧,不能唱歌就倾听吧。让心在热爱中欢快地跳跃,心停止了,就让灵魂在天地间继续跳舞吧!”

据说,这是所有英国人最喜欢的墓志铭。①

这一故事很好地诠释了如何从身心关系来审视精神超越之可能途径。鲁丝的精神超越途径有其个性,并不是每一个人都能够模仿的。但是只有坚持以心为主宰的身心一体,我们才有可能做到精神的真正超越。

① 《知音女孩》,2008年5月号。

中国现代哲学的源、流与结构考*

张文儒**

中国现代哲学,大体上是指自五四新文化运动到中华人民共和国建立之前这一段的中国哲学思想。但对有些哲学家来说,他们的思想并没有停留在建国之前,而是延伸到建国之后,如熊十力、艾思奇、李达,有些还延伸到上世纪八九十年代,如梁漱溟、冯友兰。

我们已跨过21世纪的大门,回首百年,中国的崛起与巨变是最伟大的奇迹之一。而由于历史风云的变幻,这一时期的中国哲学家们,如李大钊、胡适、陈独秀、毛泽东、金岳霖、贺麟等,其精神风貌都具有这一时代的特色。他们无论在思维能力、才艺学识方面,还是在个人潜能的超常发挥方面,都达到了顶尖的水平。他们所写的辞章,大多奇伟雄浑、气势磅礴,有些还熔铸古今,会通中西,具有极强的说服力和感染力。

然而,当我们研读他们的著作时,会不约而同地提出一些问题,上述这些哲学家所代表的中国现代哲学,其根究竟在哪里?同外国哲学有什么关系?它的结构呈现为一种什么样的状况?在哪些点上相容、在哪些点上不相容或不完全相容?人们又应如何看待这些差异?等等。本文想对上述问题作一番较为系统的考证与考察。不妥之处,望诸位教正。

一、中国现代哲学与中国古代哲学

中国现代哲学是从中国古代哲学逐渐演变而来的,中国古代哲学是中

---

* 本文原刊于《湘潭师范学院学报》(社会科学版),第24卷第5期,2002年9月。

** 张文儒,1937年生,男,北京大学哲学系退休教授。

国现代哲学的根。

一般说，世界上每个民族、每个国家、每个地区的哲学思想，凡是能够“持之有故、言之成理”的，无例外地都有自己的根。欧洲近现代哲学的根是古希腊、罗马哲学；印度哲学的根是印度佛学；而中国哲学的根是中国先秦诸子学。

中国哲学的根何以是先秦诸子学，这应简要回溯一下中国哲学的产生与发展状况。

一种哲学思想的产生，总是同一个民族、一个国家或一个地区的文化意识的形成连在一起，而某一文化意识的形成又有自然的、地理的、社会历史的诸因素参与其中。文化意识是沃土，哲学是这片沃土上生长出的花朵。有什么样的人文意识类型，便会有与这种人文意识类型相匹配的哲学，离开文化谈哲学，会变成无花之果，无根之木。

中国人文意识究竟是什么时期兴盛起来的，几乎是史学界、文学界和哲学界共同的话题。根据多数学者的观察，这一兴起的时代大约是公元前4—6世纪。如果推算到更早，可以追溯到公元前1066年，即周王朝取代商王朝，也就是周公旦提出“敬德保民”的那个时期。

为什么断在这一时期，是因为这个年代，对民的重要性已认识得十分充分，标志着中华人文意识的初步觉醒。

从《尚书》的记载里，人们发现，中国古人对王朝灭亡的教训，体会是十分真切的。据传，夏朝末年，夏王桀“慢神虐民”，引起天帝不满，后为商所灭；商朝末年，商王纣忘记了桀的教训而被周武王所灭。认为夏、商两代都崇拜天，而天又是看不见、摸不着的，人只有通过老百姓的视听去揣摩天的意愿，这叫“以民为鉴，可以知成败”。于是，提出了“民之所欲，天必从之”的论断，第一次把民抬到了比天更高、更重要的位置。

关于民的重要，在先秦的典籍里多有记载。《尚书·五子之歌》里有：“民可近，不可下。民为邦本，本固邦宁。”《左传》里有：“德之不建，民之无援，哀哉。”“民弃其上，不亡何待？”《管子》中说：政之所在，在顺民心；政之所变，在逆民心。至于后来的孔子、墨子、孟子、荀子等，对民的重要就说得更精彩、透辟。

孔子说："天下有道，则庶人不议。"[1]意思是说，如果君主行德政，政治、社会秩序都很好，经济生活也平稳，下层民众就不会非议国家的政治。孟子进而提出："民为贵，社稷次之，君为轻，是故得乎丘民而为天子。"[2]荀子则强调对内生产，对外作战，都必须启动民众的力量。他说："用国者，得百姓之力者富，得百姓之死者强，得百姓之誉者荣。三得者具而天下归之，三得者亡而天下去之。天下归之之谓王，天下去之之谓亡。"[3]

从上面所征引的资料里不难看出：在中国人文意识里，最为关注的是人本身，包括人的地位与价值，也包括在一个社会里，个人与个人、个人与社会关系的调适。假使说，在古希腊哲学家那里，许多哲学家是以对于自然物的观察和对于神的探究引申出自己的哲学观点，甚至本人便是自然科学家（例如，泰勒士于水，赫拉克利特于火，毕达哥拉斯于数，都是形成自己哲学观点的最直接依据），那么在中国，特别是先秦时期的哲学，虽然也有对于人与自然之间关系的探寻，如墨子、荀子，但是更多的学者们的精力，还是投放在对于社会问题的关注上。中国人文意识里，最基本的观念不是水、火或数，而是仁、义、礼、智、忠、孝等等。当然，细说起来，各家各派的观点不尽相同。儒家的观点是发挥人的求善之心，启动人的自然情感，以便使社会上各部分人能和谐地相处下去；照墨家的观点，人人都遵照天的意志，去爱别人，为了爱别人，不惜牺牲自己一切；照法家的观点，是调动人的内在潜力，努力增加社会财富，增加军事实力，通过相互间实力的较量，取得社会的稳定与平衡。相比之下，只有道家，对金钱、地位、权势等等的追求较为淡漠，但它仍然是以保持社会安稳与人的心灵平静为依归，其中心点仍然是人以及人的利益。

当然，中国思想家也有特别聪明的人，在很早的时候，就提出过道、阴阳、有无等抽象程度极高，又有丰富的哲学内涵的概念，但在先秦时期，并未引起特别的重视，也未曾有过深入研究。只是在汉代以后，直到魏晋时期，人们才较为仔细地讨论这些问题。

---

① 《论语·季氏》。
② 《孟子·尽心下》。
③ 《荀子·王霸》。

综上所述，可以归结到一点：欧洲人最初面对的课题是神与自然；中国人相反，它面对的课题是人与社会。

对于这一点，中国现代思想家们，虽说在许多学术观点上颇有差异，但在对于中国人文意识里重视人这一点上，却有惊人的相似之处。

冯友兰说："中国哲学家，又以特别注重人事之故，对于宇宙论之研究，亦甚简略。"①他认为后者是一弱点，但同时肯定，中国哲学讲内圣之道，讲修身养性，讲圣人之德，举帝王之业，又是一个贡献。

梁漱溟说：中国人做学问，无论儒学，也无论佛学，所说的内容，都是自己生命上的一种修养的学问。它们既不属于西洋古代所谓"爱智"的哲学，也不属于自然科学，更不是文艺。是什么呢？是"生命上自己向内用功进修提高的一种学问"②。这种学问的探讨与西方人思路大相径庭。"西洋自希腊以来，似乎就不见有人性善的观念；而从基督教后，更像是人生来带着罪过。"③

胡适在《中国哲学史大纲》一书里，在给哲学下定义时，虽然把宇宙论、知识论列在其内，但他同时又认为，哲学研究对象也应包括伦理学、教育哲学、政治哲学、宗教哲学等。这显然同他对中国哲学特点的认识与观察有关，特别是他在说明自己的哲学定义时，将人生问题当作一个"切要"问题来看待。他认为，人的"行为的善恶，乃是人生一个切要问题。平常人对着这问题，或劝人行善去恶，或实行赏善罚恶，这都算不得根本的解决。哲学家遇着这问题，便去研究什么叫作善，什么叫作恶；人的善恶还是天生的呢？还是学来的呢？我们何以能知道善恶的分别……恶事有害所以不当为呢？还是只论善恶，不论利害呢？这些都是善恶问题的根本方面"④。可见，在胡适看来，人性问题是哲学的根本问题之一，这同西方学者对哲学的看法迥然有别。

其实，在上面所举的三位哲学家之前，梁启超已说过一段大体上类似的

① 冯友兰：《中国哲学史》(上)，中华书局，1961 年。
② 《梁漱溟全集》第七卷，中国文化书院学术委员会编，山东人民出版社，1993 年。
③ 《梁漱溟全集》第三卷，中国文化书院学术委员会编，山东人民出版社，1990 年。
④ 刘梦溪编：《中国现代学术经典》(胡适卷)，河北教育出版社，1996 年。

话。他在《东南大学课毕告别辞》里,以十分肯定的语气说:“东方的学问,以精神为出发点;西方的学问,以物质为出发点。就知识饥荒,在西方找材料;救精神饥荒,在东方找材料。”①

对梁启超的这段话,是否完全认同,自当另说,但至少证明一点,东方(他所说的东方包括中国和印度)在精细地研究人性、人生以及精神自由等各个方面,确实是一大优长。

与上面一个特点相适应,还有一个现象也值得注意,就是东西方哲学学术的内在结构。

在西方,从古希腊伊始,直到现代,大多将哲学分三大部,即物理学、伦理学、论理学,假如以现代术语表述,即宇宙论、人生论和知识论。由于它将对人生道理的追求和对知识道理之探求一分为二,而又专门设置了对世界之本质的考证,因而在习惯上便把本体和现象看成两个东西,可以分别地去对待,其条理性之强,论证之细密,也属上乘;中国哲学由于本体论、知识论均不甚发达,哲学与人生又密切相关,因而便造成了另一种相反的习惯。不是把本体和现象割裂开来,而是将它们统一到一起,用宋代哲学家程颐的话,叫“体用一源,显微无间”。这种体用一源的看法,从某种角度看(例如从西方哲学的观点看),也许会被认为是一个缺点,而从另一种角度看,即从中国哲学发展自身的源流看,则又是中国人对哲学研究的深刻体悟。

为什么要发掘中国古代哲学的这些特点?因为它和中国现代哲学研究密切相关。一方面,中国古代哲学的这些优点,从一定的意义上已被现代哲学家所吸收。如梁漱溟在上世纪20年代提出的世界文化三路向说,直到七八十年代写的《人心与人生》,都以解析文化类型与诠释人的生命的意义与价值为中心课题;冯友兰在《新原人》里提出人生四境界说;李大钊在《自然的伦理观与孔子》里阐发的“青春哲学”,乃至毛泽东许多有关伦理和教育的论文,都表现了现代中国人重视人生哲学,重视人的自我修养与人格锻造的特点;而熊十力的《新唯识论》,则特别强调体用一源,体用不二。这些都是中国古代哲人在现代中国人身上打下的印记。从这个侧面来看,中国古

① 陈书良选:《梁启超文集》,燕山出版社,1992年。

代哲学与中国现代哲学有一脉相承之处。另一方面中国古代哲学里所欠缺的部分,可以由现代中国学者酌情补足。例如,中国古代哲学里关于宇宙论、知识论、逻辑学等等的内容虽然也有,但较为简略;有些未被发掘的内容尚待发掘,有些不够科学和规范的名词与概念有待科学化和规范化。现代学者应以他人之长补自己之短,以便充分地借鉴于西方,找到一个东西方文化与学术在新条件下接榫的机会。

二、中国现代哲学研究中不同观点的交汇

纵观中国现代哲学研究中各家各派的著作,呈现着诸说并起、异彩纷呈的局面。尽管立论的基点与学术见解不尽相同,但却又都是以中国古代哲学如何与现代哲学结合为依归。此种局面,如果用《易・大传》里说的话来形容,则是"天下一致而百虑,同归而殊途"。

冯友兰在谈到中国20世纪20—40年代的情况时说:"本世纪初以来,中国的社会、政治局面尽管看起来混乱,可是中国的精神生活,特别是哲学思维,却有了伟大的进步。这并不出人意外。中国的混乱,是中国的社会性质由中世纪向现代转变的一个方面。在这场转变中,造成了新旧生活方式之间的真空,传统的生活方式已经古老废弃,新的生活方式仍然有待于接受。这样的真空,十分不便于实际日常生活,但是很有利于哲学,哲学总是繁荣于没有教条或成规约束的人类精神自由运动的时代。"①

另一位学者张岱年在谈及中国三四十年代的学术时也认为:春秋战国时代是中国社会的第一次大变动时期,与此相仿,中国近现代,出现了又一次社会大变动。后一次变动也像第一次一样,出现了自发的百家争鸣的盛况②。

这里说的百家,包括对中国传统文化与传统哲学的定位与阐发,也包括先后被介绍到中国的各种西方哲学学说:如柏格森、杜威、罗素等人的哲学,

---

① 冯友兰:《中国哲学与未来世界哲学》,《哲学研究》,1987年第6期。
② 许全兴:《中国现代哲学史》"序",北京大学出版社,1992年。

康德、黑格尔哲学以及新黑格尔主义、新实在论等等,甚至包括十月革命前后大量传入的马克思主义哲学。由于上述这些学术本身有不同的观点取向,由于研究者本人秉性和知识结构不尽相同,特别是由于所持方法的不同,造成了考察同一问题的切入点不同,以致影响到他们持有的哲学结论不相同,甚至截然相反,这是一件在情理之中的事。

如何看待这些差异,在以往的学术研究中,曾带给人们很大的困惑。

前面说过,建国以前的30年,总的说,学术研究的气氛比较浓厚,社会环境比较宽松,每个人自成一家之言,先后出现过如胡适、梁漱溟、熊十力、冯友兰、贺麟、金岳霖等这样的巨擘,他们彼此争论,又互相影响,互相吸收。真所谓同无妨异、异不害同,共同为创建中国现代新文化而贡献力量。可是建国之后,特别是1957年之后,情况发生了很大变化:首先是中国革命有赖于马克思列宁主义和毛泽东思想的指导而成功。这些理论和学说在人民群众中享有崇高威望;其次是政策方面的误导,使党的"双百"方针未能真正贯彻;还有,就是阶级斗争扩大化造成人们心理上的紧张;再加上若干外来因素,如当时曾努力宣传与贯彻苏联意识形态专家日但诺夫在西欧哲学史讨论会上发言的精神,把自古以来哲学思想发展史都无例外地看成是唯物主义生长、发展,与唯心主义作斗争,并战胜唯心主义的历史。在这些综合的因素(特别是最后一项更为直接的因素)的共同作用下,学术研究里平等和谐的、自由争论的气氛遭到破坏,扣帽子、打棍子、贴标签之风甚嚣尘上。尤其在"史无前例"的日子里,以马列主义为指导变成了独尊马列,嗣后又独尊毛泽东思想,学术研究的好传统丧失殆尽。

自改革开放以来,情形大为改观。由于逐步消除了学术领域里"左"的影响,也由于人们对以往不正常状况的认真反思,加上新的研究成果不断涌现,又迎来了一个学术研究的黄金时代。这是值得庆幸的。然而,就现代中国哲学这个特殊领域来说,过去的指导思想与指导方式之错,究竟错在哪里,错误程度有多大,似乎仍有检讨的必要。

在我看来,提出以下几点也许有益。

第一,对马克思主义哲学的看法

马克思主义哲学,作为由马克思、恩格斯创立的新的世界观,无疑是为现代无产阶级提供了一种有力的思想武器。但是一种哲学,包括社会主义哲学在内,它对于政治的指导作用和它本身作为一种学术,毕竟不是一回事。如果我们先撇开其政治内涵,而视之为学术考察,仍然只是一种学术、一种看法,它不能取代在它以外的各式各样的学术和看法。有人说,马克思主义虽产自德国,却不是德国人的专利,列宁主义也不是俄国人的专利,这话固然不错,但它毕竟不是产自中国。作为德国和俄国的哲学思维,不能不带有本民族的乃至整个欧洲人思维的特点;而这些特点,同中国式哲学思维并不相同,有些还差距甚大。这也是一个不争的事实。前面说过,关于世界的本质究竟是什么,是物质还是精神,这是自古希腊哲学以来一直争论的问题,而这种精神又很自然地同神学与上帝连在了一起。在中国,由于宗教观念的淡漠,由于对人事问题的悉心关注,是否应有一个统一的、超自然的神或上帝,对中国人来说并不重要。中国哲学家重视人的情感、人的心理,并不以为他们崇拜一个超自然的绝对。他们认识世界的切入点,不是人的物质生活,是人的精神生活,而实在地说,精神生活也是社会生活的一方面。假定用西方哲学里唯心唯物标准,对中国哲学家的思想生硬地切割,那么,就会把很多有见地、有价值的思想都冠以唯心主义的别称,结果变成削足适履。

由此看来,承认马克思主义哲学的科学性和同时承认它的民族性并不矛盾,事实上,如果把两者作适当区分,对开展现代哲学研究反而有利。

第二,对建国前30年哲学发展历史的看法

过去有一种看法,即建国前30年是马克思主义哲学在中国传播、发展并最后取得了支配地位的30年,是马克思主义哲学与非马克思主义哲学斗争并最后战胜非马克思主义哲学的30年。这两句话里的第一句话大体上是对的,但第二句话究竟应如何表述,在笔者看来,尚有商榷的余地。

首先,马克思主义作为一种外来学说,在传入中国后,是否能真正地解决中国的问题,是否真正适合于中国,是应当允许有一个认识和实践的过程的。且不要说,在马克思主义传播过程中,也还有各种假马克思主义夹杂其中。因此,暂时不认识、不承认或对马克思主义抱有存疑态度的人,不能都一概认为是反马克思主义;至于还有许多人赞成共产党的某些政治实践,而不赞成马克思主义宇宙观,或者反过来,赞成其宇宙观,不赞成其某些政治实践,也应当是允许的。

其次,从五四运动开始至建国前,马克思主义哲学与非马克思主义固然有分歧,有争论,有斗争,但同时也有相互吸收、借鉴与融合。从这个意义上说,所谓马克思主义哲学与非马克思主义哲学的阵线不可能像政治阵线那样划得十分清楚,也不能以政治阵线来取代哲学阵线。

举例说,冯友兰是中国现代哲学史上一位开山人物,他在接触马克思主义哲学之前,基本哲学倾向是糅合中国宋明理学和西方新实在论;接触马克思主义之后,便欣赏吸收其唯物史观,并贯彻于自己的写作(如《新事论》一书)中,但又表示对马克思主义哲学不全部接受。他说过:"……我一直相信我可以在历史研究中持唯物论;而在本体论方面不必持唯物论。"①

梁漱溟是中国现代哲学史上又一位著名学者。他秉性执著,早年笃信社会主义能救中国,写过《社会主义粹言》一书,以后遁入佛学,接着又崇尚儒学,成为中国现代新儒家开山之一。但在其晚年写作《人心与人生》时,不仅不拒绝马克思主义哲学,而且把恩格斯的《劳动在从猿到人转变过程中的作用》及其他著作,作为立论的主要依据。

可见,只看见中国现代哲学史上马克思主义哲学与非马克思主义哲学之间的斗争,而不看其相互吸收、借鉴和融合,将会是知其一而不知其二。

最后,哲学史是一部人类认识史。

人的认识在本质上是属于自主意志的创造,而不会拘泥于一种人为的框架。

有学者提出,哲学是人类精神的反思,是对自己认识的再认识,这种说法颇有道理。既然是反思,便是承认原先的认识有不尽完善之处。黑格尔将反思看做构成认识的一个特殊阶段,还说,人的认识不会是直线发展的,总是经过若干个片面到达全面。就某个哲学家而言,可能只代表人类认识的一个片面,一个阶段。据此,黑格尔又说过以下精彩的话:在时间上最晚出的哲学系统,必然是先前一切系统发展的结果,又说:"真正的驳斥必须

---

① 蔡仲德:《冯友兰先生年谱初编》,河南人民出版社,1994 年。

收揽对立的力量，并置身于他的力量范围之内”，还举例说，如果判一个案子是在被告缺席的时候进行的，那么，事情就决不会有进展①。

其实，中国古代的思想家荀子，在他写的《非十二子篇》等篇章里，在评论当时各家各派的观点时，就指出过他们都有所“见”，又有所“蔽”；或反过来，惟其有所蔽，才有所见，认为某一思想家全见或全蔽，不合乎事实。

如果持上述的观点看待中国现代哲学中各家各派的著作，就不会只看见所谓两条路线斗争的这一公式化的刻板图景，而是会同时看到其各有所见并异彩纷呈的极丰富内容，看到不同的认识是怎样互相激荡、互相推移，有一些内容会最后融合为一种更加全面的真理性认识的活生生的过程；另一些则始终是谁也说服不了谁，又谁也代替不了谁。是两峰对峙，双水分流。也只有作如是观，才会有一种客观的、平和的研究气氛。

熊十力在他的著作里多次指出：中国、印度或西洋的哲学，均各有所长，又各有所短，未来的新文化与新哲学应是调和而不是“偏废”。又认为，对中国本土的各家学说也应采其“正见”，辨其各是处，做到融会贯通，而不要只守一家之言，或一己之见。他还痛切地指出：哲学上的党同伐异的门户之见，是哲学所以没有进步的一大原因②。

他的这些切中时弊的话，现在读起来也并没有过时。

三、中国现代哲学与外国哲学

在研究中国现代哲学的过程中，常常会遇到中国现代哲学与外国哲学的相互关系；尤其近 20 年，国外哲学的各种思潮大量涌入中国后，更是如此。这里存在一个方法问题。

有学者提出，在对待中外文化和中外哲学的关系上，存在着某种视点上的差异，也就是“外观”与“内省”的差异，这一认识颇具启迪。

何谓外观？西方人站在他们的角度看我们，和我们站在自己的角度看

---

① 黑格尔：《逻辑学》，贺麟译，商务印书馆，1974 年。

② 熊十力：《新唯识论》，中华书局，1992 年。

他们,都是外观;反过来,西方人站在西方的立场看自己和我们站在中国的立场看自己,都是内省。问题常常发生,是在于许多人不承认外观与内省的差异,因而常常发生误导。例如,用西方人某一时期看我们的眼光评断自己,或用我们在某一时期看西方的观点评断西方,这样的观察,其结果往往是将对方的文化看成光彩夺目或一钱不值。如五四时期反传统的某些激进观点和20世纪20年代初中国一些学者评论西方文化时都对其作了过高的不恰当估计。

人们记得,五四时期,反孔斗士陈独秀、胡适、吴虞、鲁迅等人纷纷著文,对束缚人们思想的封建礼教及“孝道”、“忠君”等等伦理意识进行了无情的揭露与批判,锋芒所指,主要是封建专制主义、等级制度以及旧的“国民性”,这种扫荡十分必要。但是,在这种强烈的反传统意识背后,有人又将西方式的民主、自由举上了天,以为这是包治百病的良药,以为中国人只要吃了这副药,国家的富强会立地可见,至于如何吞食这些药,却不去多问。此种见解也多少反映了中国人那时的幼稚。中国人眼巴巴地望着西方的自由、民主与科学,试图把它们一古脑儿地移植到中国,中国便可以得救。这实际上是以中国人对西方文化的过度期盼来代替西方文化的自身价值。

时隔不久,第一次世界大展给西方社会带来的灾难日益显现;西方人曾据以自傲的自由、民主、平等、博爱,为连续数年的野兽般的相互厮杀所代替,科学的成果被应用于战争,暴露出了西方文明的弱点。于是,此时的一些中国人,又从极度自卑的绝境里惊醒过来,变得夜郎自大。如梁启超写的《欧游心影录》便是一个例证。其中这段话这样说:

> 我们自到欧洲以来,这种悲观的论调(指西方人反省自己文化的缺点——引者),着实听得洋洋盈耳。记得一位美国有名的新闻记者赛蒙氏和我闲谈(他做的战史公认是第一部好的),他问我:“你回到中国干什么事?是否要把西洋文明带些回去?”我说:“这个自然。”他叹了一口气说:“唉?可怜。西洋文明已经破产了。”我问他:“你回到美国却干什么?”他说:“我回去就关起大门老等,等你们把中国文明输进来救拔我们。”我初听见这种话,还当他是有心奚落我,后来到处听惯了,才知道他们许多先觉之士,着实怀抱无限忧危,总觉得他们那样物

质文明，是制造社会险象的种子，倒不如这世外桃源的中国，还有办法，这就是欧洲多数人心理的一斑了。①

由于听了这些话，再加上梁启超原先有的中国文化情结，他又重新燃起了以孔化来代替欧化的希望。他大声疾呼地向青年们说："我们可爱的青年啊，立正，开步走！大海对岸那边有好几万万人，愁着物质文明破产，哀哀欲绝的喊救命，等着你们来超拔他哩，我们在天的祖宗三大圣（指孔、老、墨——笔者）和许多前辈，眼巴巴望着你完成他的事业，正拿着他的精神加佑你哩。"②

从上面的情况可以看出，五四时期一些批孔的激进观点与后来的梁启超的恢复孔学，是各走了一个极端。如果说，五四时期的一些激进派批孔，在一定程度上是以自己的内省代表别人的外观，因而将孔学骂得狗彘不如，那么，后来的复古派梁启超，则又是跳到另一极端，用别人的外观代替自己的内省，以外国人对中国文化的过度期盼来代替对自己文化价值的客观分析。

眼下，我们似乎又面对这样的问题。

站在资本主义现代化的立场，容易将中国文化看成保守的、凝固的、阻碍现代化实现的一个要素；而站在所谓后现代化的立场，即主张既保存资本主义，又力图消除资本主义现代化中产生的各种矛盾和弊端的立场，又往往对中国文化以积极评价。后者注目于中国文化与中国哲学的若干"长处"，其美好愿望是：在高科技的工业社会的基础上嫁接出一个和谐淳厚的人际关系，使人们再能过一种怡乐而安宁的家庭生活，甚至回归自然，从而使资本主义工业化、城市化带来的对自然的破坏，由于金钱交往的膨胀而出现的人情关系的淡漠，血缘纽带的松弛等等状况，得以改善③。这种对中国古老文化的向往与期待心理是可以理解的，但这毕竟是西方人对中国文化的一种外观。实际上，中国文化这副外用药尽管可以涂抹在资本主义的伤口上，

---

① 梁启超：《欧游心影录》，中华书局，1936年。

② 同上。

③ 陈先达：《中国传统文化的当代价值》，见黄楠森、王仲士主编：《建设有中国特色社会主义文化理论文集》，四川人民出版社，1997年。

使其减轻痛苦,但这毕竟是治标而非治本,它难以根除资本主义制度自身的缺陷。

反过来,中国的学术研究者也会犯同样的毛病。由于近20年来打破了中国原有的闭关锁国状态,西方各个时期的思潮一拥而入。中国人感到山外有山,天外有天,使自己的眼界无比开阔,这确实是一件大好事。但也同时产生了负面效应,就是以中国人对西方文化的外观代替了西方人对自己文化的内省。以为洋便是新,新便是好;岂不知在洋的东西里,也含有不少的糟粕,清除这些糟粕,并不比清除自己文化的糟粕更容易。正当人们对西方文化过分迷恋之时,西方学者却发出了另一种声音。比利时鲁汶大学"中国—欧洲研究中心"的韩德利教授说的一段话极为精彩。他说:"中国人应以正确态度对待自己和西方。中国是一个具有几千年文化传统的文明古国,值得西方学习的东西很多。中国学西方也要选择,不能因为学西方,就把自己的优秀文化传统也丢了。不了解自己的文化就不可能真正了解别人的进步。"

其实,中国学者早在20世纪20—40年代便有过这样的悟性。例如汤用彤在1922年写的《评近人文化研究》、1943年写的《文化思想之冲突与调和》就认为:在东西文化的比较中,最容易出现的偏向,是或者过分强调其"同",或过分夸大其"异",结果都是偏执一端。"求同则牵强附会之事多,明异则入主出奴之风盛。"两种偏向都出自盲目的比附或片断的考证,都没有做到"精考事实,平情立言",因而都既不能正确对待外来文化,又不能正确对待本土文化,也难以做到外来文化与本土文化的相互结合、渗透与交融,而是变成为片面的相互取代。他反对上述两种不妥当的做法。他的名言是:"文化之研究乃真理之讨论。"

由上可见,无论是外国人还是中国人,凡是有见地的学者,都反对在对比中外哲学时,采取先入为主的方法,而主张以客观的、平实的态度仔细地分析与评断中西文化的优长与缺失,并在此基础上创建适合于中国当代的新哲学与新文化。

眼前的中国,正处在由中古与近古向现代化社会的转型时期,与此相适应,中国现代哲学也是一种转型期的哲学。这种转型期的特点,要求各种学说、各种思潮能在新的历史条件下融合与交汇，以便能在凸现中国现代特色的基础上创造出一种全新文化与全新哲学，充分体现出现代中国人的智慧。

黑格尔说过一句深刻的话：一个国家没有哲学，就像一座雄伟壮观的庙中没有神像一样，空空荡荡，徒有其表，因为它没有可信仰、可尊敬的东西。

恩格斯也说：一个民族如果想要站在科学的最高峰，就一刻也不能没有理论的思维①。

让我们与诸位共同努力，一起来创造一种宽松的学术环境与不同观点相互切磋与交流的气氛，共同来把诸位我国学者的智慧与贡献开掘出来，并同亚洲、欧洲各个伟大的心灵所曾提出的体系加以对照，对其加以观察和理解，以便熔铸成一种新的现代中国哲学。

① 《马克思恩格斯选集》第三卷，人民出版社，1996 年。

合法性、视域与主体性:当前中国哲学研究的反省与前瞻*

彭国翔**

作为从现代学科意义上对“中国哲学”近百年发展的反思,认为中国哲学研究存在所谓“合法性”的问题,无疑具有相当的意义。但深究精察,其本身也存在问题。那就是,这种问题意识背后对于“哲学”的理解,或者说思考该问题时自觉不自觉所选取的作为一种参照系的西方“哲学”观,其实不免限于西方近代以来以理性主义为主体的哲学传统。或者说,对于西方“哲学”的理解,存在着化约主义与本质主义的问题。事实上,“哲学”这一概念在整个西方传统中并非铁板一块、固定不变。夸张一点地说,甚至有多少西方哲学家就有多少“哲学”的概念。有西方学者就曾经举出数十个西方哲学传统中不同的“哲学”概念。而如果我们根据 Pierre Hadot 对哲学的界说,即哲学是作为一种“精神践履”(spiritual exercise)的“生活方式”①,或者根据 Martha Nussbaum 的诠释,将古希腊罗马哲学传统的精义视为一种“欲望治疗”(therapy of desire)②,那么,中国哲学作为一种“哲学”的“合法性”,似乎从来就不成问题。因此,我们不必自觉不自觉地仅仅以西方的“哲学”概念作为“哲学”的标准。如上所述,鉴于西方哲学传统内部“哲

---

* 本文初刊于《江汉论坛》2003 年第 7 期,《新华文摘》2004 年第 1 期即全文转载。后来收入笔者《儒家传统——新世纪的回顾与前瞻》(河北人民出版社,2009 年)。本文与笔者《中国哲学研究方法论的再反思——“援西入中”及其两种模式》一文合观,当可对笔者的相关思考有更为全面的理解。现将此文再略加修订,以为北京大学哲学系建系一百周年志庆。

** 彭国翔,1962 年生,男北京大学高等人文研究院教授、博士生导师。

① Pierre Hadot, *Philosophy as a Way of Life: Spiritual Exercises from Socrates to Foucault*. Translated by Michael Chase. Blackwell Publishers Ltd. 1995.

② 参见 Martha Nussbaum, *The Therapy of Desire: Theory and Practice in Hellenistic Ethics*. Princeton: Princeton University Press, 1994。

学”概念本身的歧义性，上述做法本身就是未经检讨而实际上存在着“合法性”问题的。我们应当采取“理一分殊”的看法，将“哲学”视为一种普遍的“原型”或者“共相”，而世界上各大文明传统对于宇宙、人生的理论思考，如西方哲学、印度哲学、中国哲学以及其他文化传统的哲学，都可以说不过是“哲学”这种“理一”的分殊性表现。事实上，中国的哲学家或中国哲学的研究者，从老一代的张岱年、牟宗三到当今较年轻一代的陈来等人，恐怕都是持这种“哲学”观，只不过在论及该问题时各自具体的表述有话语的差别而已。

对于那种作为“原型”和“共相”的所谓“哲学”是什么，我们当然可以进行探究和思考，但不必一定要采取本质主义的下定义方式。对于中国哲学的合法性问题，我们尤其不必受制于西方“哲学”（其实是西方某一种或某一类“哲学”）定义下的本质主义思考方式。当然，目前对“中国哲学合法性”问题的追问并非偶然，也不无意义，但问题的关键在于：“中国哲学”研究的成就，在相当程度上并不取决于对该问题本身的纠缠不已。换言之，对“中国哲学合法性”问题本身的反思，还并不就等于、更不能替代在“中国哲学”这一广阔领域内各种具体的研究与思考。虽然二者不无关联，但只有后者才更能够切实推进中国哲学的研究，在研究与建构的双重意义上不断提升中国哲学的水准。正如在并没有将“中国哲学的合法性问题”设为鹄的之前，中国哲学已经取得了相当丰富的成果一样，对于今后的中国哲学来说，不论在古典的研究还是在现代的理论建构方面，我们同样可以取得更为深入与广泛的成就。只要在“理一分殊”的“哲学”观念下来看待作为世界哲学传统之一的“中国哲学”即可，无需过多地执着、纠缠于“中国哲学的合法性”问题本身。其实，就近百年来“中国哲学”发展的实际来看，如果充分考虑到“中国哲学”既以西方哲学为参照而又并不完全对应于西方意义上“哲学”的特殊形态，那么，我们未尝不可以说，“中国哲学”作为世界上的“一种”哲学传统，已经具备了其自身的合法性。尽管这种现代学科意义上的“中国哲学”似乎更多地是近百年来对中国传统思想资源进行诠释和建构的结果，但它无疑与中国思想传统一脉相承，是后者在现代的开花结果。

因此，在今后的中国哲学研究中，对于不断提升中国哲学的水准而言，更为重要的与其说是如何在西方传统和中国传统的纠结中确立某种定义性、本质性和普适性的“哲学”概念，不如说是如何在西方哲学传统与中国哲学传统之间的互动与交融关系中，具体地处理中国哲学的各种问题。进一步而言，就是如何在深入把握中西方哲学传统中丰富的思想内容，包括人物、流派、问题意识等等的情况下，做到在两大传统之间游刃有余，从而以西方哲学传统作为诠释、建构与发展中国哲学的丰富资源。事实上，和中国的“西方哲学”研究不同的是，自有“中国哲学”这一观念和相应的学科建制以来，中国哲学研究就不是一个仅限于“中国哲学”的孤立行为，而是始终处在与西方哲学的关系之中。换言之，中国哲学的研究，从一开始就摆脱不了与西方哲学的干系而具备了某种“比较哲学”的形态。

鉴于以往较为简单地以西方哲学某家、某派来裁剪中国哲学思想材料的那种“人为刀殂，我为鱼肉”的局面，思考如何从事今后的中国哲学研究，更为明确地说，思考如何建立中国哲学的主体性，可以说是目前广大中国哲学研究者在不同程度上共同面对的问题。其实，对于“中国哲学合法性”问题的探讨以及其他一系列的相关论说，都可以说是反省与检讨“如何建立中国哲学主体性”这一问题的不同层面与不同角度的表现。不过，确立中国哲学的主体性，或者就目前的情况具体而言，改变以往那种简单袭取西方哲学某家、某派作为中国哲学诠释框架的做法，是否意味着要彻底摆脱与西方哲学的关系？中国哲学的主体性是否要在与西方哲学的绝缘中才能建立？恐怕是当前以及今后需要深思熟虑的问题。

针对以往中国哲学研究的问题，目前一些学者的确显示了希望从中国哲学研究中清除西方哲学因素的倾向。但是，笔者以为，简单地用某种西方哲学的框架裁剪中国哲学的思想材料，固然难以把握中国哲学的固有精神，无缘得见中国哲学的主体性，但由此即导致逆反，对西方哲学产生厌恶或者恐惧，希望全面清除中国哲学中的西方哲学因素，同样不免堕入“边见”，只能是从一个极端到另一个极端。以往对于西方哲学的运用不善，并不意味着中国哲学的研究不需要西方哲学，更不意味着真正的“中国哲学”中不允许有任何西方哲学的因素。在目前世界各种文化传统互动沟通日趋深入的情况下，试图在拒斥西方哲学的情况下建立中国哲学的主体性，是既无必要也不可能的。并且,只有在与西方哲学深度互动与交融的过程中,中国哲学作为一种真正富有特性的观念结构和价值系统而非单纯的话语形式,其主体性最终才能够得以建立。我们可以看到,迄今为止,无论就古典研究还是理论建构(这两方面常常是难以截然分割而彼此交织在一起的)来说,在中国哲学领域取得巨大成就的前辈与时贤,几乎无一不对西方哲学传统有深入的了解与吸收。可以这样说,对中国哲学的发展而言,关键不是用不用西方哲学的问题,而是用得好坏与深浅的问题。我们当然不能以西方哲学为标准,但不可不以西方哲学(甚至可以包括印度哲学以及其他文化的哲学传统)为参照。事实上,只有在以"他者"为参照、与"他者"的沟通互动中,才能够获得更为明确的自我意识,并不断扩展深化自身的主体性和身份认同,这是如今世界范围内每一种文化传统、哲学传统都需要面对的问题。正如中国哲学的主体性需要在与西方哲学传统的深度互动中建立一样,当代西方哲学也日益认识到,包括中国哲学在内的非西方的哲学传统构成自身发展不可或缺的相关因素甚至组成部分。如今西方学者的中国哲学研究以及比较哲学的不断发展,恰恰说明了这一点。

如此看来,如果我们不停留在对中国哲学"合法性"问题的抽象反思,而是要以具体、坚实的研究为基础和内容,来充分发展作为一门学科的中国哲学,那么,我们进一步需要思考的,就是如何才能建立中国哲学的主体性。或者说,以建立中国哲学的主体性为宗旨与目标,当前的中国哲学研究尤其需要注意哪些问题。

首先我们要面对的,是一个视域的问题。所谓视域的问题,就是要具备怎样的一种视野,在怎样的一个脉络中来从事中国哲学的研究。对此,笔者以为至少有两点需要指出。

第一,当前与今后中国哲学的研究,一定要自觉地在中西方哲学的互动交融中来进行,而不能在与西方哲学绝缘的情况下展开。具体而言,不论是古典的诠释还是现代的系统性建构,中国哲学的发展都需要西方哲学的资源。在一定意义上,对西方哲学了解的深浅甚至在相当程度上制约着中国哲学的诠释与重建。或者说,越是深入西方哲学,就越是有助于中国哲学的阐发。这一点前文已经略有说明,此处不赘。需要补充的是,对于西方的深入了解,甚至不能仅仅限于"哲学"传统,其他人文社会学科的传统如宗教学、思想史、社会科学等等,都需要中国哲学研究者"循其性之所近,勉其智之所及"地加以消化和吸收。由于中国哲学传统自身的特性,有些属于中国哲学研究对象的内容,在西方或许更多地处于其他学科领域之中。比如说儒学传统的工夫理论和实践,或许可以在西方宗教传统与宗教学理论中找到更多的共鸣。事实上,以美国高等院校为例,我们中国哲学研究的同行们,主要并不是在哲学系,而是广泛地分布在东亚系、历史系、宗教系等等。总之,凡有益于中国哲学诠释与建构的西方资源,不论在西方的学科分类体制中处于何种位置,我们都应当充分了解和吸收。

第二,中国哲学早已不再是中国学者的专利,而是包括欧美、东亚等世界范围内具有不同国家、地区和种族背景的学者群体共同从事的一项事业。因此,我们的中国哲学研究如果不能放眼世界,在国际中国哲学研究的整体脉络内来从事、定位自己的研究和成果,便很难取得真正一流的成就。如今,如果有人还认为中国学者天然地具有中国哲学研究的优势,中国学者的中国哲学研究水平理所当然在海外学者之上,那只能说是坐井观天的无知之见。在许多方面,海外学者中国哲学研究所取得的既有成果,无论在广度还是深度上,都不能不让中国学者对之敛衽。譬如,在宋明理学的研究中,邵雍应当是一个重要人物,但大陆地区除了一本《邵雍评传》(南京大学出版社)之外,大概迄今还没有其他研究专著出版。而美国 1989 年和 1996 年已经有 Anne D. Birdwhistell 和 Don J. Wyatt 的两本分别从哲学和思想史角度研究邵雍的专著问世,法国 2002 年也出版了 Alain Arrault 研究邵雍的最新专著。再如,日本的荒木见悟早在 70 年代末就有研究晚明会通三教的重要人物管志道(字登之,号东溟,1536—1608)的专著出版,而对国内许多中国哲学甚至宋明理学的业内人士来说,恐怕管志道还是个陌生的名字。如果说以往的中国哲学研究曾经受制于意识形态的干扰和学术交流的不畅,那么,自 80 年代末以来,随着全球一体化的趋势,国际学术界日益联系成为一个交往互动密切的整体。在这种情况下,我们的视域就不仅要扩展到包括港台地区在内的整个中文世界,更要充分伸展至包括日本和西方在内的整个国际学术社群。只有在充分了解国际范围内中国哲学研究状况的前提下，我们的中国哲学研究才能够避免闭门造车和低水平的重复，从而真正做到推陈出新，在整个国际学术界确立领先的地位。

对于建立中国哲学的主体性来说，宽广的视域是一个不可或缺的条件。但更为重要的决定因素，则是要能够把握住中国哲学自身的特质。无论对于传统中国哲学的诠释还是现代与将来中国哲学的系统理论建构，衡量其主体性确立与否的标准，首先在于中国哲学之所以为中国哲学的特质是否得到了彰显。而对于西方哲学以及海外研究成果的吸收运用，都应当是以此为前提的。只有始终明确中国哲学自身的问题意识，立足于此，才不会在充分吸收运用西方哲学以及海外研究成果时"从人脚跟转"、导致自身主体性的迷失。而若能内在于中国哲学的固有脉络，把握住中国哲学自身的问题意识，就能够在吸收运用西方思想资源的过程中，"左右逢源"、"得心应手"而始终不"出吾宗"、"以我为主"。前文所谓"越深入西方哲学就越有助于中国哲学的阐发"之所以可能，正是也只能是在这个意义上而言的。中国哲学的主体性，关键并不在于"言"层面的话语和词汇，而在于"意"层面的"语法"。所谓"依义不依语，依法不依人"。[①] 比如，如今中国学者用中文甚至文言文、四六体写出的有关中国哲学的文章，有可能未必契合中国哲学的精神，而西方学者用英文以及其他外语写出的有关中国哲学的文章，却很可能说到点子上。但是，如何才能"转法华"而不"为法华所转"，在充分消化、吸收和运用西方哲学与海外研究成果、不以西方话语和名相为忌的同时，始终立足于中国哲学自身的问题意识和义理结构呢？笔者以为，这在相当程度上取决于我们中国哲学文献材料的工夫。

作为一种累积性的传统，中国哲学自身的问题意识和义理结构，即中国哲学的"义"和"法"，显然蕴涵在中国哲学的各种经典以及文献材料之中。只有对这些文献典籍烂熟于心，才能把握其中的"义"和"法"。这里所说的文献材料，不仅包括基本的经典文本，也包括古代历史上对这些经典文本的研究成果。譬如对孔子思想的研究，不仅要全面充分掌握孔子本人的思想材料，如《论语》以及散见于其他一些先秦文献中的材料，还要尽可能掌握

---

① 典出佛教所谓"四依"，即"依法不依人，依义不依语，依智不依识，依了义不依不了义"。

历史上不同学者对孔子思想的诠释，如《论语》的各种注疏等。甚至去今不远的前辈学者（不论中外）的重要研究成果，也应当认真研读消化。因为如果就“意”而非“言”的层面来说，我们很难想象今人直接面对《论语》文本所进行的思考一定能够发前人所未发，在同样的问题上较前人思考得更为深入。不了解前人的成就（如今还要加上“外人”成就——海外学者的研究成果），很难有真正的创造性成果可言。真正的推陈出新和创造性，一定是在一个前后相续、左右相关的过程与脉络中实现的。孔子所谓“温故而知新”，正是此意。就如今的中国哲学研究而言，无论古典诠释还是理论建构，无人会反对方法的多元性，但是，如果不首先全面深入地掌握文献材料、充分地咀嚼消化文献材料，任何外在的方法论都难以落实，未必有助于揭示中国哲学自身的特质。所谓“法无定法”，任何方法论都有其有效性的适用范围，而判断并选择合理有效的方法论的标准，只能是研究对象自身的特质。所谓“书读百遍，其义自现”、“读书破万卷，下笔如有神”，只要把文献典籍读熟吃透，其中的问题意识和义理结构自然会浮现出来。相反，如果不能首先虚心、平心地吃透文献，还没读几页书就浮想联翩，结果只能是在缺乏深透与坚实的理解和领会的情况下放纵个人的想象力，对源远流长的中国哲学传统终究难有相契的了解。其研究结果也只能是“六经注我”式的“借题发挥”与“过度诠释”。[①] 事实上，这一点非独中国哲学研究为然，对西方哲学以及其他任何历史悠久的思想传统来说，情况恐怕同样如此。再者，“巧妇难为无米之炊”，再聪明的头脑，脱离深厚的文献典籍，其发挥的空间必然有限。其思想的展开，充其量只不过是个人经验与想象力的单独运作。反过来说，如果聪明的头脑再加上文献典籍的深厚功力，个人的自我经验与蕴涵在文献典籍中众多古圣先贤的历史经验融为一体，便不再是一种单薄的个体之思，而成为贯通古今并表现于当下的一股强大经验之流和

① 关于“过度诠释”问题的讨论，可参〔意〕艾柯（Umberto Eco）等著：《诠释与过度诠释》，王宇根译，三联书店，1997 年。

思想之流，恰如“至大至刚”、“塞于天地之间”的“浩然之气”，[1]其思想的展开必然是“若决江河，沛然莫之能御”。[2] 这种情况下的中国哲学研究，其成就自不待言。老一代中国哲学的大家，无不强调文献典籍工夫的重要性，如冯友兰、张岱年对“中国哲学史料学”的重视，牟宗三对中国哲学研究要走“文献途径”的反复强调等等。如今较年轻一代在中国哲学领域中有所建树的学者，也都在中国哲学的文献材料方面自觉建立深厚的学殖。

尤其需要指出的是，从今后中国哲学的发展来看，对于更为年轻一辈治中国哲学的学者来说，所患者或许不在于西方资源的吸收与运用，而更多的在于中国哲学文献材料的涵泳与契入。事实上，在当今各种西方思想理论蜂拥而入、“城头变幻大王旗”的情况下，要想既充分吸收西方的相关资源，同时又能够合理有效地有所取舍而为中国哲学所用，保持中国哲学的主体性，避免“生吞活剥”，只能以中国哲学自身的问题意识和义理结构为准，否则，难免重蹈以往教条主义中国哲学研究的覆辙，所不同者，只是西方理论话语的变换而已。而中国哲学自身的问题意识和义理结构，则是深深蕴蓄在中国哲学的文献材料之中的。“问渠哪得清如许，为有源头活水来”，可以说，对于作为一种悠久传统的中国哲学来说，历代不断累积的丰富文献材料正是其“源头活水”。只有深深植根于这一源头活水，我们才能立足于中国哲学的主体性，在今后的发展中“溥搏渊泉而时出之”，在全球性的广阔视域中使中国哲学不断地综合创新。如果说在全球性的视域下融通吐纳西方哲学以及海外中国哲学的研究成果意味着“不可有门户”，那么，植根于中国哲学的文献材料，建立中国哲学的主体性，则意味着“不可无宗主”。[3]

总之，只有具备深厚的中国哲学传统的“文献基础”以及“西学素养”和

---

① 语出《孟子·公孙丑上》，原句为：“敢问何谓浩然之气?”曰：“难言也。其为气也，至大至刚，以直养而无害，则塞于天地之间。其为气也，配义与道，无是，馁也。是集义所生者，非义袭而取之也。”

② 语出《孟子·尽心上》，整句为：“孟子曰：‘舜之居深山之中，与木石居，与鹿豕游，其所以异于深山之野人者几希。及其闻一善言，见一善行，若决江河，沛然莫之能御也。’”

③ 所谓“不可有门户”、“不可无宗主”，取自章学诚（1738—1801）《文史通义》卷五《内篇五·浙东学术》一篇，所谓“学者不可无宗主，而必不可有门户；故浙东、浙西，道并行而不悖也。浙东贵专家，浙西尚博雅，各因其习而习也。”

“国际视野”这三个方面，无论是诠释还是建构，当今的中国哲学才能够接得上民国时期所谓“昌明国故，融会新知”的良好“学统”，在世界范围的现代学术中真正建立其自身的主体性。

海德格尔与中国哲学

——事实、评估和可能

张祥龙*

中国古代哲理与马丁·海德格尔思想有某种特别的关系,而且这种关系对于理解双方都很有积极的意义;这是一个已经被一部分海德格尔的研究者意识到,有过一些讨论,但还需要进一步研究和深化的命题。后期海德格尔多次提及"东亚",讲到与东亚思想对话的必要,①还曾与日本学者就语言问题做过对谈②,但是就目前所能得到的公开发表的海德格尔著作而言,似乎可以说,在"亚洲"或"东亚"的范围内,海德格尔主要是与中国的道家

---

* 张祥龙,1949 年生,男,北京大学哲学系教授。

① 马丁·海德格尔(Martin Heidegger):"那样一种[与古希腊思想家们及他们所使用语言的]对话还在等待着它的开始。它差不多还没有被准备好;可是,它却是我们与东亚世界进行不可避免的对话的前提。"("Wissenschaft und Besinnung", Heidegger : *Vortraege und Aufsaetze*, Pfullingen: Neske, Vierte Auflage, 1978, S. 43. 引自张祥龙:《海德格尔思想与中国天道》,北京:三联书店,精装修订版,2007 年,第 457 页)

"Dieses Gespraech [mit den griechischen Denkern und deren Sprache] wartet noch auf seinen Beginn. Es is kaum erst vorbereitet und bleibt selbst wieder fuer uns die Vorbedingung fuer das unausweichliche Gespraech mit der ostasiatischen Welt." (*Vortraege und Aufsaetze*, S. 43.)

以下的译文,如果没有注明译者,都是出自本文作者之手。

② 马丁·海德格尔:《从一次关于语言的对话而来——在一位日本人与一位探问者之间》,《在通向语言的途中》,孙周兴译,商务印书馆,1997 年,第 73—126 页。

M. Heidegger, "Aus einem Gespraech von der Sprache (1953/1954) zwischen einem Japaner und einem Fragenden", *Gesamtausgabe*, Band 12(《[海德格尔]全集第 12 卷,下文均已 GA 及卷数表示》), *Unterwegs zur Sprache*, Frankfurt am Main: V. Klostermann, 1985, S. 79-146.

一些学者高度评价这次对话。比如 Graham Parkes 就认为此对话是"海德格尔公开发表的著作中,仅有的与亚洲哲学之间有所持续的交谈(extended engagement)"。G. Parkes, *Heidegger and Asian Thought*(《海德格尔与亚洲思想》), Honolulu: University of Hawaii Press, 1987, p. 213。

这次谈话(关于它的表述,两位谈话者各自拿出的版本有差距)是有趣的,对于了解海德格尔与东亚思想的对话方式和态度,也是重要的。但是,相比于本文下面将要涉及的(转下页)

进行了完全主动的并很有深意的哲学对话。而且我们还知道，海德格尔一生中评论过许多哲学家和哲学思想，但他无保留地推崇的"诗性的思想"(dichtenden Denken)，只属于前苏格拉底的古希腊哲学家①、荷尔德林②与老子③。

本文的目的是提供一个海德格尔与中国古代哲学关系的概述和评价。第一部分将介绍海德格尔关于道家的言论(其中有两条是迄今国际上流行的有关文献④中所没有的)，分析它们的含义，由此而得出一个初步结论，即

(接上页)海德格尔主动寻求的与道家思想的交流，这次对话的哲学含义就要弱一些了。在这次对话中，几乎没有涉及哲学的"主导词"(Leitwort)。而且，说到"有所持续的"(extended)，也就是这次对话的篇幅长的特点，必须承认，这次对话的整体篇幅——其中大部分没有直接谈到哲学思想——确实比海德格尔直接讨论道家的任何一次文字表述都要长，但不要忘了，海德格尔在公开发表的著作中五次直接与道家对话，而且这些对话的时间跨度有差不多20年之久。如果包括他的手稿文献，那么这对话的时间要达到30年(1930年至60年代初)。就此而言，它们是更"持续的"。

① 海德格尔："巴门尼德的思和赫拉克利特的思还是诗意的，在此是说：还是哲学的而不是科学的。但因在此诗意的思中思占优先地位，这个关于人之在的思就采取其独特的方向与准则。"(海德格尔：《形而上学导论》，熊伟、王庆节译，商务印书馆，1996年，145—146页)

② 比如海德格尔在《诗人何为?》(Wozu Dichter?)中说"荷尔德林的运思之诗也一起给这一诗性的思之领域打上了烙印"。(海德格尔：《林中路》，孙周兴译，上海译文出版社，1997年，第277页。加强符出自引者)

对于海德格尔，"诗性之思"是他最认同、最欣赏的哲学境界。毫无疑问，他认为自己的思想也是诗性之思。

③ 海德格尔："'道路'很可能是一个语言中古老和原初的词，它向深思着的人发话。在老子的诗化的思想之中，主导的词在原文里是'道'，意味着'原本的'道路。"(海德格尔：《语言的本质》，《在通向语言途中》，第187页；转引自《海德格尔思想与中国天道》，第446页。加强符出自引者)

"Vermutlich ist das Wort 'Weg' ein Urword der Sprache, das sich dem sinnenden Menschen zuspricht. Das Leitwort im dichtenden Denken des Laotse lauted Tao und bedeutet 'eigentlich' Weg."(Heidegger, "Das Wesen der Sprache", *Unterwegs zur Sprache*, GA12, S. 187/198. 加强符出自引者)

④ 迄今为止，有关海德格尔与道家交往关系的事实，最有影响的德文与英文的文献是：

(1) *Erinnerung an Martin Heidegger*, hg. v. G. Neske, Pfullingen, 1977；特别是其中萧师毅(Paul Shih-Yi Hsiao)的文章："Wir trafen uns am Holzmarktplatz"。

(2) *Heidegger and Asian Thought*, ed. Graham Parkes, Honolulu: University of Hawaii Press, 1987. 特别是其中Otto Poeggeler的文章："West-East Dialogue: Heidegger and Lao-tzu"。(转下页)

他对老庄的强烈兴趣有着哲理本身的原因，他本人的思想发展受到过道家的影响，或起码与之产生过内在的共鸣。他想通过熟悉老庄的思想，从一个新的角度来打量西方哲学传统，并为现代技术造成的人类困境寻求解脱之路。第二部分将审查和评价他这种意图的成功与否，指出他对待东亚思想的态度中相当谨慎的、似乎很有保留的一面，分析这种谨慎和保留的原因和真实含义，并顺带回应一些怀疑海德格尔与道家关系的真实性和重要性的意见。第三部分将简略地阐述海德格尔的道缘乃至他的整个思想，与广义的中国哲学有什么对话的可能。尽管其中大部分是正面的对话可能，但也有负面的，也就是：中国哲人通过反省和进入海德格尔还欠缺的思想维度，进而更深入地理解自己的哲学传统。

一、海德格尔与道家——三十年的因缘与思想对话

以下涉及的主要事实，将依它们出现的时间顺序而介绍，限制在海德格尔本人所撰写的、直接与道家相关的文稿和作品范围内。

1. 第一个事实是本文引用的所有主要事实中，唯一没有作为正式的海德格尔著作而公布的，但它现在也已经以可信的方式进入了正式出版物。

（接上页）（3）Kal Kyung Cho：*Bewusstsein und Natursein*：*Phaenomenologischer West-Ost Diwan*，Freiburg/Muenchen，1987.

（4）Reinhard May：*Ex oriente lux*：*Heideggers Werk unter ostasiatischem Einfluss*，Stuttgart：Steiner，1989. 此书英文版：*Heidegger's Hidden Sources*：*East Asian Influences on his Work*，tr. G. Parkes，London & New York：Routledge，1996.

（5）*Heidegger-Handbuch*：*Leben-Werk-Wirkung*，hrsg. Dieter Thomae，Stuttgart/Weimar：J. B. Metzler，2003，§27.

中文的文献是：

（1）张祥龙：《海德格尔与"道"及东方思想》，《海德格尔思想与中国天道》一书附录，北京：三联书店，1986年年初版，2007年精装修订版。

（2）张祥龙：《海德格尔传》，初版于石家庄：河北人民出版社，1998年；第二版为北京：商务印书馆，2007年，这一版中增加了新材料，特别是Walter Biemel教授寄来的海德格尔《论真理的本性》（Vom Wesen der Wahrheit）1930年手稿的一页彩色复印件，上面有海德格尔引用《老子》十一章的笔迹。

此事实的发现经过是:笔者与德国的瓦尔特·比梅尔(Walter Biemel)教授有通信联系,这位教授是海德格尔与胡塞尔著作的编辑者、研究者和著名学者,同时也知道我的研究领域中包括了海德格尔与道家的关系。1997 年 7 月,我收到他寄来的海德格尔《论真理的本性》1930 年手稿中一页的彩色复印件①,上面有该文第六章"作为遮蔽的非真理"(Die Unwahrheit als die Verbergung)中的几段话,其中包含这样的一段:

> 自由是(存在者本身的)去蔽着的让存在;它将自身揭示为真理的本性。现在它将自身显示为:此作为真理本性的自由在其本身中就是向隐秘(Geheimnis)的补足性开启。那知其光亮者,将自身隐蔽于黑暗之中。(老子)②

最后被引用的老子的话,出自《道德经》或者说《老子》第 28 章,原文是"知其白,守其黑"。它的德译文则出自 V. v. Strauss 之手。③

《论真理的本性》的初稿写于 1930 年,海德格尔根据它在不莱梅(Bremen)等地做过多次讲演。经过多次修改以后,此文于 1943 年正式出版。④在正式出版的文本中,这段引文消失了。但是,如果仔细阅读这篇文章,就知道它表达的思想与这段引文的意思是一致的,而且也符合海德格尔在不

---

① 张祥龙:《海德格尔传》,商务印书馆,2007 年新版,正文前的影印页第一页。关于我与比梅尔通信的更多信息,请参见该书第十二章第二节第 3 部分。

② 张祥龙:《海德格尔传》,第 242—243 页。德文打印体出自比梅尔教授的整理稿,见正文前的影印页第二页及第 243 页的注释 1。加强符出自引者。

它的原文是:"Die Freiheit als das entbergende Seinlassen (von Seiendem als solchem) enthuellte sich als das Wesen der Wahrheit. Jetzt zeigt sich: die Freiheit als das Wesen der Wahrheit ist in sich die ergaenzende Aufgeschlossenheit zur Geheimnis. *Der seine Helle kennt, sich in sein Dunkel huellt* (*Lao-tse*)."(斜体为引者所加)

③ V. v. Strauss: *Lao-tse*: *Tao Te King*, 8. Aufl., Zuerich: Manesse Verlag, 1987, S. 93. 此译本于 1870 年首次出版。海德格尔引用这句话时,只改动了第一个词:原译文中是"Wer",他写作"Der"。

④ 有关情况见 Heidegger, *Wegmarken*, Frankfurt am Main: V. Klostermann, 1978, "文章出处说明"(Nachweise) S. 477。

莱梅的克尔勒(Kellner)家中的举动和言论。[①]

《论真理的本性》标志着海德格尔思想的"转向"(Kehre)。[②] 这个转向意在"克服形而上学",表现为对于《存在与时间》等著作中还使用的"形而上学的语言"的改变,[③]实际上也有思想倾向的调整,尽管不是像某些人认为的是根本立场的转换,比如所谓从"主体主义"立场转变到"非主体主义"。就《论真理的本性》而言,这个思想和表达倾向的调整指的是:《存在与时间》中真理(Wahrheit)的含义是"去除遮蔽"(a-letheia, Er-schlossenheit, Un-verborgenheit, Ent-decktheit)[④],从而进入一种林中空地那样的打开遮蔽而见光的状态(Lichtung)。尽管他有时也认为真理与非真理(Unwahrheit)是"同样原初的"(gleichurspruenglich)[⑤],但是毕竟,光亮的真理要先于无光的非真理:"只是由于缘在[Dasein,指人的存在方式]是被打开的,它才是被遮蔽的"(Aber nur sofern Dasein erschlossen ist, ist es auch verschlossen)。[⑥]《论真理的本性》则要改变这种"真理优先于非真理"的表达策略,强调在人的原本的、实际的生存经验中,真理永远离不开非真理,光亮永远以黑暗为前提和根源。

这种改变实际上要比初看上去更复杂,比如"遮蔽"(Verborgenheit)或"非真理"(Unwahrheit)的含义在新的语境中有了新的意思,它首先意味着"对于全体存在者的隐藏"(Verborgenheit des Seienden im Ganzen),即"隐

---

① 按照海德格尔的朋友 H. W. Petzet 的回忆,海德格尔在10月8日做了"论真理的本性"的演讲之后的第二天,在克尔勒家中举办了一个讲座。为了说明"一个人是否能够将自己放到另一个人的地位上去"的问题,海德格尔当场向克尔勒索要德文本的《庄子》(Martin Buber 的译本),并读出其中第十七章《秋水》末尾的"庄子与惠施观鱼"的故事,由此而让听众明了了自己的本意。见《回忆海德格尔》(*Erinnerung an Martin Heidegger*, hg. v. G. Neske, Pfullingen, 1977),第52页。

② 海德格尔:《关于人道主义的书信》(*Brief ueber den Humanismus*),《路标》,孙周兴译,商务印书馆,2000年,第325页。

③ 海德格尔:《路标》,第199页,第325页。比如,在《论真理的本性》之前的思想阶段中,海德格尔还讲"为形而上学奠基"(Grundlegung der Metaphysik)(见《康德与形而上学问题》[*Kant und das Problem der Metaphysik*]目录),这里却讲"克服形而上学"(Ueberwindung der Metaphysik)了。

④ Heidegger, *Sein und Zeit*, Tuebingen: M. Niemeyer, 2001, §44.

⑤ op. cit., S. 222.

⑥ Ibid.

秘”(Geheimnis),或者“对于[去蔽真理的]最切己的所有的保存”(bewahrt ihr (die aletheia) das Eigenste als Eigentum)①,而不再仅仅是对于真实状态的遮盖(decken),于是它也就获得了真理的根源或可能性的地位。无论如何,《论真理的本性》表达出了一种不同于《存在与时间》的真理观,尽管两者之间仍然有不少相似之处,而且它们都根本区别于传统的符合真理论(主张真理就是判断符合事实)。这种关于真理本性的看法的改变或转向,其要点就被海德格尔以《老子》二十八章的“那知其光亮者,将自身隐蔽于黑暗之中[知其白,守其黑]”来很贴切地点出。“光亮”指“真理”,而“黑暗”则指“非真理”;真正“知”光亮者,其根子就扎在不显眼的、隐蔽着的黑暗之中,而且他也知道这知识的根源所在,因为作为真理的本性的自由一定要向隐秘开启。这“黑暗”在海德格尔后来的著作中被称为“大地”(Erde),指人类生存总要预设的东西,总能从那里获得保护的东西。在老子那里,“黑”是“阴”、“无”或“柔”的另一种表达,与“白”、“阳”、“有”、“强”相对,黑与白、阴与阳的相交才有产生生命与真理的可能。这种阴与阳、黑与白相交而发生的状态,在《论真理的本性》中被称作“让存在”(Seinlassen),它“既去蔽着,同时又遮蔽着”(entbergenden und zugleich verbergenden)②,被后期海德格尔称为“自身的缘发生”(Ereignis)。

可以看出,《论真理的本性》初稿中的这段文字,完全符合此文于1943年公开发表的文本的思路。它表明,在海德格尔一生最重要的一次“转向”过程中,他与老庄思想之间产生了共鸣。如果做进一步的推想,我们就可以说:他多半从老庄那里获得了某种帮助。之所以可以这么推想,是因为《论真理的本性》中表达的真理观太不合乎西方的任何一种真理观,第一次读到这种似乎是逻辑矛盾(而且也不是黑格尔的辩证法)的表达,几乎没有一个西方的知识分子或习惯于西方哲学思维的人会不被它冒犯。而它引用《老子》这句话,很能帮助读者理解海德格尔的本意,就像他在紧接着的讲座中引用《庄子》很有助于听众理解他的意思一样(参见前文提到的事实)。

---

① 海德格尔:《路标》,孙周兴译,商务印书馆,2000年,第191页。

② 同上。

但是,海德格尔为什么在12年后发表《论真理的本性》时,要删去这个在我们看来是很精彩的引文呢?最主要的原因应该是来自语言,即他对于所有他不能直接阅读原文的著作,特别是非西方语言的著作,总不敢断定自己通过译文的理解是原本的和最合适的。这一点我们下面会再讨论。另一个可以想象的原因是这样一种担心:在20世纪40年代的德国和西方,一篇谈真理扎根于非真理的文章已经是离经叛道了,如果再引一句中国古人的神秘话语,恐怕会更加重读者们的怀疑。

2. 第二个有关海德格尔与道家关系的事实,也未被以前的资料来源所收集到。它出自2000年才出版的《海德格尔全集》75卷中的一篇文章《诗人的独特性》(Die Einzigkeit des Dichters),写于1943年。[1] 在此文章中,海德格尔要探讨他心目中"诗化—思化"(dichtenden-denkenden)[2]诗人荷尔德林的独特性所在。为了理解或"学会注意到"(lernen die Achtsamkeit)这种活在来临着的时间(die kommende Zeit)中的独特性,海德格尔发现他必须求助于老子的《道德经》,因为它的第十一章让人注意到了那与存在者们(Seienden)不同的存在本身(Sein)。[3]

于是海德格尔引用并翻译了这一章的全文:

> 这首箴言诗曰:
> 三十根辐条相遇于车毂[三十辐共一毂],
> 但正是它们之间的空处,提供了这辆车的存在
> [当其无,有车之用]。
> 器皿出自陶土[挺埴以为器],
> 但正是它们中间的空处,提供了这器皿的存在
> [当其无,有器之用]。
> 墙与门窗合成了屋室[凿户牖以为室],
> 但正是它们之间的空处,提供了这屋室的存在

---

① Heidegger, GA75, Frankfurt am Main: Vittorio Klostermann, 2000. *Zu Hoelderlin - Griechenlandreisen*(《关于荷尔德林;希腊之旅》)。

② Heidegger, GA75, S. 42.

③ Heidegger, GA75, S. 42—43.

[当其无,有室之用]。

存在者给出了可用性(Brauchbarkeit)[故有之以为利],

非存在者(das Nicht-Seiende)则提供了存在[无之以为用]。[①]

在这段译文之后,海德格尔做了一些重要的阐述,这里无法讨论它们了,但笔者已经在国内外的杂志上发表了相关文章[②],对于《诗人的独特性》的有关事实和哲理含义做了阐发,有兴趣者可以参读。下面只是总结这次极为重要的对话的一些特点和意义。

首先,它通过将《老子》十一章与他的《存在与时间》的核心思想(关于"时间"、"存在本身"、"Dasein")直接挂钩,来理解荷尔德林的独特性或诗的本性,表明他对老子的理解涉及他的前后期思想中的最重要的一些思路。

其次,他对于第十一章的翻译与中文原文有一些重要区别,或不如说是有一些解释学的裂隙(Riss)。其中最重要的两个是:他将原文里四个"用"[③]都译作了"存在"(Sein),又将三个"无"字都译作了"空处"(Leere)。而我们知道,"存在"是他前期乃至全部学说的关注点,而与"Leere"相关的

---

① Heidegger, GA75, S. 43. 正文是对海德格尔文章中《老子》十一章德文译文的中译,方括弧里面是此章的中文原文。

海德格尔提供的译文是:"Dreissig Speichen treffen die Nabe, /Aber das Leere zwischen ihnen gewaehrt das Sein des Rades. //Aus dem Ton ent-stehen die Gefaesse, /Aber das Leere in ihnen gewaehrt das Sein des Gefaesses. //Mauern und Fenster und Tueren stellen das Haus dar, /Aber das Leere zwischen ihnen gewaehrt das Sein des Hauses. //Das Seiende ergibt die Brauchbarkeit, /Das Nicht-Seiende gewaehrt das Sein."

② 张祥龙:"The Coming Time 'Between' Being and Daoist Emptiness: An Analysis on Heidegger's Article Inquiring the Uniqueness of the Poet via the *Lao Zi*"(《在存在与道无"之间"来临的时间——海德格尔通过〈老子〉来探讨诗人独特性的文章阐析》), *Philosophy East & West*(《东西方哲学》), Vol: 59, No. 1, January 2009, pp. 71-87。

张祥龙:《海德格尔论老子与荷尔德林的思想独特性——对一份新发表文献的分析》,《中国社会科学》,2005 年第 2 期,第 69—83 页。

③ 这个"用",在海德格尔心目中,首先并不是"实用",而是他后来也关注到了的《庄子》第一章讲的"无用之大用"(见下面的讨论),或他解释阿那克西曼德箴言(Der Spruch des Anaximander)时讲的"Brauch(用)"(Heidegger, *Wegmarken*, Frankfurt am Main: V. Klostermann, 1978, S. 366/338 以下;斜线后的数字是旧版页码,下同)。它作为"大用",意思是"发送着的接合"(das zuschickende Fuegen),它"把在双重的不在场(到达和离开)之间的在场者在过渡中接合起来"(die Anwesendes zwischen das zwiefache Ab-wesen (Herkunft und Hingang) uebergaenglich verfuegt)。(Heidegger, *Wegmarken*, S. 368/339)

词丛(比如还有“Nichts”(无)、“Offen”(开口)等)在海德格尔理解“物”、“艺术作品”中扮演了重要角色。[①] 为了达到这种翻译,海德格尔主要依据了乌拉(Alexander Ular)的《老子》德文译本[②],而不是当时可及的其他译本,比如 V. v. Strauss 和 R. Wilhelm 的译本,尽管从上面介绍的第一个事实中可知,海德格尔对于 Strauss 译本也熟悉并引用。

最后,在引用了第十一章之后,海德格尔使用了一个很特别的词——“之间”(das Zwischen)——来解释老子的“无”、“用”和“道”,乃至他自己讲的“时间”、“缘在”(Dasein)、“存在”、“空处”、“诗的本性”等。这“之间”不是在任何现成的存在者之间,而是一个先行的(vorlaufend)、生成存在意义的发生性的之间,比如生存时间的那种在出神态的(ekstatisch)将来与过去之间、后期的一个关键词“Ereignis”(自身的缘发生)所涉入的两个对立面的之间,乃至老子讲的黑与白或阴与阳之间。而人的本性就是在这之间居住着。[③] 由此可以看得很清楚,海德格尔对于道家的兴趣和阐释,有着深刻的思想动机和后果。通过它,可以从一个新鲜的角度来理解他的思想,既深入到西方全部哲学史,而又超出了它的思想。

3. 1957 年,海德格尔在《同一律》(Der Satze der Identitaet)一文中写道:

> 让我们只去经历这个使得人与存在相互具有(ge-eignet ist)的构成着的具有(dieses Eignen);也就是说,去进入那被我们称之为自身[身

---

① 比如海德格尔的《物》一文就明显受这段译文的直接影响。他在那里就从“空处”(Leere)来理解“容器”(Gefass)或“壶罐”(Krug)的“容纳能力”(Fassende)和“物性”(Dinghafte,实存性),并由此而探讨“四相”(Vier, Geviert;天、地、神、人[有死者]: Himmel, Erde, Goettlichen, Sterblichen)的缘发生型的(ereignend)“素朴”(Einfalt,一体,或老子讲的“素[su]”或“朴[pu]”)。这些都与他对现代技术文化的批判和对荷尔德林的阐释(壶罐倾注出葡萄酒,而“这倾注的馈赠中逗留着四相之素朴”[Im Geschenk des Gusses weilt die Einfalt der Vier])内在相关。参见 Martin Heidegger, *Vortraege und Aufsaetze*, GA7, Frankfurt am Main: V. Klostermann, 2000, S. 170 及以下。

② Alexander Ular(亚力山大·乌拉), *Die Bahn und der Rechte Weg des Lao-Tse*, Leipzig: Insel, 1921, S. 17.

③ 海德格尔:“在这种‘在之间’里,人居住着”(In diesem Inzwischen wohnt der Mensch)。Heidegger, GA75, Frankfurt am Main: Vittorio Klostermann, 2000. S. 43.

> 份]的缘构发生(Ereignis)的事件。……出于思想本身的需要,"自身的缘构发生"现在就应该被视为一个服务于思想的主导词而发言。作为这样一个主导词,它就如同希腊的主导词"逻各斯"(logos)和中国的主导词"道"(Tao)一样难于翻译。①

这里将"自身的缘构发生"、"逻各斯"和"道"并列,认为它们是"服务于思想的主导词",相应于本文开始处提到的三种"诗性的思想",即荷尔德林(以及海德格尔本人)的、前苏格拉底的和老子的。它们处于如此原初的地位上,以至于"难于翻译",因为每个思想传统中的具体意义和存在者们,都要通过经验相应的主导词所显示(anzeigen)的结构而获得。每一个主导词都只能在直接的语言经验和生存经验中被领会,而不能被还原为或翻译为可对象化和概念化的东西。

请注意,这段话表达了某种不可通约性(incommensurability),或由不同主导词引导的不同思想传统之间的相互独立性,每个都有自己的身份;但是,由于海德格尔将它们并列,也就暗示了它们之间的某种共通性,即它们都是原发生的结构与经验。所以,在非概念和非对象化的维度中,它们又可能相互理解。海德格尔讲它们是"难于"(sowenig)被翻译,而不是完全不可能被翻译。这"难于"就应理解为不可能在概念意义上被翻译。

4. 发表于1959年的《在通向语言途中》中有《语言的本性》(Das Wesen der Sprache)一文,其中写道:

> "道路"(Weg)很可能是一个语言中古老和原初的词,它向深思着的人发话。在老子的诗化的思想之中,主导的词在原文里是"道"(Tao),它的"原本的"或"真正切身的"含义就是"道路"。但是,因为人们将这道路轻率和浮浅地说成是连接两个地点的路径,他们就仓促地认为我们讲的"道路"不适合于"道"的含义。于是"道"(Tao)就被

---

① Heidegger, *Identitaet und Differenz*, Pfullingen: G. Neske, 1957, S. 25.

"Es gilt, dieses Eignen, worin Mensch und Sein einander ge-eignet sind, schlicht zu erfahren, d. h. einzukehren in das, was wir das Ereignis nennen. …… Das Wort Ereignis soll jetzt, aus der gewiesenen Sache her gedacht, als Leitwort im Dienst des Denkens sprechen. Als so gedachtes Leitwort laesst es sich sowenig uebersetzen wie das griechische Leitwort λόγος und das chinesische Tao."

翻译为“理性”、“精神”、“理智”、“意义”或“逻各斯”。①

海德格尔用德文的“道路”(Weg)来领会或解释老子的“道”(Tao),这不是此段引文中讲的“翻译”,也就是将“道”直接“翻译为‘理性’、‘精神’……”那一类的翻译,而是在意识到“道”的原初性和纯发生性的同时,与“道”进行的试探性的、跨语言-思想传统的对话。我们可以为他这种对话的严肃性做某种辩护:首先,他通过与萧师毅(Paul Shih-Yi Hsiao)在1946年夏合作翻译《老子》的尝试②,知道了“道”在古汉语中的词源学原意是“道路”。其次,他极大地深化了“道路”的含义,使之成为纯发生性的。比如,他将“Weg”动词化,意味着“开道”(weegen: einen Weg bahnen)。③ 于是,他紧接着上面那段引文写道:

> 可是此“道”(Tao)能够是那为一切开出道路(alles be-weegende)之道路。在它那里,我们才第一次能够思索什么是理性、精神、意义、逻各斯这些词所真正切身地要说出的东西。很可能,在“道路”(Weg)、即“道”(Tao)这个词中隐藏着思想着的道说(Sagen)的全部秘密之所在(das Geheimnis aller Geheimnisse,玄之又玄者),如果我们让这名称回返到它未被说出的状态,而且使此“让回返”本身可能的话。今天在方法的统治中存在的令人费解的力量可能和正是来自这样一个事实,即这些方法,不管其如何有效,也只是一个隐蔽着的巨大湍流的下游径流而已,或者是一条道路的径流,此道路为一切开道,为一切撕扯出它

① Heidegger, GA12, *Unterwegs zur Sprache*, "Das Wesen der Sprache", S. 187/198. “Vermutlich ist das Wort ‘Weg’ ein Urword der Sprache, das sich dem sinnenden Menschen zuspricht. Das Leitwort im dichtenden Denken des Laotse lauted Tao und bedeutet ‘eigentlich’ Weg. Weil man jedoch den Weg leich nur aeusserlich vorstellt als die Verbindungsstrecke zwischen zwei Orten, hat man in der Uebereilung unser Wort ‘Weg’ fuer ungeeignet befunden, das zu nennen, was Tao sagt. Man uebersetzt Tao deshalb durch Vernunft, Geist, Raison, Sinn, Logos.”

② Neske, *Erinnerung an Martin Heidegger*, 119页以下;Parkes, *Heidegger and Asian Thought*, 93页以下;*Martin Heidegger/Karl Jaspers Briefwechsel 1920-1963*, hg. W. Biemel und H. Saner, Frankfurt am Main: V. Klostermann, 1990), 序号132(1949年8月12日), S. 181。

③ Heidegger, GA12, *Unterwegs zur Sprache*, "Das Wesen der Sprache", S. 187/198.

们的路径。一切都是道路。①

这段话还表明,海德格尔(可能也是通过萧师毅)知道"道"在古代就有"道说"(sagen, sprechen)的意思,所以在这里讲"这个词中隐藏着思想着的道说(Sagen)的全部秘密之所在"。这个发现想必更加强了他对于"道"的兴趣。此外,这里提到的"方法",是西方形而上学与现代技术的体现。所以海德格尔与道的对话,除了与《存在与时间》、荷尔德林、道路、语言的本性等主题相关之外,还与他对于现代技术文化及其哲学基础的批判相关。

实际上,"道路"在后期海德格尔那里具有与"Ereignis"几乎相同的意思和地位。他多次以"道路"来命名他的文章和著作,并对于他的《全集》说过这样的话:"道路,而非著作"(Wege—nicht Werke)。②

5. 在初次发表于1958年的"思想的基本原则"(Grundsaetze des Denkens)中,海德格尔引用了他在《论真理的本性》1930年初稿中引用过的《老子》第二十八章中那句话,并直接与技术问题挂钩:

> 此黑暗却是光明的隐秘(Geheimnis)所在,它保存住了这光明。光明就属于这黑暗。因此,这种黑暗有它本身的纯洁和清澈。真正知晓古老智慧的荷尔德林在他的诗《怀念》第三节中说道:"然而,它递给我/一只散发着芬芳的酒杯,/里边盛满了黑暗的光明。"
>
> 此光明不再是发散于一片赤裸裸的光亮中的光明或澄明:"[像原子弹爆炸那样]比一千个太阳还亮。"困难的倒是去保持此黑暗的清彻;也就是说,去防止那不合宜的光亮的混入,并且去找到那只与此黑

---

① Heidegger, GA12, *Unterwegs zur Sprache*, "Das Wesen der Sprache", S. 187/198. "In des koennte der Tao der alles be-weegende Weg sein, dasjenige, woraus wir erst zu denken vermoegen, was Vernunft, Geist, Sinn, Logos eigentlich, d. h. aus ihrem eigenen Wesen her sagen moechten. Vielleicht verbirgt sich im Wort 'Weg', Tao, das Geheimnis aller Geheimnisse des denkenden Sagens, falls wir diese Namen in ihr Ungesprochenes zurueckkehren lassen und dieses Lassen vermoegen. Vielleicht stammt auch noch und gerade die raetselhafte Gewalt der heutigen Herrschaft der Methode daher, dass die Methoden, unbeschadet ihrer Leistungskraft, doch nur die Abwaesser sind eines grossen verborgenen Stromes, des alles be-weegenden, allem seine Bahn reissenden Weges. Alles ist Weg."

② O. Poeggeler, *Heidegger: Perspektiven zur Deutung seines Werkes*(《海德格尔:理解其著作的视野》), Weinheim: Beltz Athenaeum, 1994, S. 404.

> 暗相匹配的光明。《老子》(第二十八章,V. v. 斯特劳斯译)讲:“那理解光明者,将自己藏在他的黑暗之中[知其白,守其黑]。”这句话向我们揭示了这样一个人人都晓得、但鲜能真正理解的真理:有死之人的思想必须让自身没入深深泉源的黑暗中,以便在白天能看到星星。①

这段引文的思想明显地类似于《论真理的本性》初稿的说法,它主张一种黑暗与光明,遮蔽与去蔽、非真理与真理之间的相互补足、相互渗透的关系,或者说是“隐秘”(玄)的关系。如果按照形而上学来理解,真理就与非(判断型的)真理或隐藏性的黑暗割裂;而现代技术通过揭除自然的隐蔽而带来的光明,就是这种真理在当代的主要表现形态。原子弹爆炸产生的“比一千个太阳还亮”的光明就是它的一种。

由此也可更清楚地看到海德格尔思想转向的必然和真实意义。如果限于《存在与时间》中的真理观及其表达策略,他就无法处理他心目中与现代技术相关的一系列问题。而我们知道,他在1930年时,正极度关注荣格(E. Jünger)的著作所唤起的一个问题,即现代技术及其形而上学本性如何改变了战争方式、西方命运乃至人类命运。② 实际上,海德格尔的思想转向

① Heidegger, GA79, *Bremer und Freiburger Vortraege*, Frankfurt am Main: V. Klostermann, 1994, S. 93.

“Das Dunkle aber ist das Geheimnis des Lichten. Das Dunkle behaelt das Lichte bei sich. Dieses gehoert zu jenem. Darum hat das Dunkle seine eigene Lauterkeit. Hoelderlin, der alte Weisheit wahrhaft wusste, sagt in der dritten Strophe seines Gedichtes ‘Andenken’: ‘Es reiche aber,/ Des dunklen Lichtes voll,/ Mir einer den duftenden Becher’,//Das Licht is nicht mehr Lichtung, wenn das Lichte in eine blosse Helle, ‘heller als tausend Sonnen [原子弹爆炸]’, auseinanderfaehrt. Schwer bleibt es, die Lauterkeit des Dunklen zu wahren, d. h. die Beimischung der ungehoerigen Helle fernzuhalten und die dem Dunkle allein gemaesse Helle zu finden. Laotse sagt (Kap. XXVIII, uebersetzt von V. v. Strauss): ‘Wer seine Helle kennt, sich in sein Dunkel huellt.’ Dazu fuegen wir die Wahrheit, die alle kennen, doch wenige vermoegen: Sterbliches Denken muss in das Dunkel der Brunnentiefe sich hinablassen, um bei Tag den Stern zu sehen.”

② 海德格尔在《校长职位:1933/1934:事实和思想(1945)》中写道:“恩斯特·荣格的文章‘总动员’发表于1930年。它已经具有他于1932年出版的《工人》一书的基本特征。与我的助手布洛克(Brock)一起,我在一个小范围内讨论了这些作品,为的是去展示它们如何表达出了对尼采形而上学的本质的理解,也就是在形而上学的视野中所看到乃至预见到的西方世界的历史和现在。……恩斯特·荣格在他所谓工人或工作者的统治和构造的学说中所考虑和看到的,正是发生在这个行星历史中的‘对于力量的意愿’的普遍统治。今天一切都处于这个现实之中,不管它是共产主义、法西斯主义,还是民主世界。”(“Das Rektorat 1933/1934: Tatsachen und Gedanken (1945)”, Heidegger, GA16, *Reden und Andere Zeugnisse: Eines Lebensweges*, Frankfurt am Main: V. Klostermann, 2000, S. 375)

和对老庄的兴趣，都与这个“对于荣格的关注”或“对现代技术的政治生存论式的关注”直接相关。这个关注在很大程度上也导致了他后来在纳粹当政时的校长经历。只有通过那“只与此黑暗相匹配的光明”，而不是那超出黑暗—隐藏的去蔽真理的光明，他才能回答他本人阅读荣格著作时产生的问题。这是理解海德格尔与道家交往动机的一个核心事实。

6. 海德格尔的次子 Hermann Heidegger 于 1989 年发表了其父于 1960 年 7 月所做的一次演讲的手稿，题为《流传的语言和技术的语言》(*Ueberlieferte Sprache und Technische Sprache*)。海德格尔在其中引用了《庄子》第一章末尾的一长段话。在这段话中，庄子的诤友惠施用一株“大而无用”(gross und unbrauchbar)的树来影射和贬低庄子的“道”，庄子则回应道：追求有用会带来灾难，而无用之“大”，却能保护生命。“无所可用，安所困苦哉！”(Dass etwas keinen Nutzen hat：was braucht man sich darueber zu bekuemmern!)[①]海德格尔接着评论道：

> 这些段落说出了这样一个见地：人对于无用者无须担忧。无用性的力量使他具有了不受侵犯和长存的能力。因此，以有用性的标准来衡量无用者是错误的。此无用者正是通过不让自己依从于人而获得了它自身之大和决定性的力量。以这种方式，无用乃是物或事情的意义。[②]

毫无疑问，这种从《庄子》里引出的关于有用与无用关系的看法，与他对于技术和语言的观点有着内在的相关性。

从以上阐述的六个事实[③]乃至另一些可以确认的相关事实(比如海德格尔与萧师毅尝试共同翻译《老子》)中，可以看出，海德格尔在 30 年或更长的时间中，出于他思想本身的需要，首先是为了回应荣格尔著作唤起的问

---

① 海德格尔：《流传的语言与技术的语言》(*Ueberlieferte Sprache und Technische Sprache*, hg. von Hermann Heidegger, Erker, 1989, S. 8)。

② 海德格尔：《流传的语言与技术的语言》(*Ueberlieferte Sprache und Technische Sprache*, hg. von Hermann Heidegger, Erker, 1989, S. 8)。

③ 还有一个重要事实，即本书第三章提供并略加分析的事实：海德格尔在一封给友人的生日贺信中，引用《老子》第九章和第十五章，说明艺术与现代技术的关系。

题,充满兴趣地阅读和解释了老庄的著作,主动寻求与道家的对话,在著作和演讲中一再表达出这种读解和寻求的成果。还可以看出,这种对话涉及他前后期思想中几乎所有最重要的议题,而且无一例外,他对于道家的所有直接评论都是肯定性的,或者说是极为欣赏的、赞许的。

二、应该如何评价海德格尔与东方对话的态度?

虽然有上面介绍的这种对于道家的倾倒,但当海德格尔谈到“东亚”或“东方”,乃至东西方思想的对话时,却时常表现出一种似乎自相矛盾的态度。一方面,他感到与东方、尤其是东亚思想的对话是必要的、应该被鼓励的,比如在他 1953 年的“科学与沉思”(Wissenschaft und Besinnung)的讲演中①,在 1970 年写给夏威夷召开的“海德格尔与东方思想”的会议的信中。② 但是另一方面,他又不断表达出对于这种对话的可行性的怀疑,甚至是某种否定性的态度。比如,在他 1966 年 9 月 23 日与《明镜周刊》记者的谈话(Spiegel-Gespraech mit Martin Heidegger [23. September 1966])中,海德格尔声称:

> 我深信,现代技术世界是在世界上什么地方出现的,一种转变也只能从这个地方准备出来。我深信,这个转变不能通过接受禅宗佛教或其他东方世界观来发生。[这个]思想的转变需要求助于欧洲传统及其革新。思想只有通过具有同一渊源和使命的思想来改变。③

为什么会出现这种似乎不一致的态度?难道他对于东西方对话是不严肃

---

① 那里他讲到“与东亚世界的不可避免的对话”。参见张祥龙:《海德格尔思想与中国天道》附录二.3,三联书店,1986 年年初版,2007 年精装修订版。“[D]as unausweichliche Gespraech mit der ostasiatischen Welt.” Heidegger, *Vortraege und Aufsaetze*, *GA*7, Frankfurt am Main: V. Klostermann, 2000, S. 43.

② 海德格尔在信中写道:“对于我,与那些相对于我们来说是东方世界的思想家进行对话是一桩一再显得急迫的事情。”(见《东西方哲学》(*Philosophy East & West*)20 卷第 3 册,1970 年 7 月号)

③ Heidegger, GA16, S. 679. 中译文取自《海德格尔选集》,孙周兴选编,上海:三联书店,1996 年,1313 页。

的,或出尔反尔的吗?有一些人就是这么看的。而且,海德格尔强调的西方哲学(特别是古希腊哲学)的独特性,相对于“亚洲的”(很可能是指古希腊东边的亚洲,比如两河流域文化等)的他者性,也让有些人嗅出其中的西方中心论。等等。但是,如果我们深入了解海德格尔对于任何对话前提——语言——的看法,那么以上列举的这些似乎令人困惑的现象就会得到合理的解释。实际上,上面讨论到的第3个事实,就提供了必要的解释线索。那里,他讲到那三个“主导词”几乎都无法被翻译,表明他强烈意识到“语言是存在之屋”(Die Sprache ist das Haus des Seins)这么一个存在论-解释学的事实①。它首先意味着,西方人与东方人各自住在完全不同的语言存在之屋中②,由此而使得他们相互之间的直线的、概念化的深入交流不可能,尤其是在不意识到这种跨语言交流的危险的情形下。所以海德格尔在与那位日本学者就语言问题谈话时,一再提醒对方要警惕盲目运用西方哲学、美学术语来解释日本思想话语的危险。我们可以清楚地观察到,在海德格尔谈到东西方对话的困难或不可能时,甚至在谈到东西方对话的必要时(比如在他给夏威夷会议的信中),几乎都要同时讲到不同语言造成的隔阂的深刻性。

很不幸,海德格尔本人不懂东方语言,而最令他遗憾的是,他不懂写成《老子》和《庄子》的中文,以至于在长时间内不敢在正式出版物中发表自己研究道家的心得。这恐怕是促成他与萧师毅合作来翻译《老子》或《道德经》的最大动力,也就是希望在这个于双方都有益的合作中,以某种方式来了解“道”在中文语境中的活的含义。③ 看来这次合作在这一点上是成功的,它使得海德格尔在生前就发表了他在五十年代后期谈及“道”的一组文章。但是,这种“中文经验”不仅短暂,而且它还让海德格尔认识到:中文与

---

① Heidegger, *Unterwegs zur Sprache*, GA12, S. 156/166.

② 海德格尔:“那么,我们欧洲人也许就栖居在与东亚人完全不同的一个家中。”参见孙周兴选编:《海德格尔选集》,上海三联书店,1996年,1009页。“[D]ann wohnen wir Europaeer vermutlich in einem ganz anderen Haus als der ostasiatische Mensch.” Heidegger, *Unterwegs zur Sprache*, GA12, S. 85/90.

③ 关于这次合作的方式,也就是海德格尔通过它获得“语言体验”的方式,可参见萧师毅写的回忆文章。

西方语言之间有多么巨大的差异。他在 1949 年 8 月 12 日给雅斯贝尔斯(Karl Jaspers)的回信中写道:

> 你对于亚洲所说的那些话①令人兴奋。在 1943—1944 年间曾参加我关于赫拉克利特和巴曼尼德斯讲座课(我那时仅针对他们的少许《残篇》做了每周一小时的讲座课)的一位中国人[即萧师毅,1911—1986],也发现我讲的东西与东方思想有相通之处。在我不熟悉其语言之处,我总是保持怀疑的态度。而当这位身为基督教神学家和哲学家的中国人与我一起翻译了老子的一些话之后,我就更是怀疑了。通过[向他不断的]发问,我第一次经历到,我们之间的整个说话方式(Sprachwesen,语言本性)是何等地隔膜。尽管如此,这里边有某种激发性的东西(Erregendes),而且我相信它也正是对于未来有着根本意义的东西(Wesentliches),如果在数世纪后这些阻塞被克服了的话。②

它点出了海德格尔对于东西方对话持保留态度的原因:"在我不熟悉其语言之处,我总是保持怀疑的态度。"但是还有另一面,而且看来是更重要的,也就是:他不但认为与亚洲的、东方的、中文的世界的关系是"令人兴奋的"、"激发性的"、"对于未来有着根本意义的",而且,正是通过这次使他"第一次"发现了欧洲语言与古汉语之间根本性差异的"经历",他获得了对于这种对话的清醒认识和建立在这认识之上的信心,以至于他敢在 1957 年到 1959 年几次发表他本人与老庄之道对话的成果。所以,他一方面充满敬畏地强调"道"如同"逻各斯"和"自身的缘发生"那样,是难于翻译的,比如不可以直接翻译为"理性"、"精神"、"理智"等,③另一方面却仍然要去尝试将"道"解释为"道路",并与它展开了充满深意的多次对话。

---

① 雅斯贝尔斯在他给海德格尔的信(1949 年 8 月 6 日)中写道:"您讲的'存在'、'存在的澄明'、在存在朝向我们的关系中反转我们朝向存在关系、存在本身的另类维度的保持,我相信我在亚洲那边也以某种方式感受到了。"参见 *Martin Heidegger/Karl Jaspers Briefwechsel 1920-1963*, hg. W. Biemel und H. Saner, Frankfurt am Main: V. Klostermann, 1990, Brief No. 131 (6 August 1949), S. 178.

② *Martin Heidegger/Karl Jaspers Briefwechsel 1920-1963*, Brief No. 132 (12 August 1949), S. 181.

③ Heidegger, *Unterwegs zur Sprache*, GA12, S. 187/198.

因此，他强调的作为“存在之屋”的语言，不是一间完全封闭的屋子。它对于那些概念化的、现成化的翻译和伪对话是密封的，但允许非概念的、范式际的(inter-paradigmatic)和不离语言经验本身的尝试性的解释、翻译和对话。在这些不同的存在之屋之间，既没有普遍主义(universalism)概念和命题所提供的平直通道，也没有特殊主义(particularism)的自我封闭所设定的深沟高墙，而有海德格尔后期常讲的“裂隙”(Riss)；通过这些裂隙引发的“争斗”，才能达到真正的相互理解。[①] 如果看不到这一面，那么对于海德格尔关于哲理的跨语言、跨文化的交往的看法，就会成为严重残缺和不真实的。其实，他对于真理的看法也适用于他对于东西方对话的看法。作为去蔽的而不是符合论的真理，不可能不与“非真理”或“遮蔽”、“隐藏”根本相联。东西方对话不会是线性的关系，或两方之间“符合”或“不符合”的关系，也不是要么是一片光明，要么是完全黑暗的关系；而是海德格尔所引用的荷尔德林讲的那种“盛满了黑暗的光明”[②]的关系，或他引用的《老子》讲的“知其白，守其黑”[③]的关系。实际上，只有真正理解了海德格尔的思想方式，特别是他后期的思想与表达方式，才能明了他对于东西方对话的看法，而不是去依据一些表面的说法做出轻率的肤浅判断。

有人认为海德格尔对于道家的解释不忠实原文，过于发挥他自己的思想，因而认为他与道家的对话不真诚，或不是真实的对话。这也是由于不了解海德格尔与历史上哲学家、思想家们对话的风格所致。首先，没有人能垄断对“原文”的解释；其次，海德格尔的解释(比如将“道”解释为“道路”或原发的“之间”，将“无”解释为“空处”，将“用”解释为“存在”等)，或有词源学的依据，或有他独特用语的依据(比如他对于“用”的独特理解)，如果仔细阅读他的相关著作，就可以看出这里面没有不负责任的随意性，有的是建立在反复追问和思索之上的极其认真和热诚的对话。第三，海德格尔对于

---

① 比如，海德格尔在《艺术作品的本源》中写道：“争执并非作为一纯然裂缝之撕裂的裂隙(Riss)，而是争执者相互归属的亲密性。这种裂隙把对抗者一道撕扯到它们的出自统一基础的统一体的渊源之中。”参见孙周兴选编《海德格尔选集》，上海：三联书店，1996 年，第 284 页。

② Heidegger, GA 79, S. 93.

③ Ibid.

古希腊哲学家乃至康德、黑格尔的解释,都与通常的流行解释很不同,也受到过别人从哲学史和历史语言学(historischen Philologie)角度所做的、从某个角度看是正当的责难①,但他仍然相信自己是进行"思想者之间发生的思想着的对话"(denkendes Gespraech zwishen Denkenden),它遵循另外的规则。② 如果没有人否认他与巴门尼德、赫拉克利特、亚里士多德和康德的对话是真实的对话,那么同理,他与老庄的对话也绝不是虚假的。而且,常识也告诉我们,海德格尔实在没有去与道家做不真诚对话的动机。如果他的解释不完美的话,那也是他没有能够做到完美,而不是他从一开头就不打算要完美。其实,基于现在得知的事实,即他痛切地认识到了双方语言的极其不同,对话绝不容易,但仍然多次投身于对老庄之道的有深度的、在两边都有依据的解释;我们恰恰可以合理地认为,他对于"道"和东方思想的兴趣是极其强烈的,并带有深刻的思想动机。

三、海德格尔与中国哲学之间可能有的对话

以上的讨论显示出,海德格尔思想与老庄的道之间有着某种内在的和声关系。我们也知道,"道"如果就其广义而言,确实像海德格尔所讲的,是中国古代哲学的"主导词"。因此,通过它,海德格尔思想与中国古代哲理之间就会出现一些很有意义的对话和交流的可能。以下就很简略地试述这其中的一些可能,虽然有的在本文第一节中已经涉及了,但这里是作为一种有普遍含义的主题来讨论,不仅限于老庄的道家。

首先,海德格尔关注的"道"具有一种通过互补、对立而生发(generating or producing by complementary oppositions)意义和存在者的特性,正如第一节的第1、第2和第5个事实所显示的。此结构中的两方被称为阴阳、黑白、男女、刚柔等,其最古老的源头在《周易》这本书。尤其是它的卦象,以最清

---

① 比如,他的《康德与形而上学问题》(《康德书》)的第二版序言讲到这些责难。Heidegger, *Kant und das Problem der Metaphysik*, GA3, Frnakfurt am Main: V. Klostermann, 1991, "Vorwort zur Zweiten Auflage", S. xvii.

② Ibid.

楚的方式表示出这种阴阳互补、对立的发生结构。海德格尔的"自身的缘构发生"(Ereignis)思想中,也同样有这种结构。比如:

> 人与存在以相互挑起的方式而相互归属。这个情况令人震惊地表明,……现在需要的是去单纯经历这个使得人与存在相互具有(ge-eignet ist)的具有自身(Eignen);也就是说,去投宿到那被我们称之为自身的缘发生(*Ereignis*)之中。①

所以,在海德格尔思想与《周易》之间,也很有些对话的可能。莱布尼兹(G. W. Leibniz)在发明了二进制数学之后,看到耶稣会士们从中国带回的《周易》卦象图,极其兴奋,因为他不仅在其中辨认出了二进制数学,而且相信这些易象是中国的最古老文字②,与《圣经》中讲到的人类最早语言也有关系。中国人可以通过他们祖先传下来的东西与西方的启示宗教相通。③ 海德格尔没有像莱布尼兹那样,直接关注《周易》的卦象以及它们与古代中文的关系,但他讲的"自身的缘发生",特别强调这个互补对立结构的"发生"性,所以更接近《周易》的关键哲理。

此外,《周易》的卦象、哲理和其实际运用,都有极其强烈的时间含义,特别以"将来"为时机化(Zeitigung)的重点。《周易·易传》中的《文言》和《彖传》对于"易"的时间含义做了许多阐发。因此,受到《周易》影响的先秦道家、兵家、阴阳家,乃至儒家的思想中,"时"或"天时"是一个关键词或关键性的思路。当孟子要赞美孔子时,他发现最高的评价是"圣之时者也"(《孟子·万章下》)。这些时间观具有深厚的现象学时间观的特点,与海德格尔的生存时间观很有可比之处。

海德格尔在《康德与形而上学问题》中,沿用康德的术语,将原发的时间解释为人的先验想象力(transzendentale Einbildungskraft)所产生出的"纯

---

① Heidegger, *Identitaet und Differenz*, Pfullingen: G. Neske, 1957, S. 24.

② G. W. Leibniz (1646—1716), "Discourse on the Natural Theology of the Chinese", *Writings on China*(莱布尼兹:《关于中国的作品》), tr. D. J. Cook & H. Rosemont, Jr., Chicago and La Salle: Open Court, 1990, p. 133.

③ 见莱布尼兹与白晋神父(Joachim Bouvet,1656—1730)于1702年的通信。中文翻译见《莱布尼兹的周易学》,刘百闵译自日文,《学艺》杂志14卷3号(1935年4月),第277页。

象"(das reine Bild)。[1] 这样一种不可对象化但又比概念和直观更本原的"纯象",被《老子》称作"无形"之"大象"(第四十一章),又被称为"无物之象"(第十四章)。《周易》卦象虽然似乎"有形",但它们从本质上就是"唯变所适"(《周易·系辞下》)的流动之象,所以首先是生存时间之象。这种海德格尔与老庄、《周易》之间对比的可能性,包含着很深的哲理方法论的含义,涉及现象学与传统西方哲学的根本差异所在。胡塞尔的发生现象学,特别是关于内时间意识造成的"被动综合"的学说,以及海德格尔形成自己独特思想方法时提出的"实际生活经验"(die faktische Lebenserfahrung)和"形式显示"(die formale Anzeige)[2]的思想,都与之相关。这是一种在主体与客体还没有分裂之前,人的实际生活经验去构造意义与存在可能性的途径,也是人在这种前对象化、前理论化的境域中,理解和表达"原初某物"(Ur-etwas)的方式。[3] 而在中国古代哲学中,有"气"(atmosphere, vital field)、"势"(situational power, momentum)等各种相关的术语和思路,可以与之相配。

海德格尔关于语言与诗的思想,不仅与老庄的"道言观"很有联系,[4]而且与孔子对于诗的看法有某些很有趣的可比较之处。[5] 另外,海德格尔后期思想中包含的生态哲学思路,也与中国古代的道家乃至儒家有关。[6] 他对于现代技术和科学的分析,与道家和儒家也有或明或暗的关联。

从批评的角度,中国哲学与海德格尔也有关系。比如,儒家一方面会很

---

① Heidegger, *Kant und das Problem der Metaphysik*, GA3, Frankfurt am Main: V. Klostermann, 1991, S. 103.

② Heidegger, *Phaenomenologie des Religioesen Lebens*, GA60, Frankfurt am Main: V. Klostermann, 1995, Erster Tail, Kap. 3, Kap. 4.

③ Heidegger, Zur Bestimmung der Philosophie, GA56/57, Frnakfurt am Main: V. Klostermann, 1999, "Die Idee der Philosphie und das Weltanschauungsproblem "(Kriegsnotsemester 1919), §20.

④ 张祥龙:《海德格尔的语言观与老庄的道言观》,《从现象学到孔夫子》,商务印书馆,2001年,第245—268页。

⑤ 张祥龙:《海德格尔与孔子论诗的纯思想性——从"不可说"到"诗意之说"》,载《思想避难:全球化中的中国古代哲理》,北京大学出版社,2007年,第341—364页。

⑥ 可参考宋祖良:《拯救地球和人类未来——海德格尔的后期思想》,中国社会科学出版社,1998年。

感兴趣于他在《存在与时间》中阐发的这样的主张，即思想、哲理与人的活生生的、纯生存境域化的实际生活经验，例如“在世界中存在”(In-der-Welt-sein)的“牵挂”(Sorge)经验、朝向死亡存在(Das Sein zum Tode)的经验、良知呼唤(der Gewissensruf)的经验等，不可分割，而且这种经验的底蕴乃是生存时间。但另一方面，儒家会很不满意于他对于人的这种缘在(Dasein)经验的处理方式，也就是将它限制于以个人为基本单位的方法论视野。在儒家看来，人的生存经验的最原初单位不是个人、社会、国家乃至自然，而是家庭与家族，以及广义的天地父母。当然，海德格尔讲的“缘在”已经不是传统西方哲学讲的“主体”，而是与它所处的世界(Welt)从存在论上不可根本分离的缘-在(Da-sein)。《存在与时间》对这样一种先于主体客体二分的原初经验的精彩揭示和分析，是这本书成功的关键。但是，这种非主体主义的人性观和存在观还局限在个人的生存视域之中，人的真正切身的(eigentlich)的经验是个人在朝向自己死亡的存在中做出的先行的决断(vorlaufende Entschlossenheit)，以及由它所开启的以将来为趋向的时间性。而在儒家看来，这种时间观，尽管要比物理时间、庸俗时间(vulgaere Zeit)更本原、更真切，但依然不是人的实际生活经验的最终意义源头。人的生存时间，首先是作为构成家庭与家族经验的意义结构的代际时间，尤其是亲子时间，是超个人的，以家庭、家族的死亡，而不是个人的死亡为终端界限(Ende)；它绝不虚无，而是一种能够给这还没有人格神和国家实体的世界以原初意义和根本希望的时间，因为它里边既有个人乃至一代又一代人死亡造成的遮蔽，又有血缘或准血缘的连续所构成的去蔽真理之光。

海德格尔思想的转向与《存在与时间》中的真理观和时间观的缺陷相关，因为那里讲的真理与时间性还有单质化之嫌。他的思想在转向(1930年)之后，尽管进一步向语言经验、自然保护和荷尔德林意义上的神敞开，不再仅仅是面对自己死亡的个体意识，但其中仍然缺少实际生存的身体和血脉。“充满劳绩，但人诗意地，/栖居在这片大地上”①，可是问题在于，这

① Heidegger, "… dichterisch wohnet der Mensch …", *Vortraege und Aufsaetze*, S. 185. "Voll Verdienst, doch dichterisch, wohnet/ Der Mensch auf dieser Erde." 中译文出自《海德格尔选集》，第467页。

种与大地如此亲密相连的栖居之人，却没有真实的家室和家居。说到底，“家”是整个西方哲学的盲点，即便是力图将哲学带入人的生存体验的新思想者们，至今也还没有获得能让他们看到家的原初哲理性的眼光。但无论如何，现象学、特别是海德格尔的学说，使现代中国人开始能够感到自己祖先哲理的活力所在，以及能让他们做出自己的独特工作的方向所在。

己丑春写于畅春园望山斋

己丑夏修订于厄瓜多尔国基多市，圣·弗朗西斯科大学

美　学　卷

儒道哲理与中国艺术

葛 路*

春秋战国，是学术上的百家争鸣时期，在当时的诸家学派中，儒道两家对中国美学的影响深远。孔丘是儒家学派的创始者，孟轲继其志，发展其学说，形成孔孟之道的儒家学派思想体系。老聃是道家（道家是起于汉代的称谓）学派的创始者，庄周继承其思想，加以阐发改造，形成老庄之道的道家学派思想体系。当时儒道两家是对立的学派。司马迁在《史记·老子韩非列传》中说，庄子“剽剥儒墨”。剽剥即攻击，儒道两个学派存在着矛盾斗争。至于说儒道互补，乃至儒、道、释思想相容相济，是魏晋起才逐渐形成的现象。儒道的美学思想，在本质方面的区别是明显的，相异处大于相同处。儒道是中国古代思想史上的两大主流，也是中国美学史上居于支配地位的两大流派。

儒道两家的思想在美学方面的体现，从总的方面看，孔孟的伦理道德是其美学思想的中心支柱，老庄的清静无为之道，是其美学思想的中心支柱。两家关于美学一系列重要问题的看法，都与各自的道有内在的联系。本文就有为与无为、仁义之性与真朴天然之性、有情与无情、两种思想方法对审美观的影响等四个问题，述评儒道审美观的相异之处。

一、有为与无为

有为与无为，这里主要是讲与天道相对的人道；从孔孟和老庄对人道所持的态度辨认他们的美学思想特点。孔子说：“朝闻道，夕死可矣。”（《里

---

* 葛路，原名葛光植，1926年生，男，北京大学哲学系离休教授。

仁》,本文对孔孟老庄的引文,只注篇名,省去书名,下同。)他把闻道看做追求真理的活动,为真理而生命不足惜。孔子创立了以仁为核心的道,他把实践仁看做人生的准则、崇高的道德表现。为了行仁,他百折不挠,一直抱着进取有为的精神,奔走列国,栖栖惶惶。孔子死后一百多年,孟子降生,他继承孔子的道统,在仁的启示下,提出义。他说“仁,人心也;义,人路也”(《告子上》),仁是人的善良之心,义是人的正当道路。孟子为了宣传他的思想,不远千里去见国君。孟子有“舍生而取义”(《告子上》)的献身精神。孔孟的仁义之道,实质上是一种道德规范。他们的仁义之道的性质,决定了其积极有为的态度。无论是宣扬仁的思想或推行以仁政治国的方略,都必须做变革人的意识或变革社会的工作,舍去有为的精神怎能行呢?道德与事功的结合,是孔子判断人的精神美的准则。他赞颂尧说:“大哉!尧之为君也。巍巍乎!唯天为大,唯尧则之。荡荡乎!民无能名焉。巍巍乎!其有成功也。焕乎!其有文章。”(《泰伯》)孔子认为尧的大作为就是大德的表现。孔子最敬佩周公(姬旦)也是出于这一思想。他说:“如有周公之才之美,使骄且吝,其余不足观已”(《泰伯》)。可见,孔孟的有为的人生观,是由其仁义之道的思想实质所决定。

孔孟的仁义之道成为评价人的精神美的标准,也成为认识自然美的规范,表现为以自然物比德。孔子喜欢登山观水,享受自然美。有一次,弟子曾皙谈春游说:“莫春者,春服既成,冠者五六人,童子六七人,浴乎沂,风乎舞雩,咏而归。”(《先进》)孔子听了深为赞叹。但孔子却往往将自然之美比君子之德。孔子的比德思想,影响后世二千多年,它影响到人对自然美的看法,影响到艺术创作中的借物寓意。孔子以物比德,有的是把自然物的特点与审美者的思想情感巧相结合,如说“岁寒然后知松柏之后凋也”(《子罕》)。又如以玉比君子,物的特性同有修养的儒家君子的精神仪态,较为相似。有些比德则与自然物的特性不太吻合,如“知者乐水,仁者乐山。知者动,仁者静。知者乐,仁者寿”(《雍也》)等。孔子的仁知之乐在封建社会里风靡了几千年,足见其审美思想影响之大。孟子的自然审美观也是道德型的,如论观水说:“源泉混混,不舍昼夜,盈科而后进,放乎四海。有本者如是,是之取尔。苟为无本,七八月之间雨集,沟浍皆盈;其涸也,可立而待也。故声闻过情,君子耻之。"(《离娄下》)又说:"观水有术,必观其澜。日月有明,不成章不达。"(《尽心上》)孟子观水,以水源不竭者为美,以壮阔波澜为美,以此比拟君子有本和德性的宏扬;水泻满洼地后再向前奔流,则象征君子务德有成方能通达。

孔孟审美观,在谈艺术的领域中表现得直接。孔子说:"人而不仁,如礼何? 人而不仁,如乐何?"(《八佾》)没有仁德的人,是谈不到礼乐的,又说:"有德者必有言。有言者不必有德"(《宪问》),因此,务德有成,文则自然而生。修德与学文的主次是,"入则孝,出则弟,谨而信,泛爱众,而亲仁。行有余力,则以学文。"(《学而》)放大范围,则是"志于道,据于德,依于仁,游于艺。"(《述而》)孔子论音乐,说"乐则《韶》《舞》。放郑声,远佞人。郑声淫,佞人殆"(《卫灵公》)。又说:"恶紫之夺朱也,恶郑声之乱雅乐也。"(《阳货》)论诗说:"《诗》三百,一言以蔽之,曰:'思无邪'。"(《为政》)论诗的功能说:"可以兴,可以观,可以群,可以怨;迩之事父,远之事君。"(《阳货》)孔子的这些言论,都贯穿着伦理道德的准则。

孟子论文与德的关系与孔子不同,主要体现在他的浩然之气上。什么是浩然之气? 他回答道:"难言也:其为气也,至大至刚,以直养而无害,则塞于天地之间。其为气也,配义与道;无是,馁也。是集义所生者,非义袭而取之也。行有不慊之心,则馁矣。"(《公孙丑上》)浩然之气从实质看,属于道德修养的范畴。浩然之气来源于实行仁义,实行仁义达到最高境界,便有浩然之气。浩然之气不像郭沫若小说描写的孟轲早晨起来伸着脖子养气(文学创作有其特性,可以如此描写)。后世如文天祥的《正气歌》的正气,正源于孟子的浩然之气。孔孟的务德先于务文的思想,影响后世从人品论文品。宋代的苏辙就把孟子的浩然之气和他的文章联系起来研究,说:"观其文章宽厚弘博,称其气之大小。"(《上枢密韩太尉书》)孟子虽然重"仁声",但也不排除俗乐,他对雅乐、新乐一视同仁,兼容并包。他说:"今之乐犹古之乐也。"(《梁惠王下》)现今流行的音乐和古代音乐一样。这和孔子只欣赏雅乐而痛恶郑声是大不同了。孟子所以作如是观,其一,在于他的"民为贵"思想。他既然提倡王与民同乐,那么民俗所尚的新乐就难以否定。其二,时势使然。春秋末年,已经出现了正统思想难以维系天下的礼崩乐坏的现象,到了战国时期,新乐在诸侯中流行起来,如齐王坦率地对孟子说:“寡人非能好先王之乐也,直好世俗之乐耳。”(《梁惠王下》)这一新形势不可能对孟子的审美思想无影响。此外,俗乐的艺术性之高,是历来所公认的。人们被它的音乐之美吸引和陶醉了,不再为儒家分辨思想内容的纯正所束缚了。到了魏晋,在重艺术性思潮中产生的嵇康的声无哀乐论,从理论上作了系统的阐发。

孔孟以仁义道德作为评人、审物、衡文的思想核心,并没有混同美与善。春秋时期,美与善的概念相同,孔子第一次将二者加以区分,认为最好的艺术是美与善兼备。“子谓《韶》:‘尽美矣,又尽善也。’谓《武》:‘尽美矣,未尽善也。’”(《八佾》)从声音美来说,《韵》和《武》都达到了极致,然而从道德意义来说,《武》就不如《韶》了。孟子认为,“可欲之谓善,有诸己之谓信,充实之谓美”(《尽心下》),区分了美与善;但孔孟对美、善的界说都欠解释。

老庄之道以无为作宗旨。道是无意识无目的、无私、无欲、无争,所以说道是无为。道虽然是没有意识没有目的的活动,但道生万物,又是无不为的,所以,“道恒无为而无不为”。无为,是指道之体;无不为,是指道之用。以后庄子变革了老子无为的学说,才真正无为了。老子的无为思想,产生于道法自然:“人法地,地法天,天法道,道法自然。”层层所法,归终是法自然。自然者,自然而然,它与人为相对立。人遵循道,所以人也应该无为。老子主张清静无为,对待国事倡导无为而无不为的顺势自治的态度,反对儒家宣扬仁义礼乐等救世的有为态度。怎样才能无为?守柔。老子说:“柔之胜刚,弱之胜强。”“故坚强处下,柔弱处上。”老庄以柔静为美,他们塑造的人的柔静形象是婴儿,是处女,是真人。

老子说:“搏气致柔,能为婴儿乎?”说的是,聚精气以致柔顺,能像无欲的婴儿吗?老子形容婴儿说:“含德之厚者,比于赤子。蜂虿虺蛇不螫,猛兽不据,攫鸟不搏。骨弱筋柔而握固。未知牝牡之合而朘作,精之至也。终日号而不嘎,和之至也。”老子的这几句话就有小孩的天真幼稚气,不无可爱而可笑处,不过柔弱之精神美是勾画出来了。我们也可以理解,赤子代表天真烂漫之美,一洗矫揉造作之丑。孟子也德比赤子:“大人者,不失其赤子之心者也。”(《离娄下》)有德性的人能保持天真纯朴的童心;孟子取譬以明理解,和老子有相近的地方。庄子幻想的神仙形象是柔且静的:“藐姑射之山,有神人居焉,肌肤若冰雪,绰约若处子。”(《逍遥游》)最能体现庄子的无为思想的是他独创的真人形象。所谓真人,是道家称得道之士。庄子在《大宗师》中写道:“古之真人,不逆寡,不雄成,不谟士。若然者,过而弗悔,当而不自得也。若然者,登高不慄,入水不濡,入火不热。……其寝不梦,其觉无忧,其食不甘,其息深深。真人之息以踵,众人之息以喉。……不知悦生,不知恶死;其出不訢,其入不距;翛然而往,翛然而来而已矣。不忘其所始,不求其所终;爱而喜之,忘而复之,是之谓不以心捐道,不以人助天。是之谓真人。”真人没有喜怒哀乐恶憎之情,也没有利害得失之虑,生死置之度外,将万事万物等量齐观。孔子树大德大功的帝尧为精神美的榜样,庄子则立彻底无为至静的真人为精神美的榜样。儒道两家各有自己的古圣人(真人也是圣人)。庄子又借寓言故事写出一些形残德全的真人,《德充符》中有数段这类文字。试举其中一例:“鲁哀公问于仲尼曰:卫有恶人焉,曰哀骀它。丈夫与之处者,思而不能去也。妇人见之,请于父母曰‘与为人妻宁为夫子妾’者,十数而未止也。……寡人召而观之,果以恶骇天下。……国无宰,寡人传国焉。”(《德充符》)一个貌丑惊人的人,竟然把下至庶人上至王都迷住了,何能至此?因为德(得道之谓德)有所长。精神美胜过形体丑,使丑转化为美。庄子虚拟的这种真人形象,影响于后世的艺术创作。

时至东汉,道教创立,把老子捧上教主的宝座;庄子成为南华真人,他的学说文集便被称作《南华经》。于是,以后在道教的绘画、雕塑中,出现了一种(不是所有的)貌状异乎常人的神仙形象。再往后,佛寺绘塑的罗汉形象,也在某种程度上受其影响。小说里也开始描写起神通广大而相貌奇形丑陋的道士、和尚了。庄子可能是中国最早的精神美胜过形体美的揭示者。比起西方资本主义社会人道主义文学家创造的形体丑心灵美的正面艺术形象,要早得多了。

老庄借自然物喻道,以柔弱虚静为美者莫过于水。老子说:“上善若水,水善利万物而不争。处众人之所恶,股几于道。剧善地,心善渊,……”最有美德的圣人是道的体现者,因为他处下而不争高,虚静而深沉。老子又说:“清静为天下正。”他以静作为生活的准则。庄子祖述老子之学,以不争之德,无为之道为宗。他说:“万物无足以铙心者,固静也。水静则明烛须眉,平中准,大匠取法焉。水静犹明,而况精神!……夫虚静恬淡寂漠无为者,天地之平而道德之至。”(《天道》)孔孟以水喻道,老庄也以水喻道,水一物,孔孟主要取其动态以明积极进取之德,老庄主要取其静态以示柔弱清虚之道。以同一自然物为对象,而美感各不同。

庄子的任自然和虚静思想,也表现在他对技艺创造者的主体精神状态的看法上。其影响加大的观点有三。(一)从事技艺活动,必须精神解放,心情舒畅,排除一切干扰杂念。解衣盘礴作画的故事就是突出的一例:“宋元君将画读,众史皆至,受揖而立,舐笔和墨,在外者半。有一后至者,儃儃然不趋,受揖不立,因之舍。公使人视之,则解衣盘礴,臝。君曰:‘可矣,是真画者也’”(《田子方》)解衣盘礴故事所以为后世画家赞同,全不在它对绘画技巧有什么启发,而在于它道出了艺术创作者的精神状态。这则出于《庄子》外篇的一段小文,具有很高的美学价值,它是后世探讨文艺心理学的发端。与解衣盘礴性质类似的观点,还有这样的言论:“仲尼曰‘善游者数能,忘水也。若乃夫没人之未尝见舟而便操之也,彼视渊若陵,视舟之覆犹其车郤也。覆郤万方陈乎前而不得入其舍,恶往而不暇!以瓦注者巧,以钩注者惮,以黄金注者殙。其巧一也,而有所矜,则重外也。凡外重者内拙。’”(《达生》)这段话是借孔子的口述庄子的道。要点是讲外重内拙。外重内拙是说,有外在的精神负担,必然会影响心灵手巧。只有精神坦然,才能搞好创作。(二)虚静凝神,用志不分。出于《达生》篇的“梓庄削木为鐻”就是阐明这一道理的。梓庄在动手做鐻以前,经历了这样的精神准备:“臣将为鐻,未尝敢于耗气也,必斋以静心。斋三日,而不敢怀庆赏爵禄;斋五日,不敢怀非誉巧拙;斋七日,辄然忘吾有四肢形体也。当是时也,无公朝,其巧专而外骨消。”斋以静心,排除庆赏爵禄和非誉巧拙的念头,最后忘记四肢形体。到了这个时候,胸中清虚,不但无意于公私,连朝廷也忘怀了,内巧之心专注,外乱之事消除,最后才动手成器。我们看,除去“斋”的形式,修养精神的内容,不正是宋、元文人画家要求屏声裘马,赞毁无挠于怀吗?这类寓言之所以对后世艺术家的精神素养有影响,因为它揭示了一些规律性的东西。(三)虚静才能体物、容物。庄子以水喻心,说“水静犹明,而况精神”,又以室喻心,说“虚室生白”(《人间世》)。庄子的虚静思想对后世文艺创作,不无直接或间接的影响。陆机说“澄心以凝思”(《文赋》),宗炳说“澄怀味像”,郭熙作画“必神闲意定而后为之”,……苏轼有两句诗恰能概括:“静故了群动,空股纳万境。”

从以上论述可见,孔孟的有为和老庄的无为,都体现了他们各自的人生态度,人生理想,即人生观。由于道的不同,人生观的不同,影响到各自的美学理想,形成不同的审美观。

二、仁义之性与真朴、天然之性

孔子是中国最早谈人性的哲学家之一。他认为人的性与习相关,“性相近,习相远也”(《阳货》)。人的天生之性是相近的,后来的差别是由于习染造成的,社会环境对人性有决定性的影响。孟子认为人的本性是善良的,后天只需扩大充实,所以他强调“养正”、“放心”、“尽心”。他认为仁义礼智是人性固有的善端,所谓“恻隐之心,仁之端也;羞恶之心,义之端也;辞让之心,礼之端也;是非之心,智之端也。人之有四端也,犹其有四体也”(《公孙丑上》)。孟子所说的性,是指人之所以异于禽兽的特殊性,即人的特性,它体现在仁义礼智的萌芽上面。

孔孟的仁义之性与其审美观,是通过重礼乐联系起来的。孔子所处的时代是礼坏乐崩的春秋末年,他把振兴礼乐作为己任,要使“《雅》、《颂》各得其所”(《子罕》)。礼乐都是以仁为其思想内容的。孔子说“克己复礼为仁”(《颜渊》)。礼主分,起制约人与人之间关系的作用,乐主和,起调和人与人之间的情感的作用。礼乐并行,从分与和两个方面实现仁的目的。孔子说“兴于《诗》,立于礼,成于乐”(《泰伯》),认为礼是人的社会立足点,乐则能起陶冶人性的作用,使人性树立在仁的基础上,所谓乐能治性成性。子夏曾问孔子:“‘巧笑倩兮,美目盼兮,素以为绚兮’何谓也?”子曰:“绘事后素。”曰“礼后乎?”子曰:“起予者商也! 始可与言《诗》已矣。”(《八佾》)孔子之所以赞许他的学生对他有启发,因为子夏说礼乐产生于仁义之后,正如绘画产生于供作画的白底子之后一样。礼乐(包括诗歌)对人起作用,不外要求达到以仁治性成性的目的。孟子提倡仁声，把仁义当做礼乐的内容，说："仁之实，事亲是也；义之实，从兄是也；智之实，知斯二者弗去是也；礼之实，节文斯二者是也；乐之实，乐斯二者，乐则生矣；生则恶可已也，恶可已，则不知足之蹈之手之舞之。"（《离娄上》）礼乐不仅是仁义的表现形式，而且是实现仁义的手段，它能达仁义之情，这是孔孟所以重礼乐的根由。

孔孟重礼乐以仁义之性为思想基础，影响到他们对文艺问题的一系列的看法。在文艺的功能上，偏重政治道德方面的社会作用，如孔子论礼乐与法制的关系，说"礼乐不兴则刑罚不中，刑罚不中则民无所措手足"（《子路》）；论学《诗》的作用，说"迩之事父，远之事君"（《阳货》）。孟子论"与民同乐"是基于人同此心；论言辞是"生于其心"（《公孙丑上》），"作于其心"（《滕文公下》）。在文艺的形式与内容问题上，孔孟都要求文质相称，同时偏重于先质后文。孔子痛恶郑声，除认为不符合中和之音外，在思想内容上也认为不符合德，无德即无质。孟子所说的"诐辞"、"淫辞"、"邪辞""遁辞"，多是和仁义对立的。在作者与作品的关系上，孔孟认为人品决定文品，人之德是本，人之文是表。孔子说："不知言，无以知人也。"（《尧曰》）这是间接谈人与文的关系；孟子直接提出知人论世的观点，说"颂其诗，读其书，不知其人，可乎？是以论其世也"（《万章下》）。孟子认为不能就文论文，这也无异于说明，文品出于人品。孔孟的这一思想，对后世产生了有益的影响。《文心雕龙》云"文变染乎世情，兴废系乎时序"，《艺概》云"有混茫之人，而后有混茫之诗"等等，可见一斑。

此外，与孔孟人性有关的美学问题，还有孟子的美感的共感论。他说："口之于味，有同耆也，易牙先得我口之所耆者也。如使口之于味也，其性与人殊，若犬马之与我不同类也，则天下何耆皆从易牙之于味也？至于味，天下期于易牙，是天下之口相似也。惟耳亦然。至于声，天下期于师旷，是天下之耳相似也。惟目亦然。至于子都，天下莫不知其姣也。不知子都之姣者，无目者也。故曰，口之于味也，有同耆焉；耳之于声也，有同听焉；目之于色也，有同美焉。至于心，独无所同然乎？心之所同然者何也？谓理也，义也。圣人先得我心之所同然耳。故理义之悦我心，犹刍豢之悦我口。"（《告子上》）人同此心，心同此理，共同的美感是建立在相同的人心之上的，而观念不相同的人心,是生而有之的人性。孟子讲美感的共同性,是和他的唯心主义先验论相关联的。孟子论文艺作品的欣赏,又强调美感的差异性。咸丘蒙问孟子:"《诗》云,'普天之下,莫非王土;率土之滨,莫非王臣。'而舜既为天子矣,敢问瞽瞍之非臣,如何?"曰:"是诗也,非是之谓也;劳于王事而不得养父母也。曰,'此莫非王事,我独贤劳也。'故说诗者,不以文害辞,不以辞害志。以意逆志,是为得之。"(《万章上》)这是讲读诗要以意逆志,而孟子和咸丘蒙对《北山》一诗的不同理解,就是由于他们的意、他们的美感的相异造成的。孟子和高叟关于《小弁》一诗的不同看法,也说明美感的差异性。为什么在美感的问题上,孟子的观点出现了矛盾呢? 究其根本,来源于他的人性论。孟子从人的仁义之性生而有之,引申出美感的共同性。孟子又认为环境对人的影响,使人的先天相同的仁义之性有所变化,由此引申出美感的差异性。其实美感的共同性与差异性,都跟社会环境有关,没有先验的美感共性,不过,孟子的美感共同性的提出,丰富了我国古代美学的命题,有重要的意义。他在论诗所说的美感差异性,就问题本身而言,也道出了艺术欣赏的特点。

道家不承认仁义是人性。道家认为人的本性是自然而然的朴真之质,这一自然朴素的本性,是圆满的,是完美的。道家称人的本性为性命之情(这里的情,作真实解),人应该任性命之情,而不要矫揉造作,改造人性,更加要反对。道家排斥儒家提倡的礼乐文章(广义的文章),因为搞那一套就会失性命之情。凡是人为的都要损伤人的本性,归真反朴才能恢复人的本性。庄子说:"朴素而天下莫能与之争美。"(《天道》)这句话很重要,它概括了道家的一种审美标准。孔子赞赏"周鉴于二代,郁郁乎文哉! 吾从周。"(《八佾》)老子却把小国寡民的原始社会当做善美的理想国。庄子更有甚者,他把人类受大自然严重威胁的远古时期,视为至德之世。在至德之世,人与禽兽同居同游,"族与万物并,恶乎知君子小人哉! 同乎无欲,是谓朴素,朴素而民性得矣"(《马蹄》)。孔子景仰的尧舜,在庄子看来,是每下愈况的第三次德衰之世的圣人。文明制度的种种,庄子认为都会使人失去朴素的本性,所谓"文灭质"。人一旦失去了朴素,也即失去了美。庄子说的至德之世,审美的问题是谈不到了,但他以朴素为民性的思想,却表达得很鲜明。他所谓的朴素，就是天然的状态。“牛马四足，是谓天；落马首，穿牛鼻，是谓人。故曰，无以人灭天。”（《秋水》）庄子通过写马的遭遇，生动地表达了人灭天的伤真性的行为。“马，蹄可以践霜雪，毛可以御风寒，龁草饮水，翘足而陆，此马之真性也。虽有义台路寝，无所用之。及至伯乐，曰：‘我善治马。’烧之，剔之，刻之，雒之，连之以羁馽，编之以皁栈，马之死者十二三矣；饥之，渴之，驰之，骤之，整之，齐之，前有橛饰之患，而后有鞭筴之威，而马之死者已过半矣。”“夫马，陆居则食草饮水，喜则交颈相靡，怒则分背相踶。马知已此矣。”（《马蹄》）野马是美的，像野马那样自由自在的生活是美的。我们应当把庄子写马当作写人看。徐悲鸿画马，从来不络头备鞍，没有“前有橛饰之患，而后有鞭筴之威”。他以不羁的野马为美，以不羁的野马寄寓个人或民族的自由解放的情感。这是几句题外话，但也不是毫无相干的乱联系。

道家重质不重文，论人论物都以自然朴素为美，这同孔孟重礼乐大不相同。庄子把文与质对立起来，割断了素与丽的联系。如说：“百年之木，破为牺尊，青黄而文之，其断在沟中。比牺尊于沟中之断，则美恶有间矣，其于失性一也。”（《天地》）凡人为的装饰，不论其效果如何，是否有利于审美情趣的培养，一概反对。这样，在否定文的同时，也把巧否定了。老子把巧与拙当成事物相互依存、相互补充的对立统一体。庄子认为运巧与使机械物一样，存于胸中有损“抱一守白”。六朝时期，诗坛上，曾经有人提倡自然清新的风格，反对雕绘满眼的风格；宋代文人画家如米芾，标举天真平淡，反对奇峭之笔，这类艺术审美要求是受庄子的思想影响。

三、有情与无情

儒家对于饮食男女声色等欲望，看做是自然的要求，但主张加以节制，不能超越礼的规范，对于喜怒哀乐等人之情，认为应该有，只是情之所发要适中，并要受道德的制约。孔子的感情是丰富的，他不压抑自认为正当情感的流露，不伪饰喜怒哀乐。我们读《论语》，时时如见其貌，如闻其声。“有朋自远方来，不亦乐乎？”（《学而》）颜渊死了，他悲叹道：“噫！天丧予！天丧予!”(《先进》)“予与人歌而善,必使反之,而后和之。”“子在齐闻《韶》,三月不知肉味,曰‘不图为乐之至于斯也’。”(《述而》)为一曲音乐而动情如此,古今少有。但孔子不纵任感情,他主张情不过分。《中庸》说“喜怒哀乐之未发,谓之中。发而皆中节,谓之和”,孔子于情正体现了和。他认为乐的功能就是主和。孟子也是有情论者。他认为恻隐、善恶、辞让之心,人皆有之,这些好的情感,是道德产生的基础。他肯定艺术有动情力量,甚至说:“仁言不如仁声之入人深也。”(《尽心上》)

道家讲寡欲无情。老子说:“不见可欲,使民心不乱。”“无欲以静,天下将自定。”老子虽然说过无欲的话,但还是主张满足人在生活上不可少的欲望,使民“甘其食,美其服,安其居,乐其俗”。他反对五色五音五味的欲望,然而“为腹不为目”的最低物质享受还是应该有的。庄子对于欲的看法和老子不太一样,主张无欲。认为“其耆欲深者,其天机浅”(《大宗师》);“同乎无欲,是谓朴素,朴素而民性得矣”(《马蹄》)。前面讲的是老庄对于欲的观点。对于情,老子没有说什么,庄子则大加阐发,他是无情论者。惠子问庄子:“既谓之人,恶得无无情?”庄子解释说:“吾所谓无情者,言人之不以好恶内伤其身,常因自然而益生也。”(《德充符》)除去有情伤身之外,他认为得失、祸福、毁誉、穷达等都不可萦怀扰心,最终做到“有人之形,无人之情”(《德充符》),像他虚构的真人那样。可是在现实生活中,无论是自然环境还是社会环境,都使庄子不能无情。这是饶有意味的问题。先说自然景物对庄子的影响。庄子说:“天地有大美而不言,四时有明法而不议,万物有成理而不说。圣人者,原天地之美而达万物之理,是故圣人无为,大圣大作,观于天地之谓也。”(《知北游》)这里说的“天地有大美”虽然是指天覆地载之美,但庄子对大自然之美是肯定的。可是一旦身临其境,却产生了情感上的矛盾:“山林与!皋壤与!使我欣欣然而乐与!乐未毕也,哀又继之,哀乐之来,吾不能御,其去弗能止。”(《知北游》)欣赏自然景物,先乐后哀,哀乐之情不由人。庄子认为,人应当“物物而不物于物”(《山木》)。人的情因物而生,物引起人的情之后,人就要有哀乐之情,这种现象叫物于物。由于欣赏自然美景而产生由乐转悲的问题,在中国历史上,庄子是较早提出来的。后来王羲之作《兰亭集序》也有同感:“所以远目骋怀,足以极视听之娱,信可乐也! ……及其所至既倦,情随事迁,感慨系之矣,向之所欣俯仰之间,以为陈迹。”至于赴宴会、赏乐舞,先喜后悲,汉以来常有描写。《淮南子·原通训》云:“乐作而喜,曲终而悲,悲喜转而相生。”《抱朴子》云:“曲终则叹发,宴罢则心悲也。实理势之攸召,犹影响之相归也。”杜甫《观公孙大娘弟子舞剑器行》云:“玳弦急管曲复终,乐极哀来月东出。”怎样理解这个美感的心理问题呢? 思想受道家影响而能超脱的苏轼提出,寓于物则乐,留意于物则病的见解。他说:“君子可以寓于物,而不可留意于物。寓于物,虽微物足以为乐,虽尤物不足以为病;留意于物,虽微物足以为病,虽尤物不足以为乐。老子曰:‘五色令人目盲,五音令人耳聋,五味令人口爽,驰骋田猎令人心发狂。’然圣人未尝废此四者,亦聊以寓意焉耳。”(《宝绘堂记》)情因物生,儒道两家都不否认,认识上是相同的。不同之处是,孔孟认为情因物生是合理的,庄子从无为的道来看认为是不应该有情,但在现实生活中又难以摆脱情。苏轼的可以寓意于物而不可以留意于物的理论,是对儒道观点的调和。他的说法,比《抱朴子》所云“实理势之攸召,犹影响之相归”,更有美学理论价值。在我们看来,无论是欣赏自然美景还是欣赏乐舞,由乐而悲的现象,涉及情感的转化问题。它的产生原因,直接同欣赏者当时的心境有关系,同时连结着欣赏者的人生观甚至宇宙观。

庄子面对自然景物做不到无情,面对社会生活更做不到无情。庄子处在奴隶制崩溃、封建制方兴的春秋战国时期,从历史发展的观点看,时代是进步了。但篡乱相继,许多黑暗不合理的现象依然存在。庄子要求平等自由,消除君子与小人的对立,这在当时是实现不了的;相反的是“窃钩者诛,窃国者为诸侯,诸侯之门仁义存焉。”“田成子一旦弑齐君而盗其国。……而身处尧舜之安;小国不敢非,大国不敢诛,十二世有齐国。”(《胠箧》)“方今之时,仅免刑焉。”(《人间世》)他感到生不逢时,有道不能行,精神苦闷,情绪悲愤。他的彻底无为的道是不可能实行的,而做官高升的机会并非没有,但他只做过卑微的漆园吏,没有往上爬的兴趣,而且极其轻视达官贵人,对于汲汲于利禄之辈,冷嘲热讽。《淮南子·齐俗训》记载:“惠子从车百乘而过孟诸,庄子见之弃其余鱼。”宋国有个曹商,宋王派他出使秦国,得车百乘,回来后向庄子夸耀。庄子说:“秦王有病召医,破痈溃痤者得车一乘,舐痔者得车五乘,所治愈下,得车愈多。子岂治其痔邪,何得车之多也?子行矣!"(《列御寇》)这样火辣辣的话,哪里是无情人说得出口呢?这类故事不可能尽符合史实,然而庄子看不惯世态、自持清高的思想却是真实的。他宁愿衣弊履穿,过着贫穷的生活,也不想为贵为富而失去自由。自由,绝对的精神自由,是他的情之所钟,美之所在。楚王派人去请庄子,想委托他以国事。当时庄子在濮水钓鱼说:"吾闻楚有神龟,死已三千岁矣,王巾笥而藏之庙堂之上。此龟者,宁其死为留骨而贵乎?宁其生而曳尾于涂中乎?""吾将曳尾于涂中。""或聘于庄子。庄子应其使曰:'子见夫牺牛乎?衣以文绣,食以刍叔,及其牵而入于大庙,虽欲为孤犊,其可得乎?"(《秋水》)做官就如当神龟、牺牛,不仅失去自由,而且有送死的危险。庄子的这种思想情感,影响于魏晋六朝。那时有些人采取佯狂避世的态度,就是怕做牺牛,但你不想做牺牛,统治者却硬把你拉进庙堂,遭杀之日,发出类似欲为孤犊而不可得的叹息。梁武帝想请陶弘景出山当宰相,陶弘景画了两头牛呈上,一头牛笼头穿鼻,一头牛无饰无羁。梁武帝看画后明白陶弘景的寓意,碍于朋友的情面,只好让他做山中的白衣宰相。韩滉所作《五牛图》,其中一牛金络头,就是依据陶弘景的故事。

最能表达庄子追求精神自由的是《逍遥游》中写的大鹏形象,它气势磅礴,清高拔俗,是庄子的自况。据说鹏鸟就是凤鸟(也即鹓雏)。这种鸟"非梧桐不止,非练实不食,非醴泉不饮",生活习性极清高。庄子在"方今之时仅免于刑"的社会,他没有做遁世的隐士,而是以材与不材之间的态度处世,和光同尘,随便无所谓,乃是不得已的违心行为。真正象征他的理想精神境界的,是极其自由的大鹏。野马、大鹏是他的精神美的化身。他的这种超然于一切的思想从何而来呢?我认为起点是他的生死观。庄子说:"人之生,气之聚也;聚则为生,散则为死。"(《知北游》)生和死是物质变化的结果,是可认识的自然法则。庄子妻死,鼓盆而歌,惠子责怪他。他说妻子"偃然寝于巨室",没有悲哀啼哭的必要。庄子自己临死时,弟子想后葬。他说:"吾以天地为棺椁,以日月为连璧,星辰为珠玑,万物为赍送。吾葬具岂不备邪?何以加此!"弟子说:"吾恐乌鸢之食夫子也。"庄子说:"在上为乌鸢食,在下为蝼蚁食,夺彼与此,何其偏也!"(《列御寇》)庄子的生死观一洗殷周春秋以来对生死的迷信观念,摆脱了上帝鬼神和生死绞在一起的糊涂认识。他把一般人认为是大事的生死问题看穿了,尤其是对于人们感到痛苦、可怕的死的现象洞然于心了,别的还有什么看不开的呢?由于生死度外,导引出齐生死。齐生死与齐万物是一个思想。这样,生老病死都被他淡然视之,淡然置之,不像释伽牟尼看到人世的这种痛苦,创立宗教,在幻想的彼岸世界求得超脱。庄子超然于一切的思想,使他在尘嚣污浊的世俗生活中开辟了一个自慰的精神天地。他可以在那个似乎谁也干涉不到的天地里得到自由,得到慰藉。他描写的大鹏扶摇而上者九万里,他写的鹓雏发于南海而飞于北海,就是在那个天地里神游的形象。后世士大夫阶层中的一些文人,当他们碰到了被放被贬的坎坷遭遇时,往往用超脱的办法解决精神上的苦闷,苏轼就是这样。他的词如"人间如梦"(《念奴娇·赤壁怀古》),"长恨此身非我有,何时忘却营营!"(《临江仙·夜归临皋》),"人有悲欢离合,月有阴晴圆缺,此事古难全。但愿人长久,千里共婵娟"(《水调歌头》)。这些思想情感,不难看出庄子影响所表现的达观、通脱。

四、两种方法论对审美观的影响

孔子的思想方法,是以中庸之道作基础的,认识事物要"叩其两端而竭焉"(《子罕》)。意思是说,事物在发展过程中,可能出现不及和过两个极端,应该在两端之间找出适中合宜的地方。孔子这一折中调和的方法论,在很大程度上决定着他对美与丑的看法。比如艺术表现人的情感,要有节制,所谓淫和伤,都是过分。如前所述,他认为情要受道德的规范,不能放纵,要有节制。这同时与他的调和论有联系。孟子评价美丑,也表现出调和的方法论。《诗经》中的《小弁》,是一首含怨气的诗。有人据此说《小弁》是小人作的诗。孟子不同意这种看法,他分析道:"《小弁》之怨,亲亲也。亲亲,仁也。"(《告子下》)《小弁》的怨恨之情,是热爱亲人的表现,热爱亲人是合乎仁的思想,所以无可非议。孔子要求"怨而不怒",孔子要求怨而不背仁,他们评价艺术,体现了鲜明的伦理性和维护伦理所采用的中和方法。

老庄的审美观,也和他们的方法论有关。老子有辩证思想,他运用对立统一的法则解释美与丑、善与恶、巧与拙等等现象。他把相反相成、相互依存的道理,看做事物的规律,重对立面的综合,相辅相济。庄子受老子思想的影响,应答地发挥了对立合一的观念,讲对立之相依交参,重对立之相齐,认为相反是相同,对立的区别是相对的,最后导致对立的泯灭。现分五个问题作评述。

(一)美与丑。老子重视对立综合,他认为没有美就没有丑,说:“天下皆知美之为美,斯恶已;皆知善之为善,斯不善已。”美之为美,是对恶而言;善之为善,是对不善而言;知道美之为美,就可以辨别恶了;知道善之为善,就可以辨别不善了。指出它们是相对而存在的。在这个意义上,对“天下皆知美之为美,斯恶已;皆知善之为善,斯不善已”,也可以解作,普天下都知道美之所以为美,这就丑了,都知道善之所以为善,这就恶了。老子还说:“唯之与阿,相去几何?美之与恶,相去何若?”对立的区别都是相对的,并无绝对的区分,一切对立,相去不远。老子已经产生了对立相齐的思想萌芽,成为庄子齐物论的先导。庄子进一步消弥对立区别,彼即是此,此即是彼,这样,美与丑当然无从判分了。庄子又把有审美能力的人和不具备审美能力的禽兽相提并论,把生理上的味觉快感和精神上的美感混为一谈,由是更助长了他的齐美丑的诡辩说。庄子在审美观上还有一种看法,即美感决定美。这一思想成为他齐美丑理论的支柱,容易使人困惑,或者赞同他的说法。其观点是通过这样一个寓言反映的:“阳子之宋,宿于逆旅。逆旅人有妾二人,其一人美,其一人恶,恶者贵而美者贱。阳子问其故,逆旅小子对曰:‘其美者自美,吾不知其美也;其恶者自恶,吾不知其恶也。’”(《山木》)这是说,作为审美的对象,其自身是没有美丑的客观性的,人们称其美或不美,完全是自感或他感在起作用,纯粹是情之所致。庄子用朝三暮四的故事来论证这一问题。狙公赋芧,猴子听到朝三暮四而怒,听到朝四暮三而悦,说明“名实未亏而喜怒为用”(《齐物论》)。朝三暮四与朝四暮三,当然是名实未亏;美与恶却名实不同。庄子将二者作比,不伦不类。庄子的美感决定美的思想,进而美感与美不分,如同《礼记》说的“美恶皆生于心”一样,都是从唯心观来理解美感的。庄子的齐物思想有时也出现自我矛盾。比如从他和惠子争辩人能否认识鱼之乐的问题来看,他认为认识者和认识对象不同,但并不因此就决定认识的不可能,人非鱼仍可以认识鱼之乐,可是在审美问题上,他却推翻了自己的观点。

(二)有无。老子讲有无的对立相成相济,体现着他的辩证思想。他说"有无相生",无中含有,有中含无。无,也是一种存在的形式,"无之以为用"。老子以器物为例阐明有无之理:"三十辐共一毂,当其无,有车之用;埏埴以为器,当其无,有器之用;凿户牖以为室,当其无,有室之用。故有之以为利,无之以为用。"辐条凑集在车头上,虚实相济,才起到车轮的作用。制陶器皿,有实有空,方能容物使用。建造房屋,其理一样。"有"所以对人有利,因为它有"无"的配合。老子的有无论讲的是哲学问题,原不为艺术而发,可是它的启示使后世的艺术获益匪浅。唯其是一种抽象的规律原则,因此可以结合到各个创作方面去,做出有声有色的文章。老子说,开凿门窗造房屋,由四壁的虚处和实处,才起到房屋可以住人的作用。这个道理是简朴的,然而虚实运用之妙却是无穷的。陕西临潼出土的秦朝铜车,车厢两壁有窗子。令人惊讶而感兴趣的是,窗扇多孔,类似铜纱,可以左右推移。今天汽车上的窗户设计,这个现代文明的产物,想不到在二千多年前的中国就有了。被称为凝固音乐的建筑艺术,其节奏韵律感离不开虚实的处理。试看北京的古代建筑艺术杰作天坛,实少虚多,正是它悠扬的节奏感的由来。故宫与之对比,则实多虚少,节奏短促雄健。江南的园林建筑,多处体现了有无相济的法则,景物变化无穷,情趣韵律横生。中国的书法和绘画艺术,从使用工具用笔到章法、构图,都得有实有虚,实中含虚,虚中含实,虚实相济,否则便无气韵生动可言。中国书家画家常谈到的"计白为黑",也是把无看做一种有用的存在形式。《淮南子·说山训》云:"物莫不因其所有,用其所无,以为不信,视籁与竽。"不止管乐器须要有无相济始能成器,一切乐器莫不如此。《淮南子》只说到器,未涉及人,实则人在创作乐舞和表演时,有无虚实的运用更加微妙生色。乐曲中的有声与无声,舞蹈中形体动作的动与静,密切联系着艺术美的创造和审美心理学。

(三)大巧若拙。老子看重对立的综合,认为一种事物包含着它反面的因素,才是这一事无的圆满形态。他说:"大成若缺,其用不敝。大盈若冲,其用不穷。大直若屈,大巧若拙,大辩若讷。"最完美的好像残缺,最充实的好像空虚,最正直的好像弯屈,最雄辩的好像出言木讷,最巧妙的好像拙笨。在老子看来,包含着对立因素的事物,不仅不影响事物的完美,而且是事物构成完美形态不可少的。这一道理在老子之前的史伯也说过:“和实生物,同则不继。……声一无听,物一无文,味一无果。”(《国语·郑语》)老子的言论虽然不是直接谈美,实质上包含着道家的审美理想。比如从人的精神状态来说,虚冲就是阴柔之美的一种表现。从人的言谈来说,木讷远远超过喋喋不休的油腔浮词,木讷,是道家清静之美的一种表现。大巧若拙也是一种审美观。道家以朴素为美;拙,是朴素无华的人的精神美,它是符合人性的。老子讲大巧若拙的原意,是对人事而言。因此,庄子在阐述这个问题时,认为实行了彻底的无为而治,就是大巧若拙。艺术创作不能无巧,大巧若拙的巧,是运用巧而不显示巧,所谓天衣无缝,无斧凿痕,便是大巧,因此大巧是贵自然的,自然之美是大巧的表现。黄庭坚论书法说:“凡书,要拙多于巧。近世少年作字,如新妇子妆梳,百种点缀,终无烈妇态也。”(《山谷文集》)反对的是矫揉做作。大巧若拙是寓巧于拙,拙中见巧,其拙已经是艺术达到高级阶段的表现,而不是初学者笨手笨脚的拙。元代的文人画艺术性很高,顾凝远说“生与拙,唯元人得之”,这里说的生拙,就是大巧若拙的境界。讲求大巧若拙的艺术家,以他们创造的独特的美,增添了我国艺术的民族色彩。潘天寿就是善于用拙、能在拙中见巧的一位杰出画家。

(四)大音希声。老子说的“大音希声,大象无形”包含两方面的意思。其一,大音、大象与道有关,也可以说它们是道的别名。“道可道,非常道。名可名,非常名”,说得出的道,就不是永恒的道,叫得出的名,就不是永恒的道的名;因为道难说难名,所以,强为之悦,强为之名。大音、大象是强为之形容形而上的道的。道是包含一切的整体,可闻之声、可视之形来自大音、大象,但都不足以体现道。所以整体才为美,部分从属于整体。按照庄子的说法,不彰声而声全,彰声而生遗,物化了的音乐是不能明道的。“有成与亏,故昭氏之鼓琴也;无成与亏,故昭氏之不鼓琴也”(《齐物论》)。不鼓琴反而能表达最完美的乐曲。庄子讲天籁、地籁、人籁,说“地籁则众窍是已,人籁则比竹是已”。天籁是什么呢?他解释说:“夫吹万不同,而使其自已也,咸其自取,怒者其谁耶!”(《齐物论》)人籁是人吹排箫之类的乐器发出的声响,地籁是风吹地上千窍万孔发出的声响,天籁则是宇宙间自然而然的声音,它不像有意有情的人吹奏乐器,也不像狂风怒吼使得万窍皆鸣。庄子在三籁之中是贵天籁的。《天运》中有一段黄帝答北门成问《咸池》之乐,议论玄妙难懂。其所以难懂,是因为谈音乐而实际与音乐没有什么关联,如果以音乐知识去分析它的内容,如堕雾中。如果从道的角度去理解,则主旨立见:"天机不张而五官皆备,此之谓天乐,无言而心悦。……听之不闻其声,视之不见其形,充满天地,苞裹六极。"此处的天机是指自然的机密,大自然不张设而目视耳听等五官职能因素全备,天乐之美就在这里。它无声无形却囊括天地、无所不包。这就是天乐之乐。庄子说的天籁、天乐岂不是大音希声,大象无形的道吗?其二,大音希声,大象无形,也体现着辩证思想。如同大巧若拙,大辩若讷等等对立统一的概念一样,它可以启示人联系到艺术现象和美学原则。音与声、象与形,人们在习惯上往往把它们看成意思相合的概念,实际上它们是相异的对立统一,正因为这样,所以才能相反相成,相依相济,如大巧若拙那样,形成一个完美的形态。大音希声是虚实在音乐结构上的反映。所以,大音希声除和道的整体美有关之外,它也提示了音乐艺术的另一种规律,即有声与无声。音乐感人的手段是音声,舍音声就不成其为音乐。音乐需要如孔子说的"洋洋乎盈耳哉!"但又不可充耳不绝,无间歇、休止。因此有声与无声要同施共济。白居易《琵琶行》所描写的"此时无声胜有声",正是无声处理的巧妙,它适应听者的审美心理。其他艺术也是如此,虚实处理的巧妙,则能产生象外之象、景外之景、韵味之致的效果。

(五)恍惚。恍惚是老子状写道的形容词。他说:"道之为位,惟恍惟惚。惚兮恍兮,其中有象。恍兮惚兮,其中有物。"老子认为道是先天地而生的,它是宇宙的本源。老子的道,是以绝对的精神为实体还是指物质的实体,当代研究老子的学者看法不一致,还待继续探讨。这里要讲的是,老子形容道的恍兮惚兮一词对艺术的影响。本来道是形而上的概念,而且像老子说的"道之出言,淡兮其无味"。它没有"乐与饵,过客止"那样引人。但为什么学者把道与艺术联系起来呢?因为恍惚之状是人们的现实生活中常遇到的一种景象,一种似有似无的迷离境界。它在现实生活中为文艺家屡见，可是它入人心目而难于出人之手，人们感觉到了，却不易物化为艺术品。宋、元、明、清有些画家喜欢画烟雨、风雨、烟云、月夜等景象，追求迷离恍惚的意境。米芾的水墨山水，可能是开端者。元代高房山继其后，画史记载他画钱塘夜月景致，甚为出众。明清时期，有些画家又以朦胧写花、竹石。老子有一些概念所以和文学艺术发生了因缘，根本的原因在于，辩证法观点与艺术创作规律、方法，有不少相同之处。

美与美感的关系

克　地*

马克思的《1844 年经济学—哲学手稿》(以下简称《手稿》)有多处涉及美与美感的关系,其中直接论述美与美感的关系,有这样一段话:

> 只有音乐才能激起人的音乐感,对于不辨音律的耳朵说来,最美的音乐也毫无意义,音乐对它说来不是对象,因为我的对象只能是我的本质力量之一的确证,从而,它只能像我的本质力量作为一种主体能力而自我地存在着那样对我说来存在着,因为对我说来任何一个对象的意义(它只是对那个与它相适应的感觉说来才有意义)都以我的感觉所能感知的程度为限。所以社会的人的感觉不同于非社会的人的感觉。只是由于属于人的本质的客观地展开丰富性,主体的、属人的五感性的丰富性,即感受音乐的耳朵、感受形式美的眼睛,简言之,那些能感受人的快乐和确证自己是属于人的本质力量的感受,才或者发展起来,或者产生出来。①

我理解,马克思在这里阐明美与美感的关系,两者是对立的统一,属于反应论范畴,但有其特点。美与美感有两个层次:第一,现实方面美与美感的关系;第二,艺术方面美与美感的关系。在两个层次中,美与美感的对立,不是一个事物内部的对立面,而是各在其外,美在美感之外,美感在美之外;美与美感的统一,两者相互依存互相制约,表现为美感离不开审美的对象,审美对象离不开美感。这是其一。其二,两者相互转化,表现为相互创造对方,审美对象创造美感,美感创造美。本文就艺术方面美与美感的相互转

---

* 克地,原名刘曼华,1929 年生,女,北京大学哲学系离休教授。

① 马克思:《1844 年经济学—哲学手稿》,刘丕坤译,人民出版社,1979 年,第 79 页。

化、即相互创造的问题,匆草成纲,以求共同磋商。

一、美创造美感

美创造美感,在艺术方面,这不仅指审美对象为美感提供对象,而且指审美对象的生产规定美感的性质、方向、深度、特点,创造主体的审美能力和艺术情感。

艺术与现实的关系,可以从经济基础与上层建筑的关系,各种意识形态之间的相互作用来看,也就是艺术的外部条件对艺术的产生、发展的影响。如:由于人类史上体力脑力的分工,有了专门的艺术家,才促使艺术从生产、政治、宗教、哲学、礼仪、道德中分化、独立出来;阶级的对立,使一个民族有了相反向济的两种民族文化;近代的大生产打破了封建社会的自然经济,产生世界性的文化交流等等。

属于意识形态的艺术,探求其实质不能只在意识形态圈子内打转转,这是一个方面。现实美如何直接创造美感,即作为艺术对象和外部条件的现实在一定条件下转化为艺术的内部因素,这也是艺术与现实关系的一个不可忽视的方面。

什么叫外部对象转化为内部因素呢?譬如水,是人的生命的外部对象,是人赖以生存的外部条件,而水一经人引用后,便转化为人体内部含有的水分了。在社会现实中,美与丑的对立斗争,是由于生产力与生产关系、经济基础与上层建筑之间的矛盾运动交错构成的。生产力、生产关系、政治和艺术之外的其他意识形态,都是艺术的对象和艺术的外部条件,它们在一定的条件下,都能转化为艺术的内部因素。这种转化主要分为三种情况:一个时代的经济、政治、宗教、道德所构成的社会生活在一定条件下转化为艺术内容,正是常言的艺术来源于生活。某一个时代,艺术的某种主题、题材、形像总是和当时的生产关系相联系。欧洲中世纪,文坛涌现出的歌颂骑士的作品,由于当时存在着骑士阶层,骑士是欧洲封建的生产关系所造成的。中国古代艺术没有骑士形象,乃因中国封建社会不产生骑士阶层。欧洲文艺复兴时期在荷兰兴起的静物画喜爱描绘鱼、美酒、水果和灿然荷光的金银器皿,借以显示财源通海外的商人的阔气,这和当时资产阶级的生产关系有关。政治在一定的条件下,同样可以转化为艺术的内部因素。19 世纪法国大革命,产生了遍及欧洲的积极的浪漫主义艺术,并成为这种艺术的精神实质,就是一例。哲学思想、伦理道德等意识形态,它们也是影响艺术的外部条件,在特定情况下,可以转化为艺术的内部因素。随着市民阶层的崛起,新的道德思想渗透生活,出现了冲破门第的自由恋爱新事,则产生以贵族青年爱上市民女儿为情节内容的作品,如席勒的《阴谋与爱情》。另一种情况是一个时代的政治思想、哲学、宗教、道理等观念直接影响艺术家的意识,在一定的条件下转化为艺术的内部因素。欧洲十八九世纪的现实主义、批判现实主义的许多作家以资产阶级人道主义和人性为其歌颂的主题思想,于是人道、人性与政治法律以及道德与宗教之间的矛盾自然形成这些作品中人物间、人物自身思想的冲突主线。雨果的《九三年》表现得十分明显。这是受当时的流行的哲学思想的影响。中国老子的《道德经》中以“道生一,一生二,二生三,三生万物”,以“大音希声”和“大象无形”说明形而上的道与形而下的器的关系,认为具体产物不能完整地体现道、这一哲学思想影响中国的艺术家着眼于伦理准则,使作者塑造出许多忠臣良子、贞节妇女的形象。不少基督教、佛教、道教的艺术品与艺术家的宗教思想有关。此外,还有生产力发展直接作用于艺术的第三种情况。生产不以艺术家的思想意识为媒介直接作用于艺术而转化为艺术的内在因素。冶锻术的高明或低劣造成铜、铁、金、银器工艺品的精湛或粗糙。毛笔、水墨、帛、宣纸的相继发明,才出现并发展了中国画。生产力达到较高的水平,人类制造出摄影机、录音机,随后有了电影,总之社会现实所以能够在一定条件下转化为艺术的内部因素,究其根由,如在“宗教、家庭、国家、法、道德、科学、艺术等等。都不过是生产的一些特殊的形态,并且受生产的普遍规律的支配”。[①] 生产支配艺术,大多是通过政治、道德、哲学等中介才得以实现。

社会现实作为艺术的外部对象和条件,转化为艺术的内部因素,须具备一定的条件,这主要指处于特定社会关系下的艺术家的创作活动。在这里,

① 马克思:《1844 年经济学—哲学手稿》,第 74 页。

创作的实践活动是现实美转化为艺术美的条件，也是两者的中介，艺术史向我们揭示出这样的现象，某些有意义的感人的主题、题材、典型艺术形象，常常使艺术家们为之追求着，苦恼着，即使在金钱万能的资本主义社会里，它们也无法以外财富来换取。相传契科夫成名之后，一些青年见到他记录了一百个题材的笔记本，很想从中买两个题材。契科夫笑道："自己不去深入生活，就无法获得真正的题材。从别人那里买个题材，那有什么用呢？就像从别处买一朵鲜花，不能插在自己种的花托上一样！"不朽的作品从来都是时代的产物，是时代某些本质方面的反映。杰出的艺术家要在改造社会或自然的洪流里，去感受时代的脉搏，孕育与时代相称的主题、题材、萌芽形象，塑造典型。像生活于井底的艺术家，他的周围是那样狭窄，在他的笔下无法反映出宽阔的天地。情因物感，文从情生，情与物相称，不为文造情以伤意，这里由艺术创作体现出的唯物主义反映论的规律。对此，提高到理论上来认识，就是《手稿》中说的"只是由于属人的本质的客观地展开的丰富性"，"那些感受人的快乐和确证自己是属人的本质力量的感受，才或者发展起来，或者产生出来"。美与丑对立斗争的现实所展开的丰富性，以创作实践为中介，规定着艺术家的美感，创造主体—丰富的、深刻的审美情感和审美能力。以上是在艺术创作方面美创造美感的主要内容。

美创造美感，也从艺术作品与欣赏者的关系上表现出来。只有音乐能够培养出分辨音律的耳朵；只有绘画能够培养出感受造型的眼睛。"艺术对象创作出有艺术情感和审美能力的群众——任何其他生产物也是一样。生产不仅为主体什么对象，并且也为对象生产主体。"①艺术品制约着欣赏着的审美性质和方向，已经由欣赏活动的大量事实所反复证实。从达·芬奇的名画《蒙娜丽莎》看吧，几百年来，不少批评家、鉴赏者都为揭示蒙娜丽莎的微笑的奥妙之谜煞费苦心。有人考察，蒙娜丽莎的原型是个贵夫人、她失掉心爱的儿子不久，因此微笑里含着痛苦。有人考察，蒙娜丽莎的原型是个资产阶级少妇，因此她的微笑是对新生活的自信和喜悦。有人考察，达·芬奇在创作这幅画时，特请音乐家演奏乐曲，因此蒙娜丽莎的微笑表现了她

① 马克思：《政治经济学批判》，人民出版社，1976年，第142页。

的心灵美与音乐美的交融,是美的升华。等等尔尔,其说不一。虽然言者各言其是,然而都是围绕着蒙娜丽莎的微笑作文章,在微笑所传达的精神美中去感受、体验、分析、认识。所以如此,乃是这幅画描绘的对象本身规定着欣赏者的审美方向和性质。如果在作品的人物形象上,发生了欣赏者和作者的意见分歧,欣赏着不赞同作者对人物的审美评价,那么他必须认识、体验作品中人物的思想情感,深入了解作者赞成什么,反对什么,才能予以评价。艺术美的内容决定欣赏的性质和方向,这与欣赏的再创性并不矛盾,两者互补,然而要看到前者起着主导作用。

欣赏的感受是认识和自我认识、自我感受相结合,美感的这一特点是由艺术品所规定的。艺术家在创作过程中形象思维,感受、认识、情感、想象诸种心理活动互为中介,交织互进,以期达到典型形象的塑造和主题的表现。在作品特定的内容和形式规范下,欣赏者同样要经历上述的艺术家的诸多心理活动,只是不用创造典型形象,不用物态化自己的美感。无论是欣赏还是创作,都需要通过想象、情感体验,使认识和自我认识相结合。欣赏者对作品中正面人物的认识、体验中呈现着思想情感的交流共鸣,对于反面人物则是以批判地态度去认识、体验,欣赏者认识、肯定作品里人物的美德,同时也是认识、肯定自我的道德价值;认识、否定了作品中人物的特点,同时也是对自我缺点的鄙弃。这种认识与自我认识相统一的精神活动,是和整个欣赏过程相始终的,甚至还要延续一些时间或延续很久。看完一场好戏、好电影,离开影剧院之后,不禁还对剧中人物所牵挂、所思索,要想一下忘却,是难于办到的。孔子闻《韶》三月不知肉味,更是古今中外罕见了。艺术欣赏过程是这样,艺术创作过程也是这样。郭沫若的话剧《屈原》,主人翁屈原的艺术形象,也是作家自己的化身,那段迸发着精神火花的"雷电颂",更是鲜明突出了。作为艺术再创造者的演员,能否在舞台上朗诵好"雷电颂",也离不开认识与自我认识相结合,第一自我与第二自我相统一。

欣赏者在对艺术形象认识与自我认识相统一的过程中伴随着自我享受,如马克思讲的"其他人对某一对象的肯定,同时也是他自己本身的享受”。[1] 艺术家肯定作品中的某些人物，使读者从中得到欣赏，按理论上分析，必须通过认识与自我认识的环节才能实现。实际上美感中认识与自我认识相结合，其本身就是自我享受。欣赏者从作品的否定人物那里是否能得到自我享受呢？回答应该是肯定的。因为欣赏者否定作品中人物的缺点和否定自身的缺点的一致性，从而肯定自身的美学理想，证实自身的本质力量，这仍然是自我享受。在艺术领域内，那些不刻画人物形象的作品，只要有典型的艺术形象，有美的艺术形式，有先进的美学思想，如屈原《橘颂》同样能给欣赏者以自我享受。文艺作品与欣赏者在美感的认识、自我认识和自我享受这一问题上，其精神活动的实质基本相同，所不一样的是，欣赏者因文生情，文艺作品是情由物感，情动生文，文成情发，如鲍照的诗所云“长歌欲自慰，弥起长恨端”（《代东门行》）。美感的体验、认识与自我认识、自我享受相结合这一特点，归根到底要受美的制约。美创造了实践。美是人的本质力量对象化的形象显现。马克思的人化自然的哲学理论揭示出人类在实践中、在现实中，把现实，把自己分为二，在意识形态（包括艺术在内）中也把自己划分为二，并且从自己所创造的物质世界和精神世界中直观自身，得到愉悦的美感享受。

二、美感创造美

美感创造美，从艺术来看，指美感能动地反映审美对象，创造性地生产艺术，并使艺术成为现实性的对象。艺术是精神生产，从生活到艺术，从艺术到现实的对象，才是它的最后完成。在这种生产的整个过程中，通过艺术家的美感物态化和欣赏者的参予创造两个环节，表现出美感创造美。

艺术作品本身是艺术家美感的物态化。艺术家通过自身的实践所创造的艺术美，无论在内容上还是在形式上都不同于现实。艺术家创造的典型艺术形象，来源于生活，却又不是现实中这一人物或另一人物的传真实照。王维画的《雪里芭蕉》竟让热季的芭蕉生长在寒季的白雪里，这与现实的景

① 马克思：《1844 年经济学—哲学手稿》，第 103 页。

色迥然相美。艺术的典型形象是妙造自然，一以当十，介乎似与不似之间，比现实更富于本质的真实，比现实更美。美的艺术意境，是从主客观交融中产生的虚实结合的化境，其韵趣无穷，贯注着艺术家反映现实的能动性。各种形式的艺术都力求突破时空的局限，压缩或扩大生活中自然的时空，以达到艺术形象的连续性，强化艺术生命力的效果。二维空间里显现出三维空间里的主体视象，这种形式在现实生活里是不存在的，在绘画艺术里却能实现。中国画采取的散画透视法更是把不同空间的各种景物展现在同一空间。有四维空间特性的电影，靠长镜头、镜头组接可以使观众在同一时空看到不同时空所出现的人物和发生的事件，这种形式在现实中也是没有的。渗透于艺术家美感中的审美理想在艺术创作中起着难以估量的作用。汲取老子的有无相反相成哲学思想的一些中国古代画家，将其转化为中国绘画创作的虚实表现特点影响至今。不仅是中国绘画，中国的书法和戏剧都讲求虚中有实、实中有虚，以虚为实，从实求虚的艺术处理妙旨。文以气为主、气韵生动的审美理想的标准，涉及艺术家主体的气质和人品，涉及客体的神质，涉及气贯于语言、笔墨之间的艺术表现，构成中国艺术美特色的重要的内在因素之一。

读者欣赏作品，以其自身的社会经历、思想情感、美的理想和趣味去想象，去体会，去联结，去补充，把自身的精神因素掺入头脑中映现的形象之中，对作品的形象作不同程度的加工改造。艺术美在欣赏者的美感中得到再创造。一千个人演哈姆雷特，就有一千个哈姆雷特，一千个读者读《哈姆雷特》，就有一千个哈姆雷特，正是这个道理。此外，欣赏者创造美还表现在，经过欣赏活动，艺术才最后完成，成为现实性的对象。就物质生产说，“在消费中生产物才成为现实的生产物，例如一件衣服由于穿的行为现实地成为衣服；一间房屋无人居住的事实上它就不成其为现实的房屋，生产不同于单纯的主体的对象”[①]。从精神生产看，艺术的最后完成，使其变为现实的产品，是指影响人们精神面貌的艺术功能的实现，即在欣赏活动中，读者不知不觉地接受艺术给予的潜移默化的种种作用。这必然关系如何满足

---

① 马克思:《政治经济学批判》，第 141 页。

欣赏者的审美需要问题。

满足欣赏者的审美需要,也是关乎美感创造美的重要问题。不管艺术家本人是否意识到创作的目的性,艺术生产为了能满足欣赏者的审美需要的规律是不会改变的。创作为了欣赏是一条客观规律。艺术生产能满足欣赏者的需求,才会"创造出生产的观念上的内在动力。这是生产的前提"。①这里说的内在动力的含义指不能满足需要,就取消了消费,必然导致最终停止生产,因为只有消费才能把需要重新生产出来。并且"消费使最初生产行为中发展起来的志向通过反复进行的需要达到完美的程度"。②"消费创造了还是主观形式上的生产对象","作为内心的意象、作为需要、作为动力和目的"。③ 这是说消费在观念上提出的什么对象,其本身就需要、动力和目的,所以欣赏者的不断提高审美需要得到了满足的实现,同时也就不断地创造着艺术生产。

以上是从抽象的意义,从一般理论看美与美感相互创造的关系,我们还须把美与美感的关系放在一定的历史条件下去考察,因为在实践中美与美感永远是具体的历史的关系。马克思在《手稿》中提出:"我们已经看到,人的需要的丰富性,从而生产的某种新的方式和生产的某种新的对象在社会主义的前提下具有何等的意义:人的本质力量的新的显现和人的存在的新的充实。在私有制的范围内,这一切都具有相反的意义。"④在社会主义国家里,美与美感的具体的历史关系是怎样的?在社会主义国家里,艺术家无疑应该自觉地满足人民的丰富的新的审美需要,那么,采用何种艺术生产的"新的方式"生产何种"新的对象",才能实现、提高人民的审美需要呢?这些问题,跟美与美感和关系问题有联系,但需要作专题研究,本文不作讨论了。

---

① 马克思:《政治经济学批判》,第141页。

② 同上书,第143页。

③ 同上书,第142页。

④ 马克思:《1844年经济学—哲学手稿》,第85页。

中国美学在21世纪如何“接着讲”*

叶　朗**

一、中国美学在21世纪能否有新的创造

我认为,中国美学在新世纪里能够有新的创造,理由是:

第一,中国学界已经初步形成了这样的共识:立足中国文化,吸收世界学术成果,这是今后学术发展的大方向;

第二,中国美学界已经有了比较厚实的学术积累和人才储备,也有了比较畅通的学科综合和国际交流的渠道;

第三,新的时代条件给我们提出了理论上和实践上的新问题,其中最突出的一个问题就是人们的物质追求与精神生活之间失去平衡。

200年前,哲学大师黑格尔在海德堡大学开始他的哲学史讲演时,曾经对他那个时代轻视精神生活的社会风气感慨万分。他说,“现实上很高的利益和为了这些利益而作的斗争”,“使得人们没有自由的心情去理会那较高的内心生活和较纯洁的精神活动,以致许多较优秀的人才都为这种环境所束缚,并且部分地被牺牲在里面”。黑格尔所描绘的19世纪初期的这种社会风气,在人类进入21世纪的时候,不仅重新出现,而且显得更为严重了。无论是发达国家或是发展中国家,都面临着一种危机和隐患:**物质的、技术的、功利的追求在社会生活中占据了压倒一切的统治的地位,而精神的活动和精神的追求则被忽视,被冷淡,被挤压,被驱赶**。这样发展下去,人就

* 本文原为2010年于北京大学召开的“第18届世界美学大会”开幕致辞。

** 叶朗,1938年生,男,北京大学哲学系资深教授。

有可能成为马尔库塞所说的单面人，成为没有精神生活和情感生活的单纯的技术性的动物和功利性的动物。因此，**从物质的、技术的、功利的统治下拯救精神，就成了时代的要求、时代的呼声**。中国当代美学应该回应这个时代要求，更多地关注心灵世界、精神世界的问题。

这种新的创造，应该体现在美学理论的核心区域，应该有一个稳定的理论核心。这是我们努力的目标。

二、人文学科的理论创造必须“接着讲”

人文学科的新的创造必须尊重古今中外思想文化的经典创造和学术积累，必须从经典思想家“接着讲”。

“接着讲”，从最近的继承关系来说，就是站在21世纪文化发展的高度，吸取20世纪中国学术积累的成果，吸收蔡元培、朱光潜、宗白华、冯友兰、熊十力等学者的学术成果。对中国美学来说，尤其要从朱光潜接着讲。之所以特别强调朱先生，主要是因为他更加重视基础性的理论工作，重视美学与人生的联系。朱先生突出了对“意象”的研究。这些对把握未来中国美学的宏观方向都很有意义。宗白华先生同样重视“意象”的研究，重视心灵的创造作用。他从文化比较的高度阐释中国传统美学的精髓，帮助我们捕捉到中国美学思想的核心和亮点。他的许多深刻的思想可以源源不断地启发今后的美学史、美学理论的研究。

学术研究的目的不能仅仅限于搜集和考证材料，而是要**从中提炼出具有强大包孕性的核心概念、命题，思考最基本、最前沿的理论问题**。从朱光潜“接着讲”也不是专注于研究朱光潜本人的思想，而是沿着他开创的学术道路，在新的时代条件、时代课题面前做出新的探索。每一个时代都有自己的学术焦点，这形成了每一个时代在学术研究当中的烙印。“接着讲”的目的是要回应我们时代的要求，反映新的时代精神，这必然推动我们对朱光潜、宗白华、冯友兰等前辈学者的工作有所超越。

三、提出“美在意象”的理论框架是“接着讲”的一种尝试

从上个世纪80年代以来,我一直在思考这条“接着讲”的路线,逐渐形成了一个以“美在意象”为核心的理论框架。今年出版的《美在意象》一书(去年出版的《美学原理》是这本书的教材版),对这个理论框架作了比较清晰和比较全面的论述。**这个理论框架,有三个核心概念:意象、感兴、人生境界。**

第一个概念是“意象”。《美在意象》审视西方20世纪以来以海德格尔等人为代表的哲学思维模式与美学研究的转向,从对美的本质的思考转向审美活动的研究,同时,又通过对20世纪50年代以来中国美学研究的反思,特别是审视长期以来美学界主客二分认识论模式所带来的理论缺陷,将“意象”作为美的本体范畴提出,将意象的生成作为审美活动的根本。“意象”既是美的本体规定,又是对美感活动的本体规定。**在审美活动中,美与美感是同一的,它的核心就是意象的生成。**由“美在意象”这一核心命题出发,这本书讨论了自然美、社会美、艺术美等诸多问题,认为它们虽分属不同的审美领域,但本体都是意象的生成。许多美学命题与概念都可以在“美在意象”这一观念下被赋予新的意义与理解。

第二个概念是“感兴”(体验)。我在书中指出,美感不是认识,而是“感兴”(体验)。“感兴”是中国美学的概念,它的内涵相当于西方哲学中从狄尔泰到伽达默尔所说的“体验”。我以王夫之的“现量”说来界定“感兴”。“现量”有三层含义:一是“现在”,美感是当下直接的感兴,就是“现在”,“现在”是最真实的。只有超越主客二分,才有“现在”,而只有“现在”,才能照亮本真的存在。二是“现成”。美感就是通过瞬间直觉而生成一个充满意蕴的完整的感性世界。三是“显现真实”。美感就是超越自我,照亮一个本然的生活世界。

第三个概念是“人生境界”。冯友兰先生说,“人生境界”的学说是中国传统哲学中最有价值的内容。审美活动可以从多方面提高人的文化素质和文化品格,但审美活动对人生的意义最终归结起来是提升人的人生境界。

这三个概念构成了这个理论框架的核心。

这个理论核心,在理论上最大的特点就是重视“心”的作用,重视精神的价值。讨论美学的基本问题和前沿问题的新意都根基于此。这里的“心”并非被动的、反映论的“意识”或“主观”,而是具有巨大能动作用的意义生发机制。心的作用,如王阳明论岩中花树所揭示的,就是赋予与人无关的外在世界以各种各样的意义。这些意义之中也涵盖了“美”的判断,“离开人的意识的生发机制,天地万物就没有意义,就不能成为美”。自然美的本体也是意象,没有人心的“照亮”,自然界就无所谓美和不美。单单观察、分析自然风景本身,或者抽象地谈论人与自然界的互动,都无法说清自然美的生成。当前受到普遍关注的西方“生态美学”常常忽视人心的作用。如果仅仅把尊重自然生态的理由归为万物的“权利”或者人类的长远利益,那还是一种主客二分的、功利的态度。中国古人对于自然万物的态度来自于生命共同体内部的沟通乐趣,这种沟通就体现为对于“鸢飞鱼跃”的意象世界的欣赏,是出于心灵深处的精神体验。从这里可以看到中国美学在当代前沿问题上的高度。总之,“美在意象”的命题,突出强调了意义的丰富性对于审美活动的价值,其实质是恢复创造性的“心”在审美活动中的主导地位,提高心灵对于事物意义的承载能力和创造能力。

提出这个理论核心,并不仅仅是出于一种美学知识体系建设的需要,更重要的是突出审美与人生,审美与精神境界的提升和价值追求的密切联系。美的本体之所以是“意象”,审美活动之所以是意象创造活动,就是因为**它可以照亮人生,照亮人与万物一体的生活世界。“美学研究的全部内容,最后归结起来,就是引导人们去努力提升自己的人生境界,使自己具有一种‘光风霁月’般的胸襟和气象,去追求一种更有意义、更有价值和更有情趣的人生。”**真正的中国美学的研究,不仅可以使人们获得理论和知识的滋养,培养起纯理论的兴趣,更重要的是,可以使我们更好地感受人生、体验人生,获得心灵的喜悦和境界的提升。这样的美学,是对于时代要求的一种回应。

四、“美在意象”的理论核心是对中国传统美学精神的继承

中国文化包含有极其丰富的美学理论的资源。我们建设当代美学，解决美学的核心理论问题，可以从中国文化中去寻找理论资源。

我在《美在意象》这本书中，引用柳宗元的“美不自美，因人而彰”的命题来消解实体化的、与人分离的“美”；引用马祖道一的“心不自心，因色故有”的命题来消解实体化的“自我”；引用王夫之的“现量”说来界定和分析“感兴”（体验）；还引用了孔子以来历代思想家关于人生境界的论述：**这样，就使“美在意象”的框架从理论内核上带有中国的色彩。**

“美在意象”的理论核心，突出心灵世界和精神价值，突出人生境界的提升，正是对于中国传统美学精神的继承。

中国美学最大的特点就是它不是少数学者在书斋中做纯学术的研究，而是与人生紧密结合，它渗透到整个民族精神的深处，因而对中国的文化发展产生十分深刻的影响。

中国从孔子开始，一直到蔡元培，历代思想家没有一个不是重视美育的。孔子提倡诗教、乐教，提倡“兴于《诗》，立于礼，成于乐”，就是强调审美活动要参与塑造人格，进一步，还要参与塑造整个民族的精神。从孔子开始，中国哲学逐渐形成了人生境界的学说。**人生境界的学说就是塑造人格、塑造民族精神的学说，**而审美活动在其中起到重要的作用。

受中国美学的影响，**中国传统艺术都十分重视精神的层面，重视心灵的作用。宗白华讲中国艺术，强调中国艺术是一个虚灵世界，是一个“永恒的灵的空间”，强调中国艺术是“世界最心灵化的艺术，而同时又是自然的本身”；他提醒大家要特别注意中国的工艺器物、艺术作品的虚灵化的一面，并且与《易》象相联系，更多地体验“器”的非物质化的一面，与“道”可以契合的一面。**中国艺术家追求“意境”，“意境”就是艺术作品显示一种形而上的人生感、历史感、宇宙感。所以宗白华在他的著作中多次说过，中国艺术常常有一种“哲学的美”，中国艺术常常包含一种形而上的意味。这几年我们国内引进一些西方汉学家对中国艺术的研究成果，他们特别喜欢把中国

艺术从“物”的层面去考证和分析,而完全抽走它们的精神的层面、审美的层面,抽走宗白华所强调的虚灵化的层面。在他们那里,中国艺术不再是“永恒的灵的空间”。这样,他们的研究,实际上完全否定了中国传统艺术的精神的价值。

中国美学也广泛地渗透到中国广大老百姓的日常生活当中。**中国老百姓在普通的、平凡的日常生活中,都着意去营造一种美的氛围。**中国古代很多有名的诗句,如“渡头余落日,墟里上孤烟”(王维)、“姑苏城外寒山寺,夜半钟声到客船”(张继)、“儿童相见不相识,笑问客从何处来”(贺知章),都是描绘日常生活的诗意的氛围。这种诗意的氛围,往往沁入人的心灵的最深处。我们从明代文震亨的《长物志》、清代李渔的《闲情偶寄》和今人王世襄的《锦灰堆》这些著作中,可以看到中国人在日常生活中的审美情趣,可以看到中国美学和中国人的日常生活有多么紧密的联系。

这是中国美学的理论品格。“美在意象”的理论核心继承了中国美学这种理论品格。

五、创建中国特色的美学学派是否可能

我在十多年前出版的《胸中之竹》一书的自序中,曾提到创建学派的问题。我在那里说:

> 任何一场大大小小的学术争论,都会有不同的观点,或者说,都会分成若干派。但这还不是学派。学派的形成,有几个基本的标志:一要有自己的理论观点和理论体系,二要形成独特的治学风格,三要有创造性的学术成果,四要有一支优秀的学术队伍。一个在历史上发生过积极影响的有生命力的学派,总是在不同程度上从某个侧面反映了时代精神和民族精神。
>
> 在我国的美学领域,还不能说已经有了真正的学派。五十年代美学讨论中的几大派,可以说是学派的雏形。接下去发生了“文化大革命”,学术研究和学术讨论中断了十年,在这样的历史条件下,美学讨论中的几大派别没有可能发展成为真正的学派。

> 但是现在历史条件已经发生了巨大的、深刻的变化。我们进入了一个改革开放和实现现代化的时代。这也是我们中华民族的文化实现伟大复兴的时代。这样一种时代条件,使得在学术领域创立新的学派,成了一种需要,同时也有了现实的可能。
>
> 中外学术史告诉我们,没有学派,就没有理论的原创性;没有学派,就没有真正的百家争鸣;没有学派,就没有学术的大发展和大繁荣。①

我在那里讲到创建新的学派的需要和可能。我想借今天第18届世界美学大会这个场合,重申我的这个想法,特别就中国的美学学科来说,创建新的学派,现在确有一种现实的可能性。这主要就是我们有了这篇文章一开头提到的那几个条件:学术界对于学术发展的方向形成了共识;有比较厚实的学术积累和人才储备;有比较畅通的学科综合和国际交流的渠道;新的时代给我们提出了需要回应的新的理论课题。

我想,我们应该有这样的信念。当然,这会是一个长期的过程,也许要经过两三代人的努力。但是我们从现在起应该确定这样一个目标。

创建具有中国特色的美学学派,关键是如前所说,在美学理论的核心层进行新的理论创造,要有一个稳定的理论核心。在此过程中,我们要特别重视吸收朱光潜、宗白华、冯友兰等前辈学者的理论成果,包括吸收目前仍然不断地进行着新思考、新创造的张世英先生等老一辈学者的理论成果。撇开他们,一切从头来做,一切自我创造,是违背人文学科的发展规律的。这就是我所说的"从朱光潜接着讲"。提出"美在意象"的理论框架,是"接着讲"的一种尝试。不妥和谬误之处,请学术界的朋友们批评指正。

---

① 叶朗:《胸中之竹——走向现代之中国美学》,安徽教育出版社,1998年。

艺术美是宗白华美学的拱心石*

张中秋**

宗白华先生离开我们多年了,然而他那熟悉的身影,总是浮现在我们的眼前。宗先生晚年,常常独自一人漫步在未名湖边,仿佛尽情享受大自然的美。在宗先生看来,人生和宇宙,回旋往复,灵气流转,适成一个"天人合一"的审美境界。

宗先生的美学,是他灵魂的化身,是他人格的写照。而这人格,却是艺术化了的或者毋宁说,宗先生将人生艺术化了。从而,艺术美成为宗白华美学的拱心石。本文拟对宗白华美学中的艺术美地位做出多方面的探讨。

一、美学对象

美学研究的对象是什么?这是美学界争论的问题。对此,宗先生则提出,美学的研究,应当以整个的美的世界为对象,包含着宇宙美、人生美和艺术美。宗先生认为,美学研究的对象,可具体分为美感的客观条件,美感的主观条件,自然美与艺术美,艺术创造的性质和法则,创造艺术的心理以及美育问题。"总括言之,美学的主要内容就是以研究我们人类美感的客观条件和主观分子为起点,以探索'自然'和'艺术品'的真美为中心,以建立美的原理为目的,以设定创造艺术的法则为应用。"显然,宗先生是用一种综合的方式,来探讨美学研究的对象。他考虑到了美学研究的客体方面,即"引起美感的客观条件底性质与法则",也就是客观现实美;又考虑到了

---

* 本文原发表于《文艺理论研究》1997 年第 4 期。

** 张中秋,1950 年生,女,北京大学哲学系退休副教授。

美学研究的主体方面,即"引起美感的主观心界底联想作用",也就是人的审美;同时还考虑到了两者结合的物化形态的艺术。宗先生提出,为什么向来的美学总倾向以艺术美为出发点,甚至以为是唯一研究的对象?他认为,我们也就是从艺术中认识各时代、各民族心目中之所谓美。其次,艺术最后的目的,不外乎将这种瞬息变化、起灭无常的"自然美的印象",借着图画、雕刻的作用,扣下来,使它普通化、永久化。什么叫做普遍化、永久化?这就是说,一幅自然美的好景往往在深山丛林中,不是人人能享受的。艺术的功用就是将它描摹下来,使人人可以普遍地、时时地享受。艺术的目的就在于此,而美的真泉仍在自然。再有,要了解西方美学的特点,也必须从西方艺术背景着眼。在中国,美学思想却更是总结了艺术实践,回过来又影响着艺术的发展。例如,南齐谢赫的《六法》,总结了中国绘画艺术的经验。因此,宗先生认为"美学研究不能脱离艺术,不能脱离艺术的创造和欣赏,不能脱离'看'和'听'。美学是研究美的学问,研究自然美、人生美和艺术美的,而尤以艺术美为重要对象。"可以看出,他在综合中是有重点的,强调艺术美作为美学研究的主要对象。

更重要的是,宗先生为我们深入研究美学指出了方向。现在有学者说,美学研究经过两次热潮,目前处于低谷。我们认为,美学研究的深化,离不开艺术研究的深化。现当代艺术的发展,给美学提出了挑战,要求我们给予解答。宗先生的美学,就是面对时代,面对艺术的应答。

二、什么是美

美的问题,是美学的难题。也是美学界争论最大的问题。美学界主要的观点有美的主观说,美的客观说,美的客观与主观统一说,美的客观性与社会性统一说。我们认为,宗先生对美问题,首先是从美和美感的关系来研究的。

宗先生说"美对于你的心,你的美感是客观的对象和存在","你看空中的光、色,那花草的动,云水的波澜,有什么艺术家能够完全表现得出,所以自然始终是一切美的源泉,是一切艺术的范本"。他强调了美的客观性,认为没有客观存在着美,人们做梦也不会想到研究美学。同时,他又指出“美不但是不以我们的意志为转移的客观存在,反过来,它影响着我们,教育着我们,提高生活的境界和意趣。”实际上,他批判了美的机械说,认为客观存在的美,必然会对主体产生积极的影响。他是从主客观统一角度去探讨美。

宗先生指出,要发现深度的美,是要在主观心理方面具有条件和准备的。也就是说,人的感情要经过一番洗涤,克服私欲和利害,把整个心境洗涤和改造了,才能够发现美。在这里,他是坚持了康德的美感理论,把审美视为一种纯粹的欣赏判断,即“无目的”性。宗先生通过深入细致地探讨美的问题,全面揭示美感内在的感性与理性的矛盾性质。宗先生还认为,在审美的过程中,人面对美的形象,把美如实地和深入地反映到心里来,再把它放射出去,凭借物质创造形象给表达出来,成为艺术。这个过程古人称为“移人之情”或“移我情”。他说“这个‘移我情’,比德国美学家里普斯的‘情感移入论’更深刻”。因此,美既是客观的,也是主观的,美的本质就存在于主观与客观、表现与反映的辩证统一的关系之中。

其次,宗先生是结合中国文学艺术理论及实践,来探索美。他总结和概括出中国美学史上,两种不同的美感或美的理想。这就是“错采镂金”的美和“芙蓉出水”的美。

那么,什么是“错采镂金”的美感什么是“芙蓉出水”的美感宗先生认为,“错采镂金”的美感就是华丽、绚烂而生的审美感受,它给人以夺目的光辉。如“楚国的图案、楚辞、汉赋、六朝骈文、颜延之诗、明清的瓷器,一直存在到今天的刺绣和京剧的舞台服装,这是一种美,‘错采镂金,雕缋满眼’的美”。而“芙蓉出水”的美感,是由清幽、自然秀丽而生的,从它得到的是如烟如雨,清真可爱的审美感受。如“汉代的铜器、陶器、王羲之的书法、顾恺之的画、陶潜的诗、宋代的白瓷,这又是一种美,‘初发芙蓉,自然可爱’的美。”

宗先生赞美“芙蓉出水”的美,并认为“初发芙蓉”比“错采镂金”是更高的一种美的境界,就像“玉”的美。他认为,一切艺术的美,以至于人格的美,都趋向玉的美内部有光彩,但是含蓄的光彩,这种光彩是极绚烂,又极平淡。如苏轼所说“无穷出清新。”“清新”与“清真”是相同的境界。宗先生不仅区别了"芙蓉出水"与"错采镂金"两种美,而且注意到这两种美之间的辩证关系,即"相济有功"。他认为,"错采镂金"追求的是外部形象的华丽繁富的美。而"芙蓉出水"则追求内在本质的清新优雅、平淡素净的美。只有形式的美与思想情感的美相互结合,才能充分表现出艺术家的内心世界。他深刻指出,这两种美的理想,从另一个角度看,正是艺术中的美和真、善的关系。

由此可见,宗先生对美的本质观点,不仅以艺术美为原型经验,而且尤其以中国艺术为经验基础。他紧密地联系中国艺术的实践,来揭示美的奥秘。宗先生所提出的"错采镂金"的美和"芙蓉出水"的美,是中国美学独特的美学形态,而西方美学的优美,隽美、秀美等形态,是无法与其对应的。我们认为,这是宗先生研究美的问题的重大贡献。

三、什么是艺术

宗先生指出"美学是研究'美'的学问,艺术是创造'美'的技能。"他言简意赅,将美学和艺术进行了区别。

(1)艺术是人类的一种创造的技能

在这里,他提出了一个重要的美学问题,即艺术家的特殊地位。宗先生认为,艺术家不同于普通人。他具有一种特殊的才能,以一种易于辨认的形式再现现实,并把它们栩栩如生地表现出来。那么,艺术怎样会能表现出"动象"呢?这个问题是艺术家的大秘密。宗先生引用罗丹的话"雕刻怎样会能表现这种'动象',其实这个秘密很简单。我们要先确定'动'是从一个现状转变到第二个现状。画家与雕刻家之表现'动象'就在能表现出这个现状中间的过程。他要能在雕刻或图画中表示出这个现状中间的过程。他要能在雕刻或图画中表示出那第一现状,于不知不觉中转化入第二现状,使我们观者能在这作品中,同时看见第一现状过去的痕迹和第二现状初生的影子,然后'动象'就俨然在我们的眼前了。"

宗先生认为,"动"是宇宙的真相,惟有"动象"可以表示生命,表示精神,表示那自然背后所深藏的不可思议的东西。的确,"自然"是无时无处不在“动”中的。物即是动，动即是物，不能分离。自然万象无不在“活动”中，即是无不在“精神”中，无不在“生命”中。艺术家要想借艺术形象表现自然之真，当然要能表现动象，才能表现精神，表现生命。这种“动象的表现”，是艺术最后目的。艺术能表现“动”，“动”是自然的“真相”。

艺术家要模仿自然，并不是刻画自然的表面形式，而是直接去体会自然的精神，感觉自然凭借物质以表现万象的过程，然后将自己的精神、理想情绪、感觉意志，贯注到物质里面制作万形，使物质精神化。由于艺术家拥有“内在的形象”，通过精湛的技艺，可以将“极真、极美、极善的灵魂和肉体的协调，”创造出“心物一致的艺术品”。这是神性艺术家的标记。宗先生指出，艺术家的优越性，在于他的眼光要深刻些、要精密些。他看见的不止是自然人生的表面，乃是自然人生的核心。

我们认为，宗先生的分析是深刻的，艺术家不同于工匠，他的技能体现在“人生激情”的创造中，他“并非借自己的力量”，“不是人的而是神的，不是人的制作而是神的诏语”，艺术家只是“神的代言人”。

（2）艺术的魅力

宗先生结合中国艺术，发掘其特点与价值。他引用印度诗人泰戈尔的话，认为中国文化“本能地找到了事物的旋律的秘密”。那么，“中国人本能地找到了事物的旋律的秘密”是什么呢？宗先生认为，中国古代哲人是拿“默而识之”的观照态度，去体验宇宙间生生不已的节奏。古人把精神生命体合于自然的旋律，如拿音乐里的五声配合四时五行，拿十二律分配于十二月（汉书律历志），使我们的生活融化在音乐的节奏中，从容不迫而感到内部有意义有价值，充实而美。这就是中国古代哲人是“本能地找到了宇宙旋律的秘密”。宇宙旋律的秘密，渗透进古人的现实生活，将旋律装饰日用器皿，使形下之器启示着形上之道，即生命的旋律。古人对最现实的器皿，赋予崇高的意义，优美的形式，使它们不仅仅是生活用具，而是可以同人对语、同人情思往还的艺术境界，从而使日用器皿生光辉，有情韵。人们能在日常生活中，时时接触趣味高超、形制优美的物质环境。宗先生指出，正是中华民族发现了宇宙旋律及生命节奏的秘密，才以和平的音乐的心境爱护现实，美化现实。因而，中国文化才充盈着艺术精神。总之，宗先生对艺术的探讨,拓宽了我们的视野。

四、艺术意境

意境,是中国美学的重要范畴。宗先生认为,中国文化史上最中心最有世界贡献的一方面,就是“研寻其意境的结构,以窥探中国心灵的幽情壮采”。的确,意境是中国美学的精髓,其中凝聚着中国艺术的根本精神。基于这一点,他以深湛的中国传统文化的造诣和学贯中西的渊博知识结构,对意境进行了深入的阐述。

什么是意境?宗先生在《论中国艺术意境之诞生》一文指出,人与世界所结成的关系中,有五种境界:功利境界、伦理境界、政治境界、学术境界、宗教境界。功利境界主于利,伦理境界主于爱,政治境界主于权,学术境界主于真,宗教境界主于神。“但介乎后二者中间,以宇宙的具体为对象,玩赏它的色相、秩序、节奏、和谐,借以窥见自我的最深心灵的反映化实景而为虚境,创形象以为象征,使人类最高心灵具体化、肉身化,这就是‘艺术境界’。”“艺术境界主于美。”

在宗先生看来,一切美的光是来自心灵的源泉;没有心灵的映射,是无所谓美的。意境是“情”与“景”的结晶,真正的艺术意境,“不是自然主义地模写现实,也不是抽象的空想的构造。它是从生活的极深刻的和丰富的体验,情感浓郁,思想沉挚里突然地创造性地冒了出来的”。若是艺术表现“情”和“景”互渗交融,就能发掘出最深的情。“景中全是情,情具象而为景,因而涌现了一个独特的宇宙,崭新的意象,为人类增加了丰富的想象,替世界开辟了新境。”他引恽南田的话说“皆灵想之所独辟,总非人间所有”,这就是我的所谓“意境”。可以看出,宗先生是倡“情景交融”说。

然而,在70年代末,宗先生对意境的讨论,比较注重了艺术作品的欣赏过程,也就是说,转向“想象联想”说,他在《中国美学史中重要问题的初步探索》一文中提出,“艺术家创造的形象是‘实’,引起我们的想象是‘虚’,由形象产生的意象境界就是虚实的结合,一个艺术品没有欣赏者的想象力的活跃是死的,没有生命。”宗先生认为,中国艺术意境就是“虚”与“实”的交融、契合，就是“以虚带实，以实带虚，虚中有实，实中有虚，虚实结合。”这种虚实结合的思想，是中国艺术的一个重要特征。

宗先生是从生命哲学出发，认为艺术境界的实质乃是人类生命情趣的表现。虽然，它的特征表现在“形式”、在“节奏”，而它的内容却是“生命的内核，是生命内部最深的动，是至动而有条理的生命情调”。他认为，中国艺术的理想境界就是“澄怀观道”，“澄观一心而腾踔万象，是意境创造的始基，鸟鸣珠箔，群花自落，是意境表现的圆成”。

宗先生的意境理论，在80年代更有发展，诸如“想象空间”、“力场”、“范围”等命题，是探讨意境的本质的深入。

五、中西艺术的比较

中西比较的方法，是宗先生研究美学的独特方法。他从绘画和雕刻入手，把中西艺术的文化渊源、人生观、宇宙观，表达工具等，进行清谈析理的比较，由此揭示出中国美学和艺术的特点。

宗先生认为，西方绘画渊源于希腊，希腊人以“和谐、秩序、比例、平衡”为美的最高标准与理想，这些即是宇宙结构的原理，神的象征。于是创造整齐匀称、静穆庄严的建筑，生动写实而高贵雅丽的雕像，以奉神明，象征神性。中国绘画的渊源，是在商周钟鼎镜盘上，雕绘大自然深山大泽的龙蛇虎豹、星云鸟兽的飞动形态，以卍字纹回纹等连成各式模样为底，借以象征宇宙生命的节奏。

由于中画、西画各有传统的宇宙观点，造成中西两大独立的绘画系统。中国画所表现的境界特征，是根基于中国民族的基本哲学，即《易经》的宇宙观：阴阳二气化生万物，万物皆禀天地之气以生，一切物体可以说是一种“气积”。（庄子：天，积气也）这生生不已的阴阳二气，织成一种有节奏的生命。中国画的主题“气韵生动”，就是“生命的节奏”或“有节奏的生命”。西方绘画的境界，其渊源基础在于希腊的雕刻与建筑。古希腊人的心灵所反映的世界是一个宇宙。人体是这大宇宙中的小宇宙，他的和谐、他的秩序，是这宇宙精神的反映。希腊艺术既象征了形式严整的宇宙观，又表现了希腊人的“神的境界”与“理想的美”。

宗先生认为,由于中西艺术家观照宇宙的立场、出发点不同,因此,绘画里一个顶触目的差别,就是所表现的空间意识。西画是具体可捉摸的空间,由线条与光线表现。画境似可走进,似可手摸。虽然,西方近代绘画由古典主义的雕刻风格,进展为色彩主义的绘画风格,象征了古典精神向近代精神的转变。但是,它们的宇宙观点仍然是一贯的,即“人”与“物”,“心”与“境”的对立相视。而这物、我对立的观点,表现在他们拿一种对立抗争的眼光正视世界。所以,西画的透视法在平面上幻出逼真的空间构造,如镜中影、水中月,其幻愈真,则其真愈幻。

那么,中国画中的空间意识是怎样?宗先生说“它是基于中国的特有艺术书法的空间表现力。”中国画里的空间构造,即不是凭借光影的烘染衬托,也不是移写雕刻立体及建筑的几何透视,而是显示一种类似音乐或舞蹈所引起的空间感。确切地说是一种“书法的空间创造”。中国画是浑茫的太空无边的宇宙,此中景物有明暗而无阴影。中国画既超脱了刻板的立体的空间,凹凸实体及光线阴影于是它的画法乃能笔笔灵虚,不滞于物,而又笔笔写实,为物传神。中国画的透视法是提神太虚,从世外鸟瞰的立场观照全整的律动的大自然,其空间立场是在时间中徘徊移动,游目周览,集合数层与多方的视点谱成一幅超象虚灵的诗情画境。

中国绘画里所表现的最深心灵是什么?宗先生指出,它所表现的精神是一种“深沉静默地与这无限的自然,无限的太空浑然融化,体合为一”。它所启示的境界是静的,因为顺着自然法则运行的宇宙是虽动而静的,与自然精神合一的人生也是虽动而静的。中国人感到这宇宙的深处是无形无色的虚空,而这虚空却是万物的源泉,万物的根本,生生不已的创造力。

由于中西画法所表现的“境界层”根本不同:一为写实的,一为虚灵;一为物我对立的,一为物我浑融的。所以,中国画以书法为骨干,以诗境为灵魂,诗、书、画同属于一境层。西画以建筑空间为间架,以雕塑人体为对象,建筑、雕刻、油画同属于一境层。因此,中国艺术的基本特征,宗先生用一个字来概括,这就是“舞”。“‘舞’是中国一切艺术意境的典型。”因为舞蹈动作显示虚灵的空间,并且总是和“动”、“生命”、“自由”等联系在一起,是自由而有韵律的活动，即“律动”，是生命最完美、最自然的表现。他说，“‘舞’这最高度的韵律、节奏、秩序、理性，同时是最高度的生命、旋动、力、热情，它不仅是一切艺术表现的究竟状态，且是宇宙创化过程的象征”。宗先生认为，中国的各门艺术都在追求舞动飞旋的境界。舞代表着中华民族的宇宙意识。

宗先生通过中西比较的方法，得出结论：西方艺术给于西方美学以“模仿自然”与“和谐的形式”等中心观念。而中国绘画艺术则给于中国画学以“气韵生动”、“笔墨”、“虚实”、“阴阳明暗”等问题。应该说，宗先生的研究是成功的。

六、散步方法论的艺术化

宗先生自喻自己的研究方法是“散步”。他说“散步是自由自在的、无拘无束的行动，它的弱点是没有计划，没有系统”。然而，“散步的时候可以偶尔在路旁折到一枝鲜花，也可以在路上拾起别人弃之不顾而自己感到兴趣的燕石”。这使宗先生的美学研究，本身成为一种艺术创造的过程。

散步的治学方法，是在“散步”中创造和建构一个美学境界。宗先生说：“从直观感相的模写，活跃生命的传达，到最高灵境的启示，可以有三层次。”这三个层次就是“情”、“气”、“格”。“‘情’是心灵对于印象的直接反映，‘气’是生气远出的生命，‘格’是映射着人格的高尚格调。”宗先生终生孜孜不倦探寻这一目标，以“抒情的”、“古典的”、中国的、艺术的、“诗人”的研究方法实现美的境界。他从实际出发，实事求是，自由自在，无拘无束地散步，脚踏实地地研究美学。

“散步”的方法，如同中国绘画“散点透视”的方法。宗先生像中国艺术家一样，徊徘在自然和艺术之间，凝神冥想，探入灵魂的幽邃。他欢喜在一朵花中窥见天国，一滴露水中参悟生命。他的美学思想，在散步中诞生，呈现全方位的视点，使我们感受到，美学研究领域如此广阔心超世外，全身心沉浸在宇宙自然里，“思穷宇宙之奥，探人生之源，求得一宇宙观，以解万象变化之因”。因此，宗先生的美学犹如美妙的音乐，空灵的诗篇，耐人寻味的名画，从而给人一种精神上的满足和美的享受。

七、人生的艺术化

宗先生认为，艺术的人生观，“就是从艺术的观察上推测人生生活是什么，人生行为应当怎样”。艺术的人生态度，“就是积极地把我们人生的生活，当作一个高尚优美的艺术品似的创造，使他理想化，美化”。

虽然，我们的生活里充满各种现象，美的或丑的，龌龊的或伟丽的自然生活，以及高尚的或鄙俗的社会生活。我们都要把它当作一种艺术品看待。“因为我们观览一个艺术品的时候，小己的哀乐烦恼都已停止了，心中就得着一种安慰，一种宁静，一种精神界的愉乐。我们若把社会上可恶的事件作艺术品观，我们的厌恶心就淡了，我们对于一种烦闷的事件作艺术的观察，我们的烦闷也就消失了。”这种艺术的人生态度，就是以唯美的眼光看待生活。这种唯美的人生态度具体表现：一是把玩现在，在刹那的现量的生活里求极量的丰富与充实，不为着将来和过去而放弃现在价值的体味和创造；二则美的价值是寄予过程的本身，不在于外在的目的，所谓“无所为而为”的态度。

宗先生结合自己的生活谈到“有一次，黄昏的时候，走到街头一家铁匠门站着。看见那铁匠举着他极健全丰满的腕臂，取了一个极适当协和姿势，击着那透红的铁块，火光四射，我看着心里就想道这不是一副极好的荷兰画家的画稿么？我心里充满了艺术的思想，站着看着，不忍走了。”由于对生活作了艺术的观察，从中看到美的理想。宗先生认为，艺术创造和生活创造，其作用有相同性。“艺术创造的作用，是使他的对象协和，整饬，优美，一致。我们一生的生活也要能有艺术品那样的和谐，整饬，优美，一致。总之，艺术创造的目的是一个优美高尚的艺术品，我们人生的目的是一个优美高尚的艺术品似的人生。”这种艺术的人生态度，是真善美统一的体现。

宗先生主张超世入世，“澄怀观道”，这是中国人不同于西方人的独特人生态度。所谓“澄怀”就是挖掘心灵美的源泉，实现“最自由最充沛的深心的自我”胸襟廓然，脱净尘渣，完成那审美的人，提供审美的主体条件。所谓“观道”，就是用审美的眼光、感受，深深领悟客体具象中的灵魂、生命，完成、凸现一个审美客体。澄怀方能观道，观道适以澄怀，澄怀与观道是统一的，审美的主体与客体是统一的。心怀的澄彻，是审美主体的升华。道体的朗现，是审美客体的升华。在这主客体的同步升华中，便可"以追光摄影之笔，写通天尽人之怀"实现最高的审美境界。宗先生认为，只有采取"唯美的眼光"看世界，才能在"澄怀观道"的净化和谐的审美境界中，俯仰自得，悠然自足，使"深广无穷的宇宙来亲近我，扶持我，无庸我去争取能无穷的空间，……"这是宗先生独特的人生态度。

宗先生不仅把中国美学的精髓，溶化于自己的血液之中，而且把自然、人生和艺术融合为自己的灵魂。他热爱生活，热爱生命，用终生的热情去追求美，创造美。宗先生就是用他的宇宙情怀，教我们去领略美的世界，更用他的"超以象外，得其环中"的精神，教我们去创造完美的人生。

> 世界的花
> 我怎样采撷你?
> 世界的花
> 我又忍不住要采得你
> 想想我怎能舍得你
> 我不如一片灵魂化作你！（《流云小诗，世界的花》）

化身为花，也就是将艺术美扩而广大为全部人生，这就是宗先生的艺术化人生态度。

生命的态度

——关于中国美学中的第四种态度的问题

朱良志*

朱光潜先生在谈到审美态度时，曾以古松作比喻，说人们对待古松有三种态度：古松是什么样的松树，有多少年份了，这属于科学的态度；古松有什么样的用处，这是功利的态度；而我来看古松，不在乎它是什么样的树、有什么样的用处，人用欣赏的眼光来看待古松，发现古松是一种美的形式，能给人带来美的享受，这是审美的态度。在审美态度中，古松成了表现人情趣的意象或者形象。①

其实，在中国美学和艺术观念中，存在着与以上三种态度都不同的第四种态度：它当然不是用科学、功利的眼光看待古松，但也不是以审美的眼光看待古松，发现它如何美，如何符合形式美感，时间的年轮引起人如何的联想，等等，而在这里，审美主体和客体都没有了，古松在这里根本就不是审美对象，而是一个与我生命相关的宇宙。我来看古松，在山林中，在清泉旁，在月光下，在薄雾里，古松一时间"活"了起来，古松成了一个瞬间形成的意义世界的组成部分，我的"发现"使古松和我、世界成了息息相关的生命共同体。就像元代画家倪云林的《幽涧寒松图》，画中的古松，是这个空灵悠远世界的活的存在，而不是具有形式美感的审美对象。

这第四种态度可以说是一种"生命的态度"，一种用"活"的态度"看"世界的方式，或许"看"还容易引起与外在的观察混淆，称为一个"活"的"呈现"世界的方式也许更合适。之所以说它是"生命的态度"，是因为它的核

---

* 朱良志，1955 年生，男，北京大学哲学系教授、博士生导师。

① 《谈美》第三节，《朱光潜全集》第二卷，安徽教育出版社，1989 年，第 22—23 页。

心是将世界(包括我与外物)从对象化中解脱出来,还其生命的本然意义,在纯粹直观中创造一个独特的生命境界。这里的“态度”,又可以说是无态度,它的观照方式其实就是要去除态度——人握有世界意义决定权的方式,没有情感的倾向性,或者说是“不爱不嗔”,爱有差等,嗔有弃取,都没有摆脱控物的方式。第四种态度并不是为了获得美的知识,而是为了安顿心灵。就像元虞堪评倪云林的长松之作《惠麓图》所说:“天末远风生掩冉,涧流石间绝寒清。因君写出三棵树,忽起孤云野鹤情。”长松等所构成的活的生命世界,震撼着人的灵魂,和人的心灵进行对话。

人是世界的一分子,但在知识的系统中,人总喜欢站在世界的对岸看世界,世界在我的对面,是被我感知的存在物(科学的)、消费的客体(功利的),或者是被我欣赏的对象(审美的),人用这样的态度看世界时,好像不在这世界中,人成了世界的控制者、决定者。中国美学要建立的“生命的态度”,是要还归于“性”,还归于“天”,由世界的对岸回到世界中,回到共成一“天”的生命天地中。在这个世界中,一切都与我的生命相关。人就像庄子所描绘的那条“相忘于江湖”的鱼。

不是把握美的知识,而是体验生命的愉悦,这“生命的态度”反映了中国美学不同于西方美学的发展方向,是重体证、重天人相合的中国哲学在审美生活中的反映。

一、是造境,不是比喻、象征

在朱光潜第三种态度(审美态度)的论述中,古松成了表现人特殊情趣的意象或者形象,无论是“意象”或者“形象”,都有一个共同点,它们都是一些符号,本身并不具有意义,其意义在于隐喻或表现人的某种情感,是浸染着人的情感倾向的物象。但即便如此,也没有改变意象(或形象)的符号特性。构成意象的符号本质是“物”,是为“情”所支配的“物”,符号的意义是被给予的,本身只具有指谓功能,并不是意义实体。这种情景交融的观点,无法解释很多中国艺术创造现象。

我们可以人们熟悉的王维小诗来进入这方面的讨论。王维的一些描写自然的山水小诗,被称为“山水诗”,就像我们很难以“花鸟画”来称呼八大山人的花鸟之作一样,这样的称谓其实并不恰当。

王维《辛夷坞》诗写道:“木末芙蓉花,山中发红萼。涧户寂无人,纷纷开且落。”在幽深的山林中,泉水淙淙流淌,溪涧边芙蓉花自在地开放,没有人知道她什么时候开,什么时候落,这是一片寂静幽深的世界。又如王维《栾家濑》:“飒飒秋雨中,浅浅石溜泻。跳波自相溅,白鹭惊复下。”在飒飒的秋雨之中,白鹭自在上下。诗人写的是自己的生命感觉。就像老子所说的“为腹不为目”,不是“目”(外在的感官)所接触之对象,而是“腹”(整体的生命)所融会之世界。

如果我们把它当作“山水诗”,或者“写景诗”,那么可以说这样的诗了无足观。描写是这样的简单,内容是这样的单调,单调到只用一句话就能概括它的内容:山间有一些芙蓉花开了,又落了;秋雨中有一只白鹭飞来。这样的诗会有什么魅力?这样的诗还算诗吗?读惯了西方写景诗的读者实在无法对这些单调的描写产生兴趣。人们熟悉的西方写景诗人,如英国诗人华兹华斯,是这样来描述外在景色的。如他的名作《水仙》这样写道:“我宛若孤飞的流云,闲飘过峡谷山岗,蓦然见成簇的水仙,遍染出满地金黄:或栖身树下,或绽放湖旁,摇曳的花枝随风飘荡……”(辜正坤译)华兹华斯这首诗细腻而丰富的景物描写和情感呈露远不是王维的小诗所可比的。其实,王维的诗与他的前辈也无法相比,如山水田园诗代表人物之一谢灵运的《登永嘉绿嶂山诗》:“裹粮杖轻策,怀迟上幽室。行源径转远,距陆情未毕。澹潋结寒姿,团栾润霜质。涧委水屡迷,林迥岩逾密……”其描写也非常细腻。

然而奇怪的是,王维这些看起来内容单调的“小诗”,并不因为“小”而受到人们的漠视,而且千古传诵,倒是像谢灵运这样的写景诗却很少有人提及。王维的小诗自有其独特的魅力。王维的类似小诗还有很多,如著名的《竹里馆》(独坐幽篁里,弹琴复长啸。深林人不知,明月来相照。)、《鸟鸣涧》(人闲桂花落,夜静春山空。月出惊山鸟,时鸣春涧中。)等。中国诗歌史类似的作品极多,如常建《题破山寺后禅院》(清晨入古寺,初日照高林。曲径通幽处,禅房花木深。山光悦鸟性,潭影空人心。万籁此都寂,但余钟磬音。)、王安石的《若耶溪》(若耶溪上踏莓苔,兴尽张帆载酒回。汀草岸花浑不见,青山无数逐人来。),等等。

其实,这些小诗根本就不是“山水诗”、“写景诗”,它的主旨根本不是描写外在的景物。在这里,没有外在的“物”,没有被观的“景”,没有观照的主体,没有被观的对象,在诗人当下的体验中,人与世界共成一“天”,共同形成一个生命宇宙。这个世界,中国美学将其称为“境”。

王维这些小诗绝不是偶然的表现,它反映了中国美学观念将要发生重要变化的征兆。晚唐五代以后,不是“情”的直接抒发,也不是“景”的具体描绘,而是“境”的创造,成为中国艺术的主流观念。王维在道禅哲学影响下,通过他的独特的诗和画,为这一美学风气转变注入了活力。

南宋画家马远有一幅《寒江独钓图》,今藏于日本东京国立博物馆。这幅作品和王维的小诗一样,构成画面的内容也很简单,空阔的江面,一条钓鱼的小船,描写平常之极,看起来没有任何吸引人的地方。

如果从图写外在景物来看,这幅画也不值一提。但细细把玩即可发现,它不是摹写外在物象的,而是立意于“境”的创造。作品通过夜晚江面发生的一个简单故事,呈现艺术家对生命的独特体验。静谧的夜晚,淡淡的月色,空空荡荡的江面,为“境”的创造提供了绝妙的背景。在这样的背景下,有一叶孤舟静横,小舟上一人把竿,身体略略前倾,凝神专注于水面。小舟的尾部微翘,旁边则是几丝柔痕,将小舟随波闲荡的意味传出。

画家通过这样的生命之境表达的内容很丰富:夜深人静,冷月高悬,寂寞的秋江上悄无声息,气氛凄冷,一切的喧嚣都远去,一切争斗都荡尽,一切人世的苦恼都在冷夜的屏障抵制下退出。一丸冷月,虽然孤独,却是与渔父相依为命的精灵,冷月砌下的清辉,对这孤独的人来说不啻是一种安慰;迷朦的夜色,为这寂寞的人提供柔和的保护。我们从寒冷的气氛中读出的是幽闲的意味,似乎有一抹光影从画中传到了人的心中。

这是一个被心灵浸被的世界,这些凡常的景色,在艺术家的生命体验中,都“一时明亮起来”。艺术体验的过程就是“明亮万物”,境界的创造,使得生命互相映发,世界自在澄鲜。画面中的一切似乎都活了,一切都流动起来了,由画面流向更广远的世界,由具体的空间流向虚灵不昧的宇宙……

自中唐以来，中国绘画的发展不仅是水墨画异军突起，更重要的是，境界的创造一跃成为绘画艺术追逐的对象。好的画家作画，不是画外在之景，而是画一片心灵体验的境界。六朝以来中国画强调以形写神，由“形”到“神”的转变，是要画得有神韵，生动活泼。两宋以来却又出现由“神”到“性”的转变，不但要画得生动，还要“肇自然之性，成造化之功”，画出本然之“性”来。如李日华说：“凡状物者，得其形，不若得其势，得其势，不若得其韵；得其韵，不若得其性……性者，物自然之天。”①“性”是“自然之天”，是一片生机鼓吹的世界。在这里，人与世界毫无滞碍地交融，万类之间交相映发。这个“性”，就是画家纯粹体验的世界。元代倪云林说，他作画，是聊抒心中之“逸气”，这里的“逸气”不是什么愤愤不平之气、超然不群之情，而是真实的生命体验。像倪云林《秋林亭子图》、《幽涧寒松图》和吴镇的《渔父图》等，都不是描写自然山水的风景画，而是呈露生命体验的境界。

这种绘画不仅与西方绘画传统迥然不同——我们在这样的绘画中看不出与拉菲尔、提香甚至是莫奈、梵高的共同点，同时也与中国唐代之前的绘画传统不同。中唐之前是中国绘画的形式完备阶段，中唐五代以来，则是超越形似的阶段，绘画表现体验境界的创作倾向，正是这一阶段的典型表征。

在顾恺之前后，气韵生动、以形传神的理论基本成熟，但是，境界的传达尚没有达到自觉的地步，即使像顾恺之画谢幼舆将其“置于丘壑中”，给人物一个背景，但这仍然停留在“记述”阶段，绘画不是画我的生命体验，所画的内容与艺术家的当下体验关系不大。当时的绘画题材多为历史画、宗教画，或者是神话画，山水画还没有作为独立的画科出现，绘画还没有摆脱被明清画家称为“画史”的表现方式，不是自我的“发现”，而是具体场景的“记述”，只不过这样的记述要求生动传神而已——如“传神写照，正在阿堵中”，强调一双灵动的眼神。生动传神是“境”的创造的前提，但绝不是“境”的创造的根本内容。

中国绘画在两宋以后渐渐重视表现自我体验的境界，我们说元代山水画是“书斋山水”——像倪云林那样的山水，有心灵化、文人化的倾向，其实

---

① 《六砚斋笔记》，上海有正书局石印本，1922年，第12页。

根本就是境界化。花鸟创作中也如此。以花鸟为形式来表现人内在的体验,成为一种重要的审美现象,我们在南宋马麟的花鸟形式中就可以感受到这种变化,一朵花儿都被浸染在诗意的氛围中。而元初钱选的画表现更突出,他的一幅梨花图卷,画得凄冷幽绝,极有韵致。自题诗云:"寂寞阑干泪满枝,洗妆犹带旧风姿。闭门夜雨空愁思,不似金波欲暗时。"后人吴仲庄有跋诗说得好:"一枝香雪画阑东,淡白丰姿夜月中。得与梅花同岁暮,肯随红紫媚春风。"[①]淡淡的哀愁,迷离的寂寞,再加上清洁的精神,构成此画独特的境界。

境的创造,是中国宋元以来艺术追求的重要目标。清邵梅臣有一则画跋谈到他的创作体会:"阖户昼寝,独闻棋声于古松流水之间,此境可以作画。"[②]其意并不在古松流水,而在瞬间发现的生命境界。他画的是自己怡然的生命体验。他在《为应未堂先生画横幅山水跋》中说:"烟波浩淼,欸乃数声,枫叶芦花,忽闻水调,此境我浙东西,二十年来梦魂牵绕。"他的用意在"境"的创造,而不是景的摹写。

我们要问,像"木末芙蓉花"之类的小诗或者"寒江独钓"之类的绘画,是不是一种比喻?比喻既是西方艺术的重要方式,在中国艺术中也有极高的位置,《周易》的比物取象和《诗经》的比兴传统,都强调比喻,比物取类,称名也小,取类也大,通过比喻的形式,表达丰富的内容,比物取象也是中国艺术的重要传统。

但中国艺术在中唐以来所形成的重视境界呈现的方式,与比喻有根本的差异。在比喻的意义结构中,有喻体和喻旨两部分,喻体是用以比况的形式,喻旨是所比之内容。在这二者之间,喻旨是起决定意义的,而喻体只是用以比况的形式,本身是没有意义的。它是指月之指,登岸之筏,人们见月而忘指,舍筏而登岸。如果用这样的理论来看"木末芙蓉花,山中发红萼。涧户寂无人,纷纷开且落"这首小诗,就觉得无法相合。这里的芙蓉花不是用以比喻意义的喻体,它本身就是有意义的,是构成一个生命世界的活灵灵

① 安岐:《墨缘汇观》卷一著录此本,又见潘季彤:《听帆楼续刻书画记》卷上。

② 《为菊溪画山水并跋》,《画耕偶录》卷一,《中国书画全书》第十一册,上海书画出版社,1996年。

的组成部分，是这个“境”的中心。在中国艺术中，一切存在于境界中的物象，都是一个活的存在，一个具有意义的生命单元，它就是发光体，而不是有待于其他光芒来照耀。境界中所存在的物，正如王国维所说的，是“须臾之物”，是被人的生命体验所发现的新世界，绝不是一个简单的喻体。

其次，像“木末芙蓉花”之类的境界性呈现如果不是比喻，那是不是象征呢？象征与比喻意有相近，但又不同。二者都是以具体形象代表意念，在比喻中这样的形象是一般的、临时的，在象征中则是相对固定的、并具有实质的内涵。如中国人所说的梅花有高洁的意涵，这是象征，而不是比喻。美国诗人艾略特的《荒原》，暗写失去意义和信仰的现代社会，这是象征。象征的形象和内涵之间都没有固定的联系，在象征作品中出现的物只是指称某种特殊意念的符号。这与中国艺术中利用物象创造一个独特境界的方式完全不同。“木末芙蓉花”之类的描写，是一个与我生命相关的世界，而不是借用来的没有实际意义的象征符号。西方有的研究认为，如倪云林等的绘画，表现的是一种象征主义传统，这是错误的判断。

中国艺术创造的一个与自我生命相关的世界，是在中国哲学和审美方式孕育下的特殊形式，我们应该从西方的概念系统中走出来，还它以应有的位置。

二、“生命态度”之特点

中国艺术要创造一个与自我生命相关的“境”，有一些基本特点，一是它的体验性，它是艺术家在当下的体验中发现的，境是体验的真实；二是它的浑全性，人与山水草木等外在世界共同形成一个无分别的圆满世界，在这个世界里，没有外在，也没有内在，就像禅宗所说的，既不在心内，也不在心外，因为无心物之相对；第三是它的相互关联的特征，出现在“境”中的人与山水草木是彼此相关的存在，产生往复回环的运动。

1. 当下的体验

像王维“木末芙蓉花，山中发红萼。涧户寂无人，纷纷开且落”、“人闲桂花落，夜静春山空。月出惊山鸟，时鸣春涧中”、“不知香积寺，数里入云峰。古木无人径,深山何处钟”等等小诗,几乎纯粹是山水花木的描写,没有人,甚至看不出有人的感情。其实,人隐在它的后边,这个生机世界是人在瞬间体验中“发现”的。它不是人的眼睛(或其他感觉器)看出的,而是人的心灵映照出的。米友仁《云山图》有玉山老人跋云:“《首楞严经》云:不知色身外,洎山河虚空大地,咸是妙明心中之物。由是则知画工以毫端三昧写出自己江山耳。”①一切境界都是“妙明心中之物”,是一个很好的概括。

心生则种种法生,心灭则种种法灭,境由心起,没有心灵的体验则没有境界,境界是心灵中呈现的事实。心外无法,心外无境。这个心,不是控制对象、认识对象的主体,主体已经淡出,而是孤迥特立的心。诗人、画家所写的不是山水,不是景物,而是一片心灵的境界,是出境,而不是写物。“昨夜前山春雨过,小桥流水落花香”,不是简单的景物描写,而是“妙明”心中的体验。

宋元以来中国绘画史上,人们对一种“画史”、“画工”之类的方式一般持批评的态度②。所谓“画史”,就是以写实为根本之法。但中国艺术认为,即使画得再像,那也只是一个表面的真实,这样的创作者只是世界的描画者,而不是世界的发现者。而生命体验,则是自我的,当下的,直觉的。

说它是自我的,不是“依他起”,而是由生命直接转出的。说它是当下的,就是强调它的现成性,它是当下呈现的。说它是直觉的,那是一种不关乎功利、不关乎知识的直接认识活动。体验的根本不是“记述”,而是“发现”。所谓“发现”,就意味着这个境界是我创造的,独特的,唯一的,无法重复的,是一个新颖的世界。这正是中国艺术家念念在兹的思想。“群籁虽参差,适我无非新”,每一次体验,都是一种新的发现——不仅发现与其他人的不同,更发现其真实意义,即所谓“显现真实”。这是一个显明的事实,只要是你心所发现的,就不会与他人重复,天下清景,不择贤愚而与之,人人

① 此当是撮述《首楞严》大义,该经卷八云:“若此妙明,真净妙心,本来遍圆,如是乃至大地草木,蠕动含灵,本元真如,即是如来成佛真体。”

② 潘季彤:《听帆楼书画记》卷三,载董其昌山水扇页,第二幅仿云林山水题跋云:“云林作画,简淡中自有一种风致,非若画史纵横习气也。”同书卷四载恽南田仿倪云林轴云:“昔董文敏自临迂老小景,层峰茂林,云气淡荡,真有洪谷云中山拱四面峻厚之势,岂若近世画史一丘一壑为云林哉。”见《中国书画全书》十一册,上海书画出版社,1996年。

见之则有不同。你所看到的湖边柳,虽然人们日日见,但若你以发现的心去待之,也会是不同的。

我们可由文徵明的两段话来看这个问题。文徵明在人们的眼中,似乎是一个创造性并不突出的艺术家,其实,他对艺术有非常细腻的体验,中国美学的诸多重要思想在他这里得到了细化和深化。他有诗云:“人与青山已有约,兴随流水去无穷。”①他正是抱着这样的态度去从事创作的。

他有《听玉图》,并题有长诗:“虚斋生深寂,凉声逸清美,杂佩摇天风,孤琴写流水。寻声自何来,苍竿在庭苑。泠然若有声,应声相喏谁。竹声良已佳,吾耳亦清矣。谁云声在竹,要识听由己。人清比修竹,竹瘦比君子。声入心自通。一物聊彼此。傍人漫求声,已在无声里。不然吾自吾,竹亦自竹耳。虽日与竹居,终然邈千里。请看太始音,岂入筝琶耳。”

听玉,是听翠竹摇曳、清泉滴落的天籁之声,竹子、清泉平时都存在,就在自己的居室旁,竹随风摇曳、水傍山而流的声音不是没有听过,为何此时此刻是这样的清新悦耳,使人心动?因为此时我的心宁静了,明澈了,“声入心自通”,在瞬间的体验中,自然的声音和我的心灵妙然相通,寻声而去,无往而非佳趣,在在都是至友。艺术家的心灵和世界共同演奏一曲绝妙的天音。文徵明所说的“不然吾自吾,竹亦自竹耳。虽日与竹居,终然邈千里”颇值得注意。它所阐明的思想在中国美学中很有代表性,这就是:如果站在世界的对岸看世界,世界就永远是与我邈然千里的“对象”。

文徵明的《中庭步月图》,今藏南京博物院,图写月光下的萧疏小景。酒后与友人在庭院里赏月话旧,他突然觉得眼前所见的庭院完全是一个新颖的世界。这里的一切他再熟悉不过了,但此时似乎又感到是陌生的。长期以来,他失去了感受这个静谧天地的知觉,无数的应酬,说不尽的目的追求,忙碌的生活,虚与委蛇的应景,剥蚀了他的生命灵觉。而今在这静谧的夜晚,在明澈的月光下,在微醺之后的心灵敏感中,在老友相会的激动中,在往事依依的回忆中,他唤醒了自己,他忽然觉得自己往日的忙碌和追求原不

① 文徵明:《石湖图》题诗,见卞永誉《式古堂书画汇考》画卷卷二十八,见《中国书画全书》第六册,上海书画出版社,1994年。

过是一场戏，那种种喧闹的人生原不过是虚幻的影子。

他在此画上题有长诗，其中有言："人千年，月犹昔，赏心且对樽前客。愿得长闲似此时，不愁明月无今昔。"夜夜有明月，明月不如今。不是今宵的月亮比往日明，而是往日缺少感受明月的心。他有跋说当时之事，他画此画时，"碧梧萧疏，流影在地，人境绝寂，顾视欣然。因命童子烹苦茗啜之，还坐风檐，不觉至丙夜。东坡云：何夕无月，何日无竹柏影，但无我辈闲适耳。"[①]这样的观点与《听玉图》长诗表现的是一致的。

我们看文徵明的山水画中的题诗，或可对他的这种认识有更深体会：

云树扶疏弄夕晖，秋光欲上野人衣。寻行觅得空山句，独绕溪桥看竹归。

狼藉春风花事休，凄凉啼鴂景深幽。空山雨过人迹少，寂寂孤村水自流。

小桥终日雨潺潺，坐见城西雨里山。独放偏重湖上去，空濛烟树有无间。

漠漠秋江水见沙，寒原日落树交加。幽人索莫诗难就，停棹闲看绕树鸦。

风激飞藤叶乱流，寒沙渺渺水悠悠，碧烟半岭斜阳淡，满目青山一月秋。[②]

这是他直接生命体验中发现的世界。说是我，又是物；说是物，却是我；非我非物，是物是我。物我了无分别，相与优游，共成一天。

纯然的体验，是要放下主体的视角，中国艺术论中发挥道禅哲学的心斋、无念等心法，去发现一片活泼的世界，惟有无心，才会有活意，才能创造出迷人之境。如上举华兹华斯的《水仙诗》写得丰富充满，人的情感变化清晰可感。而倪云林一首水仙小诗写道：

---

① 苏轼《记承天寺夜游》写道："元丰六年十月十二日夜，解衣欲睡，月色入户，欣然起行，念无与为乐者，遂至承天寺，寻张怀民。怀民亦未寝，相与步于中庭。庭下积水空明，水中藻荇交横，盖竹柏影也。何夜无月，何处无竹柏，但少闲人如吾两人耳。"又于《与子明兄一首》序中说："但胸中廓然无一物，即天壤之内，山川草木虫鱼之类，皆是供吾家乐事也。"

② 卞永誉：《式古堂书画汇考》画卷卷二十八，《中国书画全书》第六册。

兰生幽谷中，倒影还自照。无人作妍暖，迎风发微笑。

此诗的风味与华兹华斯完全不同。一朵空谷中的幽兰，倒影自怜，自在微笑，人淡出了，而让幽兰自在呈现，所呈现的不是幽兰，而是一个与我生命相关的世界。

中国艺术中这样的创造很普遍。元代山水画家曹知白得李、郭家法，所作极有韵味。他有《秋林亭子》图，并题诗道："天风起长林，万影弄秋色。幽人期不来，空亭依萝薜。"深秋的山林，一个小亭孤立于暮色之中，寂寞的人在此徘徊等待，这个幽寂世界充满了无边的生命活力，你看那万影乱乱，盎然映现出一个奇特的世界，你看那藤蔓层层向上盘绕，饶有天然奇趣。倪云林《秋林亭子图》题诗云："云开见山高，木落知风劲。亭下不逢人，夕阳淡秋影。"在无人的寂寞中，却有夕阳和秋影，那是活的精灵。明代山水画家王绂有《虚亭秋色图》，有诗题道："远山淡含烟，疏树晴延日。虚亭寂无人，秋光自萧瑟。"也是一个秋色中，也是一个无人境，虚亭落日里，暮霭轻起，在寂寞的氛围中，但见得秋的逸光在跳跃。文嘉仿云林山水，并有题诗云："高天爽气澄，落日横烟冷。寂寞草玄亭，孤云乱山影。"董其昌山水册页中有一幅仿云林，所书写的是沈周的一首小诗："山木半落叶，西风方满林。无人到此地，野意自萧瑟。"野意依依，孤云乱乱，原是人心活了，亮了。凋零的暮秋的黄昏，都被艺术家的生命之光照亮了。

2. 物获得意义

中国艺术热衷于创造与自我生命相关的世界，深受传统哲学的沾溉。中国哲学圆满俱足的思想是此一学说形成的重要理论支撑。这一理论认为，世界中的一切各张其性，每一个生命都是一个圆满俱足的整体，具有独立的意义。过去我们不大注意，其实英国诗人布莱克所说的"一花一世界，一草一天国"，与中国人的观念有很大不同，在西方，这样的思想多被纳入到个别和一般、部分和整体的哲学思路中。而在中国，从老子开始，就注意到一种天成圆满的思想，老子提出"大制不割"的思想，庄子强调"以物为量"的思路，都在于克服人的理性活动所带来的对世界的割裂，所谓"知识性的撕裂"。在中国，一花一世界，绝不代表从一朵花中可以看出世界的本质，这是个别和一般的思路；也不代表一朵花是完整的世界的一部分，这是部分与整体的思路。中国哲学强调月印万川，处处皆圆。每一个生命都是圆满俱足的，所谓“圆满”，强调它的意义不是在整体中获得的，是无稍欠缺的；所谓“俱足”，强调的是不待他成而自成，它是光源，而不是被照亮的。一物就是一个意义世界。

松尾芭蕉那首著名俳句有利于我们说明这一问题：“当我细细看，呵！一棵荠花，开在篱墙边。”在一个偏远的乡村小路上，在一处无人注意的篱笆墙边，诗人发现了一朵白色的野花，没有娇艳的颜色，没有引人注目的造型，没有诱人的香味，但却独自开放，她浅斟慢酌，没有羞怯，没有哀怜。一朵野花，就是一个宇宙。从人的角度看，这朵野花和这篱笆角落一样微不足道。但野花可不这样“看”，她并不觉得自己生在一个闭塞的地方，也不觉得自己的形象卑微。在人的眼光中，有热闹的街市，有煊赫的通衢，也有人迹罕至的乡野，我们给它们分出彼此，分出高下。我们眼中的花，有名贵的，有鲜妍的，也有浓香扑鼻的，像山野中那些不知名的小花，我们常常以为其卑微而怜惜她。

其实，大和小，多和少，煊赫和卑微，高贵和低下，灰暗和灿烂，那是人的眼光，是人的知识眼光打量下所产生的分别。中国哲学强调万物一齐，诸法平等。或者可以说，中国的道禅哲学，是将被人的知识剥夺的世界意义还给世界。在“人为世界立法”的眼光中，我们站在世界的对岸看世界。这样的世界是被人的理性、情感等过滤过的，而不是世界的真实相。

像文徵明《水墨山水轴》的题诗说：“密树含烟暝，溪山过雨青。诗家无限景，都属水边亭。”①在纯粹的体验中，此在就是全部，当下就是圆满，没有缺憾，一个黄昏下目对青山的空亭，就是无限的宇宙。像吴历“一带远山衔落日，草亭秋影淡无人”诗中所呈现的那样，无人即是有人，落日山影，草亭空阔，与我心如如自在，没有分别，更无别虑，就是一个圆满的世界。明姚绶曾画《秋风晚笛图》，自题诗云：“船头晚吹笛，雁冲芦荻秋。风高柳枝脆，江水空悠悠。”笛声浸被了一个世界，一天的秋意，皆从这笛声中领取。

---

① 潘季彤：《听帆楼续刻书画记》卷上，《中国书画全书》第十一册，上海书画出版社，1996年。

人不能成为这世界的暴君,将世界的一切置于自己的统治之下,去征服它,或者是居高临下地“爱”它,或者是悲天悯人地“怜”它。一朵小花也有存在的理由,也有存在的价值,她不因人的存在而存在,不因人的评价而改变,只是自在兴现而已。“古木无人径,深山何处钟”;“青苔石上净,细草松下软”;“人家茅屋路能通,剩有梅花树点红。指点山头残雪在,泉声活活乱云中”,等等,人淡去了,但随那空花自落,细草芊眠。当你放下人的眼光,以物为量,在世界的河流中自在优游时,你就会有王维等诗人那样的感动,就会在一朵微花之中,发现一个宇宙,一个有意义的世界。

在这样的理论背景中,我们可发现“创造一个与自我生命相关的宇宙”的真实意义。在这样的“境”中,诸法平等,人不是观者,不是知识的裁判者——或判它有无实用价值,或给它贴上科学的标签,或细致地审视它是否符合美的形式感,他是生命的平等参与者,像沈周诗中所说:“我来亭上已春深,渐见飞花换绿阴。犹有啼莺相慰藉,数声春赋惜春吟。”人融入了世界,没有了世界决定者的角色,一切都自在兴现,物获得了意义,物变成了非“物”,人所坚守的能所关系随之解体。像李日华《竹》诗中所说的:“庭空月无影,梦暖雪生香。”中国艺术的“境”呈现的就是这样无影无迹的印合。

“境”并不是中国传统艺术观念中情景交融理论所能概括的。情景理论强调情中有景,景中有情,情景结合,王夫之说:“景中生情,情中含景,故曰,景者情之景,情者景之情也。”景是情之媒,情乃景之主。在这里情与景相对而生,互相关联,互相生发。而在中国艺术理论中的造“境”学说中,正要泯灭这样的相对而生的思想。“涧户寂无人,纷纷开且落”的山中芙蓉,是自在兴现,没有被观之景,也没有对景之心。情景理论没有超越能所之别。

3. 与世界做游戏

在这个境界中,人的观照对象、控制对象的主体意识淡出,但人没有淡出,在这个自由灵动的世界中,人在与世界做“游戏”。这个平等的参与者在分享活泼世界的乐趣。

如王维这首《书事》小诗:“轻阴阁小雨,深院昼慵开。坐看苍苔色,欲上人衣来。”四句小诗,却创造一个寂寞而深邃的宇宙。凡常的小院,紧闭的院门，阴沉沉的天气里，寂寞的主人就坐在窗前，眼前是密密的小雨，浓浓的绿意，满目的苍苔，更衬托出院落的幽深，那暗绿的苍苔几乎就要向人扑面而来，诗人的心，宁静的心，寂寞的心，也似乎被这幽深和绿意席卷而去，带到那个寂寞无可奈何的世界中。诗写得湿漉漉的，充满了梦幻般的感觉。简单的物事，却创造了一个无限回旋的世界。苍苔、小雨、庭草、茂树，都成了诗人的对话者，成了诗人游戏的对象。诗人没有着意去写景，写人的情感的变化，写人的意志的控制，而是写一些与自我生命相关的存在者，由这样的存在者共同构成一个意义世界，这就是诗人所造之"境"。这是生命的吟咏，也是生命的叹息。寂寥中透出愉悦，萧瑟中露出活泼。一个无人的世界，却是一片生机鼓吹的大境界。诗人的心似乎被这小雨和绿意打湿了。

王维另一首小诗也极具风韵。《阙题二首》之一云："荆溪白石出，天寒红叶稀。山路元无雨，空翠湿人衣。"①很多画家画过王维这诗境（如石涛）。漫山的空翠打湿了人的衣服，其实也打湿人的心灵。这片令人神往的世界，你一旦接近它，就会被它包裹，被它挟持去；你会融到它的世界中，投入它的怀抱。诗人不是写自己喜欢这片山林，写山林的诸般美景，而是写这个与自我生命相关的宇宙，和自己彼此往来，共成为一体。

董其昌有八景山水册，这是仿倪云林之作，是董氏生平的重要作品，后人以其与杜甫的《秋兴八首》相类比。其中第二幅画淡淡山水，有诗云："溪云过雨添山翠，花片粘沙作水香。有客停桡钓春渚，满船清露湿衣裳。"画家所画的不是一片山水景色，而是一个境界，是画家心灵的寄托，画家的心也被这境界打"湿"了。此册叶的第四幅，董其昌有题词云："云霞散晓月犹明，疏木挂残星，山径人稀，翠萝深处，啼鸟两三声。霜华重逼裘云轻，心共马蹄轻。十里青山，一溪流水，都作许多情。"②画家画的不是景物，而是自己的体验，在这晨曦微露，山径人稀的翠萝深处，一切都充满了活力，那十里青山，一溪流水，在人看来，是那样的亲切。

艺术家的心灵被活泼宇宙的清露所打湿。沈周有题画诗道："行尽崎

① 一作"蓝溪白石出，玉川红叶稀。山路元无雨，空翠湿人衣"。
② 以上所印董其昌八景山水册资料见潘季彤《听帆楼书画记》卷二。

岖路万盘，满山空翠湿衣寒。松风涧水天然调，抱得琴来不用弹。”①文徵明《春深高树图》自题诗道：“春深高树绿成帷，过雨寒曲带雪飞。足久不知山日落，四檐空翠湿人衣。”②清人黎简题自画山水册云：“老木幽亭坐翠微，寒云流水澹清晖。溪山如此无人会，趺坐空阴湿荔衣。”③清邵梅臣《为厥修画山水题并跋》云：“幽壑寂无人，树杪飞泉急。雨余空翠生，但觉白云湿。”④凡此等等。

回到世界中，与世界缱绻往复，从容优游，没有物我的分别，没有主奴的角色，没有机心，如流水澹然去、孤舟随意还。这是一种深层的契合。沈周的题画诗非常细致地表现了这样的境界。卞永誉《式古堂书画汇考》画卷卷五载有沈周一诗画册页，所题小诗清新可玩，如：

> 石丈有芳姿，此君无俗气。其中佳趣多，容我自来去。
> 扁舟不可泊，任意随水流，东西与南北，人物两悠悠。
> 山木半落叶，西风方满林。无人到此地，野意自萧瑟。
> 青山闲碧溪，人净秋亦净。虚亭藏白云，野鹤度幽径。

这组小诗荡尽了人间风烟，一任心灵随世界优游盘桓，将中国哲学平和淡荡的思想发挥到了极至。因为人心净，秋也净，天也净；因为无心，所以山花自烂漫，野意自萧瑟。没有外在于世界的人，没有被征服的物，物与人都从对象化、互为奴役化的境地中解脱出来，在自由的境界存在。无心随去鸟，有意从水流，世界中的一切，就像一叶扁舟，在水中闲度，像一朵小花，在山间自由开放。“东西与南北，人物两悠悠”，这联诗最是传神地写出了他的感觉。

三、发现意义的“生命态度”

与生命相关的意义世界的创造，还有一个价值性的问题，它是一个意义

① 见卞永誉：《式古堂书画汇考》画卷卷二十五。
② 卞永誉：《式古堂书画汇考》画卷卷二十八。
③ 潘季彤：《听帆楼续刻书画记》卷二。
④ 邵梅臣：《画耕偶录》卷一。

世界,这里将它单独拿出来讨论。

当代美学家H.帕克曾说,美学之所以有必要,就是因为要捍卫他们经历过的美好的东西。而中国人所认为的美好的东西,看起来并不美,一片怪石、一湾瘦水、几株枯木,以及凋零的秋意,残败的落花,秋末的风苇等等,都成为创造境界的重要"原料",都成了与自我生命相关的活的存在物。放着满眼葱翠不去描写,而去注意落花流水,对眼前袅娜的风物不闻不问,却有兴趣去嗟叹枯木寒鸦……这是一种什么样的心境呢?

其实这都缘于中国艺术家对生命的关注。他们通过艺术这"余事",是来呈现自己对生命的看法,对生命价值的把握,或者说是追逐那个意义世界。他们热衷于造"境",而不是写物,是因为他们有对世界的感觉需要传达。别看这些小诗或小景画,中国艺术家在其中寄寓的却是对历史、宇宙和人生的看法。

中国艺术家有通过境界来表达思想的爱好。如古代诗画中屡屡出现"微云淡河汉"的境界描写,其实表现的是一种从容洒落的宇宙情怀和人生格调,所谓"透入性地则一洒落"。邵梅臣有《为百菊溪先生龄画山水》画,并有诗说:"空山寂无人,藤萝屋小构。风定竹娟娟,怪石同鹤瘦。澄波自在潭,闭云不出岫,一卷黄庭坚,闭户销永昼。"自识云:"阖户昼寝,独闻棋声于古松流水之间,此境可以作画。"[①]这样的云淡风轻,无所羁绊,是要表现从容洒落、无住于相的思想。

"空山不见人,但闻人语响。返景入深林,复照青苔上",这里将人排除,关心起深林苔痕,表面看起来,是不关心人,其实正是通过这一片天地写人的心境,人的感受,不是对风景感兴趣,而是对自我生命的感受感兴趣,描写一个与我生命相关的世界,呈现自己回到世界的愉悦,为自己心灵寻找一个安顿的地方。对生命的认识、理解和慰藉,是贯穿此诗的核心。艺术家在意的并不是青苔和深林,而是其背后的高古和幽深。

中国艺术追求个体在雄阔的宇宙和缅邈的历史中的沉思。一个秋林亭子,就是发现生命意义的空间。寂寂小亭人不见,夕阳云影共依依,表达的

① 《画耕偶录》卷一。

是一种生命的关怀。倪云林最善画亭,他的枯山瘦水中,每每有小亭兀立其中。明李日华说他:"云林兴寄转高孤,老木虚亭傍太湖。旷朗不容尘隔断,一痕山影淡如无。"这是一点也不错的。云林在这亭子中,抖落外在的黏附,恢复了"自由身",后人说他的境界是:"山奇水亦僻,到此是闲人。一个瓦亭子,秋风空世尘。"他要利用这亭子,体会生命深层的妙处。秋日的萧疏小亭前,流水带着飘飘而下的落叶,深潭边布满了苔痕,落日穿过密密的树林,将碎影散在这片天国。这是静止的天地,就在寂静的世界中,但见得日光下彻,细影晃动,衬托出世界的幽深。云林由此写他的人生旨趣。他有《疏林亭子图》,自题云:"溪声虢虢流寒玉,山色依依林翠屏。地僻人闲车马寂,疏林落日草玄亭。"这疏林落日下的小亭表达的是对生命意义的追寻。惆怅和寂寞,愉悦和坚守,都充满在他的诗画中。

梅花老人吴镇也为这亭子所神迷,他说:"我亦有亭深竹里,也思归去听秋声。"在中国艺术家笔下频繁出现的亭子,原是一个观照生命的窗口。沈周《题天池亭月图》题诗中说:"天地有此亭,万古有此月,一月照天地,万物辉光发。不特为亭来,月亦无所私。"他哪里是在画月,画的是一种永恒感,那种超越世相、不生不死的永恒。不了解中国文化哲学的背景,很难读懂这样的作品,如果将它当作写景诗、风景画,等于抛弃这样的艺术。那种盲目以西方哲学和艺术观念来套用中国艺术的方式,所谓"模仿说"、"表现说"、"再现说"、"典型说"等等,在这里找不到其凿枘处。强行解说的结果,只能是蹂躏这样的艺术。

中国艺术的境界创造并非强调欣赏外在美的对象,而是期望表现灵魂的轻歌。清山水画家黎简在一套山水册页的最后跋文中说:"每至深幽沉郁之处,一两笔得其神明,辄欲起舞,屡常自觉,至老木幽亭之作,觉一往溪山远致,泓峥萧瑟实不可言,剡溪归棹,余情邈然矣。"①这是一种生命之舞。

恽南田说,作画不能像"画史",只关心"大地欢乐场"中的情况,而要"于境上求之",目之于色,耳之于声,都是有限的、实在的,它会阻碍艺术家的情怀表达,于"境"上求之,就是超越具体的存在,表现心灵的真实。如他

① 潘季彤:《听帆楼续刻书画记》卷下。

关于“朱栏白雪夜香浮”的夜月梨花的境界，关于东坡月下画竹生烟万状的描绘，关于黄大痴之作有“落叶聚还散、寒鸦栖复惊”妙处的论述，关于“江树云帆，忽于窗櫺隙影中见之”的思想，还有他关于画“三山半落秋江外”的论述，他强调艺术要“诗罢有余地”，要有“不愁明月尽，自有暗香来”的精神，等等，都在强调造“境”，而不是写形。如他说，写秋天的景色，如果只停留在外在形象的描摹上，不能使人有可悲可思之处，“不若听寒蝉与蟋蟀鸣也”——秋令人思令人悲，要将这独特的境界传递出。

朱光潜是一代美学大师，他的学术对我有很大影响，但他的一段有关中国艺术的宇宙感的论述，我不能同意。他说：“我读《旧约·约伯记》、莎士比亚的《哈姆雷特》、弥尔顿的《失乐园》诸作，才懂得西方批评学者所谓‘宇宙的情感’（cosmic emotion），回头在中国文学中寻实例，除着《逍遥游》、《齐物论》、《论语·子在川上》章、陈子昂《登幽台怀古》、李白《日出东方隈》诸作以外，简直想不出其他有‘宇宙的情感’的文字。”[①]这样的判断并不符合中国艺术的事实，中国艺术中宇宙情感的表达非常丰富，“境”的创造中就包含这方面的内容。

元胡宁题倪云林画云：“千年石上苔痕裂，落日溪回树影深。”从此一联诗中，也就可看出这种独特的宇宙人生精神。石是永恒之物，人有须臾之生，人面对石头就像一瞬之对永恒。在一个黄昏，落日的余晖照入山林，照在山林中清澈的小溪上，小溪旁布满青苔的石头说明时间的绵长，夕阳就在幽静的山林中，在石隙间、青苔上嬉戏，将当下的鲜活糅入历史的幽深之中。夕阳将要落去，但它不是最后的阳光，待到明日鸟起晨曦微露时，她又要光顾的这个世界。正所谓青山不老，绿水长流，日落了吗？并没有落，水流去了吗？并没有流。人在这样的“境”中忽然间与永恒照面，给一个脆弱的生命注入了绵长，带去了熨帖。这就是中国艺术独特的宇宙感。中国艺术家从这样的宇宙感中发现的不是抽象的绝对的道理，而是一个意义世界，那是一个与我生命相关的境界。

---

① 见《谈美》中的《刚性美和柔性美》，《朱光潜全集》第二卷，安徽教育出版社，1997年。

中国美学缺少什么*

阎国忠**

中国美学①在改革开放的三十年中有了很大发展，这是有目共睹的。重要的是中国美学踏上了一条富有开放性、包容性和综合性的路。中国美学具有光辉的前景，在世界美学中可望获得更加显赫的地位，因为中国美学有马克思主义哲学作为自己的根基，有一百余年学习和研究西方美学的经历，有博大深邃的中国传统美学和文化这样的思想和学术渊源。当奠基在两大文明之上的美学传统，在以马克思主义哲学为根基的哲学基础上汇合在一起的时候，也就是当美学不再停留在马克思主义词句上，不再对中国传统美学和西方美学做简单比附和拼合，而是真正深入到它们的精髓中，进行哲学层面的综合的时候，我相信，那就是中国美学完全成熟并堂皇地步入世界之林的时候。当然，这个目标与我们现在的状况还有相当的距离。相对而言，我们的美学还缺少许多东西。

一

中国美学缺少借以与现实对话的话语，缺少批判的、否定的精神。也许我们不能将作为哲学分支的美学与经济学、法学等经验学科相比，要求美学具有直接的现实性、可操作性，但是，无论如何，美学不能漂浮在空中，以至于只是学者们的自言自语。从这个角度进行审视，不能不承认，我们的美学虽然也经常涉及一般的文学艺术和审美教育问题，并且形成像文艺美学、技

---

* 本文原发表于《学术月刊》，2010 年 1 月号。

** 阎国忠，1935 年生，男，北京大学哲学系退休教授。

① 本文所讲的"中国美学"，主要是指国内目前处于主流地位的美学。

术美学、审美教育学这样的分支学科,但总体说来,“学院”气依然很重,许多问题的讨论并没有超出纯学术的范围,因此在作家、艺术家、科学家和教育家中几乎没有产生值得重视的影响。这里,一个根本的问题是,我们的美学还没有找到切入现实的途径和属于自己的话语。这就是说,美学还没有作为一种本体论去关注人的诗性的生存问题,还没有作为一种认识论去解决审美之如何可能的问题,还没有作为一种价值观去讨论如何以审美的方式观察和评判现实的问题。我们的美学基本上还属于西方马克思主义者批评的“肯定的美学”,在某些人的美学中,甚至宁愿回到孤独的个体的心灵中,空谈心理结构的“建设”,而不愿意面向现实,拒绝对现实作任何意义的批判和否定。

美学的生命在现实中,美学本质上是批判的、否定的。人类的审美活动是在两个层面上进行的:就客体来讲,是经验的层面与超验的层面;就主体来说,是感性的层面与理性的层面。美学所要回答的是如何从前一个层面过渡到后一个层面并与之融通在一起。在这个意义上,美学是超越之学,而不是实证之学。而超越就是对现实,包括对经验与超验、感性与理性双方面的批判与否定。历史上真正有影响的美学,从柏拉图、亚里士多德到康德、黑格尔,到杜夫海纳、海德格尔,都是批判的、否定的美学。后现代主义之所以在美学领域兴起和传播开来,就是由于它是现代资本主义的对立物,是人们习惯了的非人的现实——一切被异化了的经验或超验,感性或理性的存在的对立物。

美学之所以成为批判的、否定的,因为审美活动就客观方面来说,是康德所讲的“无目的而合目的”的活动。作为“无目的”的活动,审美活动区别于认识活动和道德活动,作为“合目的”的活动,却又与认识活动和道德活动紧密地交织在一起。美是一种价值判断,它的核心是美,但不仅是美,真、善永远是其中一种潜在的必然的因素。就是因为这个原因,审美活动才具有了可传达性,而美学才具有了社会意义,并成为一种社会意识形态。美学无论如何不能脱离与社会政治、道德、宗教、文化的纠葛。把潜藏在审美活动中的真、善的因素彰显出来,从而揭示审美活动的社会价值和意义,是美学的天职和基本功能。

美学之所以成为批判的、否定的,还因为审美活动就主观方面说,本身就具有批判的、否定的内在机制。审美活动只有在这些内在机制得到调动并协调在一起的情况下才有可能。其中,形式是一个因素。马尔库塞认为,形式"指把一种给定的内容(即现实的或历史的,个体的或社会的事实)变性为一个自足整体所得到的结果"①。在这个意义上,内容实际上是亚里士多德讲的"质料",形式则是"质料"的组织者、统摄者、规范者。形式是一种伟大的范塑和造型的力量。形式所提供的总是与既定世界不同的异在世界,因而总是具有一种将人们从有限存在中解放出来的功能;肉体是另一个因素。伊格尔顿称美学是"肉体的话语",认为美学的产生是"肉体对理论专制的长期而无言的反叛的结果"。② 人对自然的感知和交往,不是仅仅靠知性或理性,更重要的是通感,是妙悟,是包括心灵在内的整个肉体。肉体所提供的信息总比知性和理性丰富得多、鲜活得多、完整得多。在知性与理性因遭到社会文化和环境的压抑而扭曲、异化的情况下,肉体往往能够透出一个不甘沉沦的、反叛的自我。第三个因素是模仿。卢卡奇曾深入探讨了模仿这一具有否定性指向概念的意义,认为模仿能够通过"目的性中断"将自然"还原为纯粹视觉、听觉和想象的形象",从而使"拜物化"的自然转化为与人相关并"充满诗意的偶然性"的自然。③ 所谓人与自然的"和解",所谓"诗意的栖居",应该是从模仿开始。第四个因素是想象。依照萨特的理解,"想象是意识的整体",而不是意识"偶然"和"附带"的能力。想象总是把知觉"挪到它处","避开所有尘世的束缚",总是"表现为对存在世界中这一条件的否定,表现为一种反世界"。④ 想象一方面与本我,与肉体,与潜意识相关,另一方面与情感,与爱,与信仰相关,因此,想象所展开的常常是生命中最不安分的另一面。第五个因素是爱。美与爱是相互依存,互为因果的两个范畴。孔老夫子讲:"里仁为美。"爱是对丑陋、平淡、冷漠、孤独、无

---

① 马尔库塞:《理性与革命》,程志民等译,重庆出版社,1993 年,第 196—197 页。

② 伊格尔顿:《审美意识形态》,王杰、傅德根、麦永雄译,广西师范大学出版社,2001 年,第 1 页。

③ 卢卡奇:《审美特性》第二卷,徐恒醇译,中国社会科学出版社,1986 年,第 214、235 页。

④ 萨特:《想象心理学》,褚朔维译,光明日报出版社,1988 年,第 281、208—209 页。

聊、仇恨的拒绝和否定。“爱是对不可及的理想目标的想象的追求。”①如果说,美是自由的表征,那么,爱就是自由的体验和张扬。只是由于有爱在,我们才渴望并试图改变这个世界。

一个是客观的目的论原则,一个是主观的功能论原则,这就是美学成为批判的、否定的美学的依据与出发点。前一个原则使美学与社会、人生、自然联结在一起,成为人类文明的一个不可或缺的组成部分;后一个原则则使美学自身结成了一个自足的整体,并获得了仅仅属于它的、无以取代的话语权。因此,美学的批判或否定,不同于政治的、道德的、宗教的和文化的批判与否定,因为它的旨趣不是有限的功利主义,而是以真、善、美的统一为最终指向的无限的生命境界,同时,因为美学有仅仅属于自己的独特的途径和方式,所有的意向和结论都是在对审美活动的反思中自然地得出的。

二

中国美学缺少对人的整体的把握,缺少爱这个重要的理论维度。

从 20 世纪初心理学美学被介绍到中国之后,人们就相信,与美的对象相对应的是人的“心理本体”,审美活动就是孤立绝缘、心理距离、内模仿、移情作用等的心理经验或体验。直至 21 世纪初,在主流一派的表述中,美学仍被区分为美的哲学、审美心理学和艺术社会学,审美活动被直接等同于直觉、想象、情感等的心理活动。虽然人们也常常提到叔本华、尼采和生命哲学,提到马克思、弗洛伊德,提到现象学和存在主义,但是这并没有使人们从心理主义的影响中超离出来,将人还原为生命或存在的整体。

在西方哲学史上,理性主义之后,生命哲学把生命当作哲学的基点,生命哲学之后,心理主义把心理当作哲学的核心,对于美学来说都是里程碑式的进步。生命哲学强化了肉体、感性、无意识在审美活动中的意义;心理主义则揭示了制约审美活动的各种心理机制和功能。从理性主义到生命哲

① 桑塔耶纳语。转引自欧文·辛格:《超越的爱》,沈彬等译,中国社会科学出版社,1992 年,第 34 页。

学,再到心理主义,似乎是经历了一个否定之否定的过程。心理主义试图把正在兴起的科学主义思潮引进美学中来,用实验心理学的观念和方法,将人从社会与自然环境中孤立出来,对审美活动作经验层面的描述,并使美学认识论化,因而逻辑地把美学引向了相对主义。逻辑实证主义、语义学和现象学都对它进行了批评。但是,至少从 20 世纪二三十年代起,西方美学就逐步摆脱了心理主义的羁绊,在分析哲学或在现象学、存在主义的意义上重新审视审美活动问题了。

人是个整体,这一点在德谟克利特时代就朦胧地意识到了。"小宇宙"这个概念连同"认识你自己"那段有名的箴言成了检视和考验人们智慧的永恒的话题。人是个整体,遗憾的是,从分工——脑力劳动与体力劳动、管理者与被管理者、有产者与无产者——开始,人就被渐渐地分割开来了。体现在精神领域里,就是肉体与灵魂、感性与理性、有限与无限的对立。在中世纪之前,这种区分和对立被理解为是由神或上帝先验地决定的,人类无权进行选择。亚当的堕落是必然的,因为上帝虽然按照自己的形象造了他,却又给了他一具充满肉欲的形体。从 13 世纪到文艺复兴,人们终于明白了,上帝之所以给了人以肉体,是相信人能够利用同样来自上帝的那点理性的星火,节制自己,超越有限。但是这种大半来自希腊人的朦胧意识禁不住理性的真正考量。进入工业社会后,人的分工更加精细了,劳动和社会交往把人切割成七零八落的碎片。人应该是怎样的?社会应该是怎样的?英国经验主义和大陆理性主义从不同的文化背景出发给出了不同的说法,而这就是后来德国古典哲学所不得不面临的最根本的问题。康德和黑格尔试图调节肉体与精神、感性与理性、有限与无限的矛盾,为人类的未来寻找一个理想的出路。但是在现实中他们看不到任何可能的前景,只好把希望寄托在理性自身或它的外在形式——艺术、宗教和哲学上。歌德和马克思之所以伟大就在于,一个从对艺术的反思中,一个从对社会历史的考察中发现人作为整体的现实的可能性与必然性。马克思相信,人类由分工导致的异化是不可避免的,但是人本质上是个整体,使人成为真正的人,是可以通过消灭私有制,消灭体力劳动与脑力劳动,工业与农业,城市与农村三大差别,实现人自身的全面发展来逐步达到的。

人不仅是“一束知觉”，也不仅是一组符号；不仅是经验的集合体，也不仅是理性的存在物，人是个整体，它自身，与它所生活的世界都不可分割地联结在一起，这就是审美活动之成为可能的根据。因为美的第一个定性就是整体：统一、匀称、秩序、节律、和谐，只有自身是整体的人才可能成为审美的主体。这一点，毕达哥拉斯讲的“内外感应”也许包含了更多的真理。当你面向星空，欣赏星空那种寥阔、幽远、绚丽的美，或者面向大海，品味大海那种浩淼、涌动、壮阔的美，你不是只是看，或者听，同时也在闻、嗅、触，甚至你的神经系统、血液循环系统、呼吸系统都在影响你的情趣和判断。你是用生命的整体与大自然对话和交流。即便你不是面对真正的星空或大海，而是面对画面上的星空和大海，如果你不能从中感到扑面而来的沁人肺腑的清凉，隐隐袭来的声响和超越时空与想象的神奇，就不能体悟其中的美。美的魅力，不仅在于它能够冲击我们的直觉，激发我们的想象或者勾起我们的回忆，更在于它能够使我们在物我两忘的情境中回复到整体，消除人与自然的距离，激起和增进对自然和人生的爱。

关于爱以及爱与美的关系，柏拉图、奥古斯丁、阿奎那、休谟、斯宾诺莎、康德、弗洛伊德、舍勒、乌纳穆诺、弗罗姆等有过许多讨论，中国美学基本上没有涉及。如果我们从现有语言中寻找一个与美相对应的词，以表达促使我们作出美的判断，或由美的判断激起的那种感受和心情，这个词只能是爱。这是潜藏在直觉、想象、愉悦背后的更根本的东西。爱不属于某种器官，不属于某种意念，不属于某种情趣，爱是整个生命对作为整体的自然——它的统一、匀称、秩序、节律、和谐作出的回应。世界上如果没有美，就不会有爱；同样，没有爱，也不会有美。美有优美、壮美、崇高之美、滑稽之美、悲壮凄厉之美、幽默诙谐之美、大美或至美，美是个家族；爱则有性爱、友爱、敬爱、怜爱、博爱、惠爱、大爱或圣爱，爱也是一个家族。如果说美是作为协调、匀整、完善的整体的表征或象征，那么，爱就是人类趋向整体，克服孤独、分离、疏远的意向和冲动。从作为个体的事物的美，到作为类的事物的美；从作为个体的精神的美，到类的精神的美；从作为事物与精神的综合体的现实的美，到作为超越自我和现实的终极境界的美，即至美或大美，美是有秩序的。从两性的爱到母爱，从友爱到博爱或仁爱，从惠爱（自然之爱)到对终极境界———存在、道、理念的爱,即圣爱或大爱,爱也是有秩序的。[1] 美的秩序与爱的秩序似乎是同一秩序的两面。美与爱同样根植于性、交往、生产、归依或归属,在自我实现的生命内趋力中,同样以自由———人与自然的统一为最终指向。美与爱具有共同的意义,这就是通过协调理智、意志、情感,通过整合真与善,构成人以自由为归宿的超越性心理结构,从而使世界充满美与爱。

美是难的,爱也是难的,因为它们跨越在肉体与心灵、感性与理性、有限与无限之间,但是美和爱可以互相参证,在对爱的反思中可以而且必然能够透出美的秘密。

三

中国美学缺少形而上的追问,缺少相应信仰的支撑。

超验之美(至美或大美)以及与它相关的超验之爱(圣爱或大爱)都是形而上层面,即信仰领域的事。美学的基本功能之一就是确认并论证这种形而上的追索和信仰之如何可能。中国美学从西方美学借鉴了"自由"概念,从传统美学汲取了"天人合一"概念,把它视为审美活动的最高境界和美学的最高旨趣。但是何谓自由? 审美自由与生命自由有何区别? 何谓"天人合一"? "天人合一"与人和自然的统一(自然人化)有何区别? 至今未有一个完整的阐释,而且,既然涉及形而上或信仰领域,就有一个超越性的问题,但至少在主流一派美学中我们并没有看到与此有关的较深入的讨论。"自由"或"天人合一"因此还只是一种承诺,而不是美学自身的内在目的和逻辑指向。"自由"或"天人合一"还不能成为中国美学的理论和精神的支撑,因为它本身的合法性还有待审视和确证。

应该说,形而上的追索和信仰的确立是人类走向文明的一个重要的标志。第一,标志着人类有了自我意识和类意识;第二,标志着人类有了共同

---

① 中国古代的孟子、董仲舒、王阳明等都肯定爱有个"以其所爱及其所不爱","仁民而爱物"的秩序;西方从古代的柏拉图、普罗丁、奥古斯丁到现代的舍勒、蒂利希、乌纳穆诺等许多哲人对爱的秩序都有过或详或略的讨论。

的经历和体验;第三,标志着整个世界及其的未来成了人类反思的对象。黑格尔讲,“信仰是一种知识”,但这不是“纯粹识见”意义上的知识,而是一种奠立在知识和对知识的反思基础上的“纯粹意识”,是“已上升为纯粹意识的普遍性了的实在世界”。[①] 所谓理念、太一、上帝、自我、意志、存在等都只是抽象化、异在化了的人类自身,是它的哲学或神学的表达。形而上的追索和信仰的确立与生存、安全、交往一样,是人的一种基本需要———实际上即是对与自然最终和解的需要,对真、善、美相统一的理想境界的需要,对自我确证和自我实现的需要。无论任何时代和地域的人,只要还没有脱离生理与心理、感性与理性、有限与无限的对立,就需要有一种以人自身的完整和自由为核心内容的信仰的支撑。可以说,对于没有摆脱“原罪”的人,信仰是一种召唤的力量;对于被肢解为“碎片”的人,信仰是一种统摄的力量;对于困囿在有限理性和意志中的人,信仰是一种超越的力量。

美学开始于经验之美(事物之美)与超验之美(美本身)的区分以及超验之美作为一种信仰的确认。柏拉图之所以感叹“美是难的”,就在于事物之美何以“分有”美本身,从而被认为是美的,同时,美本身又如何超离美的事物而成其为美本身的。超验之美,即美本身虽然从根本上说来自经验之美,但是,这里讲的经验,不是任何个体的人的哪怕一生中积累起来的经验,而是人类在千百年中共同经历和体验过的经验。这种经验已经作为“原始意象”先于个人经验沉淀在人们的无意识中,成为人们判断事物之美与丑的先验的尺度。因此,超验之美或美本身的确认不是经验范围的事,而是超验范围的事,是柏拉图以为的“回忆”,实即信仰领域的事。但是,超验之美或美本身作为一种信仰与一般宗教的信仰不同,超验之美与经验之美一样,是由主体与对象两个方面的因素构成的。就对象来讲,超验之美是与同样超验的真、善统一在一起,是理念、道或存在的显现;就主体来讲,超验之美是理性、意志、情感协调在一起,是自我价值的实现。超验之美既是人的目的,也是道路,它所承载的是人的自我救赎的渴望和宿命;既是外在的,也是内在的,是人类从现实的苦难中挣扎着站立起来,成为真实的、自由的人的

① 参见黑格尔:《精神现象学》下册,贺麟、王玖兴译,商务印书馆,1987 年,第 70—75 页。

象征。

从经验之美到超验之美，即从感性到理性，从个体到整体，从必然到自由，这是整个人类社会面临的历史性问题。这个问题的真正解决要靠改造自然，包括人本身的物质实践。但是，这个问题作为一种意识或理论，首先是个美学问题，因为正是从"合目的"的审美活动中，人们发现了实现这一目的的可能性的根据。审美活动与认识、伦理、功利活动不同，它的基本特性就是消除感性与理性，个体与整体，必然与自由的对立，使人处在"物我两忘"的游戏状态中。审美活动的主体是由客体激发起来的生命体验，即爱；客体是由主体的体验，即爱所显现的美。正是美与爱这种我中有你和你中有我的密切关联，构成了审美活动通往自由的内在机制与秩序。没有任何活动能像审美活动那样，需要调动人的全部潜能和能力，包括理性与非理性，意识与无意识，感觉与超感觉，使人的机能充分协调起来；没有任何活动能像审美活动那样需要打破所有将人类分割开来的藩篱，包括种族的、阶级的、地域的、职业的，使人们在"共通感"的交流中彼此融通起来；也没有任何活动能像审美活动那样需要人与自然的完全和解，彻底克服人的"自阉"和"自闭"，实现"自然的人化"与人的自然化。我们相信，无论个体的人或人类，生命是个自我完善的过程；相信心灵在与自然的交往中不断地净化着，相信整个世界会越来越一体化，现代文化所带来的孤独、疏离、迷惘、失语将为人与人之间的更亲密的交流和信任所取代。所以如此，是因为有史以来的生活实践告诉我们，无论任何时候，任何地点，人或人类不会没有美和爱，不会拒绝美和爱。美与爱对于被称作"压抑性"的文明永远是个颠覆者，对于真正符合人性的文明则是绝对的建设者。

四

从根本上说，中国美学缺少的是可以作为依恃的、与时代和社会的现代化进程及审美和艺术发展的总体趋向相适应的完整的哲学。

中国美学，从王国维时候起，一直在寻找着一种可以依恃的哲学。20世纪 40 年代前是康德、叔本华、克罗齐、黑格尔，50—70 年代是马克思，

80—90年代是弗洛伊德、尼采、萨特、海德格尔；进入21世纪后，一方面是后现代主义，特别是后结构主义的兴起，另一方面是文化研究或文化哲学的冲击，中国美学出现了"去形而上"与所谓多元化的倾向，从而陷入了一种无所依傍、无所适从，随机式与拼盘化的状态。当然，我们不能无视现在依然十分活跃的，以马克思主义的实践概念为基本立足点的主流美学，但是，从几位代表人的身上可以看出，实践概念（以及自然人化）本身已经脱离马克思的原典，被赋予了新的个性化的含义；马克思主义的基本原理———剩余价值与劳动异化理论，生产力与生产关系、基础与上层建筑、社会存在与社会意识的理论正在受到质疑或淡出；而且，一些基本问题的立论和阐释与马克思主义几乎没有关系。

美学作为哲学的一个分支，从来就是隶属于一定的哲学体系的。鲍姆伽登之前的柏拉图、亚里士多德、奥古斯丁、阿奎那、休谟，鲍姆伽登之后的康德、谢林、黑格尔、叔本华、克罗齐、杜夫海纳、海德格尔，凡在美学史上产生过重大影响的美学都是如此，无一例外。这是因为美学的宗旨和根本出发点是通过对审美现象的研究，探讨和解决感性与理性、人与自然的关系，也就是人的基本生存问题，而它的前提就是将审美活动从人类的全部生命活动中抽象开来，给它一个确切的定位；就是将审美活动与认识活动、伦理活动以及其他功利活动区别开来，厘清它们之间的关系；就是将美与真、善在不同层面上的差异与关联揭示出来，以指明它们的不同意义。无疑，这些都属于存在论、认识论方面的问题，需要有一定的哲学的支撑。同时，也只有在一定的哲学框架内，美学的批判性、否定性问题，美学对人的整体把握问题，美学在信仰层面上的话语权问题才有可能获得确认和解决。

中国美学需要奠立在哲学的基础上，但是，不是任何哲学都有这个资格，只有根植于我们自己的时代，能够回应这个时代提出的问题的哲学才可以有这个承担。无疑，开放的、不断充实和发展着的马克思主义依然是中国美学主要的哲学基础。因为，迄今为止，还没有一种哲学能够像马克思主义哲学那样，不仅为科学地探讨感性与理性、人和自然的关系，审美活动与其他生命活动的关系提供了基本的理论依据，而且为这些关系的实际解决开辟了道路。所谓开放的、不断充实和发展着的，就是不把自己看成是最后的、僵死的、不可更易的，而是需要适应变化了的客观现实，吸纳中外一切新的有价值的学术成果，对已有命题和结论不断进行审视、阐释、修正和丰富的。马克思主义哲学永远在建设中。[①] 特别在近一百年来世界哲学有了极大地推进的情况下，马克思主义哲学极需要通过批判和整合进一步充实、更新、完善自己。中国美学为了自身的发展，应该而且必须介入到以马克思主义哲学为基础的哲学建设中。这是中国美学面临的最基本的问题，也是最前沿的问题。

① 梅洛-庞蒂说："哲学生存于历史和生活中"，但"它不满意于已经构成的东西，作为表达活动，哲学只能通过放弃与被表达者一致，通过远离被表达者以便从中看到意义的方式来自我表现"（见《哲学赞词》，杨大春译，商务印书馆，2000 年，第 37 页）。马克思主义正是这样的哲学。由于它"生活在历史和生活中"，"不满意于已经构成的东西"，所以永远与历史同行，与历史共在。

宗 教 卷

从夏禹天文到灵宝五符序

——以神话拼接进行道教经典分析的可能性例释

程乐松*

道教经典的文本变迁历史及其内容结构一直是道教研究中的难题，今本《道藏》中所见的早期道教经典[①]都经历了十分繁复的文本变迁和窜乱。从文献学角度来讲，大部分早期道教经典的编撰过程和层累变化都难以分析。早期道教经典往往都经历了复杂的文本层累，以及不同性质的传说、神话与传记的拼接，更为重要的是，早期道教经典中不断出现的以修仙长生为目标的道法、仙方等都需要“神圣性”及“合法性”论证，这些论证往往都是来自神话与仙传中故事的加工，这样就出现了许多“箭垛”式[②]的神话人物，例如夏禹、老子、黄帝等。这些神话人物的反复出现反而将许多道教经典的真正缘起掩盖起来了，这也体现了中国神秘文化一贯“攀附性溯源”[③]的特点。与此同时，也带来了经典研究的方法论困局，道教研究学者不得不在传说和神话的迷雾中厘清经典的客观文本历史。

面对这样的方法论困局，有的学者尝试从经典建构模式的角度对道教

* 程乐松，1978 年生，男，北京大学哲学系、宗教学系副教授。

① 本文所述的早期道教经典是一个较为模糊的概念，其基本断代标准是在唐中叶之前完成或大部完成的道教经典。今本道藏中保存的在唐中叶之前出现的经典中除极少数之外，其内容和结构都有不同程度的窜乱，因此很难进行准确界定。

② 李丰楙在讨论许逊的传说与江南道教发展的研究中提出了箭垛式人物的概念，这是指某一人物成为众多民间传说、神秘传统及故事的主角，其身份及经历由此不断变得更加复杂。

③ 正如古代中国假托先人造作书籍以表达自身观点的传统一样，道教经典中也存在这样的攀附性溯源传统。

经典的性质进行分析[①]然而，对经典性质乃至内容本身的模式化建构是一个看似直接有效的方法论陷阱。从客观上讲，道教经典从源头、文本性质、内容结构等各个方面来看，都难以成为划一的研究对象。正如著名宗教学家 Jonathan Z. Smith 强调的那样，系统的宗教论述与社会及宗教实践之间的差距是难以跨越的，因此，对道教经典性质和形成模式进行分析最终会成为一个“理想模型”而不是有效的研究工具。[②]

在笔者看来，道教经典，特别是早期道教经典，其形成过程及文本历史断不可概而论之。与模式化理论建构相对，细致的个案研究才可以如拼图游戏那样不断扩展道教经典的面貌，不断累积的个案文本研究可以使我们逐步认识到道教经典内容与传统中国信仰及文化之间密不可分的联系，以及道教不断吸收和容纳中国本土信仰资源的方式。从这个角度看，在早期道教经典的研究中，复杂化和个案性的研究要比模式化的建构更具合理性。

有鉴于此，本文以今本道藏中所见三卷本经典《太上灵宝五符序》为例，在学界前贤关于《太上灵宝五符序》文本内容和成书过程的研究基础上，聚焦《太上灵宝五符序》中夏禹、华子期、乐子长、钟山真人等传说在这一经典文本中的地位和功能，就夏禹传说的道教化、华子期及乐子长传记与夏禹传说的拼接等问题进行分析，结合《太上灵宝五符序》中涉及的各种道教成仙及修炼法术，尝试说明《太上灵宝五符序》这一看似混乱和层迭的文本如何实现神话传说与道教法术的融合，从而为经典中涉及的道教成仙久视的法术赢得合理性和神圣性正名。换而言之，本文的研究重点并不是通过神话和传说故事的拼接，厘清《太上灵宝五符序》的文本历史及各个法术缘起，进而重构今本的文本层累和变化历史，而是以《太上灵宝五符序》的

---

① 参见谢世维：《从近代西方宗教理论的观点看六朝道教经典的几种建构模式》，收入《台湾东亚文明研究学刊》(7:1)，2010 年，第 87—128 页。谢世维尝试从经典造作背后的信仰环境及小团体互动等角度切入，分析和总结六朝道教经典的建构模式，实际上，理论建构的划一性要求和六朝道教经典本身的复杂性就使得这样的建构成为“两难”。本文的初衷并不是尝试论证或否证谢世维的研究思路，而是尝试从个案中理解道教经典的拼接方式，这一个案的研究并不是理论模式建构，而是尝试展开一种研究和分析方向，换而言之，本文的目的在于以个案研究的方式展示道教经典文本历史和研究角度的复杂性。

② 参见 Jonathan Z. Smith, *Imagining Religion: From Babylon to Jonestown*, Chicago: Chicago University Press, 1982。

内容为例说明道教经典中传统神话与神仙传说一起为道教法术提供合理性和神圣性的功能地位。

一

《太上灵宝五符序》是道教灵宝经系中的重要经典,也是早期道教经典研究中的重点。学界关于《太上灵宝五符序》的相关研究十分丰富,其中以《太上灵宝五符序》的文本历史和具体内容研究为主。[①]

学界认为,《太上灵宝五符序》的原本就是《五符经》。道教研究学者一般都认为葛洪在《抱朴子》的《辨问篇》中所称之"灵宝五符"是最早的灵宝经。[②] 由于现存于道藏中的《太上灵宝五符序》的文本结构相当复杂,它与葛洪提及的"灵宝五符"之间的关系问题往往是研究灵宝经时遇到的最棘手的问题。

马伯乐(Henri Maspero)在他关于中古道教与民间宗教的研究[③]中提及

---

① 关于《太上灵宝五符序》的研究中,首先应该关注的是刘师培《读道藏记》中"太上灵宝五符序"一节,其中就今本《太上灵宝五符序》的性质及内容进行了准确的概括;还可以参见陈国符《道藏源流考》上册"五符经考证"一节,其中就《太上灵宝五符序》与古灵宝经、《抱朴子内篇》等文本的关系进行了简要的分析,特别是《太上灵宝五符序》与《抱朴子内篇》的关系论证更值得关注。在海外汉学界的研究中,法国学者康德谟在其著名论文《关于"灵宝"的笔记》(*Memoirs of the Research Institute for Humanistic Studies*, Kyoto University, No.18(1981),第1—10页,中译本为康德谟著,杜小真译:〈关于道教"灵宝"的笔记〉,《法国汉学》(第2辑)(清华大学出版社,1996年):1—27)从"灵宝"这个概念的缘起及神格的形成入手,解释灵宝的内涵,其对灵宝五符的定义也自成一家;日本学者中小林正美、石井昌子及山田利明都有关于《太上灵宝五符序》的专题研究,其中小林正美在《六朝道教史》中专辟一章研究《太上灵宝五符序》的文本历史及成书年代、不同章节的关系,小林正美将《太上灵宝五符序》看做以葛氏道为基础的道教经典体系,而且细致分析了其与《抱朴子》内篇在内容上的承继关系;此外,日本学者的研究还可以参见石井昌子:《灵宝五符序经の一考察》,收入《创价大学一般教育部论集》(5:1981);以及山田利明《灵宝五符序の成立とその符瑞性质》,收入《谶纬思想の综合研究》,1984年。

② 《抱朴子》内篇卷十一《仙药篇》提及《灵宝五符》,"石芝……大者十余斤,小者三四斤,非久斋至精,乃佩老子入山灵宝五符,亦不能得见此辈也。"在葛洪的道教修习体系中,灵宝五符是用于入山采药的,其源头也没有提及夏禹和其他相关的传说。《遐览篇》提及老子入山灵宝五符的来源,"抱朴子曰,郑君言,符出于老君,皆天文也。老君能通于神明,符皆神明所授"。

③ Henri, M., *Taoism and Chinese religion*. Translated by Frank A. Kierman, Jr. Amherst: University of Massachusetts Press, 1981, pp. 313-317.

了陆修静的道教经目仍保留在敦煌文书中。日本道教学者大渊忍尔(Ofuji Niji)先生的研究是具有开创性贡献的,他做了敦煌道教经典的整理工作。① 他在《论古灵宝经》②一文中对于宋文明的《通门论》中的灵宝经目的研究为灵宝经的传承和发展提供了新的研究方向。他对于陆修静的《古灵宝经目》的恢复性研究为厘清古灵宝经的出现和成熟问题提供了基础性的材料准备,学者在此基础上利用陶弘景的《真诰》中的相关记载讨论葛巢甫及陆修静与灵宝经发展的关系。

陈国符先生在他的《道藏源流考》中论及"五符经",广泛印证藏内道书及相关文献中引古灵宝经的内容与今本道藏中的《太上灵宝五符序》中之文字对照,并引证多种文献目录证实五符经的存在。陈先生以为"古之灵宝经,见东晋抱朴子,即今之五符经"③。他引述刘师培对于《太上灵宝五符序》看法,认为今本《太上灵宝五符序》第一卷的上半部分是原本的《五符经》。他对比《抱朴子·辨问篇》与《神仙传·华子期》中所涉及之灵宝之方,同时指出"灵宝方"传说的文本来源是《越绝书》与《河图绛象》。他还以由葛玄至葛洪的经书传承情况、葛洪所藏之经书中并无《灵宝五符》及陶弘景之《吴太极葛仙公之碑》文中未提及葛玄授灵宝经一事来证明古灵宝经必不出自左慈,是以葛玄授灵宝经的说法多是后人附会之语。早期的灵宝经或在东晋时期已经广为流传了。④

小林正美将《抱朴子》中所涉及的"古灵宝方"和陆修静的《灵宝经目》作为《五符经》文本发展的两个阶段性的标志。他认为《五符经》最初为一卷本,至葛仙公时期成为两卷本,至陆修静著录时,即刘宋泰始七年(471)已经成为三卷本了,即基本形成今本《太上灵宝五符序》。在他关于古灵宝经和《五符经》考证中首先引入敦煌道书 P2256 号及 P2861 号宋文明之《通门论》中所见的陆修静著录的《古灵宝经目》与 P2337 号中所见的《灵宝中

① 大渊忍尔:《敦煌道经目录》,东京:法藏馆,1962 年;《敦煌道经·目录编》,东京:福武书店,1978 年;《敦煌道经·图录编》,东京:福武书店,1979 年。

② 大渊忍尔:"On Ku Ling-pao Ching." *Acta Asiatica* 27(1974):56-70。

③ 参见陈国符:《道藏源流考》,中华书局,1963 年,第 17 页。

④ 同上书,第 15—22 页。

盟经目》中关于《五符经》的记载，并根据 P2256 号及 P2861 号的《灵宝经目》注的内容，推定今本三卷本的《太上灵宝五符序》是由《五符经序》、古本《五符经》及增补一卷构成的。

据敦煌文书 P2256 及 P2861—2 的宋文明《通门论》卷下中所载的《灵宝经目》，“《太上洞玄灵宝天文五符经序》一卷。右二件（件字误，应为卷），旧是一卷。昔夏禹例出《灵宝经》中众文，为此卷，藏劳盛山阴。乐子长于霍林仙人边得，遂行人间。仙公在世时所得本，是分为二卷。今人或作三卷。”[①]根据文书内容的记载，《通门论》中提及的《灵宝经目》有“陆先生所撰，记出”的记载，可知《通门论》中所见的《灵宝经目》的文本基础应该是陆修静泰始七年（471）年向刘宋明帝上呈的《三洞经书目录》。由此，《太上洞玄灵宝天文五符经序》在刘宋时期就已经出现了。如果细致分析《通门论》中关于这个经典形成过程的说明，我们看到其基本线索是夏禹演绎《灵宝经》[②]并收藏于劳盛山之阴，乐子长从霍林仙人处得到这一经典，至葛洪在世得到其师郑隐的传本则是分为两卷，至刘宋前后形成三卷的结构。

此外，《太上灵宝五符序》在刘宋至唐初的流传过程中还有一些变体。依据今道藏本《洞玄灵宝三洞奉道科诫营始》所载《灵宝中盟经目》记载，《灵宝中盟经目》中有“《太上洞玄灵宝五符序经》一卷”，[③]根据小林正美的考证，此一部经典正是《通门论》中提及的《太上洞玄灵宝天文五符经序》。[④]《太上灵宝五符序》其时还有一个版本应该是《洞玄五符经》，据北周武帝时期编纂的《无上秘要》，其文引用《洞玄五符经》的一些文字，其中三条引文与道藏本《太上灵宝五符序》卷中及卷下文字十分接近[⑤]，北周甄

---

① 参见大渊忍尔：《道教史の研究》，冈山：冈山大学共济部会书籍部，1964 年，第 76—77 页，关于敦煌文书中的道教内容，参见大渊忍尔：《敦煌道经：目录编》，东京：福武书店，1978 年。

② 这里所提的《灵宝经》应该是指“灵宝天文”，按照《太上灵宝五符序》的说法，夏禹受“灵宝天文”于仙真，得仙之后又由乐子长将古文敷衍出来，而华子期则是从其师角里先生那里获得了夏禹的服御之方。

③ 参见《三洞奉道科诫营始》卷三，6b。

④ 参见小林正美：《六朝道教研究》，东京：创文社，1990 年，第 47—53 页。小林正美认为，《灵宝中盟经目》体例特点就是在各个经名后补加“经”字，他还举出了其他经典作为例证。

⑤ 《无上秘要》引用《洞玄五符经》共有四条，分别在卷九及卷十六中，详参道藏本《无上秘要》。

鸾《笑道论》中提及《五符经》内容中就有今道藏本《太上灵宝五符序》卷上的部分内容概要。[①] 此外，唐初王悬河《三洞珠囊》中引用了《洞玄五符经》一条及《五符》两条，其内容与道藏本《太上灵宝五符序》基本接近。[②] 可见在梁代至北周时期，以灵宝五符为中心流转的经典应该是《太上洞玄灵宝五符序经》及《洞玄五符经》等名目，从引文内容的差异上看，《五符经》与现道藏本《太上灵宝五符序》仍有一些出入。

小林氏注意到了《真诰》中论及杨曦手书《灵宝五符》一卷，"杨书《灵宝五符》一卷，本在句容葛粲间。泰始某年，葛以示陆先生，陆即敷述真文赤书、人鸟、五符等，教授施行已广，不欲复显出奇迹。"据此小林氏推定杨曦写本《灵宝五符》和陆修静所见的三卷本《五符经序》是不同的，所以陆氏时至少有两个包含《灵宝五符》内容的文本，但他这个推定仍然值得商榷。小林氏在对照了许多道藏内外关于《五符经》的引文与今本《太上灵宝五符序》对照，说明在一个时期内今本道藏本《太上灵宝五符序》的序的部分被当作《五符序经》，而其中经的部分被当作《五符经》。[③]

二

简要回顾学界关于《太上灵宝五符序》的出现年代及文本变迁的历史研究。不难发现，《太上灵宝五符序》的研究问题中有四个关键点值得关注：其一，夏禹受灵宝天文的传说与《河图》等谶纬传统之间的关系；其二，葛洪所论的古灵宝经传统与今本的差异及变化过程，特别是在这一过程中华子期、乐子长及杨曦等人的角色；其三，夏禹传说如何与华子期、乐子长结合，形成以灵宝五符为中心的系列道法？其四，今本《太上灵宝五符序》卷上、卷中所涉及众多道法的来源及其与"灵宝五符"之间的关系。

刘师培《读道藏记》中认为今本《太上灵宝五符序》从内容和体例上看，

---

① 参见甄鸾：《笑道论》。

② 参见《三洞珠囊》卷五，6a 及 9b。

③ 关于小林正美：《太上灵宝五符序》的专题研究，参见小林正美：《六朝道教研究》，东京：创文社，1990 年，第 17—84 页。

都不能视作"序","此书即古五符经,唯上卷首段为序。今以三卷均为序文,乃标题之讹也"[①]。刘师培的看法显然是符合实际情况的。从今本《太上灵宝五符序》的内容上看,卷上的序首至卷上11a主要提及了这部经典缘起的传说故事,与后续的其他部分内容相对独立,可以被视作《太上灵宝五符序》的"序段",这一传说故事十分详尽地记录了"九天真灵经,三天真宝符,九天真金文"从轩辕黄帝到夏禹的传承过程。

首先,仙真将"九天真灵经,三天真宝符,九天真金文"传授给黄帝,"其时有天人神真之官降之(黄帝),乘宝盖玄车而御九龙,策云马而发天窗,自称九天真王,三天真皇,并执八光之节,佩景云之符,到于牧德之台,授帝箐以九天真灵经,三天真宝符,九天真金文。"(卷上3b[②])。

从内容的细节上看,这一大段的"历史记载"显然是从《史记》、《尚书》等历史文献中摘取出来的[③],只是在史书数据上加入了仙真与圣王之间的互动纪事。这一大段的描述显然是通过历史纪事的传说化加工,说明"九天真灵经,三天真宝符,九天真金文"等道法的缘起。在其后的记述中,夏禹得到仙真传授之后第一次提及了"灵宝五符"的说法,经文以大段篇幅说明了夏禹获得并敷衍"灵宝五符"的过程:

> 禹乃巡守于钟山,祀上帝于玉阙,归洪勋于天后,还大成于万灵,然后登彼玄峰于绣岭之阿,琼境之上,忽得此书,禹乃更恭斋,罄林幽岫,请奉佩身,真人告禹曰,汝乃功德感灵,天人并助,而年命向周险矣哉,乃口诀以长生之道,示以真宝服御之方……(禹)更撰真灵之玄要,集天官之宝书,差次品第,分别所修行五色,定其方面,名其帝,号太上,本

① 参见刘师培:《读道藏记》,第64页。

② 下文中所引之《太上灵宝五符序》均引自《正统道藏》本,以卷数及相应页数说明,不一一作注。

③ 限于篇幅,本文没有就《太上灵宝五符序》的序段中大量历史纪事与《史记》等史书进行细致对照,这一对照可以参见石井昌子及山田利明的相关研究,关于石井昌子及山田利明的研究专论,见本书第341页注①。

名为《灵宝五符》①。天文藏于玄台之中坚石之碩，隐于苗山之岫，万年一出，以示不朽。其一通书以南和丹缯，隐斋于蒙笼之丘，讫封以金英之函，印以玄都之章，命川泽水神，以付震水洞室之君，须三千之会，当传于水师傅伯长，其石碩之文，乃待大劫一至而宣之耳。禹于是服灵方以匿景，葬兹山以显终。仙人解其契，愚人谓其亡。大哉神化，委身归宗，于戏大君，玄迹高通。万劫验其书，道咏须其方，阳九见上天之书，百六告傅氏之功。弘唱千代，兰气遗芳者也。（卷上，6a—7a）

《太上灵宝五符序》卷上借由孔子的论述串连了从黄帝到夏禹的传承，“昔夏禹治水，拓平山川，功举事讫，巡守于钟山之阿，得黄帝、帝喾等所受藏《上三天太上灵宝真经》，后游会稽，更演解灵宝玄文，撰以为《灵宝文》。藏一通于名山石碩，付一通于水神”（卷上，10a）。

值得注意的是，通过夏禹受降并敷衍“灵宝五符”的传说，《太上灵宝五符序》的序段完成了从“九天真灵经，三天真宝符，九天真金文”向“灵宝五符”的跨越。更为重要的是，从夏禹敷衍“灵宝五符”开始，“灵宝五符”的流传方式完成了与道教经典神秘传承的结合，“其一通书以南和丹缯，隐斋于蒙笼之丘，讫封以金英之函，印以玄都之章，命川泽水神，以付震水洞室之君，须三千之会，当传于水师傅伯长，其石碩之文，乃待大劫一至而宣之耳”。结合三千之会、阳九百六之期以及“劫数”等观念，“灵宝五符”的流转就可以同时满足谶纬传统与仙真传授等两个神秘授受模式的需求。

除了《太上灵宝五符序》中关于“九天真灵经，三天真宝符，九天真金文”及“灵宝五符”缘起的记述，我们还可以检视《抱朴子》内篇及纬书关于夏禹及灵宝五符传说的记载。

《抱朴子》卷十二《辨问篇》中详细描述了葛洪关于古灵宝经来源的看法，“灵宝经有正机，平衡，飞龟授秩，凡三篇，皆仙术也。吴王伐石以治宫室，而于合石之中，得紫文金简之书，不能读之，使使者持以问仲尼，而欺仲

---

① 康德谟的断句方式是，“定其方面，名其帝，号太上，本名为灵宝，五符天文藏于玄台之中坚石之碩……”，这与康德谟关于灵宝缘起问题的思路一致的，而且这一断句方式也使得康德谟对灵宝这一概念的来源有了全新的认识，实际上，这一断句方式也是合理和可论证的。

尼曰，吴王闲居，有赤雀衔书以置殿上，不知其义，故远咨呈。仲尼以视之，曰，此乃灵宝之方，长生之法，禹之所服，隐于水邦，年齐天地，朝于紫庭者也。禹将仙化，封之名山石函之中，乃今赤雀衔之，殆天授也。”①葛洪提及的古灵宝经应该是分为三篇，吴王于包山得真文之传说则是源自《越绝书》及《吴越春秋》的记载。葛洪的古灵宝经有三个独立的篇名，这个独立的篇名在纬书《河图》中是没有出现的，《太上灵宝五符序》中出现这三个古灵宝经篇名的传说则是华子期和乐子长的仙传。

如果我们检视纬书中关于吴王得夏禹所藏真文的记载，则不难发现《辩问篇》中涉及的传说与纬书有密切的关系。据《重修纬书集成》，《河图·挺佐辅》中有夏禹得天地宝文大字，“禹既治水功大，天帝以宝文大字锡(赐)禹，佩渡北海弱水之难(南)”②。与此相对，《河图·绛象》中则有关于阖闾窃夏禹天文的完整记录：

> 太湖中洞庭山林屋洞天，即禹藏真文之所，一名包山。吴王阖闾登包山之上，命龙威丈人入包山，得书一卷凡一百七十四字而还，吴王不识，使问仲尼。诡云，赤乌衔书以授王。仲尼曰，昔吾游西海之上，闻童谣曰，吴王出游观震湖，龙威丈人名隐居，北上包山入灵墟，乃造洞庭窃禹书。天帝大文不可舒，此文长传六百初，今强取出丧国庐。丘按谣言，乃龙威丈人洞中得之，赤乌所衔，非丘所知也。吴王惧，乃复归其书。③

纬书的记载中有一个细节值得注意，即《河图·挺佐辅》及《河图·绛象》提及的夏禹所得书乃是天文大字，而阖闾由龙威丈人处得到的也是“一百七十四字”的一卷书，可与前述“宝文大字”呼应。《太上灵宝五符序》卷下也有与《河图》十分相近的记载，“丘恬然闲居，不发其函，乃答使者曰，丘昔游于西河之上，闻童谣歌曰，吴王出游观震湖，龙威丈人名隐居，北上包山入灵

---

① 参见葛洪：《抱朴子·内篇》，中华书局，1998年，第117—118页。

② 参见安居香山，中村璋八编，《重修纬书集成》(卷六)(河图及洛书)，东京：明德出版社1978年，第50页。

③ 同上。

墟，乃造洞庭窃禹书。天帝大文不可舒，此文长传六百初，今强取出丧国闾。”（卷下 9b—10a）

关于纬书中关于夏禹书的传说与灵宝五符的关系，我们还可以参考康德谟的思路，康德谟尝试从灵宝的词源学角度考察其与谶纬传统之间的关系，他通过灵宝一词的内涵说明《太上灵宝五符序》中所涉及的道法，“我们已经看到，因明显同化于《河图》于《洛书》，《灵-宝符》同样是一个‘宝’，他们同其他一些纬书类型的灵书一样，取名为《神章》，《灵篇》。从这个意义上讲，《灵宝五符》是构成一宝的五符，或者可以说是一种灵宝（或神圣的、有效的）……把符于揭示它的灵宝巫师联系起来……《五符经》尤其是一部默启长生之道的书，它揭示了具有‘宝’之特性的药草的秘密并且能够使人们实现灵与宝的统一。”[①]康德谟提及灵宝的内涵是否可以作为诠释《太上灵宝五符序》中涉及之繁复道法的统一路径？这个解决方案显然是过于简略了。葛洪所论之三篇古灵宝经、《太上灵宝五符序》卷上及卷中提及的道法，以及夏禹的天文之间仍需要仙真传说的拼接和过渡。

从上文的论述中不难看出，葛洪所提的古灵宝经与“老子入山灵宝五符”显然不是一个文本，葛洪提及的古灵宝经也并非纬书中提到的宝文大字，《太上灵宝五符序》在道法中穿插的仙真传说正是要将这些看似不同类型的文本联系起来。在笔者看来，承担这个过渡责任的就是华子期与乐子长。华子期与乐子长的仙真传记，与夏禹传说的结合使得宝文大字变成了“夏禹服御之方”，变成了为数众多的道法。

三

在今本《太上灵宝五符序》大篇幅的“灵宝天文”传承历史的记述[②]之后，直接插入了华子期的传记，从内容上显得十分突兀，与前后文之间也没有直接的关联。学界一般认为华子期传记是窜入的文本，应该不是《太上

① 参见康德谟著，杜小真译:《关于道教术语“灵宝”》，《法国汉学》（第 2 辑）（清华大学出版社，1996 年），第 16—17 页。

② 即前文所述《太上灵宝五符序》的序段，卷上开首至 11a 第六行。

洞玄灵宝天文五符经序》的内容。本文不想探究华子期传是否属于《太上洞玄灵宝天文五符经序》,而是考虑是否可以将问题转化为,如果华子期传与前后文没有任何关联而且的确是窜入的,那么这一段文字在整个《太上灵宝五符序》中是否没有任何价值呢?

如果回顾我们在本文第二部分结尾处提出《抱朴子》中古灵宝三篇与夏禹书之间的关联问题,那么似乎可以发现华子期传的文本价值。今本《太上灵宝五符序》中的华子期传记如下:

> 华子期者,九江人也。少好仙道,入山隐迹,采服草药,栖身林阜二十余年,忽遇角里先生,乃授之仙隐灵宝方。一曰河图隐存符,二曰伊洛飞龟,三曰平衡。案合服之,日更少壮,色如少女。一日行五百里,能举千斤,一岁十易皮,乃入潜山中,而百日升天矣。(卷上 11a—b)

这一段文字可以与《云笈七签》卷 109 引《神仙传》记载相互印证,"华子期者,淮南人也,师角里先生,受山隐灵宝方。一曰伊洛飞龟秩,二曰白禹正机,三曰平衡。按合服之,日以还少,一日能行五百里,能举千斤,一岁十易皮,后乃得仙去"。[1]

《云笈七签》所引之《华子期传》虽然出自《神仙传》,但却未必是葛洪编撰的,由于葛洪的《抱朴子》没有涉及华子期的内容,只是提及了角里先生及霍林仙人等,因此,不能排除《神仙传》所见的《华子期传》是在葛洪撰写《神仙传》之后窜入的,而且如果《华子期传》的确是葛洪所撰,葛洪在《抱朴子》中不可能不提夏禹藏书与华子期的关系。由此,华子期传并不一定是与《抱朴子》同期完成的。如果《华子期传》的确是《神仙传》成书之后窜入的,那么华子期传中有两个要点值得关注,其一"山隐灵宝方"是呼应夏禹升仙之后天文处理方式的,暗指华子期从角里先生那里获取的正是夏禹藏书,其二则是灵宝方的三个篇名实际上与葛洪所述的古灵宝经三篇暗合。虽然我们由此一个简单的证据就判断《华子期传》的窜入是为了拼接夏禹书与古灵宝三篇显然是武断的,但这一判断至少可以为我们理解今本《太

---

① 参见《云笈七签》卷一〇九,5a。这一记载于《三洞珠囊》中征引之《列仙传》中内容极为相似,可参见《三洞珠囊》卷三,27b—28a。

上灵宝五符序》看似散乱的文本内容提供一个新的角度。

与华子期传记相对，乐子长的角色则更为奇特，在今本《太上灵宝五符序》卷下的注文中简要说明了乐子长对“灵宝上序”的演绎，“灵宝上序及撰出服御之文，皆蝌蚪古文，字不可解，子长并受集而显出之”（卷下，2b—3a）。乐子长是从何获得“灵宝上序及服御之文”的呢？检视《仙苑编珠》所见《乐子长传》提及，“乐子长者，齐人也，遇霍林仙人，授巨胜赤松散方，曰蛇服成龙，人服成童子，长服之，年百八十岁，色如少女。妻子九人皆服之，老者小壮，少者不老，登劳盛山仙去”①。乐子长是从霍林仙人处获得服御之方，霍林仙人显然是直接得之于夏禹藏书，由此，乐子长在夏禹藏书的流转过程中的角色正是将蝌蚪古文集而显之，使得今本《太上灵宝五符序》中的众多道法与夏禹藏书连接起来。虽然我们不得不承认，这样的判断仍是失于仓促的，但笔者仍需要强调这一新的角度在文本理解上的价值。

今本《太上灵宝五符序》卷下中还有一段值得玩味的文字，这一段文字是钟山真人告夏禹的内容：

> 钟山真人告夏禹有言，陵②昔闻之于东海小童，云但抱灵宝符，入水赴渊，则北帝开路，蛟龙卫从，水精震怖，长生久视，永享天祚。执符入火，则阳光殄翳，南帝激电，助我驱秽，热毒不加，丹精凌迈。佩符登山，山精迸走，中黄太帝，与我为辅，虎狼百禽，莫敢当者。以符向金，则五兵不伤，西帝真气，与我同床，全生万年，饮于玉浆，背金对木，则长守介福，青帝灵气，来见沐浴，色反孩童，久视永乐。登岳采芝，不化我目，八石正形，使时掇获。回天倒地，在心愿欲也。（卷下2a—b）

钟山真人对夏禹说的话显然与纬书及《抱朴子》之中关于夏禹藏书的传说没有关联，是后加的一段描述。这一描述的价值从《太上灵宝五符序》的整

① 参见《仙苑编珠》卷上，19b。

② 此段之中的“陵”字的意义颇难索解，有学者将这一段作为《太上灵宝五符序》与天师道，乃至张陵有所关联的证据，这一结论的文本证据显然是不足的。从前后文的内容上看，如果此一“陵”字不是窜入的错字，就应该是钟山真人的自称，我们没有其他文本证据证明张天师还有一个神职是钟山真人，因此，笔者更倾向于认为此一“陵”字乃是钟山真人的自称，与天师道，乃至张天师没有关联。

体看,倒是有一定的价值——为卷上、卷中涉及的各种道法提供一个功能确认。

从华子期到乐子长,乃至钟山真人,这些反复出现,却看似与《太上灵宝五符序》中的夏禹藏书、道法都没有直接关联的内容都在承担同一个角色,即在古灵宝经、夏禹藏书及繁复道法之间完成拼接。如果进一步探究,今本《太上灵宝五符序》除了以序为名的错讹之外,真正让人觉得费解的是卷上与卷中道法与序段之间在内容上的巨大差异。

试举一例,今本《太上灵宝五符序》中所见的卷上"华子期"一节之后紧接着的"仙人挹服五方诸天气经"及"食日月精之道"两个段落实际上与序段中所述的夏禹藏书传承过程没有直接联系,其道法的名称与"灵宝五符"也没有直接关联。反而是体现了江南地区普遍流行的道法特点,其中服五方诸天气之经中提及五芽的内容,五方五芽五色相配属的结构与《礼记》《淮南子》等文本中的内容比较接近,而葛洪在《抱朴子》中实际上没有涉及,与古灵宝经及夏禹藏书都没有直接联系。

此外,《食日月精之道》则通过中黄老君之口描述了角里先生对华子期口传的天地人三一之法。《抱朴子》内篇《地真篇》中有关于三一法的记载,"子欲长生,守一当明,思一至饥,一与之粮,思一至渴,一与之浆。一有姓字服色,男长九分,女长六分,或在脐下二寸四分下丹田中,或在心下绛宫今阙中丹田也。或在人两眉间,却行一寸为明堂,二寸为洞房,三寸为上丹田也。此乃道家所重,世世歃血口传其姓名耳。"[①]然而,如果我们仔细检视《食日月精之道》一节,其中所涉及的体内神系统、体内神功能/服色等具体描述要比《抱朴子》更进一步,更加贴近江南上清道教的存思体内神法术。

今本《太上灵宝五符序》中的类似法术之例还有很多,这些来自江南区域普遍流传的修炼法术被置入《太上灵宝五符序》中从整体上都是突兀和不甚适宜的,如何将这些法术纳入夏禹灵宝天文、古灵宝三篇的大框架下,是《太上灵宝五符序》的编撰者不得不解决的问题,如果没有华子期、乐子长及钟山真人等仙真故事的窜入,那么《太上灵宝五符序》实际上会显得更

---

① 参见葛洪:《抱朴子·内篇》,第136页。

为零散和难以理解。换而言之,华子期等的仙真故事为灵宝天文及道法提供了一个可解释的神圣线索,即仙真将灵宝天文及古灵宝三篇转化为各种可见的道法。

正如前文所述,本文的研究是在前贤研究的基础上通过分析《太上灵宝五符序》中从夏禹传说到诸种道法的落差和联系,发现仙真故事在这一转变过程中的角色和功能。应该说,这样的分析本身并不是指向一个固定的文本分析结论,而且期待开启通过看似窜乱的仙真故事理解经典内容的可能性。

由此,上文以十分简略的方式强调了《太上灵宝五符序》中的夏禹传说与仙真故事在这一文本中的角色和功能,我们的结论是,这些看似与道法及灵宝五符序没有直接关联的仙真故事可能为为灵宝天文及道法提供了一个可解释的神圣线索,这些仙真故事的窜入不一定是文本错误,还可能是为了文本完整和合理性进行的刻意改造。

略论天台智者的“秘教”思想*

李四龙**

天台宗实际创始人智顗,又称智者大师,在日本的天台宗传统里基本上是一个密教形象。这与中国、韩国的智者大师形象迥然不同。密教与天台智者的思想到底有何关系呢?中国学者其实并不留意智者的秘教思想,大家对他“秘密教”的判释并不深究。但智者的密教色彩要比中国学者想象得要多,这也正是后来日本天台宗能够发展出“台密”的基础。“秘密教”的教判是智者大师的首创,另据记载,智者还曾“手书陀罗尼经”①,对“陀罗尼”相当重视。本文首先讨论:智者为什么要设“秘密”这种化仪?

一、秘　教

智者关于“秘教”的表述,最集中的地方是在他讲的“顿、渐、秘密、不定”化仪四教里。南北朝时期,从说法形式上的判教通常只有“顿、渐、不定”三种。但是,智者加入“秘密”这种形式,不能不说这位大师独具慧眼,在“顿—渐”、“定—不定”之外增加了“显—密”这对范畴。

---

* 本文国内版原载于《中国哲学史》2009 年第 2 期。海外版原载于《東アジアの宗教と文化:西脇常記教授退休記念論集》,Christian Wittern、石立善编,日本京都大学人文科学研究所,2007 年 12 月。

** 李四龙,1969 年生,男,北京大学哲学系、宗教学系教授、博士生导师。

① 《天台山方外志》卷四“大慈树”条说,“有(智者)大师所供普贤及手书陀罗尼经”;“慧明寺”条还说,“智者大师所书陀罗尼经四卷,归在大慈,今传于此。宋时已亡失,惟留其一,嘉靖时又为谭海宪取去,今所存是宋元通法师补书者。”齐周华《名山藏副本》卷上“台岳天台山游记”说,“至智者大师所得《陀罗尼经》三卷,纸笔淡雅,的属静养人笔墨,匪寻常庸僧所得托也”。两条材料均转引自严耀中:《汉传密教》之“论论汉传密教与天台宗的结合”,学林出版社,1999 年,第 66、78 页。

“五时八教”是智者判教的大框架。五时，是指华严时、阿含时、方等时、般若时、法华涅槃，亦即佛陀一代说教的前后次序；八教包括“化法四教”，即藏、通、别、圆四教，以及所谓的“化仪四教”。化法四教是说明佛陀在不同时期的说法内容，代表天台宗的教学内容，譬如“药味”；化仪四教是解释佛陀在不同时期或不同场合的说法形式，也代表天台宗的教学方法，譬如“药方”①。

顿教，是佛对大根利器直接讲说他的自证之法，不再借用种种方便，譬如最初的华严时。渐教则要借助各种方便，由浅渐深，分为初、中、后三时，即“五时”中的阿含、方等、般若三时之教，亦称“三渐教”。这是在中国佛教里最常见的一对范畴：顿—渐。不过“顿渐”同为定教，相对而有“不定教”：不同的众生在听闻佛法时，各自领解的佛说其实并不相同，见仁见智，或证大乘或证小乘，所以，佛所面对的众生并不一定，而众生所得之法也不一定，或顿或渐，全凭听众的接受能力。顿渐二教所针对的都是某种特定的众生，但不定教在听众的选择方面却没有特别的针对性。秘密教，实际上是一种特殊的不定教，点明佛陀之所以能够同时度化不同众生的秘密所在：应对众生不同的根机，佛陀施以隐秘的各别教化，也就是，佛以一音说法，众生随类各得解，听法的众生不知彼此的受用，却各有独得的秘密。智者在《法华玄义》卷一里说：

> 如来于法得最自在，若智若机若时若处，三密四门无妨无碍。此座说顿，十方说渐说不定；顿座不闻十方，十方不闻顿座；或十方说顿说不定，此座说渐。各各不相知闻，于此是显，于彼是密。或为一人说顿，或为多人说渐说不定；或为一人说渐，为多人说顿。各各不相知，互为显密。或一座默，十方说；十方默，一座说；或俱默俱说。各各不相知，互为显密。②

这是智者有关“秘密不定”的经典段落。通常所讲的“不定教”，确切是指

① 灌顶：《天台八教大意》说：“顿、渐、秘密、不定，化之仪式，譬如药方；藏、通、别、圆，所化之法，譬之药味。”《大正藏》第四十六册，第769页上。

② 智顗：《法华玄义》卷一，《大正藏》第三十三册，第683页下—684页上。

"显露不定"。他在上述引文前面说,"《大经》云:或时说深,或时说浅,应问即遮,应遮即问。一时一说一念之中,备有不定,不同旧义专判一部,味味中悉如此。此乃显露不定"。这里的听众是在同一个空间与时间里,佛陀的摄化方式并不保密,何人得何法,彼此知道;但在"秘密不定教",听众处在不同的时间(时)与空间(处)里,佛陀摄化众生的方式隐密不显,何人得何法,他人一概不知,更突出了佛陀说法的不可思议。"显密"这对范畴,因此在"化仪四教"里得以确立。顿、渐、不定,都是"显露教",另外还有一种"秘密教"。若从中国佛教发展史的全体来看,"顿渐"的问题在早期很受重视,但到后来,它的重要性逐渐让位于"显密"关系。

现在有的佛教学者说,"化仪四教"只是后人的概括,智者本人并没有承认"秘密教"。这样的观点,其实已经遭到了很有力的反驳[①]。笔者不拟再加批驳,在此进而说明,在智者的时代,"秘密教"已经颇为流行,慧思(515—577)、智者师弟两人非但承认,而且还有亲身的实践,基于显教的立场予以理论上的发挥。

三国支谦所译的《佛说无量门微密持经》,被认为是中国最早传译的一部密典,翻译时间应在吴黄武初年至建兴年间(约 222—253)。据统计,该经先后 16 次被译为汉语,在译经史上实属罕见。支谦把"陀罗尼"意译为"微密持",而在后来不空(705—774)的异译本里就被译为"陀罗尼"。该经强调,陀罗尼可以成道降魔得一切智,认为要想趣入中道正观、证得菩提智慧,最有效的办法是持诵陀罗尼[②]。但这种密教思想的传入,可以追溯到东汉灵帝时期支谶翻译大乘般若经,时间约在公元 178—189 年间。他把陀罗尼音译为"陀怜尼",意译为"总持",说"陀怜尼者,悉总持诸法"[③]。

---

① 日本学者关口真大在 20 世纪六七十年代,著有《五时教判论》、《化仪四教论》、《五时八教论》以及《天台止观的构成和特色》等文,认为在智顗的著作里找不到所谓"化仪四教",而只有三种教相,即顿、渐、不定,"秘密"并未作为一种教法出现在智顗的著作里。中国学者董平撰《论天台教判:兼与关口真大说商榷》(《佛教研究》1999 年第 8 期),予以反驳。

② 参见吕建福:《中国密教史》,中国社会科学出版社 1995 年版第 103—104 页。《微密持经》在东晋佛陀跋陀罗(359—429)重译为《佛说出生无量门持经》,而在唐代不空译为《出生无边门陀罗尼经》。

③ 支谶译《阿阇世王经》卷下,《大正藏》第十五册,第 397 页上。

在智者以前，密教思想的流传主要沿着两条路同步发展：一是在支谦以后陆续译出陀罗尼类佛经，二是在大乘佛经里频频出现陀罗尼法门。这两条路相互刺激，导致智者在自己的判教里增加一种“秘密教”。在智者的时代，汉地已有一批密教经典译传。在《大正藏》“密教部”（第18—21册），收录了一批当时已经流通的密教经典。这些经典的可靠性，包括译出的年代还需要细加分辨，但不难发现它们主要是陀罗尼类经典。

早期密教经典的译传，从三国东吴开始，在江南地区几乎是代不乏人。智者告别慧思以后，主要是在江苏南京、浙江天台一带活动，他对密教思想的吸收，完全是在情理之中①。若从对智者思想的实际影响来看，后一条发展之路更为重要，也更为直接。《般若经》以及解释《大品般若经》的《大智度论》、《华严经》、《法华经》、《涅槃经》等重要经论，都会强调诵持陀罗尼的神奇功效。慧思即从《法华经》汲取灵感，证得“法华三昧”。其所依据的主要内容，是《普贤菩萨劝发品》的“三种陀罗尼”（旋陀罗尼、百千万亿旋陀罗尼、法音方便陀罗尼）。他在《法华经安乐行义》里说，“复见十方三世诸佛，至心忏悔，在诸佛前五体投地，起合掌立，得三种陀罗尼门”②。智者后来则依《大智度论》，以般若中观的思想解释陀罗尼。他把能够遮恶持善的陀罗尼③当成“大秘要”，认为“摩诃但持陀罗尼”的意译是“大秘要遮恶持善”，并说“秘要只是实相中道正空”④。

陀罗尼（dhāranī）意译为“总持”，第一层含义是以简洁的语句概括佛法要点，使人“持而不忘”，这是一种印度的记忆法；还有一层含义则强调这些简洁的语句具有一种神秘的象征力或影响力，这就成为佛教的真言、明

① 参见严耀中：《汉传密教》之“试论汉传密教与天台宗的结合”，第77页。

② 慧思：《法华经安乐行义》，《大正藏》第四十六册，第700页中。他把《法华经》的三陀罗尼改为：总持陀罗尼，得肉眼天眼菩萨道慧；百千万亿旋陀罗尼，得具足菩萨道种慧，法眼清净；法音方便陀罗尼，得具足菩萨一切种慧，佛眼清净。即从三种智慧（道慧、道种慧、一切种慧）的角度说明“三陀罗尼”。

③ 智顗说：“摄陀罗尼者，持诸善法，如完器盛水；遮诸恶法，如棘援防果。”《摩诃止观》卷七下，《大正藏》第四十六册，第97页上。

④ 《摩诃止观》卷二上，第13页中。

咒[①]。陀罗尼常又分为四种：法陀罗尼、义陀罗尼、咒陀罗尼、忍陀罗尼。前两种是对佛法内容与义理的把握，主要表现陀罗尼在第一个层面上的记忆功能；后两种是说陀罗尼消除灾难、悟入实相的神秘功能，表现了陀罗尼在第二层面上的象征力。修密的根本目的，是要借陀罗尼的神秘力量，度脱苦难，即身成佛。

据周一良《唐代密宗》的介绍[②]，在智者以前，中国人不仅已对陀罗尼的神奇功德深信不疑，而且还对坛场的制造、佛像的摆列等密教仪式有所了解。在开元年间三位密教大师善元畏（637—735）、金刚智（671？—741）、不空相继来华以前，慧思—智顗的天台僧团，是对陀罗尼等密教内容最重视的中国佛教宗派。他们的秘密教实践，主要体现在对“忏法”的建设上。

二、忏　法

忏法的起源，通常认为始自梁武帝（464—549）。智者早年在两位老师慧旷与慧思那里，曾经修过方等忏法，后来也劝俗兄行方等忏法，还为永阳王修方等忏与观音忏等。智者所制的忏法，现被归纳为四部：法华忏、方等忏、观音忏、金光明忏[③]。这些忏法的关键内容，是忏悔发露，诵陀罗尼咒。

智者在讲“四种三昧”的第三种，即“半行半坐三昧”时，他把“法华三昧”、“方等三昧”列为两种具体的修持方法。在“四种三昧”的第四种，即“非行非坐三昧”里，智者以《请观音经》说明这种三昧的具体修法。智者在谈四种三昧时，没有涉及金光明忏，但现代学者把它也列入“非行非坐三昧”[④]。这些忏法为了达到忏悔灭罪的目的，采用了“持咒”、“诵经”等手

---

① 参见金刚秀友：《密教思想的形成》，载玉城康四郎主编《佛教思想（二）：在中国的开展》，许洋主译，台北：幼狮文化公司，1985 年，第 66 页。

② 周一良：《唐代密宗》“导论”，钱文忠译，上海远东出版社，1996 年，第 3—9 页。

③ 参见大睿：《天台忏法之研究》第四章第二节“方等三昧忏法”，台北：法鼓文化事业股份有限公司，2000 年。有关天台忏法的研究，目前已有丰富的学术成果。日本学者这方面的研究很多，这方面的文献综述，详见圣凯《中国佛教忏法研究》“中国佛教忏法研究史的回顾”，宗教文化出版社，2004 年，第 1—10 页。2000 年台湾的大睿写了一部《天台忏法之研究》，对天台忏法的形成与演变做了细致的梳理。

④ 参见大睿：《天台忏法之研究》第四章第四节“金光明忏法”。

段，并对具体的仪式做出细致的说明。因为在诵经的同时，自然也会念诵陀罗尼咒，所以，智者有时会以“诵经”替代“持咒”。

“方等忏法”的经典依据主要是《大方等陀罗尼经》，智者在《摩诃止观》卷二上、《方等三昧行法》、《法华三昧忏仪》中对这种修法做出了详细的解释。

《方等三昧行法》把修行“方等秘法”的全过程分为六个步骤：(1)具六缘，也就是具备“法缘、善知识缘、前方便缘、办衣缘、行法缘、供养缘”；(2)识遮障，是指四个方面的准备工作，所谓“洗浴调适、饮食调适、行道调适、坐禅调适”；(3)禁法，是指三方面的约束，“七日要心及诵咒”，“请师受戒及发露”，“见善恶业相及十法王子等，不得向人说”；(4)内律要诀，则指领会“五篇戒灭不灭相”、“十恶十善业灭不灭相”；(5)修行(失载)；(6)受戒(失载)。据宋代遵式(964—1032)的说法，《方等三昧行法》原已失传，是咸平六祀(1003)日本僧人寂照等带回中国的。即使如此，这部行法还是一部残卷，最关键的“修行”与“受戒”两章已经缺失。遵式认为，方等三昧的修法保存在《国清百录》和《摩诃止观》里，受戒仪式同于《方等经》所记[1]。这部在北宋时期从日本回传的《方等三昧行法》，实际上是讲修方等三昧的各种条件与准备，而在所有的准备工作里，“诵咒”、“受戒”与“忏悔”最为重要。

《国清百录》卷一收录了《方等忏法》，题注说明“略出五意，观慧出余文”。这部方等忏分为五个部分：劝修、方便、方法、逆顺心、表法，而把第六部分“观慧”省略不说。“方法”部分很短，讲述了方等忏的具体做法：

> 前诸方便弄引淳熟，渴仰颙颙不惜身命，克日定时道场行法。初入之始月有二日，道伴多少十人已还。香泥泥地散诞圆坛，彩画庄严拟于净土，烧香散华，悬五色盖及诸缯幡，请二十四躯像，设百味食。一日三时，浴著新衣，手执香垆，一心一意，散礼一拜，互跪运念。念此香云：遍覆十方普雨一切，宝一切味衣服卧具，楼阁殿堂弦出法声，上供诸圣下施众生，承佛神力广作佛事，利益一切皆入佛道，与虚空法界等。

---

① 参见遵式：《方等三昧行法序》，《大正藏》第四十六册，第943页上。

在这段引文里，讲到了坛场布置、佛像排列，以及各式供品，并对仪式的时间、人数、举止略有说明。一切准备妥当之后，开始“奉请三宝”，分“请佛——叹佛——礼佛”三个步骤。然后就要“互跪发露”，诚心忏悔。接着是要“发愿”，然后转圈念咒，每次要走120圈诵120遍咒，同时还要“却坐思惟，观一实相”。如此这般，反反复复要修七天。

讲完这些“方法”以后，《方等忏法》主要是“逆顺心”与“表法”两个部分，从天台止观的角度加以理论的诠释，说明这个仪式里每个步骤、每件法器的象征意义，最终归到“观一实相”。二十四形像，表示顺逆十二因缘观，共有二十四支；百味食，表示一切法中皆有中道法喜禅悦味；一日三时洗浴，表示“缘一实修三三昧”；转百二十匝，表示观十二因缘有十种观，共有百二十种。智者因此也对“方等忏”的秘教行仪做出了显教的解释。

“法华三昧”的经典依据主要是《法华经》①。智顗根据《法华》、《普贤观经》及其他大乘经典，在南京瓦官寺亲笔撰写了《法华三昧忏仪》。整个仪式，通常持续三七日，包括五个步骤：(1)劝修；(2)行法前方便；(3)正入道场三七日修行一心精进方法；(4)初入道场正修行方法；(5)修证相。行者入道场以后，需要十个方面的修行：严净道场、净身、三业供养、奉请三宝、赞叹三宝、礼佛、六根忏悔、行道旋绕、诵《法华经》、思惟一实境界。法华三昧与方等三昧的最大不同，方等忏要“持咒”，而法华忏是“诵经”，即念《法华经》，其他的做法则大致相同。念《法华经》又有两种：具足诵、不具足诵，也就是，整部《法华经》全念与只念《法华经·安乐行品》。这个仪式本身并没有什么秘教的色彩。但在“安乐行品”，《法华经》讲到“得陀罗尼，证不退智”；在“分别功德品”更是多次提到“陀罗尼”，“千倍菩萨摩诃萨，得闻持陀罗尼门。……复有一世界微尘数菩萨摩诃萨，得百千万亿无量旋陀罗尼”等。因此，诵经不仅包括了“持咒”，而且还有持咒以外的作用。

《请观音三昧行法》的经典依据是《请观世音菩萨消伏毒害陀罗尼经》。观音忏的十个环节，包括：严净道场、作礼、烧香散华、系念数息、奉请三宝、

---

① 《法华经》“妙音菩萨品”和“妙庄严王本事品”，都提到了“法华三昧”。如“妙音菩萨品”说：“有一菩萨，名曰妙音……成就甚深智慧，得妙幢相三昧、法华三昧。”

具杨枝净水、诵三咒、忏悔发愿、行道、诵经。《金光明三昧行法》的经典依据是《金光明经》,这种忏法也有十个环节:庄严道场、顶礼三宝、香花供养、召请、忏悔、称名、洒食诸方、诵咒、旋绕、诵经。这两种忏法都把"诵咒"与"诵经"列入其中,而不像方等忏或法华忏仅列其一。

按照从日本回传的《方等三昧行法》,修持方等三昧,最后是要"受戒",可惜文已失载。但在中国流传的《方等忏法》、《法华三昧忏仪》里都是只有五个部分,没有"受戒"的环节。日本天台宗十分重视授菩萨戒,《方等三昧行法》或有日本僧人的增益,犹未可知。

现在大家认为,方等三昧是一种以持咒为要旨的密教修行法,重点在于"受二十四戒及陀罗尼咒"①。但实际上,忏悔是其中最重要的事情,持咒只是一种手段,诵经的作用并不亚于持咒。

讲罢智者的"秘密教",最重要的问题是:为什么日本天台宗把智者形象密教化了,而中国天台宗的智者还是一个显教人物呢?

三、显　秘

唐代大书法家颜真卿(709—785)十分景仰智者大师,写过一篇著名的《大师传》,此外还有一篇诗作《天台智者大师画赞》。颜真卿当年看到的大师画像,已无缘得见,只能读读他的赞词,聊发随喜之情。日本天台宗的智证大师圆珍(814—891),在写《菩提场经略义释》时节引了颜真卿的诗句,"得宿命通辩无碍,旋陀罗尼华三昧,乃至万行千宗最后说,千变万化难致诘"。这诗句引得并不连贯,圆珍最后点评,"言出显门,意不殊秘"②,概括智者的思想特点。

在我看来,圆珍的八个字,足以反映中日两国天台宗不同的智者形象。中国天台宗发扬智者大师"言出显门"的特色,而日本天台宗竭力寻找智者大师"意不殊秘"的地方。智者是把秘教放在"化仪"的范围里谈论,主张

---

① 参见潘桂明:《智顗评传》,南京大学出版社,1996 年,第 323 页;王雷泉:《〈摩诃止观〉片论之二》,《法音》1998 年第 9 期,第 22 页。

② 圆珍:《菩提场经略义释》卷一,《大正藏》第六十一册,第 514 页上。

“传显不传秘”。但后来的日本天台宗并不如此，强调天台所讲的法华圆教与真言密教一致，《大日经》本地身即是《妙法莲华》最深秘密之处[1]。

1. 传显不传秘

智者认为，圣人可以直接讲述显秘两教，也可以谈论显观与密观，但是凡夫俗子只能讲述显教，即“传显不传秘”。只有达到六根清净位以后，才有资格传授秘教。《摩诃止观》卷一上说：

> 问：“约显教论显观，亦应约秘教论密观？”答：“既分显秘，今但明显不说秘。”问：“分门可尔，任论得不？”
>
> 答：“或得或不得。教是上圣被下之言，圣能显秘两说。凡人[2]宣述，只可传显不能传秘，听者因何作观？或得者，六根净位，能以一妙音遍满三千界，随意悉能至，则能传秘教。若修观者，发所修显法，不发不修者，发宿习人得论密观。”[3]

由此来看，智者的两部撰述，早期的《次第禅门》与后期的《摩诃止观》，都没有全部讲完，是有深层的考虑，而不是客观上时间不够或精力不济等因素。《摩诃止观》全书的结构是“五略十广”。“五略”是把全部内容分为五大部分，“发大心、修大行、感大果、裂大网、归大处”。这五大部分展开出来就是“十广”：大意、释名、体相、摄法、偏圆、方便、正观、果报、起教、旨归。“大意、释名、体相、摄法、偏圆”归为“发大心”，“方便、正观”归为“修大行”，《摩诃止观》只是讲到“正观”的第七境。智者把止观对象分为十种境界，即阴界入境、烦恼境、病患境、业相境、魔事境、禅定境、诸见境、增上慢境、二乘境、菩萨境。这十种境“始自凡夫正报，终至圣人方便”[4]，智者只是讲到第七“诸见境”，这与他认为观后三境是“圣人方便”的想法密不可分。智者临终告诉弟子，他的果位只在“五品弟子位”，还没有达到“六根清净位”。

---

① 参见安然：《真言宗教时义》卷一，《大正藏》第七十五册，第384页中。

② 智者临终自称是五品弟子位，尚未入圣贤位。自六根清净位，方始去凡入圣。

③ 《摩诃止观》卷一上，第3页中。

④ 《摩诃止观》卷五上，第49页下。

智者既然没有讲述“正观”的后三境，相应地也就不会讲到“五略”的“感大果、裂大网、归大处”，“十广”的“果报、起教、旨归”。他在《摩诃止观》里反复提到这些内容“不可言说”、“不可思议”，因此，在智者的语汇里，“秘教”、“密观”的“秘密”，主要是指凡夫俗子的“不可言说”、“不可思议”。

然而，就在智者大师隐而不宣的地方，恰好正是他的旨趣所在。他说：“旨归章，只是同归大处秘密藏。”①“秘密藏”，在智者的撰述里，是“如来藏”的异称，类似的词语还有“如来之藏”、“如来藏我”、“如来性”，乃至“宝藏”等。之所以他把“如来藏”称为“秘密藏”，原因在于《大般涅槃经》讲到“三德秘密藏”：法身、般若、解脱，把“如来藏”称为“如来秘藏”。众生的这个宝藏，隐则名为“如来藏”，同于“佛性”；显则转名“法身”，同于“佛果”。所以，隐而不显的如来秘藏，一旦开显，就会成为觉悟的“法身”，是同时具足“法身、般若、解脱”的“法身”。但是，这一过程不能由凡夫俗子来开示，确切地说，也无法直接向凡夫俗子明说。

《摩诃止观》中途而止，恰好是智者大师表明了“秘密教”的存在。日本的传教大师最澄（767—822），在佛前发誓要得“六根相似位”②，因为只有得了“六根清净位”，才有传密的资格。

2. 圆密一致

最澄在贞元二十年（804）入唐，先后得到了天台山修禅寺道邃、佛陇寺行满的授法，两位都是九祖湛然的法嗣。翌年四月上旬，他离开台州到达越州首府（今浙江绍兴），在龙兴寺师从顺晓受密宗灌顶，这位密僧是善无畏的再传弟子。最澄离开的时候还得到了金刚界、胎藏界两部曼荼罗、经法、图像和道具等③。这段经历最后使他提出了“圆密一致”的主张，要求门下每年得度的两位弟子分别修止观业（法华圆教）、遮那业（真言密教）。不仅如此，最澄在日本开创的天台宗，还很重视禅宗与大乘戒，形成“圆密禅戒”的一乘佛教。但这种做法并不始自最澄，在此之前中国天台宗内部已有这种倾向，只是最终没有发展出来。

---

① 《摩诃止观》卷一上，第5页中。

② 最澄：《愿文》，《大正藏》第七十四册，第135页中。

③ 参见朱封鳌：《天台宗修持与台密探索》，宗教文化出版社，2004年，第144页。

在智者去世以后，天台宗存在两个传承谱系：一个是在浙江国清寺，另一个在湖北玉泉寺。尽管国清寺系后来因为出了湛然（711—782），成了天台宗的正统，但在中唐以前，留在湖北当阳的玉泉寺系一直非常活跃，里面出了两位重要的历史人物：一行（683—727）与鉴真（688—763）。这两位分别把天台的思想与密教、戒律紧密地糅合起来。

唐玄宗（712—756年在位）曾把玉泉寺系的惠贞（673—751，亦作"惠真"）谥为天台"七祖"。一行是惠贞的弟子，学习天台教观，后来受命辅助善无畏翻译《大日经》，又受金刚智的"陀罗尼秘印"。一行的《大日经疏》，基本是以天台的立场解释密教思想。他说，"今真言门亦尔，以观心为因，三密为缘，普门海会，现前不谬，故名为有；以种种门，推求都不可得，是名为空；此有此空，皆不出法界，故说为中。三谛不同而同，不异而异。一切方便乘，人不能思议。"①日本天台宗后来的许多观点祖述一行的著作。

鉴真虽然年轻，辈分却比一行高一辈。他的老师恒景（634—712）同时继承律宗大德道宣（596—667）的法脉，这也使玉泉寺系的天台宗以戒律见长。鉴真东渡日本，为日本的天皇、皇后和皇太子等授菩萨戒，影响极大，同时也把天台三大部等典籍传到日本，为日本天台宗的出现铺平了道路。天台宗从智者开始，就非常重视戒律的建设。尤其是菩萨戒的传授，从智者到湛然，都有这方面的专门撰述。这对最澄在日本的创宗，同样具有十分重要的启示意义。

还有一个非常重要也很有趣的事情是，禅宗史上很有争议的神秀（约606—706）曾在玉泉山当了20多年的住持。这一点，我想，多少是会影响当时的玉泉寺系天台宗僧人。玉泉寺系的僧人，实际上是有圆、密、禅、戒相互融合的机会与实践，但他们好像没有最澄所处的那种社会需求。在中国，历史的机遇留给了国清寺系的湛然。他的使命，并不是要融合诸宗，而是要批评诸宗，突出天台。所以，湛然竭力剥离智者身上的密教色彩，提出"法华超八"，"八"是指化法四教与化仪四教，亦即代表佛陀的一切说教。缘此他反对《大日经》才是《法华经》最深秘处的说法。

---

① 《大毗卢遮那成佛经疏》卷七，《大正藏》第三十九册，第656页下。

入唐求学的最澄,并没有接触到与他后来思想颇为相通的玉泉寺系天台僧,反而是遇上了这位反对密教思想的湛然的两大弟子。但他对密法的弘化,并不违背天台智者已然表露的秘教思想。日本台密的形成,最终使智者的形象具有了密教的色彩。

结 语

智者所讲的秘密教,主要表现为忏法等的具体实践,涉及持咒、受戒、诵经等仪轨事相,而对后来密教所讲的根本密法基本没有涉及。无论是持咒还是诵经,智者的秘教,服务于修行者的忏悔灭罪。拜忏的目的是要六根清净,生起观慧。有了六根清净,就有可能开显秘要。秘密藏的开启,就会同时具足法身、般若与解脱,这是天台宗所讲的“成佛”。

在“传显不传秘”的原则下,智者则从中观的角度来解释当时已经流通的密教法门。他把秘密教判为一种说法形式,本身不足以成为一种圆教。这与后来的台密有着根本的差异,但他的判教,却使中国佛教逐渐正视“显密”这对重要的佛学范畴。中国的智者形象虽然没有被密教化,但密教的因素同样渗透到了各宗各派,明清以来僧人每天的功课都要请神念咒,《大悲咒》等陀罗尼广为流传,“显密圆通”是后期中国佛教的理论诉求。

智者大师在日本天台宗里的密教形象,反过来能让中国学者反思他原本已有的密教因素,并对南北朝的中国佛教处境、中国佛教史的发展阶段做出新的理解。

简析华严宗的实践法门及其与教义思想的关系[*]

王　颂[**]

何谓华严宗的修行实践法门是一个悬案。华严宗人对此语焉不详，宗外人士则多持有否定态度。古有天台宗批评华严宗“有教无观”，近有佛学大家吕澂先生批评其止步于构建“精致的(理论)图式”，一言以蔽之，即华严宗徒有一番高蹈的理论却缺少切实可行的实践方法。

深究的话，这样的批评绝不仅仅是技术性的或者局部的，它有摧毁整座大厦的致命危险。华严宗作为一个宗教派别，其理论不应仅限于思辨玄谈，必须具有宗教价值和意义；而如果缺乏实践的指导性与操作性，又如何能获取其价值和意义呢？也就是说，否认华严宗具有实践法门，也就否定了华严宗作为佛教宗派存在的理由。无论是佛教的一般理论还是华严宗的判教说都强调：宗与乘都是运载众生趣向涅槃的工具，只不过它们针对的对象不同而已，宗与乘存在的基础即在于其殊途同归的实践可行性。尽管华严宗素以圆融无碍标榜其教义，但如果经不起这番质疑，那无论其体系多么宏大壮美，其思辨多么精巧深刻，都不得不说只是水月镜花而已。

应该说，以吕澂先生为代表，这样的看法或疑问在学术界长期存在。因此，让我们先回顾一下吕澂先生的相关论述。吕澂先生肯定华严宗教义思想的哲学地位，称中国佛学“以天台、贤首、禅宗三家为代表。这三家的共同特点，就是他们所理解的佛学与印度的根本不同”。华严宗与天台宗是

---

* 本文原口头发表于2010年11月中国人民大学举办的第四届“中日佛学会议”，原题《华严宗的修行实践与其教义思想的关系》。本文所用原典引文除特殊标注外一律引自电子藏经CBETA，出处仅标注原著名称，数据号码从略。

** 王颂，1971年生，男，北京大学哲学系、宗教学系副教授。

中国佛学的双璧，其性起思想与天台宗的性具思想一道，发展到了“登峰造极”的程度。但他批评“华严宗徒虽然竭力阐扬法界观乃至六相十玄等等观法，但不自觉地停止在静观的阶段，实际的意味很为淡薄，说得厉害一些，仅仅构成一精致的图式而已”。[①] 本文拟以此为线索，探讨如下两个问题：第一，华严宗的理论是否仅仅限于空谈，或者止于静观，是否具有实践意义？第二，华严宗的实践法门与其教义思想的关系是什么？换言之，华严宗人是如何将其丰富的教义思想融入到实践之中的？

一、不思议与神异

堪称大乘佛典代表作之一的《华严经》为我们展示了神奇瑰丽的佛国世界和佛果境界。经文中多次用“不思议”一词来形容这一境界以及经中所说的内容。据说，龙树曾称此经为“大不思议经”[②]，该经的多种单行别译或称作《不思议境界经》[③]，或称作《入不思议解脱境界普贤行愿品》。[④] 由此可见，“不思议”可以说是整部《华严经》的关键词。另一方面，略为回顾华严宗教义体系确立前后的历史[⑤]，我们就会发现，《华严经》自传译伊始即与神异联系在了一起，受到信徒的广泛膜拜。不思议与神异，经典与信奉者在此取得了天然的契合。

历史上曾经出现过多种有关《华严经》灵异、感应的集书，其中以法藏

---

① 吕澂：《中国佛学源流略讲》，中华书局，1979 年，第 367 页。

② （唐）澄观：《华严经疏》卷三等。

③ （唐）实叉难陀译：《大方广如来不思议境界经》，为“普光法堂会”之别译。

④ （唐）般若译：《大方广佛华严经入不思议解脱境界普贤行愿品》，为《入法界品》之别译，即四十卷《华严经》。

⑤ 笔者认为，应该对中国佛教八宗先后成立于隋唐以及隋唐佛教是宗派佛教的说法有所甄别。具体到华严宗，其理论体系确立于初唐，其宗派即实质性教团则形成于北宋。这里延用这一观点，使用“教义体系确立”阶段来界定智俨和法藏的时代。参见王颂：《宋代华严思想研究》，宗教文化出版社，2008 年。

集《华严经传记》为代表。[1] 该书分为"部类、隐显、传译、支流、论释、讲解、讽诵、转读、书写、杂述"十个部分,其中含有大量的神异传说。其著述的目的与其说是为了记录有关史实,不如说是通过神异传说来宣传各种与《华严经》有关的功德福报。例如"传译"中记述觉贤译经时,说"堂前池内,每有二青衣,从池中出,奉以香华,举众皆见。亦有神祇,营卫左右"。"讲解"中有著名的求那跋陀罗欲宣讲《华严经》,因不善汉语而苦恼,观音菩萨托梦为其易头的故事。"讽诵"、"转读"和"书写"更是几乎篇篇都充满了神奇色彩。

不仅限于感应传,法藏之后的华严宗人在他们的各种著作中都反复引用了这一类传说。显而易见,华严宗人不遗余力地搜集、宣讲这类传说,一方面增添了《华严经》的神秘色彩,一方面也在不断地向追随者暗示修行华严法门有可能获得的神通力,而这些可以产生神奇效果的实践法门恰恰就是并不神秘的翻译、抄写、诵读、讲解等等。华严宗的多位宗匠更现身说法地展示了这类实践的神奇效果。

所谓华严宗的初祖杜顺就是这样一个人物,在道宣为他所作的传记中记载了大量的神异故事。他不时显现神通,笃行实践,不尚空谈("多抑浮词,显言正理"),这与义学僧的形象大相径庭,时人以及道宣对他的定位也是"禅师",即以实修为主的僧人。他的神异活动不但在民间获得了广泛信仰,还引起了唐王朝的重视,唐太宗曾延请他入宫。此后的传说进一步把他认定为文殊菩萨的化身。这样一位获得朝野推崇的神异高僧当然是宗教信仰的最佳膜拜对象。从思想内容来分析,署名杜顺的几种著作的著作权都堪疑,杜顺与智俨等人的思想联系也无从考证,但这并不妨碍杜顺在宗教信仰中发挥宗派创始人的实际作用。杜顺被后世追认为华严宗的初祖,与他的神僧形象密不可分。华严宗人巧妙地把杜顺的神异形象与《华严经》所具有的神奇色彩结合了起来,从而长期影响了华严宗这一宗派的神秘主义

---

① 较为著名的有据传(唐)慧苑集:《纂灵记》(但也有说法认为此书即《华严经传记》),(唐)胡幽贞编:《大方广佛华严经感应传》,(明)袾宏:《华严经感应略记》,(明)弘壁:《华严经感应缘起传》,(清)周可复:《历朝华严持验记》等。应该指出的是,《华严经》类感应记的编纂有可能受到《法华经》信仰的影响,《法华经》中也包含有大量宣扬持经功德的内容。

实践特色。华严宗教义的集大成者,也是华严体系的创建者法藏更是身兼哲学家和神秘的宗教实践家的双面人物。① 他不仅仅精于义学,更是擅长法术,曾经在祈雨、降魔等多种场合显示神通。除此之外,历史上的多位华严宗人物都与法术、密教或者神异传说有关。②

我们知道,华严宗哲学的全部内容就是逐层③阐发《华严经》所宣讲的"不思议"——这也是佛教哲学奠基于释经学的典型案例——而其提炼的精髓就是通过海印三昧展现的性起思想。无论是六相还是十玄,都是在描述性起即法界缘起的神奇不思议。但是,再高明的语言和逻辑技巧,也无法根本穷尽"不思议"的玄妙④,甚至不能获得普通信众的理解。由此,一种更直观,乃至更具说服力的方式出现了,那就是神通。无论是从推理还是从资料佐证出发,我们都有理由相信,华严宗人所选择的实践方式必然地要与神异联系在一起。

华严宗哲学的另一个神秘主义倾向就是与密教的结合。华严与密教具有天生的结合因素。这不仅仅是因为毗卢遮那与大日如来显密同体的特殊关系,更是因为其理论上的诸多契合之处。概括而言,可以表现为:肯定差异,在差异中求和谐;超越对立,在对立中求统一;肯定现实,即世成佛,即身成佛。以思想的契合为基础,在佛教实践中华严与密教结合的实例屡见不鲜。限于篇幅,本文不能全面探讨这一问题,仅举一例。⑤《华严经海印道

---

① 陈金华:《法藏:哲学家、实践家、政治家》。该书认为法藏是一个集政治家、哲学家与实践家于一身的"多面人物"。Chen Jinhua, *Philosopher*, *Practitioner*, *Politician*: *the Many Lives of Fazang*, Series Sinica Leidensia 75, Leiden: Brill Academic Publisher, 2007.

② 需要指出的是:宋朝的华严教团也许是一个特例,他们虽然肯定神异之于华严宗实践的价值,但他们自身却罕有以神异著称的人物,目前也没有发现他们在众人面前表现神通或者进行神秘的宗教实践的相关记载。此中原因还仅限于推测,有待进一步研究。但无论如何可以肯定的是,他们属于特例。因为同时代的东亚佛教圈的其他华严教团都带有一定神秘主义,或者密教化的色彩。

③ 例如在释经时所运用的"五周因果"的方法。

④ 例如《五教止观》在论述诸法全体交彻时就对著名的因陀罗网的譬喻表示不满,法藏在他的著作中也多次强调了名言的局限性。

⑤ 此例受到李灿研究的启发,特此致谢。参见李灿:《元代西夏人的华严忏法——以〈华严经海印道场忏仪〉为中心》(北京大学2010年硕士研究生学位论文),第93页,"恒常周遍地执行普贤菩萨十重行愿的礼忏仪——对普贤十行愿的模拟"。

场修证仪》第一晌有依照普贤十重行愿设立的"广修供养"一门。依照经文所述,普贤行愿可谓广大无边,远远超出常人的能力和想象。那么在实践中如何模拟这一行愿,又如何能期望获得相应的效果呢?就此,《修证仪》作者一行慧觉运用了四个程序,即"发愿供养、奉施宝错、结广大不空摩尼印咒、礼本尊毗卢遮那佛"。其中的"奉施宝错"和"结广大不空摩尼印咒"是重点,它们分别由"宝错陀罗尼"和"不空摩尼供养陀罗尼"两条咒语统领。按照慧觉所引相关经文的解释,持诵"宝错咒",则"随自所求种种宫殿、种种幔帐、种种象马、种种车乘、种种七宝、种种衣服、种种饮食等,悉能成办";持诵"不空摩尼咒",则"雨无量广大供养,……成真实广大供养"。这样,通过简单的两条咒语,就巧妙地达到了"广修供养"的目的。

当然,咒语或密教元素只不过是一种手段而已。同样是广修供养,宗密就没有运用密教元素,试看《圆觉经大疏》。宗密首先认为,供养可分为财、法、观行三类。"其法供者,即十法行。谓于教法,书写供养,转施听闻,披读受持,开示讽诵,思惟修习。"其中的"观行供养",宗密引法藏《华严缘起平等章》的说法,"菩萨凡所施说,乃至一香一花一衣一盖一供养具,皆称真理,等虚空界。即以全法之身,游诸佛刹,称真之物,供养于佛"。宗密接着引证《华严经》说:"彼经又云:'我以普贤行愿力故,华香音乐衣服等,一一量如须弥;诸香油灯灯炷,一一如须弥山,灯油一一如大海水;即同愿此香华云,遍满十方界。"可见,宗密依据法界缘起平等与普贤愿力广大的思想,认为一即一切,供养的要点不在物之多寡——从而也就无需借助咒语神力——而在于是否"全法、称真"。他甚至明确表示,"诸供养中,法供养最。所谓如说修行,利益摄受众生,乃至不离菩提心等"。

上述两例手段相异,但从以华严义理指导实践的角度而言,二者并无不同。

二、普贤行愿

吕澂先生在剖析华严宗理论缺乏实践意义的原因时认为,其症结在于华严宗人未能很好地把握理论与实践的结合点——普贤行愿。他说:"普贤行的枢纽在于始终一贯的愿心，这一点在华严思想发展到四十卷《华严》的阶段最为突出，贤首创宗的时候还未及知道，便也不免忽略了。由此，在华严宗的宗义里，无尽缘起说并没有能够很好的和普贤行愿结合起来发挥这一宗的特色”。① 这段论述引起了我们的兴趣。

吕澂先生认为，法藏以及法藏之前的人因为没有看到般若译出的《普贤行愿品》，也就未及在其理论体系中突出普贤行的地位，更没有修普贤行。这一点与目前发现的史料基本吻合。② 不过，就华严宗的全部历史而言，如果说无尽缘起说始终未能与普贤行愿结合起来，那就值得商榷了。恰恰相反，我们认为，普贤行愿是华严实践法门的指导思想之一，而普贤行愿如果不与无尽缘起的思想结合起来，就不可能发挥其实践作用。

我们知道，对普贤行愿最完整的概括莫过于般若译《普贤行愿品》中提出的“十种广大行愿”，即“一者、礼敬诸佛，二者、称赞如来，三者、广修供养，四者、忏悔业障，五者、随喜功德，六者、请转法轮，七者、请佛住世，八者、常随佛学，九者、恒顺众生，十者、普皆回向”。笔者认为：十重行愿与无尽缘起相结合应用于实践，至少表现在三个方面：一、以普贤行统领诸种菩萨行，随顺大小乘各种修行法门。二、将普贤行愿的精神直接通过礼忏等形式加以外化。三、普贤也是神通的代表，经文中多次提到普贤的神通力。因此，普贤以及普贤行都与显现神通有关。由于此前我们已经探讨了神通的问题，就不再赘述第三点。

首先来看第一个方面。众所周知，普贤菩萨是《华严经》的核心人物，贯穿大品经首尾。在大品经一开始的部分，普贤就承佛神力，宣讲莲花藏世界海佛国世界（也就是佛果境界），而在大品经最后，他来接引善才童子，为整部经做了总结。可以说，普贤就是佛的代言人，普贤行就是菩萨行的代名词。澄观《三圣圆融观》也说：“普贤表所信之法界，即在缠如来藏；……普

---

① 吕澂：《中国佛学源流略讲》，第 366 页。

② 一些晚出的资料，例如清续法《法界宗五祖略记》记载杜顺教导门人樊玄智“令诵华严，劝依法界观门，修普贤行”。似乎早在杜顺的时代就有人修行普贤行。但该条记载明显受宋人影响，其中关于《法界观门》和普贤行的记载都不可信。也许吕澂也持此论，所以认为般若以前没有人明确修行普贤行。

贤表所起万行,上下诸经皆言普贤行故”。普贤行是一切菩萨行的代表,也是对它的总括。扩展而言,依法称真的万行皆是普贤行。因此,《净行品》宣讲的菩萨行包括各种在家的、世俗的行为规范;《十地品》宣讲地上菩萨修行法门,内容却囊括大小乘自四谛观、十二因缘观乃至三十七道品的各种修行法门,所谓“于一地普设一切诸地功德”。

与经文相对应,华严宗的全部学说从形式上可以分为判教和法界缘起(性起)理论两大部分;就实质而言,这两部分又是相即相入、密不可分的。判教以一乘同教、一乘别教思想为核心,开演出多种形式①,而其基本精神都是在彰显华严宗优越性的同时,收摄包容既往的一切派别。这与性起理论统合印度佛教中观、瑜伽行、如来藏三系,吸收中国佛教摄论师、地论师、天台宗、唯识宗学说的历史轨迹是完全一致的。因此,就实践角度而言,既往各宗的修行法门无不可以成为华严宗的方便法门,所谓普贤行就是对各种菩萨法门的继承发挥。

众所周知,华严宗人以“信解行证”的修证体系来诠释《华严经》,修行法门与所证果位可以一一相对。如澄观《华严经疏》“解即十住、行即十行、愿即十向”等。但这样的区分只是从修行次第而言的“行布门”,不能持僵硬、教条的理解,因为华严宗人更加强调圆融统一的立场。法藏《一乘教义分齐章》卷一比较一乘别教与诸教修行差别时指出:“谓随一菩萨则具信等六位,一一位中,所有定散等差别行相并一时修。……如是十方世界中,尽穷法界行。亦不分身,一时皆遍满,一念皆遍修,一一念中亦如此。信位满心已去,一一位皆如是修,更无优劣”,因此“一行即一切行”。而“三乘则不尔”,三乘只有“分齐”、“行布”,而不讲圆融;华严一乘则行布与圆融统一始终。同书卷二“行位差别”说:“谓始从十信乃至佛地六位不同,随得一位得一切位。何以故?由以六相收故,主伴故,相入故,相即故,圆融故。”法藏还用善才五十三参,亲历普贤行的过程说明了“一行即一切行”的道理,“如善财始从十信,乃至十地。于善友所一生一身上,皆悉具足如是普贤诸行位者,亦是此义也”。以上说明,华严宗在理论上已经明确指出,所谓普贤行

① 例如法藏的五教十宗判、四宗判,宗密的四教四宗判。

并不神秘，其实就是对既往佛法修行的融会，不假外求。

其次，让我们来分析第二个方面。华严忏法的代表作是宗密的《圆觉经道场修证仪》，其后的各种忏仪无不受其影响。[①] 该忏仪的主体部分为"礼忏法八门"，即"启请圣、供养观门、称如来、礼敬三宝、忏悔诸障、余杂事（包含：劝请、随喜、回向、发愿）、旋绕念诵、正坐思维"。可以看出，除了考虑到礼忏仪的实操性质和完整性，增添了"旋绕念诵、正坐思维"两部分之外，其余的部分可以概括为"供养、称赞、礼敬、忏悔、劝请、随喜、回向、发愿"八门，而这八门与十大行愿在思想和内容上是完全一致的。《修证仪》"供养观门"中的注释也说明了这一点：

> 然"供养、称赞、礼敬、忏悔、劝请、随喜、回向、发愿"等八重，是修行人之本事，非别行法，世尊于《离垢慧菩萨所闻经》中列也，亦是超入华严境界之妙门。故彼经广说诸佛功德妙用已，最后云："若欲成就此功德，应修十种广大行愿"。故西域本宗道流，皆于经中，录出别行，讽念修习。……贞观中华严疏主等译，其十行愿，即是此"供养"等八也。但于"劝请"中，开为"转法轮"、"久住世"二门；又于"回向"中，分出"随佛学"、"顺众生"二门，故成其十。

宗密依据《离垢慧所问礼佛法经》创立八门的作法来自于法藏。法藏《探玄记》说：

> 今略通辨悔过等义，…诸圣教中种种开合。或作八重：一供养佛、二赞佛德、三礼佛、四忏悔、五劝请、六随喜、七回向、八发愿，如《离垢慧所问礼佛法经》说。或为七，以赞、礼合辨。或为六，略无供养。或为五，以发愿同回向，如《十住论》说。或为四，除礼佛。或三，如《智论》云："菩萨昼三时夜三时各行三事，谓忏悔、劝请、随喜，行此三事功德无量转得近佛。"或二，但忏悔罪障、善根回向，如《善戒经》说。

值得注意的是：法藏本人表示，"诸圣教中种种开合"，不同的经典有不同的分法，除了《礼佛法经》中所说的八门分法，还可以依据《十住论》的五分法，

---

① 释圣凯：《圆觉经道场修证仪新探》，收于《中国佛教忏法研究》，宗教文化出版社，2004 年。

《大智度论》的三分法等,在具体的操作环节上或合并、或削减。也就是说,注重的是忏悔礼佛的精神——其核心可以概括为“忏悔罪障、善根回向”——而不是形式。那么由此可见,八门与十大愿王在实质上并无区别,更何况它们在内容和形式上也具有高度的一致性。事实上,华严忏仪的另一代表作,西夏一行慧觉编《海印道场修证仪》就采用了十大行愿的结构。但如上所述,我们并不认为二者有根本性的差异。因此,可以说华严礼忏法的基本指导精神和组织结构就是普贤行愿的十大愿王。

三、华严与净土

历史上,华严宗人曾以多种方式实践修行净土法门,较为突出的代表有宋代的义和与省常,就此笔者曾有专门的论述[1],相关史实不再赘述。在此,笔者想简略地补充一下华严宗的净土思想及其与实践的关系。

华严宗的净土念佛思想有两个出发点:一是《华严经》“三界唯心”的思想。“心佛与众生,是三无差别”,不仅限于华严宗,对其他派别的净土观也有一定影响;另一个是基于法界缘起观的超越差别、对立的思想。上述二者相结合,形成了华严宗独特的十方唯心净土思想。

智俨《华严五十要问答》第一问就解答了关于“佛”的相关问题。就小乘、三乘和一乘对“佛”和“见佛”的不同说法,智俨回答说:

> 依小乘教,见色身佛三十二相等,则是实见。眼根与境,同时相应,见实色相,名为见佛;若依三乘,见佛实色身等三十二相,不名见佛,由与分别、遍计合故。假使见可似之相,即是谓似,亦非见佛。若知无性无来去相、即色是空、非色灭空等,不如所谓,是名见佛,由与佛体相应故;依一乘教,见闻已去,乃至会知无生相,及应十数,见其十佛:……名为见佛,由如是见顺正理故,则能睹无上如来。

可见,智俨批评小乘执于色相,唯见色身佛,从大乘立场而言,非真正的“见

① 王颂:《宋代华严思想研究》,第五章“净土与华严的结合”之第一节“华严结社与净土修行”和第二节“义和与华严净土教”。

佛”;菩萨乘了知无性及色空相即的道理,明白所见、所谓的都不是真佛,才能称作见佛。只有华严一乘,完全摒弃见闻,会知无生,依据《华严经》提出的十佛观,系统地综合了佛教关于佛法身、化身、报身的教说,才是“顺正理”,才能睹“无上如来”。法藏继承智俨,在《一乘教义分齐章》第九“明诸教所诠差别”之第八“佛果义相”中进行了类似的表述。在第九“摄化分齐”中,法藏进一步从依正的角度论述了佛报土的问题。

> 若依小乘中,唯此娑婆杂秽处,是佛报土。于中此阎浮提,是报佛所依,余百亿等是化境分齐也。
>
> 若三乘中,……其释迦佛随他受用实报净土,或有说在摩醯首罗天,化身充满百亿阎浮提,是所化分齐。如《梵网经》及《对法论》等说,当知此约始教说。
>
> 或有说释迦佛报土在三界外,如《涅槃经》云:“西方去此三十二恒河沙佛土,有世界名无胜,是释迦佛实报净土”,此约终教说。
>
> 或说释迦报土在灵鹫山。如《法华》云:“我常在灵山”等。法华论主释为报身菩提也,当知此约一乘同教说。
>
> 或有说此释迦身即是法身。如《经》云:“吾今此身即是法身。”此约顿教寄言而说,以相尽离念故。
>
> 若别教一乘,此释迦牟尼身,非但三身,亦即是十身,以显无尽。

以上,法藏依据他“小始终顿圆”的判教说分别阐述了各教关于报身与报土的说法。在解释上述差异时,法藏反复强调三乘是权、一乘唯实,就一乘别教(华严宗)而论,佛与佛土周遍十方,色身即法身,佛国即世间。例如他分析大乘始教“于彼天(即摩醯首罗天)别立实报(土)”,是为了随顺二乘“不信(三)界外有实净土”的看法,因此“寄界内最胜处”说为释迦报土。可见,一乘别教之前的各教也都是在随顺前教“权”的基础上提出“实”理。而一乘别教何以迥超诸教,甚至也不同于法华所代表的一乘同教呢?他说:

> 何以故?以法华中亦显一乘故,其处随教即染归净故,说法华处即为实也。如菩提树下说华严处即为莲华藏十佛境界,……然未说彼处即为十华藏及因陀罗等故,非别教也。

法藏肯定了《法华经》灵鹫山即佛报土，佛国与世间不二的思想。不过他强调，《法华经》的说法与《华严经》所说菩提树下说华严的说法类似（都是在人间），但只有华严宗才阐发了“菩提树下说华严处”与“莲花藏十佛境界”相即相入的真理，因此才可称之为别（迥超诸宗）教。关于“十佛境界”，法藏解释说：

> 然彼十佛境界，……有三类：一、莲华藏庄严世界海，具足主伴通因陀罗等，当是十佛等境界；二、于三千界外，有十重世界海，一世界性、二世界海、三世界轮、四世界圆满、五世界分别、六世界旋、七世界转、八世界莲华、九世界须弥、十世界相。……三、无量离类世界，皆遍法界。……此上三位，并是一卢舍那十身摄化之处，仍此三位，本末圆融，相收无碍。何以故？随一世界，即约粗细，有此三故。当知与三乘全别不同也。

以上可知华严宗所说的佛国世界“本末圆融，相收无碍”的特质。这样的说法虽然听起来深奥玄虚，在实践中却并不神秘。华严宗人并不排斥西方净土和阿弥陀信仰，相反在实践中他们常常奉行。此中关系，澄观等人有明确论述。

> 一、弥陀愿重，遍接婆娑人。二、但闻十方皆妙，此彼融通，则初心茫茫，无所依托，故方便引之。三、极乐去此，但有十万亿佛土，华严中所有佛刹皆微尘数，故不离也。……四、即此第三十九“偈赞品”云：“或有见佛无量寿、观自在等共围绕”。判云：赞本尊遮那之德也。
>
> 况华严刹海皆遮那境，无量寿佛去十万等，并未出于刹种之中，一重之内，岂非本师随名异化？

这表明，在实践中修行阿弥陀法门既是权方便——如阿弥陀佛愿力深重，众生“初心茫茫，无所依托”时便于接引——又是根本真实，因西方净土不出遮那境界，阿弥陀佛不过是本师（华严宗以之为本尊的毗卢遮那佛）的随名异化而已。① 这是从实践角度对上述“佛”与“佛土”思想的补充。

---

① 按照上述法藏所作的划分，阿弥陀佛信仰当属于大乘终教。

四、止观法门

华严宗以“止观”、“观门”为标题的著作并不少,但它们仍然被天台宗批评为“有教无观”,其原因一方面在于其止观多取自天台,另一方面在于其观门著作大多偏于义理,缺乏操作性。以下,我们将在分析天台宗的上述两方面批评的基础上,提出一些自己的看法。

就第一方面而言,天台的指责与事实并无乖违。例如法藏《大乘起信论义记》和宋子璇《首楞严义疏注经》谈及止观时都说:“修之次第,如天台止观。”因此,宋宗鉴《释门正统》和志磐《佛祖统纪》就此批评说:

> 况天台所立四教,教下有观法。贤首既不遵天台判释,自立五教,至说《起信》观法,却云:“修之次第,如顗师《摩诃止观》。”岂非有教无观?

又如,宗密《圆觉经道场修证仪》虽然是一部忏仪著作,但是考虑到实修的完整性,他在礼忏法八门之外,另设置了道场法事(设置安排道场等修礼忏的准备工作)七门和坐禅法八门两大部分。宗密自己表示,道场法事七门中的“呵欲、弃盖、具缘”三门,“及后坐禅法中调和等七门,皆约天台止观(智顗《小止观》)中说”。

值得注意的是,在上述实例中,华严宗人并未讳言其观法取自天台的事实,但他们在积极吸收后者的同时又对其予以了温和的批评。宗密在《禅源诸诠集都序》中说:

> 南岳天台,令依三谛之理,修三止三观,教义虽最圆妙,然其趣入门户次第,亦只是前之诸禅行相。

也就是说,天台的三谛三观从教义上讲虽然圆妙,但入手途径仍然不外乎四禅八定。澄观在注释《法界观门》时也有意识地把天台宗的“三谛三观”纳入其中。他将“空、假、中”三观与法界三观中的第一观“真空观”对应。“空”对应“真空观”中的“会色归空观”;“假”对应其中的“明空即色观”;“中”则对应“空色无碍观”和“泯绝无寄观”。这样一来,天台的“三谛三观”显然低于华严的“理事无碍观”和“周遍含容观”。子璇《起信论笔削记》说:“天台云:‘法性寂然名止,寂而常照名观’。此乃以修止观契性止观也。双修之旨岂徒然哉?”在此,他明确区分了所谓“性止观”和“修止观”,并且暗示华严宗的着眼点在于更为根本的“性止观”,因而将作为一般修行方法的“修止观”让与了天台与禅。这样的说法多少有些自欺欺人,事实是:在实操性的观法方面,华严宗除了吸收天台与禅,确实没有提出任何独创的新东西。不过,华严宗于此虽没有创新,但却善于统合,其吸收自他宗的止观法门仍然可视为华严体系中不可或缺的一部分。

就第二方面而言,华严宗称为观法的著作虽多,但其中大部分确实都近于义理之作。① 不过观法的实操性与指导性是两个不同层次的概念,法藏等人的观法著作,重点并不在于具体指导行人——虽然其中并非完全无此类内容——而是通过说明性起思想的奥义来改变行人的认识,增强止观的效果。换句话说,华严宗的止观著作侧重于实践的指导性,而非操作性。在这方面比较有代表性的有两本著作:一为《法界观门》,一为《妄尽还源观》。它们分别代表了法界缘起和真如缘起的模式。前者被澄观、宗密运用四法界说进行了诠释;后者则将《起信论》“一心、二门、三大、四信、五行”演绎为“一体、二用、三遍、四德、五止、六观”,从而用华严义理统领止观,将二者有机地结合了起来。因此,笼统地批评华严宗“有教无观”是不准确的。

结　论

综上所述,从外在形式上来划分,华严实践法门可以表现为神通、华严经信仰(抄写、讲说、传诵等)、礼忏、止观、净土念佛、菩萨行、密教仪轨咒语等多种形式。而它们的形成则以佛果境界、法界缘起、普贤行愿、三界唯心等教义思想为基础。

最后,需要特别补充的是,以上,我们虽然发掘揭示了一部分华严宗所

① 日僧凝然和律藏曾对华严观门进行划分,而最为其所推崇也是数量比重最大的一类“直显奥旨门”中的大多数观法都侧重于义理。参见王颂:《宋代华严思想史研究》,第三章“宋代华严观法的研究与弘传”之第二节“华严观法概述”。

具有的实践法门,也举证了一些历史上实际应用的例子,但我们并不想争辩说这些法门在历史上都得到了充分的弘扬。甚至毋宁说,出于各种原因,这些法门并没有获得应有的重视,在实际弘扬的过程中也没有发挥最大的效果。有些华严宗人不识自家宝藏,忽视了法门的弘传;有些人在弘传过程中未能把指导性和操作性协调起来,导致不得下手处;有些法门囿于华严宗理论玄奥晦涩的特点,不便于浓缩提炼[1],这些都客观地铸就了人们对华严宗长于义理而短于实践的偏颇认识。历史上,华严宗为什么逐渐归于沉寂,又为什么在近代重新获得了居士以及知识阶层的青睐?笔者认为,这都与其看似重理论轻实践的特点有一定关系。换句话说,也正是由于其实践法门得不到系统、完整的弘传,华严宗教义才逐渐地沦为了一种精巧的经院哲学。

① (明)释禅:《依楞严究竟事忏》在比较了各家忏法的特点后指出:"华严忏卷帙富博,弥月方竟,不甚传布。"宗密:《圆觉经道场修证仪》也以其卷帙浩繁而为人所诟病,但经宋净源精简后的《略仪》因不能充分体现华严宗的特点,也未能广泛流传。可见华严宗在这方面的两难处境。

《大乘起信论》"三疏"比较

魏常海*

《大乘起信论》在中、韩、日佛教中影响巨大,历代对《起信论》的注释书多得无法统计,日本学者望月信亨在其《大乘起信论之研究》一书的"大乘起信论解题"中,列举出了近代以前的中、韩、日三国注释《起信论》的书176种,可供参考。这样众多的注疏之中,最著名的是隋净影寺慧远(523—592)《大乘起信论义疏》(以下简称《慧远疏》)、新罗元晓(617—686)《起信论疏》(以下简称《元晓疏》)和唐贤首法藏(643—712)《大乘起信论义记》(以下简称《法藏疏》)。这三部注疏时期较早,而且解义颇深,后人称之为"起信论三疏"。另外,元晓还撰有《起信论别记》,是读《大乘起信论》的笔记,自云"直依此《论》文,属当所述经本,略举纲领,为自而记耳,不敢望宣通世"。另有署名法藏撰的《大乘起信论义记别记》,但学界多疑其为伪作。对于《慧远疏》,学界也有真伪之争,但从其内容来看,与慧远《大乘义章》是大体一致的,可以认为是慧远所作。《元晓疏》晚于《慧远疏》,而《法藏疏》又稍晚于《元晓疏》。本文的主旨,是对此三部注疏进行比较,考察"三疏"的异同及其关联。

《元晓疏》和《法藏疏》放在一起比较的话,二疏都大量引用大乘佛教诸经纶,对《起信论》的思想及语句进行体系化的注疏。其中对"一心开二门"的核心思想,本觉思想,清净如来藏等都作了全面的解释,对中国、朝鲜两国佛教史上的华严、天台、禅宗等流派都给予了深远之影响。从具体的内容来看,《法藏疏》大量吸收《元晓疏》之成果,许多段落甚至是原封不动的采用《元晓疏》的语句。下面我们就通过具体的例证来说明此点。例如:

---

* 魏常海,1944年生,男,北京大学哲学系、宗教学系教授。

一、对《大乘起信论》题目的解释

在解释“大乘”时,《元晓疏》云:“言大乘者,大是当法之名,广苞为义,乘是寄喻之称,运载为功。”《法藏疏》云:“大者当体为目,包含为义。乘者就喻为称,运载为功。”二师的解释在语句上类似,意义也是相同的。仅有的不同只是法藏改元晓所说“当法为名”为“当体为目”,此处“法”与“体”实为“法体”,“名”与“目”实为“名目”,实质上是同一的。

元晓随后引用《虚空藏经》、《对法论》和《显扬论》来解释其“大乘”之义,《元晓疏》云:“先依‘经’说,后依‘论’明。依‘经’说者,如《虚空藏经》言:大乘者,……。依‘论’明者,有七有三,三种大义,下文当说。言七种者,有二种七:一者如《对法论》云:由与七种大性相应,故名大乘。何等为七?一境大性,以菩萨道缘百千等无量诸经广大教法为境界故。二行大性,正行一切自利利他广大行故。三智大性,了知广大补特伽罗法无我故。四精进大性,于三大劫阿僧祇耶方便勤修无量难行行故。五方便善巧大性,不住生死及涅槃故。六证得大性,得如来诸力无畏不共佛法等无量无数大功德故。七业大性,穷生死际示现一切成菩提等,建立广大诸佛事故(此中前五是因,后二是果)。二者《显扬论》云:大乘性者……。《瑜伽》、《地持》皆同此说。”

法藏虽然没有引用《虚空藏经》,却对元晓所引《对法论》“七大性”之处,作了原封不动地引用。《法藏疏》云:“依《杂集论》(即《对法论》),由与七种大性相应,故名大乘。一境大性,以菩萨道缘百千等无量诸经广大教法为境界故。二行大性,正行一切自利利他广大行故。三智大性,了知广大补特伽罗法无我故。四精进大性,于三大劫阿僧祇耶方便勤修无量难行行故。五方便善巧大性,不住生死及涅槃故。六证得大性,得如来诸力无畏不共佛法等无量无数大功德故。七业大性,穷生死际示现一切成菩提等,建立广大诸佛事故。解云:前五约因,后二就果。”并且说:“《瑜伽》、《显扬》亦同此说……”

在解释“起信”时,《元晓疏》云:“信以决定谓尔之辞,所谓信理实有,信

修可得,信修得时有无穷德。”还说:

> 如经偈云,信为道元功德母,增长一切诸善根,除灭一切诸疑惑,示现开发无上道。

法藏则在疏中明确点出元晓所依论书:

> 依梁《摄论》亦有三种,一信实有,自性住佛性。二信可得,引出佛性故。三信无穷功德,至得果佛性。

也说明元晓所依的经文即是《华严经》:“又《华严》云,信为道元功德母等”。

二、解释“四相”的角度

《起信论》中论述阿赖耶识的二种含义即觉与不觉之意时,谈到生,住,异,灭四相。对此四相,二师所释的角度几乎是完全一致的。

《元晓疏》云:“ 约于四相以别四位,四位之中各有四义。一能觉人,二所觉相,三觉利益,四觉分齐。”

法藏则解释道:“约寄四相,以别四位,四位之中,各有四义。一能观人,二所观相,三观利益,四观分齐。”

其中除了将《元晓疏》中的“觉”字以“观”字代替以外,几乎字字相同。

三、对“止观”的解释

《起信论》在第四修行信心分中论及修行止观门时,有关于修止的方法。在此,元晓吸收天台止观学的观点作了解释:

> 初中言“住静处”者,是明缘具,具而言之,必具五缘:一者闲居静处,谓住山林。若住聚落,必有喧动故。二者持戒清净,谓离业障,若不净者,必须忏悔故。三者衣食具足,四者得善知识,五者息诸缘务。今略举初,故言静处。言端坐者,是明调身,言正意者,是显调心。云何调身,委悉而言,前安坐处,每令安稳,久久无妨。次当正脚,若半跏坐,以

左脚置右髀上,牵来近身。令左脚指,与右髀齐。若欲全跏,即改上右脚必置左髀上,次左脚置右髀上,次解宽衣带,不坐时落,次当安手,以左手掌置右手上,累手相对,顿置左脚上,牵来近身,当心而安。次当正身,前当摇动其身,并诸支节,依七八反,如自按摩法,勿令手足差异,正身端直,令肩骨相对,勿曲无耸。次正头颈,令鼻与脐相对,不偏不邪,不仰不卑,平面正住,今总略说,故言端坐。

而《法藏疏》中,几乎一模一样地引用了这段解释:

前中言"住静处"者,是修止缘当也,具言之有五缘:一者闲居静处,谓住山林及诸闲静等处。若住聚落,必有喧动也。二者持戒清净,谓离业障,若不净者,必须忏悔。三者衣食具足,四者得善知识,五者息诸缘务。今略举初,故言静处。言端坐者,是调其身,言正意者,调其心。调身者,先安坐静处,每令安稳,久久无妨。次当正脚,或全跏或半跏,若全跏者,即以右脚置左髀上,牵来近身,令脚指与髀齐。次解缓衣带使周正,不令坐时脱落。次以左手置右掌上,累手相对,顿置脚上,牵来近身,当心而安。次当正身,先挺动其身,开诸支节,作七八反,如自按摩法,亦勿令手足差异,正身端直,令脊骨相对,勿曲无耸。次正头颈,令鼻与脐相对不偏不邪,不仰不卑,平面正住,次以舌约上颚,次闭眼不令全合。广如天台大禅师二卷止观中说也。今总略说,故言端坐也。

从此可以看出。二疏在字句上也有明显的雷同。所唯一不同之处在于法藏明确点出这种方法的出处,是来自于天台智者大师的。与《元晓疏》对比来看,法藏在"疏"中总是能添上元晓所未提的经论名称或思想来源。如果通读二疏,就很容易发现,二疏的类似或相同之处举不胜举,还有多处法藏是在基本同意元晓解释的基础上,再对《元晓疏》中的思想进行补充说明,从而进一步发展和完善《元晓疏》中言而未尽之思想,表现出同中的微妙差别。

但是,《法藏疏》与《元晓疏》也还是有诸多明显的相异点,其相异点最突出的可举出三个方面。

其一,《元晓疏》以"和诤"理论为前提,《法藏疏》则明确执持华严立场。例如,《起信论》的"因缘分"中说:"所谓如来在世,众生利根,能说之人,色心业胜,圆音一演,异类等解,则不须论。"元晓对其中的"圆音",作了极为详细的分析与说明,他引述了三家的观点,并以其"和诤"的独特思维方式,表示此三家观点并非对立,只是略有差别,只是角度不同。而法藏在疏中,则只采用了元晓所引述的华严之教来解释。大概法藏认为只有这种解释才合理,而不必援引其他宗派的解释。明确以华严思想为殊胜。

其二,《元晓疏》注重和会唯识学,《法藏疏》则有意排除唯识理论。

元晓的疏尽管对大小乘,诸经论及各家各派学说明显采取融会的态度,但最为显著的是唯识和"起信"的和会。下面试举几例来说明。

《起信论》在论述到三种相应染和三种不相应染时,开始解释相应义与不相应义:

> 言相应义者,谓心念法异,依染净差别,而知相缘相同故。不相应义者,谓即心不觉,常无别异,不同知相缘相故。

所谓"相应",是指心与心法虽有不同,他们在染或净的程度上也有区别,但形成的能知之心与所缘之境是一致的。而"不相应",是指无明动心就是阿梨耶识本心不觉之相,尚无心与心法的对待和差别,认识的能知方面与其对象之间,尚未形成统一相应的关系。

这与唯识宗所说,心与心法虽同所缘,却有不同行相,似相违背。对此,元晓以自问自答方式来回答:

> 问:《瑜伽论》说,诸心、心法,同一所缘,不同一行相,一时俱有,一一而转。今此中说知相亦同,如是相违,云何和会?
>
> 答:二义俱有,故不相违。何者?如我见是见性之行,其我爱者爱性之行。如是行别,名不同一行,而见爱等皆作我解,依如是义名知相同,是故二说不相违也。

他以"我"作为能知之心统摄见、爱等义,和会不同行相却同知相之说。

接着的问题是唯识宗认为阿赖耶识中,心王与心数相应,而《起信论》却说为不相应。同样,元晓再次自问自答:

> 问:《瑜伽论》说,阿赖耶识,王数相应,缘二种境,即此论中现色不相应染,何故此中说不相应?
>
> 答:此论之意,约烦恼数差别转义,说名相应,现识之中,无烦恼数,依是义故,名不相应。彼新论意,约遍行数故说相应。由是道理亦不相违也。

此处所说"彼新论"应是指玄奘译《瑜伽师地论》。元晓认为,二说无违,只是角度不同。《起信论》是从有无烦恼染相的角度说相应与不相应,有烦恼染相而说相应义,那么现识(第八识)之中尚无烦恼染相生出,故名不相应。而玄奘的《瑜伽师地论》则是从八识现行的角度来分析心王、心法攀缘诸法之义而说相应。所以二说并不矛盾。

《起信论》谈到"熏习"时说:

> 熏习义者,如世间衣服,实无于香,若人以香而熏习故,则有香气。此亦如是,真如净法,实无于染,但以无明而熏习故,则有染相。无明染法,实无净业,但以真如而熏习故,则有净用。

所谓熏习之意,犹如世间的衣服,本来没有什么香气,如果人们以香不断熏之,就会留下香气。法的熏习也是如此,真如清净之法,本性是没有任何杂染的,只是由于无明熏习,则产生各种杂染的相状。无明杂染之法,本来没有清净的善业,只是由于真如不断内熏,则会产生清净的作用。

而唯识宗的一个基本观点是,要具坚住性,可受熏性,无记性,与能熏共和合性此四性,才可受熏,所以,常法不受熏习,而《起信论》明言真如净法受无明之熏。这种矛盾该如何调和呢?

元晓对此解释时还是自问自答道:

> 问:《摄大乘》说,要具四义,方得受熏,故言常法不能受熏。何故此中说熏真如?
>
> 解云:熏习之义有其二种。彼论且约可思议熏,故说常法不受熏也。此论明其不可思议熏,故说无明熏真如,真如熏无明。显意不同,故不相违。

他以区别可思议熏和不可思议熏两种熏习，来调和《起信论》与唯识宗在熏习说上的差别。

除此之外，元晓在科判中也采取了唯识教学。

《起信论》解释分中释心真如道：

> 心真如者，即是一法界大总相法门体。所谓心性不生不灭。一切诸法唯依妄念而有差别，若离心念，则无一切境界之相。是故一切法从本已来，离言说相，离名字相，离心缘相，毕竟平等，无有变异，不可破坏，唯是一心。

根据元晓所分，第一句为略标，第二句为广释中之第一部分“显真如体”。这一部分再分有三：

> 一者当真实性以显真如，二者对分别性而明真如绝相，三者就依他性以显真如离言。

在科判中导入唯识之三性说，这在其他注释者中是没有的，而为元晓之特色，由此也可窥见他一直在努力融会唯识与《起信论》。

他还将《起信论》中的“三细六粗”与八识相配，即业相，转相，现相归于第八阿赖耶识位，智相（智识）归为第七识，相续相以下匹配六识。进一步，他又把生、住、异、灭四相的概念也引入八识分别之说，生相为第八识位，住相之我痴、我见、我爱、我慢四烦恼为第七识位，异相、灭相为第六识位，自觉地将《起信论》与唯识相融会。

《法藏疏》在很大程度上参考了《元晓疏》，但是其中有很重要的一点是，二者在对于法相唯识学的态度上有很大差异。元晓意图论证《起信论》与唯识学无矛盾性，有意识地在《起信论》的注释中导入唯识教理。法藏则常常将元晓导入的唯识学说加以排除，所以上述元晓和会唯识学的内容，法藏都无采纳。

其三，对“根机”问题看法不同。《元晓疏》在开篇“标宗体”文中谈到马鸣作《起信论》的目的时说：

> 马鸣菩萨，无缘大悲，伤彼无明妄风动心海而易漂，愍此本觉真性，

睡长梦而难悟，于是同体智力堪造此论，赞述如来深经奥义，欲使为学者暂开一轴，遍探三藏之旨，为道者永息万境，遂还一心之源。

字句之间，充满的是一种平等大悲的立场，而认为《起信论》并非专为根劣之人而作。

但《法藏疏》中则不然：

爰有大士，厥号马鸣，慨此颓纲，悼斯沦溺，将欲启深经之妙旨，再曜昏衢，斥邪见之颠眸令归正趣。使还源者可即返本非遥。造广论于当时，遐益群品，即文多义邈，非浅识所窥。

先言有广论，行文庞大，不为根劣者所悟解。又云：

又造斯论，可谓义丰文约，解行俱兼，中下之流，因兹悟入者矣。"

其中很明确地提出此论为"中下之流"而作。

进一步在解释本论时，我们也可以看出二师在根机问题上的差异。

《起信论》云："众生根行不等，受解缘别，所谓如来在世，众生利根。能说之人色心业胜，圆音一演，异类等解，则不须论。若如来灭后，……如是此论，为欲总持如来广大深法无边义故，应说此论。"

元晓解释道："虽是利根而不忍繁，此人唯依文约义丰之论，深解佛经所说之旨。"明点此论亦为"利根"人所作。

而法藏解云："此文有二，初辩根劣，二如是此论下对此劣根，明教之兴。"在此句之前，尚与《元晓疏》字句不差的《法藏疏》，笔锋一转，称此论之对象为"劣根"，表明他在根机问题上与元晓持不同的看法。

元晓与法藏二人都持"众生皆有佛性"的观点，那么为何在此又有"利根"、"劣根"之异呢？这一点要联系到二人对《起信论》的态度来谈。元晓是将《起信论》视为"诸论之祖宗，群诤之评主"的最高位。而法藏的五教十宗教判说中，《起信论》只是第三位大乘终教，第八真德不空宗之代表作。正是为此，他并不认为《起信论》是为利根之人所作。还有一点可以看出的是，元晓对根机利钝问题并不重视，只略略谈及，也正是他和诤、无差别思想的体现。法藏三番五次反复强调根机，这与其教判观是紧密联系的。为了创建华严宗,作为创始人的法藏,必须为《华严经》为自己的宗派确立在整个佛教中的最高地位。只有《华严经》类经论才是为利根所作,而其他经论只是方便说,为钝根之人而作。这样也就能够理解法藏这种佛性皆有,根机不同的思想了。

通过以上对《起信论》元晓疏与法藏疏的比较分析,可以清楚地看到,尽管法藏并未完全接受元晓的思想,但法藏受元晓的影响是非常巨大的,这是中国佛教传到韩国之后,韩国佛教又反过来促进中国佛教发展的一个最典型的事例。

元晓是韩国佛教史上最为著名的佛学家,即使把他放在中国佛教的背景中,他至少也不逊于与他同时代的佛学大师们。但是元晓佛学思想的形成,基本上是植根于中国佛教,他所处的时代,汉译佛典差不多都已传到韩国。他浩瀚的佛学著作,不管是"宗要"、"纲目",还是"疏"、"别记"等,全都是依据中国传到韩国的汉译佛典。

元晓一直关注中国佛教的发展,在他的著作中,对中国佛教的研究成果进行了全面的综合和吸收,纳入到他的理论中去。他的《起信论疏》,就是这样。

《大乘起信论》在解释诸法生灭之相时说到:"以体不灭,心得相续,唯痴灭故,心相随灭,非心智灭。"元晓在"疏"中对此设问:"问:此识自相,为当一向染缘所起,为当亦有不从缘义?若是一向染缘所起,染法尽时自相应灭;如其自相不从染缘故不灭者,则自然有。又若使自相亦灭同断见者,是则自相不灭还同常见。"对这样一个看起来是两难的问题,元晓引别人的观点作答:"或有说者,黎耶心体是异熟法,但为业惑之所办生,是故业惑尽时,本识都尽,然于佛果,亦有福慧二行所感大圆镜智相应净识。……或有说者,自相心体,举体为彼无明所起,而是动静令起,非谓办无令有,……无明尽时动相随灭,心随始觉还归本源。或有说者,二师所说,皆有道理,皆依圣典之所说故。初师所说得《瑜伽》意,后师义者得《起信》意。……"这段话中的三个"或有说者",显然不是指印度的论师,当指中国依于《瑜伽师地论》的法相唯识学派与依于《起信论》的如来藏缘起学说,以及调合二者的学说理论。

元晓的《起信论疏》，对于研究《起信论》的思想有着极为重要的参考价值，而元晓《起信论疏》的完成，离不开对中国佛学研究成果的吸收。别的不说，只就《起信论》的注释而言，在《元晓疏》之前，已有《慧远疏》。从内容上看，元晓参考过《慧远疏》，应当是可以肯定的。这里略举几例加以说明。

《慧远疏》明确提出，马鸣菩萨是"依《楞伽经》造出《起信论》一卷"，并且多处引《楞伽经》经文。元晓"疏"同样广引《楞伽经》经文，印证了慧远的观点。

元晓对《起信论》段落的分析，很可能也参考了慧远的"义疏"，两人对《起信论》章节次第的解说，有许多相似之处，例如，慧远说："此《论》中有三段明义：第一致敬三宝；第二'论曰有法'以下，出其所造；第三后终二偈，总结回向。"元晓则说："文有三分：初三行偈，归敬述意；'论曰'以下，正立论体；最后一颂，总结回向。"

在解释《起信论》偈颂中的"法性真如海"之"法性"时，慧远说："言法性者，此之真有自体名法，恒沙佛法满足义故，非改名性，理体常故。《大智论》云：白石银性，黄石金性，水是湿性，火是热性，一切众生有涅槃性，故言法性。"元晓则说："言法性者，所谓涅盘，法之本性，故名法性。如《智度论》云：法名涅盘无戏论法，性名本分种，如黄石金性，白石银性，如是一切法中有涅盘性，故言法性。"两人引《大智度论》中的同一段话，来说明"法性"的含义。

慧远在解释《起信论》"有法能起摩诃衍信根"中的"法"时说："所言法者，自体名法。理不赖他，故言自体。"元晓则在解释《起信论》"所言法者，谓众生心"时说："自体名法，今大乘中，一切诸法皆无别体，唯用一心为其自体，故言'法者谓众生心'也。"显然元晓是吸收了慧远对"法"的解释，又把"法"与"众生心"联系起来。

慧远在解释《起信论》中"不觉而起，能见，能现，能取境界，起念相续，故说为意"一段话时说："依理起迷是根本无明也，无明即心，非有心外异有无明也。'不觉而起'者，是业相也；言'能见'者，是转相也；言'能现'者，犹现相也；'能取境界'者，是智相也；'起念相续'者，是续识也。"元晓在解释《起信论》中这同一段话时则说:"'不觉而起'者,所依心体,由无明熏,举体起动,即是业识也;言'能见'者,即彼心体转成能见,是为转识;言'能现'者,即彼心体复成能现,即是现识;'能取境界'者,能取现识所现境界,是为智识;'起念相续'者,于所取境起诸粗念,是相续识。"元晓与慧远的解释颇为相似,慧远所说的"业相"、"转相"、"现相"、"智相",与元晓所说的"业识"、"转识"、"现识"、"智识",在《起信论》中是同义的。

从以上例证可以看出,《元晓疏》对《慧远疏》是有所采纳的。当然,《元晓疏》无论在理论的全面和深刻程度上,还是在语言逻辑上,都明显胜过《慧远疏》,而且在观点上也有不少与《慧远疏》并不相同。例如,元晓在解释《起信论》五识中的前三识(相)时,明确认为,"非如第六七识有时断灭故,以是文证,当知是三皆在本识之内别用也,"他又特别在《大乘起信论别记》中说:"现相者,犹是上三相(指《起信论》此前所说无明业相、能见相、境界相三种相)中境界相。……"如:"四卷经(指四卷本《楞伽经》)云:'大慧,略说有三种识,广说有八相。何等为三?谓真识、现识、及分别事识。譬如明镜持诸色像,现识处现亦复如是'。又此文中说'现'义云:'以一切时任运而起常在前故'。当知现识定在第八,其业识等与此作本,其相弥细,如何强将置七识中,其可乎!"其意是说,业识(业相)、转识(转相)、现识(现相)三者,位在第八识,不在第七识。这里值得注意的是最后几句:"当知现识定在第八","定在"一词,显然是针对不同观点而强调自己主张的正确性的用语;"其业识等与此作本",此处不说"业识与转识",而说"业识等",把业识突出出来,也是有针对性的;"如何强将置七识中,其可乎",这清楚表明,他认为,有人将业识(业相)、现识、(现相)置于第七末那识位,是不可以的,是不正确的。而他所针对的人,正是慧远,因为慧远"义疏"明确地说:"业相现相是第七识。"所以元晓不惜笔墨,大段引述慧远也认为是《起信论》依据的《楞伽经》的经文,用"圣言量"论证慧远观点的错误和自己观点的正确。

不管元晓对慧远"义疏"的内容采纳也好,批评也好。都证明元晓"疏"是受到了慧远"义疏"的重大影响,是对中国佛教研究成果的继承和发展。

总而言之,《起信论》"三疏"的关系是,《法藏疏》是在参考并大量吸收

《元晓疏》成果的基础上撰成的,但也有与《元晓疏》不同的特点,而《元晓疏》对《慧远疏》又有所参考、采纳,也有所批评。“三疏”表明了东亚佛教的互补互动,共同发展的关系。

牟子《理惑论》中的宗教观*

周学农**

儒释道关系在中国古代宗教史上占有非常重要的地位,其具体内容和形式,也随着时代变迁而呈现出丰富多样的面貌。在提倡宗教对话的今天,回顾中国古代宗教之间的交涉,仍然有着重要的理论和现实意义。《理惑论》又称《牟子》,收入《弘明集》第一卷,旧题汉牟融撰,前有序传,后有跋,中有本论三十七章,采用问答的形式,对佛教传入中国后所引起的种种疑难和批评,分别进行辩解。其中涉及释迦牟尼的生平事迹、佛经体例、夷夏之辨、鬼神观、孝道等重要的理论问题,是研究佛教在中国初传历史以及汉魏三教关系的重要资料①。本文即简单介绍其中的宗教观及其特点,供现在讨论宗教对话与冲突的学者参考。

概括起来,《理惑论》中的宗教观大致可以从以下几个方面说明:

(一)在当时儒家文化占据统治地位的情况下,牟子极力主张开放与多元的态度,为佛教争取信仰空间。

从序传中的介绍看,牟子从儒家经传到诸子方技,“书无大小,靡不好之”,退出政治舞台,锐志于佛道时,又“兼研老子五千文,含玄妙为酒浆,玩五经为琴簧”,可以说本身就是一个博学多识的人物。在第七章,曾经有人质疑过他这种态度:“子既耽诗书、悦礼乐,奚为复好佛道、喜异术?”牟子辩

---

* 本文原发表于黎志添主编:《宗教的和平与冲突》(香港中文大学与北京大学宗教研究学术论文集),中华书局(香港),2008 年 1 月。现略有删改。

** 周学农,1968 年生,男,北京大学哲学系、宗教学系副教授。

① 关于《理惑论》的年代问题,历来多有争议,或认为出自汉魏,或认为晋宋间伪作,迄今没有定论。(参见张曼涛主编《现代佛教学术丛刊》第十一册之《四十二章经与牟子理惑论考辨》)本文认为它基本上成立于汉末三国时期,在后代流传中有所加工删补。相关考证当另文专论,此处不赘。

解说，自古以来圣人无常师，尧事尹寿，舜事务成，周公学于吕望，孔丘问礼老聃[①]。所以“书不必孔丘之言，药不必扁鹊之方”，只要合乎义理，君子就完全可以“博取众善以辅其身”，把它们都拿来当作个人修养的组成部分。

在《理惑论》第十四章中，有问难者提出孔子“夷狄之有君不如诸夏之亡也”，以及孟子“吾闻用夏变夷未闻用夷变夏者也”两句话，批评佛教为夷狄之术。对此，牟子认为孔孟的言论不过是针对性的就事论事，并不具有普遍的意义[②]。历史上，“禹出西羌而圣哲，瞽叟生舜而顽嚚，由余产狄国而霸秦，管蔡自河洛而流言”，不能一概而论；地理上，汉地未必就是天地的中央[③]，我们也没有理由轻视外来的佛教。

对于佛教“七经中不见其辞”，或者“违圣人之语”的指责，牟子则大量地引述儒道经典乃至诸子、谶纬进行辩解，指出中国传统中本来就蕴涵有相似的因素，佛教并非无状的异类。比如佛教僧侣持戒修行，“威仪进止，与古之典礼无异”（第一章）；有人批评佛教经典“广取譬喻”，他就引用《老子》、《论语》、《诗经》中的各种譬喻作证[④]；有人批评佛陀相好太过神异，他就引述中国传说中尧舜周孔、伏羲老子等圣人异表[⑤]，等等。

---

① 按，牟子的说法脱胎于《论语·子张》卫公孙朝问子贡章，所谓“夫子焉不学，而亦何常师之有！”其所述古代圣人之师，经传诸子乃至纬书、史籍中的记载颇不相同，然在汉代为流行之说。参见班固《白虎通·辟雍》、王符《潜夫论·赞学》、刘向《新序·杂事》、《韩诗外传》等。

② 第十四章：“孔子所言，矫世法矣；孟轲所云，疾专一耳。”牟子并举出《论语·子罕》中“孔子欲居九夷”的一段话作证说：“及仲尼不容于鲁卫，孟轲不用于齐梁，岂复仕于夷狄乎？”意为孔孟并非欲严华夷之辨，不过有所感触而发。又，对于孔子的言论，古来异说纷纭，参见程树德《论语集释》卷五。

③ 按，有意思的是，牟子在第一章叙述佛陀生平时，却说印度为天地之中：“所以生天竺者，天地之中，处其中和也。”这似乎暗示了他反对华夏中心论的某种背景。参见后汉竺大力共康孟详译《修行本起经》卷上：“迦夷卫者，三千日月万二千天地之中央也。过去来今诸佛，皆生此地。”（《大正藏》第三册，第463页上）

④ 第十八章：“《老子》云：天地之间，其犹橐籥乎？又曰：譬道于天下，犹川谷与江海。岂复华饰乎？《论语》曰：为政以德，譬如北辰。引天以比人也。子夏曰：譬诸草木，区以别矣。《诗》之三百，牵物合类，自诸子谶纬、圣人秘要，莫不引譬取喻，子独恶佛说经牵譬喻耶？”

⑤ 第八章：“问曰：云佛有三十二相、八十种好，何其异于人之甚也？殆富耳之语，非实之云也。牟子曰：谚云，少所见多所怪，睹馲驼言马肿背。尧眉八彩，舜目重瞳，皋陶马喙，文王四乳，禹耳参漏，周公背偻，伏羲龙鼻，仲尼反宇，老子日角月玄，鼻有双柱，手把十文，足蹈二五，此非异于人乎？佛之相好奚足疑哉！”

按，牟子所言圣人异表，在汉代亦为流行之说。参见《白虎通·圣人篇》及《论衡·骨相》等。

值得注意的是，在这种讨论中，牟子没有一味迎合比附，而是强调“见博则不迷，听聪则不惑”（第十一章），认为批评者只凭着孔孟的只言片语就否定佛教，是不懂得权变（第九章），少见多怪，视野也不够开阔。在第二十五章中他甚至宣称，自己之所以能够熟练运用儒家经传，也是得益于对佛教经典的了解：

问曰：吾子以经传理佛说，其辞富而义显，其文炽而说美，得无非其诚，是子之辩也？牟子曰：非吾辩也，见博故不惑耳。

问曰：见博其有术乎？牟子曰：由佛经也。吾未解佛经之时，惑甚于子。虽诵五经，适以为华，未成实矣。既吾睹佛经之说，览老子之要，守恬惔之性，观无为之行，还视世事，犹临天井而窥溪谷，登嵩岱而见丘垤矣。五经则五味，佛道则五穀矣。吾自闻道以来，如开云见白日、矩火入冥室焉。

（二）在这种多元的观念下，牟子还是要排比校量，强调佛教的优越性。如第三十三章：

问曰：道皆无为，一也。子何以分别罗列，云其异乎？更令学者狐疑。仆以为费而无益也。牟子曰：俱谓之草，众草之性不可胜言；俱谓之金，众金之性不可胜言。同类殊性，万物皆然，岂徒道乎？昔杨墨塞群儒之路，车不得前，人不得步，孟轲辟之，乃知所从。师旷弹琴，俟知音之在后；圣人制法，冀君子之将睹也。玉石同匮，猗顿为之改色；朱紫相夺，仲尼为之叹息。日月非不明，众阴蔽其光，佛道非不正，众私掩其公，是以吾分而别之。臧文之智、微生之直，仲尼不假者，皆正世之语，何费而无益乎？

在第二十九章中，更是明确地与道教划清界限：

问曰：王乔、赤松，八仙之箓，神书百七十卷，长生之事，与佛经岂同乎？牟子曰：比其类，犹五霸之与五帝，阳货之与仲尼；比其形，犹丘垤之与华恒，涓渎之与江海；比其文，犹虎鞹之与羊皮，斑纻之与锦绣也。道有九十六种，至于尊大，莫尚佛道也。神仙之书，听之则洋洋盈耳，求其效，犹握风而捕影。是以大道之所不取，无为之所不贵，焉得同哉！

这种优越性的根据，则在于“道德”。虽然《理惑论》中有时也说“孔子以五经为道教”（第四章），“七典虽异，其贵道德仁义亦一也”（第六章），但牟子基本上还是把佛教与老子紧密联系在一起，以“道德”自居。其叙述佛陀事迹，称“佛乃道德之元祖，神明之宗绪”（第二章），“积累道德数千亿载”，“太子不贪世乐，意存道德”（第一章）。描写佛法“导人致于无为，牵之无前，引之无后，举之无上，抑之无下，视之无形，听之无声，四表为大，蜿蜒其外，毫厘为细，间关其内，故谓之道。”（第三章）说明佛教功用：“道之为物，居家可以事亲，宰国可以治民，独立可以治身。履而行之，充乎天地；废而不用，消而不离。”（第四章）佛教之真理曰“佛道”、“大道”、“至道”，佛教之修行者曰“道人”，其修行称“为道”，最终之解脱为“得道”。如此种种，不一而足。

正是在这种“道德”的基础上，牟子与儒、道激烈辩论，试图建立自己的超越地位。对于儒家绝嗣无后的批评，他引老子“名与身孰亲，身与货孰多”，说明“沙门修道德以易游世之乐，反淑贤以背妻子之欢”（第十章）；针对穿着袈裟不合礼仪，引老子“上德不德是以有德，下德不失德是以无德”，认为三皇之时崇尚质朴，然而“其人称有德而敦庬，允信而无为”，沙门的行为有似于此（第十一章）[①]。辩解僧人艰苦修行，他引老子“圣人为腹不为目”（第十九章）；说明佛教不被世人所接受，用老子上中下“三士”之说（第二十章）。甚至在批判道教的修炼时，也引用老子。如说老子书中无绝五谷之语、辟谷之事（第三十章），引“损之又损”批评道士饮酒食肉（第三十一章），引“物壮则老”说明不能无病（第三十二章），引“天地不得长久”断言人皆当死（第三十七章），等等。总之，“众道丛残，凡有九十六种，淡泊无为，莫尚于佛。”（第三十章）

当然，这种辩论是相互的。在序传中提到，牟子常以五经批评修习道术

---

① 按，此句高丽藏作：“然其人称有德而敦庬，允信而无为，沙门之行有似之矣。”王充《论衡·自纪》：“没华虚之文，存敦庬之朴。”取意正同。碛砂藏误“敦庬允”三字为“敦痝之”，宋以后诸本更改作“孰疣之”，不辞尤甚。兹从丽刻。

之人,而他们也反过来用五经来非难信仰佛教之牟子。本论中既然牟子以道德自居,对手也经常引用老子来进行反驳。比如第五章提出"至实不华,至辞不饰",儒家七经之本不过三万言[①],佛经却卷以万计,言以亿数,实在是"烦而不要";第十六章批评沙门"耽好酒浆,或畜妻子,取贱卖贵,专行诈绐",号称无为,实际上却是"世之大伪"[②];第二十三章引老子"智者不言,言者不智"批评牟子辩辞过盛。面对这样的问难,牟子没有用任何的佛教经典来进行答辩,还是不厌其烦地引证中土故事,迂回曲折,试图辗转疏通。比如,佛经"前说亿载之事,却道万世之要",当然是多多益善;佛教徒之个别行径,不能说明"佛道有恶";佛教徒多辩也是万不得已,就像老子犹有五千之言,等等。在第二十六章,牟子对这种方法做了一个说明:

> 问曰:子云经如江海,其文如锦绣,何不以佛经答吾问,而复引诗书、合异为同乎?牟子曰:渴者不必须江海而饮,饥者不必待敖仓而饱。道为智者设,辩为达者通,书为晓者传,事为见者明。吾以子知其意,故引其事。若说佛经之语,谈无为之要,譬对盲者说五色,为聋者奏五音也。师旷虽巧,不能弹无弦之琴;狐貉虽煴,不能热无气之人。公明仪为牛弹清角之操,伏食如故,非牛不闻,不合其耳矣。转为蚊虻之声、孤犊之鸣,即掉尾奋耳蹀躞而听。是以诗书理子耳。

语气中毫不掩饰对于儒家诗书的轻视态度,也是优越感的一个旁证。

(三)在这种激烈的论辩和校量中,牟子基本上仍坚持着多元的立场,认为接受佛教,并不意味着必须放弃尧舜周孔之道,多种信仰可以并行不悖。如第十一章:

> 或曰:如子之言,则黄帝尧舜周孔之俦,弃而不足法也?牟子曰:夫见博则不迷,听聪则不惑。尧舜周孔,修世事也;佛与老子,无为志也。

---

① 按,周一良先生采用伯希和的说法,认为"七经之本"是指《春秋》和《孝经》才能符合三万言的数字。(参见《牟子理惑论时代考》)

② 按,这段批评也引起许多论者的注意。梁启超认为此必是石赵、姚秦极力提倡举世风靡之后的情形,所以《理惑论》为伪(《牟子理惑论辨伪》)。持反论者,如周叔迦认为当时戒律未传,僧行无忌,但以剃发殊俗(《梁任公牟子辨伪之商榷》);胡适更指此是印度商人,被中国人误认为"沙门"而已(《与周叔迦论牟子书》)。

> 仲尼栖栖七十余国；许由闻禅，洗耳于渊。君子之道，或出或处，或嘿或语，不溢其情，不淫其性，故其道为贵，在乎所用，何弃之有乎！

第十四章：

> 佛经所说，上下周极，含血之类，物皆属佛焉。是以吾复尊而学之，何为当舍尧舜周孔之道？金玉不相伤，随碧不相妨，谓人为惑，时自惑乎？

这里，牟子对儒佛作了一个基本的定位，就是“尧舜周孔，修世事也；佛与老子，无为志也。”虽然在第四章鼓吹“道之为物，居家可以事亲，宰国可以治民，独立可以治身”，但他也承认，如果把佛教运用在朝廷、君父、闺门、朋友之间，就像“持孔子之术入商鞅之门，赍孟轲之说诣苏张之庭”那样，未免“乖其处，非其时”（第二十章）。这种论调，可以说是后来中国佛教史中所谓“儒主治世，佛主出世”观念的滥觞。

总的来说，《理惑论》中的宗教观，是一种多元并立的态度，主张从社会功能和个人修养的角度兼容并蓄，不能拘于一隅或定于一尊。这种古代佛教所表现出来的开放精神，是值得我们深思的。

当然，作为信仰者，牟子也试图强调佛教的优越性，在批评道教的同时，将儒家定位在“修世事”的范围中。用现代的语言来说，我们甚至可以怀疑他是否真正承认儒家的超越性或者道教修炼的合理性。不过我想，批评与包容都是宗教对话的题中应有之义。相对于同源一致的附会，或者诉诸政治的冲突，不同宗教虽然百虑殊途，但又各擅其美，相济相成，这可能才是所谓“和而不同”的意义所在吧。

婆罗门教哲学经典中的主要理论模式*

姚卫群**

婆罗门教在古印度产生很早,许多基本思想在吠陀奥义书时期就已产生。但此教中的主要哲学派别的明确形成则要晚一些。这些派别主要有六个,即:胜论派、正理派、数论派、瑜伽派、弥曼差派、吠檀多派。这六派哲学正式形成的标志是各自主要经典(最初原典)的出现,这些经典通常提出了相关派别的主要理论模式,各派在后世的哲学家基本是围绕这种模式加以阐释,不断丰富发展有关的思想。后代的思想家即便在理论上有创新,也是在这种理论模式的框架之内进行。因此,这些模式在印度古代哲学中占有重要地位。本文拟对各派最初原典①中的这些模式进行分析探讨,借以勾画出古印度哲学发展的基本轮廓,展示印度文化核心内容的主要特点。

一、《胜论经》中的"句义论"

《胜论经》是胜论派的最早根本经典。这一经典中提出了此派的基本理论体系——句义论,把胜论派的主要哲学思想都纳入了这一体系中。胜论派认为,世间事物或现象实际由若干种句义构成。所谓"句义"指与观念或概念相对应的实在物。《胜论经》中提出六种句义,即:实句义、德句义、业句义、同句义、异句义、和合句义。

实句义指事物自身。一共分为九种。《胜论经》1.1.5 中说:"地、水、

---

* 本文属教育部人文社会科学重点研究基地北京大学外国哲学研究所项目中的部分成果。

** 姚卫群,1954 年生,男,北京大学哲学系、宗教文学系教授、博士生导师。

① 本文中所引古印度婆罗门教哲学派别的主要经典均取自姚卫群编译:《古印度六派哲学经典》一书中所译的汉文本,商务印书馆,2003 年。

火、风、空、时、方、我、意是实。”此处的地、水、火、风四种实体是物质性的元素，它们构成了世间事物的物质基础。空是一种传播声音的媒介，它也是一种元素，但事物可以穿越其中不受阻碍。时与方是使世间产生时间和方位的实体。我是生命现象的主体。意则为一种人身体中控制外感官所获信息与认识主体（我）接触顺序的内部器官。

德句义主要指事物的静止的性质。一共分为十七种。《胜论经》1.1.6中说：“色、味、香、触、数、量、别体、合、离、彼体、此体、觉、乐、苦、欲、瞋、勤勇是德。”这之中色、味、香、触是分别属于地、水、火、风中的一种或多种实体的属性。数与量反映了事物的数的表现和量（体积）的表现。别体反映了不同事物在体上的区分。合与离反映了事物运动后产生的形态。彼体与此体反映了事物的相对不同的位置。觉、乐、苦、欲、瞋、勤、勇则分别反映了有情在知觉、快乐、痛苦、欲望、憎恨和努力时所处的精神状态。

业句义指事物的动的形态。一共分为五种。《胜论经》1.1.7中说：“取、舍、屈、伸、行是业。”此处，取指向上运动，舍指向下运动，屈指收缩运动，伸指伸展运动，行指方向不定的运动。

同句义既指事物间相对的同的关系，又指事物的存在特性。所谓相对的同是说事物的“同”与人看问题的角度有关。《胜论经》1.2.3中说：“同与异依赖于觉。”这意思是说：同与异的概念有相对性，要依据不同的场合或人看问题的角度而定。如动物的概念相对牛、马、猪、羊的概念是一种“同”，而相对于生物的概念则是一种“异”（动物为生物中的一种）。而所谓事物的存在特性是指各种实有事物普遍存在的特性，《胜论经》1.2.4中说：“有仅是同，因为它是无处不在的因”，这种“同”是绝对的。

异句义既指事物间相对的“异”的关系，又指事物的最终差别。所谓事物的最终差别即指某物具有的其他事物不具有的特性或特质。在论述了相对的“异”之后，《胜论经》1.1.6中说：“边异除外。”这里说的“边异”即事物的最终差别，这种“异”也是绝对的。

和合句义指事物所具有的自体与属性等的不可分的因果关系。《胜论经》7.2.26中说：“和合就是指：（借助于它，）关于因与果（可以说）‘这个在这里’。”各个句义的区分主要是在概念上的，而在实际上，它们都要统一在事物自身,即实上面。产生这种自体与属性等不可分的关系的就是和合句义。

这六个句义构成了胜论派理论的主要框架。胜论派的许多基本思想都是在解释有关句义的过程中展示出来的。

二、《正理经》中的“十六谛”

《正理经》是正理派的最早根本经典。这一经典中提出了此派的基本理论模式——“十六谛”。所谓十六谛是此派在论述逻辑和辩论等方面的学说时提出的一个基本理论框架,包含十六个基本概念。这些概念或范畴及有关解释在正理派看来是实在的,正确的,因而称为“谛”。《正理经》中提出的这十六谛是:量、所量、疑、动机、实例、宗义、论式、思择、决了、论议、论诤、坏义、似因、曲解、倒难、堕负。

量指获得正确认识的方式或途径。《正理经》1.1.3 中说:“量(指)现量、比量、譬喻量、言量。”这里的现量指身体器官对事物直接的感觉;比量指通过推理对事物进行认知;譬喻量指根据未知物与已知物的相似来认识未知物;言量指根据圣人或权威者的话来认识事物。

所量指认识对象。正理派将其分为十二种。《正理经》1.1.7 中说:“所量是我、身、根、境、觉、意、行为、过失、再生、果报、苦、解脱。”这些对象不仅包括现实世界中的人的身体和生存环境,也包括轮回过程中涉及的重要形态。

疑是一种关于事物的精确特性的相冲突的判断,即一种疑惑的心理状态。《正理经》1.1.23 中说:“疑是探寻思索,(它产生于不同场合:)有许多事物同有的特性、有不能确定属何种事物的特性、有矛盾(的说法)、有感知的无规律性、有不可感知(的无规律性)。”疑是引发人们进行推理的重要因素。

动机指人开始行动的目的。《正理经》1.1.24 说:“动机是(要达到某种)目的的精神活动。”

实例指一般人和权威者具有相同认识的事例,即人人都承认的事实或真理。《正理经》1.1.25 中说:“实例是普通人和权威者具有相同看法的事情。”

宗义指根据某一学派的权威、假设等确立的主张,即立论者方面的主要观点。《正理经》1.1.26 中说:“宗义是由学派、前提、假定所确立的。”

论式指五支作法的推论式。由宗(命题)、因(理由)、喻(例证)、合(应用)、结(结论)构成。《正理经》1.1.32 中说:“论式(分为)宗、因、喻、合、结。”

思择指不能认识事物的真实特性时,通过假设来认识真理的思虑。《正理经》1.1.40 中说:“思择是当不知事物的真实特性时,通过(归谬的)推理(方法)来认识事物真实特性的思虑。”

决了指思考对立双方的观点,对问题作出决断。《正理经》1.1.41 中说:“决了就是通过考虑对立双方的观点而对事物作出决断。”

论议指在辩论时使用正确认识方法或采用五支论式,并与宗义不矛盾。《正理经》1.2.1 中说:“论议就是对立双方用获得正确认识的方式来推理论证和辩驳,它要与所立宗义一致,推理时要具有五支论式。”

论诤指在辩论时虽立上述论式,但又采用诡辩等不正当的方法来取胜。《正理经》1.2.2 中说:“论诤是用曲解、倒难、堕负(的方式)来进行论证和辩驳。”

坏义指仅破坏对方议论,自己不立论。《正理经》1.2.3 中说:“坏义是在(向对方)提出反对意见时,(自己)不(立论)辩护。”

似因指在推理中使用的似是而非的根据或理由。《正理经》1.2.4 中说:“似因(指)不定、相违、问题相似、未证明、过时。”

曲解指歪曲对方所说的言语的真实含义。《正理经》1.2.10—11 中说:“曲解是在(对方)所说的言语中,选择(非对方所指的)意义。这(曲解分为)三种:言辞的曲解、类的曲解、譬喻的曲解。”

倒难指仅根据事物的同与异来向对方提出反对的意见,即错误的非难。《正理经》1.2.18 中说:“倒难是根据同与异来反对(另一方)。”

堕负指在辩论中误解或不理解等一类辩论失败的相状。《正理经》1.2.19 中说:“堕负是误解和不理解。”

这十六谛涵盖了古印度哲学中十分典型的逻辑与辩论理论,在印度思想史上占有重要地位,展示了印度人在认识论方面所作出的卓越建树。

三、《数论颂》中的“二元二十五谛”

数论派在印度哲学中产生得非常早,但此派的根本经典没有流传下来。现存此派的最早系统文献是《数论颂》。这一文献中提出了数论派的基本理论模式——“二元二十五谛”。所谓“二元”是数论派提出的转变出人生现象和世间事物的两个主要的因,即自性和神我。“二十五谛”是包括二元在内的数论派哲学体系中的二十五个基本概念。二元外的其他二十三个概念是:觉、我慢、十一根(眼、耳、鼻、舌、皮、发声器官、手、足、排泄器官、生殖器官、心)、五唯(香、味、色、触、声)、五大(地、水、火、风、空)。这二十五个概念是数论派哲学中的基本成分,被数论派视为是真理,因而称为“谛”。

数论派认为,自性是物质性的实体,神我是精神性的实体。当神我作用于自性时,自性内部就产生变化,自性内部有三种成分,称为“三德”。三德之间的平衡状态失去后,自性就产生出包括人生现象在内的各种事物。因而,自性和神我是两个根本性的实体(二元)。《数论颂》21 在论述这“二元”时说:“我求见三德,自性为独存。如跛盲人合,由义生世间。”这里论及了神我(我)与自性为各自的目的而结合。二者的结合犹如跛子和盲人的结合一样能实现各自的目的。人和世间现象的产生就是由阳性的神我和阴性的自性结合后生成的。

其余“二十三谛”实际就是自性转变出的人生或世间现象中的一些基本要素。《数论颂》22 中在论述这“二十三谛”的形成时说:“自性次第生,大我慢十六,十六内有五,从此生五大。”这意思是说:当自性被神我“观照”并且内部三德失去平衡后,首先由自性转变出“觉”(也称为“大”,相当于起确定或决定作用的“理性”或“知性”),从觉生出“我慢”(即“自我意识”或“主我性”),从我慢一方面生出“十一根”,另一方面又生出“五唯”,五唯又生“五大”。

数论派的这种“二元二十五谛”理论构成了印度古代极有特色的人生

现象和世界形成学说,后来的数论派思想家的事物生成理论基本都是在这一理论框架内展开的。

四、《瑜伽经》中的“八支行法”

瑜伽派是婆罗门教中专门以瑜伽修行为主的派别。瑜伽修行在古印度很早就出现了。《瑜伽经》则是把古代印度各种瑜伽修行进行总结归纳,在理论上加以提高的一个派别。此派虽为婆罗门教的哲学派别,但其论述的瑜伽修行理论,对印度后世的各宗教派别都有着极为重要的影响。

《瑜伽经》中有关于瑜伽的各种理论,但涉及具体修行步骤的内容则是该经中提出的“八支行法”。“八支行法”构成了瑜伽修行方法的一个基本理论模式,在印度后世的瑜伽修行的发展中起着极大的作用。

《瑜伽经》中提出的“八支行法”是:禁制、劝制、坐法、调息、制感、执持、静虑、等持。

禁制是修行者必须遵守的规定(戒律)。具体有五条,《瑜伽经》2.30中说:“禁制是:不杀生、诚实、不偷盗、净行、不贪。”

劝制是应奉行的道德准则。具体也有五条,《瑜伽经》2.32中说:“劝制是:清净、满足、苦行、学习、敬自在天。”

坐法是修行时保持身体的安稳,姿态轻松自如。这样,有助于阻止外界的干扰。《瑜伽经》2.46—47中说:“坐法(是保持)安稳自如。通过行为动作的放松和(对)无限(观念的)等至(,坐法得到完善)。”

调息是在坐法完成后对呼吸的调节和控制。《瑜伽经》2.49—50中说:“调息是这(坐法完成)时,呼吸运动的停顿。表现为外部的、内部的和完全抑制的(调息),通过位置、时间和数量来调节。(它因而是)长(时间)的和细微的。”

制感是对身体的感觉器官进行控制。《瑜伽经》2.54—55中说:“制感可使感官不与它们的对象接触,(产生)与心的本性类似(的状态)。因而,感官被置于最高控制之下。”

执持是在修行时心注一处,即把心贯注在任选的某物之上,使之凝定而不散乱。《瑜伽经》3.1 中说:“执持是心注一处。”

静虑是上述执持状态的进一步发展,即心持续集中于禅定对象上。《瑜伽经》3.2 中说:“静虑是观念在那里的持续。”

等持即三昧,是修持的最高阶段。这时,仅静虑的对象发出光辉,心与禅定对象冥合为一,主观意识犹如完全不存在。《瑜伽经》3.3 中说:“三昧可(仅使)其对象发出光辉,(自我认识的)本性似乎不存在。”

《瑜伽经》认为,通过修这八支行法,人能获得“神通力”,可以认识能观(神我)和所观(自性)的差别,即获得最高的“辨别智”,最终摆脱对一切的执著,根除一切业、烦恼与不净等,产生一种“法云三昧”。在这种三昧中,一切“行力”(种子)被摧毁,人获得解脱。

五、《弥曼差经》中的“声常住论”

弥曼差派是婆罗门教哲学派别中最为注重祭祀的派别。此派的根本经典是《弥曼差经》,而《弥曼差经》中的一个主要理论就是“声常住论”。

弥曼差派以吠陀祭祀为主要研究对象,他们相信吠陀圣典的正确性,相信祭祀的功效。与这一基本立场相适应,此派特别强调“声常住论”。

所谓“声”此处指言语、观念或知识,特别指吠陀的言语或知识。弥曼差派认为,这种观念和知识是先天本有的,不是人造的,它常住不灭,并绝对正确。一般的言语和观念是这种先天本有的“声”的显发。

《弥曼差经》中有对“声常住论”的具体论证。其中最突出的有以下一些:

该经作者认为:“声”(名称)总表现为类,属于某类的个别事物可灭亡,但作为类的声则永远存在;如“牛”这一“声”是常住的,个别的牛死了,但牛的概念却不消失。《弥曼差经》1.1.19 说:“(声是常住的,)因为在所有的地方,(声都可以)同时(表示一种类)。”《弥曼差经》在古代的主要注释者夏伯拉给此段经文注释时说:“每当牛一词被说出时,就同时有一切牛的观念。据此(可知),声表示类。……基于此种原因,声必定常住。"[①]

该经作者还认为:如果声不是常住的,说出来即灭,那人们彼此间就无法进行正常的对话,听话者无法理解说话者的意思。《弥曼差经》1. 1. 18说:"(声)确实是常住的,因为(它的)显现(可达到使)人(知道其意义的)目的。"夏伯拉在给此段经文注释时说:"为了使别人知道(声的)意义,如果声一发出就不再存在,那么,就没有人能与别人谈论事情,而且在那种情况下,不能发音使别人(知其意义)。"[②]

此外,《弥曼差经》1. 1. 6—23中还批判了一些主张"声非常住论"者的论证,指出这些论证是没有道理的,与事实不符。

《弥曼差经》中提出的"声常住论"是此派的核心观念,体现了早期婆罗门教强调的一个基本点——吠陀神圣。由于早期婆罗门教的主要观念是通过吠陀表述出来的,因而吠陀的地位至为重要。要让人们信奉婆罗门教的基本思想,先要确立吠陀的神圣性。此派在《弥曼差经》中大量叙述"声常住论",实际就是要论证吠陀是天启的或绝对正确的。吠陀最初并不是书面的言语,而是口头流传的赞歌,包括不少祭祀时用的祭词、咒语等。这些成分的表现形式是承载婆罗门教思想的音声。这样,宣扬"声常住论"也就是强调吠陀文本及其思想的永恒性及真理性。印度后世弥曼差派思想家的理论虽然有一些发展,但核心思想还是围绕"声常住论"或吠陀神圣观念展开的。

六、《梵经》中的"梵我关系论"

《梵经》是吠檀多派作为一个独立哲学派别形成时制作的根本经典。这一经典继承和发展了古印度奥义书中的婆罗门教的一些基本观念,把讨论"梵我关系"[③]作为该经的主要内容。此派在后来的发展中基本是在这一

---

① 参见姚卫群编译:《古印度六派哲学经典》,第221页。

② 同上书,第220—221页。

③ 即关于作为一切根本因的"梵"与一般的生命现象中的主体"我"(或现象界)之间的关系的理论。

理论框架内表述各种主要思想的。

《梵经》中的梵我关系理论实际在很大程度上是表明了当时或先前一些人的这方面的思想。例如,《梵经》中曾提到以往的婆罗门教思想家在这一问题上的几种主要观点。根据商羯罗的解释,《梵经》中论及了三位思想家的梵我关系观点:阿西摩勒奢耶认为梵与我是一种"不一不异"的关系;奥杜罗弥认为梵与我是一种二元的有真实别异的关系;迦夏克尔茨那认为梵与我是一种无差别的不二一元关系[①]。

《梵经》的作者跋达罗衍那在梵我关系问题上的观点客观地说有时不是很明确[②]。现在一般认为,他在这一问题上倾向于"不一不异论"。这种理论认为,梵作为世界的创造者或世界的根本因,与其部分、属性或被造物——我(现象界)是不同一的(此为"不一"),而从我(现象界)都具有梵性,一切事物离开梵都不能存在的角度看,梵与我又是同一的(此为"不异")。《梵经》3.2.18 中说:"(梵与我的关系)就如同太阳(和它在水面上的映像的关系)等一样。"《梵经》3.2.27—28 中说:"由于(在圣典中)表明了(我与梵既是差别的,又是无差别的这)二者,因此,(我与梵的关系)就如同蛇和它的盘绕状(之间的关系)一样。或者,(二者之间的关系)就如同光和(光的)基体一样,因为二者都是光辉。"

《梵经》中对"梵我关系"问题的讨论在吠檀多派后来的发展中一直延续了下来。在这一理论框架内后来形成的哲学思想主要有以乔荼波陀和商羯罗为代表人物的"不二一元论"、以罗摩努阇为代表人物的"限定不二论"、以摩陀婆为代表人物的"二元论"等。在这些理论中,"不二一元论"的影响最大,它成为后来印度教哲学中的核心理论,直到近现代仍在印度思想界占有重要地位。

七、综合评述

婆罗门教哲学派别的根本经典中提出的理论模式对古代印度哲学基本

---

① 参见《梵经》1.4.19—22 及商羯罗的相应注释。

② 《梵经》中有关论述有前后不一致之处。

特征的形成起了重要作用。这些理论模式实际也反映了古印度哲学中的一些基本理论类型。概括来讲,可以作以下归纳:

《胜论经》中的“句义论”属于积聚说哲学类型。这种理论认为事物是由一些基本要素或成分聚合在一起形成的。这些成分基本上是平行或并列的,其中没有一种唯一实在的或作为根本因的成分,事物的产生或消灭就是这类要素或成分的不同结合或分离。各种要素的不同形式的构成或聚合形成了事物的不同形态。

《数论颂》中的“二元二十五谛”属于转变说哲学类型。这种理论认为,事物是由根本因转变出来的。这根本因在数论派看来就是自性。神我虽然观照自性,但神我不直接产生事物,直接产生事物的是自性,由自性转变出包括人生现象在内的各种事物。这些事物构成了多样的世界。事物的多样性或差别是由自性中的三种成分(三德)的不同结合形态造成的。

《梵经》及其后来的吠檀多派哲学讨论的“梵我关系”基本属于一种幻变说哲学类型。这种哲学的核心或主导性观念认为,梵是根本的,而世间事物在本质上就是梵,离开梵的东西实际不存在,世间事物只是梵的一种属性或部分。在这个意义上,此派认为一般人感觉到的独立于梵的事物不过是梵的一种幻变。

《正理经》“十六谛”中的主要理论属于一种逻辑辩论方式类型。虽然印度佛教等对这些内容有不少改进与发展,但这些改进和发展是在大量借鉴吸收“十六谛”中理论的基础上进行的。作为一种认识论或逻辑辩论的理论模式,应当说《正理经》的奠基作用是不能否定的。

《瑜伽经》中的“八支行法”展示了古印度的一种基本修行方式类型。这之中包含进行修行的基本前提条件,也包括进入禅定或三昧状态的一些具体步骤,还包括对修行状态的一些基本划分。瑜伽修行在古印度不是始于《瑜伽经》,但这一经典对以往的这方面内容作了重要的归纳或体系化。印度古代的各宗教哲学派别都有属于自己的瑜伽修行内容,而《瑜伽经》中的修行方式是最典型及最系统的。

《弥曼差经》中的“声常住论”体现了婆罗门教中正统宗教派别的理论核心。婆罗门教有所谓三大纲领,即吠陀天启、祭祀万能、婆罗门至上。

“声常住论”既包含吠陀是常住的、非人造的观念，也包含吠陀中说的作祭祀的言教恒常有效的思想，还包含吠陀中论及的婆罗门种姓最高地位永恒不变的意识。这种理论在古印度婆罗门教占主导地位的历史环境中是影响较大的。

上述婆罗门教哲学派别的根本经典中提出的理论模式在很大程度上决定了古印度哲学发展的基本特点，因为在印度古代思想界占主导地位的就是婆罗门教的哲学思想。婆罗门教中各哲学派别在古印度产生的时间，特别是各派的主要经典的定型时间大致是在一个时期。这些派别产生后在印度历史上与其他一些主要派别（佛教、耆那教、顺世论）长期共存，并行发展。各派在历史上的主要思想家基本上以讨论各派根本经典中提出基本理论模式中的问题为主。这些派别在其经典产生时讨论这些问题，在此后长时间的发展中（有些派别甚至在接近近现代时）仍然讨论这些问题。这样，印度古代哲学就在总体上呈现出了一种静态和横向的发展特点。

所谓静态的发展特点是说，古印度以婆罗门教哲学为主体的各哲学派别在长期的并行发展中基本上是讨论古代根本经典中就提出的一些基本理论模式中的问题，各派在后代的哲学家尽管实际也常常提出一些新的观念或思想，但多采用先前本派就提出的一些理论表现形式，把自己的主要哲学思想纳入本派由古代发展下来的理论模式中。因而，从总体上看，这些哲学派别在整个历史上就呈现出一种静态的发展。

所谓横向的发展特点是说，相对于西方哲学的发展，古印度的各主要哲学派别产生都很早，公元前是这些派别，公元后还是这些派别，各派长期共存，并行发展。虽然各派观点有不少差别，但基本上只是理论交锋，没有出现各个时期新的主要哲学派别取代旧派别的情况。在相当长的一个发展时间内，古印度的主要哲学派别是并列共同前进，这就是一种横向的发展。印度哲学的这种发展特点，与西方哲学中存在的那种各个不同时期不断出现新派别，提出新观点的纵向或动态的发展特点是不同的。

民族、回族与回族文化初探*

沙宗平**

文化要素在现代民族概念中的重要性日益凸显,以至于学界普遍接受民族乃文化之概念。自文化角度言之,回回民族是阿拉伯伊斯兰文化与中国传统文化交流与认同的产物,因此兼有阿拉伯伊斯兰文化基因与中国传统文化基因。伊斯兰文化基因区分了包括回族在内的穆斯林民族与非穆斯林民族;中国传统文化基因则区分了拥有该文化基因的回回民族与不具有该文化基因的其他穆斯林民族,回回民族是上述两种文化的“交集”。①

一、民族与回族

中国古籍经常使用族、民、人、种、部、类,以及民人、部人、族类等字(词)来指称以血缘和地缘为基础的人群。② 记武王在牧野(今河南淇县南)誓师时的仪态和誓师辞的《尚书·周书·牧誓》谓:王左杖黄钺,右秉白旄以麾,曰:“逖③兮,西土之人!”王曰:“嗟!我友邦冢君、御事、司徒、司马、

---

* 该文初稿编入《回族文化与区域和谐发展论坛论文汇编》(宁夏大学回族研究中心、宁夏吴忠市民族宗教局编),2007 年 8 月,第 11—19 页。本文系该文之修改稿。

** 沙宗平,1965 年生,男,北京大学哲学系、宗教学系副教授。

① 关于回族概念之讨论,参见中央民族大学硕士、美国乔治顿大学博士马海云(1973—):《回族的“概念”》一文。如该文谓,民族涉及的是人类的社会文化群体(ethnic-group,简称族群)与生态环境(包括自然生态和文化生态环境)之间的互助关系,是基于文化因素对人类统一体所做的划分。

② 如“惇叙九族,庶明励翼,迩可远,在兹。”(《尚书·皋陶谟》)“往哉!封,勿替敬,典听朕告,汝乃以殷民世享。”(《尚书·康诰》)“非我族类,其心必异”。(《左传·成公四年》)以及《隋书·音乐志上》:“九州上腴非一族,玄芝碧树寿华木。终朝采之不盈掬,用拂腥膻和九谷。既甘且饫致遐福。”

③ 逖,音 tì,意为远。

司空、亚旅、师氏、千夫长、百夫长，及庸、蜀、羌、髳、微、卢、彭、濮人。称尔戈，比尔干，立尔矛，予其誓。”[①]白寿彝（1909—2000）谓，“西土之人”是指“来自周土的人”，“友邦冢君等是一类人，庸、蜀、羌、髳、微、卢、彭、濮是八个民族的名称，这些民族是又一类人。这可见，武王伐纣的队伍是一只多民族的联军”[②]。对于上述史料所提及的八种名称究竟是“人（种落）”抑或“国”，虽然意见不一，但吕思勉（1884—1957）仍肯定：“牧野之役，武王实合西南诸族以伐纣也。”[③]只是，“民”和“族”组合为一个名词则是后来的事。19 世纪末，章太炎（1869—1936）在《序种姓》一文中开始研究中国民族的形成、发展与民族关系；1901 年梁启超（1873—1929）在《清议报》上撰文阐发中华民族固有的民族精神；1903 年梁启超介绍布伦奇利的民族概念[④]。孙中山（1866—1925）提出形成民族的五个力：即血统、生活、语言、宗教、风俗习惯。1926 年，蔡元培（1868—1940）发表《说民族学》一文，西方民族学在中国的影响继续扩大。[⑤]

回回民族[⑥]简称回族。白寿彝认为，第一，“回回民族的第一个来源，也就是主要的来源，是 13 世纪初叶开始东来的中央亚细亚各族人、波斯人和阿拉伯人”。第二，“回回民族的第二个来源，是曾经居留在中国对外贸易港上的阿拉伯商人”。自 7 世纪中叶至 12 世纪，他们一直以侨民身份留居中国；13 世纪，由于大量回回东来，“他们后来形成回回民族另一部分的来源，但这是很小的一部分”。第三，“回回民族中，还有汉人的成分”。此

① 《尚书 国语 战国策》，远方出版社，2000 年，第 17 页。

② 白寿彝主编：《中国通史》第一卷，“导论”，上海人民出版社，1996 年 10 月第四次印刷，第 2 页。

③ 吕思勉：《中国民族史》（1934 年上海世界书局初版），东方出版社，1996 年，第 262 页。吕先生谓“濮为种族名，非指一国。故杜《注》谓庸亦百濮夷。然则微、卢、彭诸国，亦未必非濮矣”。

④ 布伦奇利认为民族有 8 种特质：居住地；血统；肢体形状；语言；文字；宗教；风俗；生计（经济）。

⑤ 《中国大百科全书民族卷》“民族”条，中国大百科全书出版社，1986 年，第 302 页。

⑥ 如若按照“族群”说者的意见（即中华民族乃民族，中国 56 个民族均族群），我们必须要修改“回回民族”为“回回族群”了。如此，新中国成立以来的许多历史教科书都需要修改。

外,“还有蒙古人成分、犹太人成分以及别的成分”[①]。丁毅民(1921—)[②]认为,回回民族“是由元代进入中国的中央亚细亚各族人,波斯人和阿拉伯人,唐宋时代来中国经商而居留下来的少数阿拉伯人、波斯人的后裔和中国的各族人主要是汉族人融合发展而成的一个民族。”[③]《中国回族》谓,首先,回族的先民最早可追溯到7世纪中叶来我国广州、杭州、泉州等沿海地区经商的阿拉伯人、波斯人;其次,13世纪初成吉思汗西征时,从西亚、中亚一带又带回大量的阿拉伯人、波斯人及操突厥语的各族人,他们与原来就定居在我国内地的穆斯林融合,并与当地的汉、维吾尔、蒙古等族通婚,于元末明初形成了中国境内的一个新的民族共同体——回回民族。[④]

汉语“民族”一词基本上是一个历史文化概念。1912—1913年斯大林撰写《马克思主义和民族问题》(1914年发表单行本)一文[⑤],提出民族定义的“四个特征”之后说:“民族并不是个简单的历史范畴,而是在一定时代,即在资本主义上升时代形成的历史范畴。封建制度消灭和资本主义发展的过程,同时也就是人们形成民族的过程”[⑥],这也是西欧形成民族国家的过程。林干(1916—)[⑦]指出,“这个‘资本主义上升’底历史时代,仅西欧的英吉利人、法兰西人、德意志人和意大利人等才经过”。[⑧] 笔者以为,这个与西欧民族主义和民族国家同时涌现的“民族”概念,亦即史密斯所谓的西方

① 白寿彝:《回回民族的形成和初步发展》,载《回族史论稿》,宁夏人民出版社,1983年,第15—16页。

② 丁毅民,回族,山东沂水人。1939年加入中国共产党。曾任中共鲁中区委回民协会副主任、鲁中回民支队政委。建国后,历任中国回民协进会秘书长、宁夏回族自治区人民政府副主席、宁夏自治区人大副主任。编著《新中国的回回民族》,民族出版社,1958年。

③ 丁毅民:《回回民族的来源和发展》,载《回族史论稿》,宁夏人民出版社,1983年,第77页。

④ 胡振华(1931—)主编:《中国回族》,宁夏人民出版社,1993年,第2页。

⑤ 载《斯大林全集》中文版第二卷,人民出版社,1953年。

⑥ 转引自林干:《试论回回民族的来源及其形成》,载前引《回族史论稿》,第70页。

⑦ 林幹,广东新会人。内蒙古大学教授,1957年在中国科学院历史研究所工作,1961年调内蒙古支边至今,50年来致力于中国北方民族史教学与研究,发表专著有《匈奴通史》、《东胡史》、《突厥史》、《中国古代北方民族通论》以及《中国古代北方民族史新论》等19部,论文50余篇。

⑧ 林幹:《试论回回民族的来源及其形成》,载前引《回族史论稿》,第70页。

"市民模式的民族"。① 斯大林指出:"东欧情形却有点不同。当西欧各民族发展成为国家②的时候,而在东欧却形成了一些多民族的国家,即由几个民族组成的国家。"③东欧这类多民族国家,"通常是由一个有力的支配民族和几个弱小的被隶属的民族组成的。奥国、匈牙利、俄罗斯,便是如此"。④ 这里,斯大林实际上提出了民族与国家关系的两种模式:(西欧的)单一民族国家和(东欧与东方的)多民族国家。斯大林认为:"东方情形亦是如此","这样特殊的国家形成方式,只有在封建制度尚未消灭的条件下,只有在资本主义发展程度尚弱,被挤到后面去的民族在经济上尚未形成为完整的民族的条件下,才能发生。"⑤其实,斯大林关于民族与国家关系的两种模式,隐含着把民族区分为两种,即"西欧资本主义民族"与"东欧与东方的民族"。很显然,前者形成单一民族国家,后者则形成多民族国家。回回民族的形成及其与国家关系应该属于东方的多民族国家模式,所以按照"四个特征"之(西欧资本主义)民族定义衡量,自然难免捉襟见肘,这似乎也是对于斯大林民族定义的"中国式误读"⑥。

元初人周密著《癸辛杂识》称来自海道的穆斯林为"南蕃回回",谓"今回回皆以中原为家,江南尤多"。元宪宗二年(1252 年),统计户籍时开始使

---

① 马戎认为:用史密斯的模式分类法,斯大林所表述的观点倾向于"族群的'民族'模式",除了领土和经济因素外,强调了文化、语言和心理素质。见《评安东尼·史密斯关于 nation(民族)的论述》。

② 此处应该是指西欧形成的"单一民族国家"。亦即史密斯所谓"市民模式的民族":首先,必须具有明确的地理边界;其次,具有单一的政治意愿的法律与制度的共同体。参见马戎:《评安东尼·史密斯关于 nation(民族)的论述》,《中国社会科学》,2001 年第 1 期。

③ 转引自林幹:《试论回回民族的来源及其形成》,载前引《回族史论稿》,第 70 页。

④ 斯大林著,张仲实译:《斯大林论民族问题》,转引自林干:《试论回回民族的来源及其形成》,载《回族史论稿》,第 71 页。

⑤ 转引自林幹:《试论回回民族的来源及其形成》,载前引《回族史论稿》,第 70 页。

⑥ 笔者于民族学可谓门外汉,至于究竟是知识层面的"学术误读",抑或是行政层面的"政治误读",或者是笔者未窥堂奥,敬请方家指正。然而对于该定义的"当代误读",似乎依然存在,如马戎谓:斯大林提出的定义,可以看做是区域性"民族模式"之一。这个模式用于其他地区就可能出现许多问题,尤其是当他坚持这些标准对于"民族"的确认来说"缺一不可"时,更是如此。马戎:《民族与民族意识》,载《中华民族凝聚力形成与发展》(马戎、周星主编),北京大学出版社,1999 年,第 34—67 页。

用“回回户”作为落户(籍)中原的穆斯林的专门名称。[1] 傅统先(1910—1985)谓:元代以后回教在中国已有骤大之变化,海陆两道来华者甚众,唐宋以来留居中国之穆斯林后裔日多,“其语言习惯均为中国所同化。即姓氏亦多改用汉姓。当时一般回教徒,除信仰不同外,颇不易与其他非回教徒辨别”[2]。并认为,“明代之回教徒,无论在饮食、衣服、语言、习惯上,均已纯粹为中国人”[3]。然而甚至在2004年我国个别学者在讨论明末回回人时仍然认为:“内地回回变成了中国人的一个组成部分,但他们没有变成汉人。因此我们看到,回回移民土著化的过程与其说销弥了回—汉之间的差异,还不如说销弥了原来存在于回回共同体内部的诸种差异。”又说,用清末有的回回人自己的话说,这叫“绳绳继继,宗是教者相传,遂忘其国籍。回其教,且并回其民焉”。并注释说:“所谓‘忘其国籍’,黄氏原意是指回回完全忘记了自己是来自域外的移民。但这显然不是历史的实情。毋宁说,他们忘记的是各自祖先所从来的具体国度,但仍然记得自己作为一个移民集体与汉人之间的不同,因为正是这一点,才得以解释为什么他们会拥有一种与汉人迥异的宗教信仰。”[4]

以上关于“内地回回变成了中国人的一个组成部分,但他们没有变成汉人”的说法,令笔者百思不得其解:因为“中国人”与“汉人”之概念,无论在历史上还是在现实中均难以等同。对于“汉人”称谓的出现,陈连开(1933—)指出,“这是边疆民族要求共有‘中国’称号的结果”,至清代,“‘汉人’是与少数民族相区别而称;‘华人’、‘中国人’,都已成为中国人与

---

① 转引自米寿江、尤佳:《中国伊斯兰教简史》,宗教文化出版社,2000年,第79页。

② 傅统先:《中国回教史》(商务印书馆,1940年年初版),宁夏人民出版社,2000年,第59页。

③ 同上书,第60页。

④ 姚大力:《“回回祖国”与回族认同的历史变迁》,《中国学术》2004年,第1辑。该文旨在讨论回回究竟在何时形成为“民族”。文章认为:“在晚明中国,内地回回群体内民族意识的形成,端倪于‘回回祖国’观念的流行,而后又为明末清初中国伊斯兰教的经堂教育和以儒释教运动所促进。”文章征引古今中外相关资料50种以上,其中涉及英文、日文和俄文文献23种(包括工具书5种),可谓广征博引,作者用功之勤,学术视野之开阔,可见一斑。然而每当阅读此文具体内容,总有一种如芒在背之感,耳畔仿佛响起“非我族类,其心必异”(《左传·成公四年》)之遥远的历史回声。

外国人相区别的称呼"①。因此,作为不是汉人并与汉人有别的中国回回民族的存在,原本就天经地义。对于作者的上述议论,笔者仅就以下三点加以申述:

第一,关于民族与宗教的关系,民族学家谷苞(1916—)于1984年撰文指出:"在世界上,没有哪一个民族没有宗教信仰,也没有哪一个现代民族从来只信仰过一种宗教。有些民族在不同的历史时期有不同的宗教信仰;有些民族还在同一历史时期有着两种或两种以上的宗教信仰。这方面的事例是不胜列举的。"②

第二,关于民族之间的区别,不仅回汉有别③,就是各个不同时期的汉族也"并不是相同的"。谷苞说:"由于在长期的历史中,先后多次有为数众多的少数民族与汉族融合,所以不论在血统上或文化上,各个不同时期的汉族并不是相同的,秦汉时期的汉族,不同于南北朝时期的汉族,南北朝时期的汉族不同于隋、唐时期的汉族,隋、唐时期的汉族也不同于元、清时期的汉族。民族本身总是受变化法则支配的,汉族的发展符合这一法则。"④

第三,关于民族的分散、融合与迁徙,白寿彝于1960年就深刻地指出:"民族的分散、融合和迁徙,在世界历史上并不是希见的。迁徙后的民族成员,他们的祖国不是在遥远的和现实生活没有任何联系的旧日居住的地区,而是他们和他们的祖先实际参与缔造的当前的国家。……东来的中亚细亚人、波斯人和阿拉伯人等既同兄弟民族的成员在中国形成了回族,回族虽以外来人为主要的来源,但作为一个民族却完全是在中国地面上土生土长起来的人们共同体。回族完全是中国土地哺育起来的民族,在中国出现回族以前,这个地球上是从没有这样的一个民族的。说回族的主要来源是外来

---

① 陈连开:《中国·华夷·蕃汉·中华·中华民族》,载费孝通等著:《中华民族多元一体格局》,中央民族学院出版社,1989年,第97、103页。

② 谷苞:《论民族与宗教》,原载《西北史地》,1984年第1期。转引自谷苞:《民族研究文选》,新疆人民出版社,1991年,第202页。

③ 此是常识,若无别何以区分回汉?

④ 谷苞:《论中华民族的共同性》,原载《新疆社会科学》,1985年第3期。转引自谷苞:《民族研究文选》,新疆人民出版社,1991年,第4页。费孝通等著《中华民族多元一体格局》(中央民族学院出版社,1989年)及费孝通主编《中华民族多元一体格局》修订本(中央民族大学出版社,1999年)均编入此文。

人，已是几百年前的老话了。并且从那时起，这些外来人也已经开始以中国人自居了。"①

新疆吐鲁番盆地的麴氏高昌国（499—640），是一个以汉族人为主体建立的地方政权，这些汉族都已经融合于当地的少数民族了，他们虽然还读汉文典籍，"虽习诵之，而皆为胡语"了（《北史 · 西域传 · 高昌传》）。② 这是汉人的"胡化"。元时独立的民族实体契丹人全体融入了广义的"汉人"之中。③ 这是少数民族的"汉化"。

自元代始，"回回皆以中原为家"。明清以降，作为在中华大地上形成的本土民族，回回民族自然是中华民族的一分子。1949 年以来，回族人民是中国人民的一员，应该说不仅为宪法所承认，而且已经是妇孺皆知的事实。回族与其他少数民族虽然"没有变成汉人"，但与其他 55 个民族一样，以中国为自己的祖国，也应该是身为中国公民的基本常识。

二、回族与伊斯兰教

回族和伊斯兰教的关系，既有联系又有区别。我国历史上，伊斯兰教曾被称为"大食教度"、"清真教"、"回回教门"和"回教"，也有人笼统地称回族为回教；回回民族的饮食习惯、婚丧嫁娶、节日庆典等礼仪，"无一不发源于伊斯兰教"。④

首先，回族和伊斯兰教二者之出现有所谓先后内外之别。伊斯兰教于公元 7 世纪初形成于阿拉伯半岛，回族于元末明初（公元 14 世纪上半叶）

---

① 白寿彝：《关于回族史的几个问题》（1960 年 2 月），载《回族史论集》，宁夏人民出版社，1983 年，第 7 页；《白寿彝民族宗教论集》，北京师范大学出版社，1992 年，第 181 页。

② 谷苞：《论中华民族的共同性》，原载《新疆社会科学》，1985 年第 3 期。转引自谷苞：《民族研究文选》，新疆人民出版社，1991 年，第 4 页。

③ 贾敬颜（1924—2000）：《"契丹"——汉人之别名》，转引自费孝通等著：《中华民族多元一体格局》，中央民族学院出版社，1989 年，第 158 页。

④ 林松（1930— ）：《试论伊斯兰教对形成我国回族所起的决定性作用》，载甘肃省民族研究所编：《西北伊斯兰教研究》，甘肃民族出版社，1985 年，第 49 页。

在中国境内形成。[①] 其一,二者之出现前后相差约七个世纪;其二,伊斯兰教是世界宗教,回族自形成之日起就是中国境内之民族;其三,伊斯兰教是一种宗教信仰,回族是一个民族。作为世界宗教,伊斯兰教早已跨越民族藩篱,成为多民族的信仰对象;而作为中国境内的一个民族,回族拥有兼具中国特色和民族特色的政治生活、经济生活和文化生活。[②] 因此白寿彝谓:"一个穆斯林,可能是回族人,也可能不是回族人而是别族人。一个回回(即回民——引者注),很可能是穆斯林,但也不一定就是穆斯林。"[③]林松也认为:"信仰伊斯兰教的中国人不一定全是回族,回族人也不一定全是穆斯林。"[④]其实,这种情形就是在阿拉伯世界亦然。白寿彝认为:"伊斯兰教信仰只是在一定历史条件下回族人社会意识的一种形态,回族并不能从宗教信仰上体现为一个民族。伊斯兰教信仰,作为回族人意识形态的一个特征来看,也并不是在每一个地区都是一样的。在回汉杂居地区,这是一个特征。在回族和维吾尔族杂居地区,这就不是一个特征,而语言的区别成为民族的特征了。"[⑤]参照斯大林的"民族定义",白寿彝提出了一个"中国式"的"民族定义":一方面,"回族,作为一个民族,具备自己的居住条件、经济条件、共同语言和共同心理。如果离开了这些,回族是无法体现为一个民族的"[⑥]。另一方面,"除了伊斯兰教以外,回族的形成,也有它的经济条件,也

① 参见胡振华主编:《中国回族》,第 2 页。马寿千谓"从元代到明代,各种不同来源的回回逐渐形成为一个民族。"《中国大百科全书》民族卷"回族"条,中国大百科全书出版社,1986 年,第 183 页。

② 白寿彝谓:回族和伊斯兰教,"二者间的关系无论怎样复杂,究竟有不可逾越的界限。错误地把二者混同起来,这不仅不符合事实,并且在现实生活上有很大的危害。回族在不断发展,这种发展,是回族人民在政治生活、经济生活和文化生活的发展,决不能以宗教的是否发展作为衡量的尺度。"白寿彝:《关于回族史的几个问题》,载《回族史论集》,宁夏人民出版社,1983 年。

③ 同上。

④ 林松:《试论伊斯兰教对形成我国回族所起的决定性作用》,载甘肃省民族研究所编:《西北伊斯兰教研究》,甘肃民族出版社,1985 年,第 57 页。

⑤ 白寿彝:《关于回族史的几个问题》。

⑥ 白寿彝:《关于回族史的几个问题》。斯大林认为"民族是人们在历史上形成的一个有共同语言、共同地域、共同经济生活以及表现于共同文化上的共同心理素质的稳定的共同体"。白寿彝认为:"他(指斯大林——引者注)说的是近代民族,即资本主义上升时期的民族。但这四种要素也不是从天上掉下来的。在近代民族形成以前,在民族共同体的不同发展阶段,如氏族、部落、部族等也都有不同程度的表现,但都还没有达到完备的程度。"白寿彝主编:(转下页)

有它的政治条件,也有它的文化条件”[①]。这个定义,不仅符合中国国情,而且符合中华民族的实际。

其次,伊斯兰教与回族之间的联系。伊斯兰教是与回族具有悠久历史关系的宗教,第一,若没有唐宋元时期先后来华的大批穆斯林及其后裔,就没有后来形成的所谓回回民族。[②]第二,回回民族形成之际,就是其民族心理成熟、民族意识高昂之时,也就是与宗教意识“相分离”的过程;当然这种“分离”,是指“民族意识”的自觉以及与“宗教意识”的区别,并非是与宗教信仰“决裂”。因为,“要把伊斯兰教作为一个单独的宗教跟回族分开,也是不合适的”[③]。因此,一个具有民族意识的回民,当然也可以是一位穆斯林。一般而言,“民族意识”与“宗教意识”,既是相互独立的两种社会意识,同时也是可以并行不悖、兼容共存的。可以说,作为社会关系产物的人,身份与认同的多元,不仅是可能的,而且是必然的。第三,“对于回族来说,伊斯兰教是这个民族的一种民族形式。这不只表现在宗教思想上,宗教活动上,而且表现在社会生活上,表现在家庭生活上”[④]。

最后,既然伊斯兰教与回族分别是宗教与民族,二者之间的关系就应该

(接上页)《中国通史》第一卷,上海人民出版社1996年,第1页注释1。在阐述我国的民族识别工作时,白寿彝指出:斯大林所说的四个特征,“是指资本主义上升时期的资产阶级民族说的。资本主义在中国并不发达,历史上还没有出现过资产阶级民族,斯大林的话对于我国的民族状况不完全适用。但这四个特征不是从天上掉下来的,也都有自己的发生、发展过程。尽管在中国历史上没有出现这四个特征的发展状态,但也出现了这四个特征的未发展状态或萌芽状态。按照这样的体会,专业工作者正是从语言、地域、经济生活和心理状态四个方面来识别民族特点的。他们比较重视民族意识方面的表现,这是符合中国的具体情况的。”《中国通史》第一卷,第42页。所以对于我国民族识别工作的检讨亦须全面,可以说该工作受到了斯大林关于近代民族定义的影响,但如果说是“缺一不可”的单纯机械式套用(较为典型的表述是“坚持这些标准对于‘民族’的确认来说‘缺一不可’”),则既不符合历史事实,也违背学术发展的历史。

① 白寿彝:《关于回族史工作的几点意见》,载甘肃省民族研究所编:《西北伊斯兰教研究》,甘肃民族出版社,1985年,第4页。

② 林松:《试论伊斯兰教对形成我国回族所起的决定性作用》,载《西北伊斯兰教研究》,第37页。

③ 白寿彝:《关于回族史工作的几点意见》,甘肃民族出版社,1985年,第4页。

④ 白寿彝:《关于回族史工作的几点意见》,甘肃民族出版社,1985年,第3页。

符合宗教文化与民族文化之间的一般关系。譬如关于宗教与文化的一般关系,罗竹风(1911—1996)和黄心川(1928—)认为,第一,"在人类的文化知识活动领域,宗教一直是重要的组成部分"。第二,"宗教和其他形式的意识形态相结合而产生的宗教文学、宗教音乐、宗教美术、宗教建筑等,作为各民族历史文化的一部分,已经成为人类文化史的财富"。第三,"在各民族的历史上,宗教曾对民族的精神、文化、科技、道德、风俗以及生活方式发生过不同程度的影响"。如在中国"西北有十个少数民族几乎全部信仰伊斯兰教。伊斯兰教虽是外来宗教,但自传入后,既与中国固有文化相融合,又保持其原有的特点,成为民族文化不可分割的重要组成部分,并且对中华民族的历史文化,特别在医药学、天文学、数学和历法等方面作出了巨大贡献"①。综上所述,关于伊斯兰教与回族文化关系可否得出以下两点认识:其一,伊斯兰教是回族文化与回族哲学思想的渊薮;不了解伊斯兰教,则回族历史、回族文化与回族思想史研究就无从谈起。从历史渊源来看,回族文化一方面起源于伊斯兰教,与此同时又是自伊斯兰教中分化独立出来的民族文化;从研究对象来看,伊斯兰教与回族文化之哲学文化有着共性的一面,都要研究思维与存在的关系问题。其二,伊斯兰教与回族文化分属于宗教学与民族学,因此各有其学科范畴与概念体系;前者表现为突出的信仰特色,后者则表现为理性思维特征。正如费尔巴哈(1804—1872)所说:"神学只把它认为是神圣的,看做是真实的,而哲学则只把它认为是真实的,看做是神圣的。"②

三、回族文化:作为一种"边际文化"是民族交融的结晶

白寿彝曾经提出"回回民族共同心理"的四个特点。第一,伊斯兰宗教生活的特点。这不仅是宗教信仰问题,而且涉及一个回民"自摇篮到坟墓"

---

① 罗竹风、黄心川:《宗教》,《中国大百科全书·宗教卷》,中国大百科全书出版社,1988年。

② 荣震华、王太庆、刘磊译:《费尔巴哈哲学著作选集》(下卷),商务印书馆,1984年,第512页。

生活的各个人生阶段。回族家庭的小孩出生后不久，要请阿訇（清真寺掌教）给起回回名（俗称“经名”）；到了能入学的年龄，很多小孩要被送到清真寺里念经（学习一些简单的阿拉伯文、波斯文词汇以及伊斯兰教知识）；回族青年结婚，则要请阿訇来证婚；有财产收入，按照规定，拿出钱物来帮助穷困的人；人死了，要请阿訇来主持殡葬事宜。第二，回民具有学习阿拉伯文化、波斯文化的历史传统。第三，回族具有不断吸收汉族文化的特点。第四，回族具有显著的民族自觉感，表现为明显的族内团结：如回回常说的“天下回回是一家”、“回回见面三分亲”等。① 上述第一、第二个特点，似乎是对于以伊斯兰教为基础与核心的阿拉伯伊斯兰文化的历史文化记忆，这也是回回民族先天所具有的阿拉伯伊斯兰文化基因的自然反映。第三个特点是回回民族作为华夏大地本土民族之一而不断主动学习、融合中国传统文化的内在反映；第四个特点，则是一般中国人以及世界各民族均具有的民族内部的“自我认同”。

中国回族文化，历史上曾经是中世纪阿拉伯伊斯兰文化（包括波斯文化和中亚伊斯兰文化）与以儒家文化为代表的中国传统封建文化相互交融的结晶，早已成为中华民族传统文化的重要组成部分；在可以预见的将来，随着中国经济基础地位的进一步全面提升，或者也将是未来中国全球文化战略重要的基本生长点之一。

① 白寿彝：《回回民族的形成和初步发展》，载《回族史论集》，第19页。

王徵圣爱观中的儒耶融合*

孙尚扬**

爱是人类思考的一个永恒的主题，也是世界各大文明都比较关注的一个具有普遍性的论题。但是，由于各大文明各有其特性，尤其是由于各大文明中的宗教传统各有特色，各种文明的代言人在这一论题上所表现出来的运思路向也就因此而相当不同，乃至迥异其趣。例如，在神人景观中反思爱这一论题乃是基督宗教的一大特色，但在古代中国儒家思想中却似乎是付之阙如的，或至少是不那么突出的。儒耶之间的这一重大差异必然会使得那些亦儒亦耶的古代中国士大夫在反思和表述他们对这一论题的思考时，面临着诸多理论上的难题。本文以明末的儒者基督徒王徵的跨文本的相关论述为例，试图回答以下问题：他是如何理解和阐述天主教关于"全心、全灵、全意，爱上主你的天主"和爱人如己这一最大的诫命的？又是如何试图将这一诫命付诸实践的？根据笔者对相关材料的研读，这两个大问题又可分解为以下几个具体问题：王徵是如何将儒教的"畏天命"纳入他的圣爱观之中，从而别具匠心地阐述"畏天爱人"这一命题的？凸显圣爱中的畏的成分在天主教中是否有其正当性或理论渊源，抑或只是一种儒教化的说法？当王徵在《仁会约》中系统地表述他对天主教的爱的功行的理解时，其中是否可以见到明末流行的功过格和乡约的影响？而这种对功行的重视是以个体性的终极救赎为唯一归趋，还是也体现了一种融会儒耶的社会思想或理想？最后，我们还要回答这样一个问题：基督宗教的圣爱观在传统中国的思想境遇中是否有本土化的可能？

---

* 本文原载《道风基督教文化评论》第19期，2003年秋。

** 孙尚扬，1965年生，男，北京大学哲学系、宗教学系教授、博士生导师。

一、王徵的皈依历程及其崇教文献

王徵(1571—1644),字良甫,号葵心,生于陕西泾阳鲁桥镇,曾十上公车,年52(天启二年)始成进士。王徵困于公车三十年的窘迫与执著较之于徐光启在科举烂路上爬行多年的经历,有过之无不及;而王徵在各方面所作的探求之深度同样不让徐光启,谓王徵一生是探索追寻的一生,并不夸张。而综合相关史料,我们或许可以将王徵探究的领域列述为以下数端。

(一)探求实现儒教宗法价值的路径。据王徵在《畏天爱人极论》中借辩客之口的叙述,他曾耽溺于道教二十余年,期间于黄老之书,“麋不寻览”。还曾依古本手订《周易参同契注》等书,更曾自著《辨道篇》、《元真人传》和《下学了心丹》等书,一时被目为类于古之得道者。[①] 一般认为,这是王徵在最终皈依天主教、获得真正的宗教归属之前的一段宗教性的插曲。但考之史实,王徵之沈溺于道教二十余年(此前,他还信过佛教),实际上并非完全出于个体性的宗教动机,而主要是为了获得践履孝道这一儒教价值的手段。据王徵在《两理略》一书的自序,他在24岁时,“叨登乡书,甫数月,先慈即见背。哀毁痛楚,辄忽忽无意人世间。偶见道书内有‘一子成仙,九祖升天’语,思欲以此报亲恩,辄懒诵诗书,专一参阅养生家言,妄求必得,于一切声色世味淡如也”[②]。换言之,王徵是为了报亲恩、使亡母升天才耽溺于道教二十余年的。从这一点也可以看出,古代儒生们为了践履在其内心已然根深蒂固的儒教价值,并不介意采取儒教之外的路径。而儒教对死后世界的漠视(未知生,焉知死),也使得儒生们不得不到儒教之外去寻求实现儒教价值的手段。也就是说,儒教的缺欠为儒生们寻求异于儒教的宗教归属,留下了相当可观的心理或精神空间。

(二)寻求经世济民之实学。据王徵的自述,他在17岁时,“入庠读史,见范文正公做秀才时便以天下为己任,辄慨然有意其为人”。[③] 在其并不显

---

① 宋伯胤:《明泾阳王徵先生年谱》,陕西师范大学出版社,1990年,第238页。

② 同上。

③ 李之勤辑:《王徵遗著》,12页。

赫的仕途生涯中（曾为广平府推官、扬州府推官），他为官廉正，讲礼正乐，为民请命，开闸治水，利济运输，拯救苍生，在在皆体现儒教仁民济世、利用厚生之精神。而其种种践履又都以对实学之探求和实践为学理基础，在成为天主教徒之后的崇祯元年（1628），他曾在《士约》中明确地以实学相号召，其言曰："所望诸士以天下国家为念……为学便是实学，休为言语文字之工。"[①]正是对实学的渴求，成为王徵乐于积极与当时在华的耶稣会士交游的原因之一。他协助金尼阁完成《西儒耳目资》、与邓玉函合作译绘《远西奇器图说》，都贯穿着为学务实、仁民爱物的原则。

（三）探寻对"天之所以命我者"等终极问题的答案。这种问题意识的涵养之源并非在儒教之外，也就是说，儒教的天命论完全有可能培养古代儒生的此种问题意识。但儒教在培养了古代儒生的这种问题意识之后，却似乎不能提供完全令他们满意的答案。用王徵自己的话来说："余小子不敏，自束发以来，解读圣贤书，便欲觅天之所以命我者，以求不负乎人之名而不可即得。"[②]王徵早年的出佛入道既是为了报亲恩，也是为了获得对上述终极性问题的答案。王徵本人曾坦承："余惟求天之所以命我者而不得，故屡学之而屡更端，总期得其至当不易之实理云尔。乃释典尽费参究，而迄不见其要归……故不得已寻养生家言……亦是茫无巴鼻。"后来，在读到孟子的三乐之说后，王徵对"仰不愧天，俯不怍人"之旨产生深刻的思想共鸣，儒教圣贤的教诲似乎为他的终极性问题提供了令其满意一时的答案，但他并未获得具体的条目和践履之法。大约在庞迪我的《七克》于1614年出版后不久（同年年底或次年春），王徵获读该书。他读后的感受是："读之见其种种会心，且语语刺骨。私喜跃曰：是所由不愧不怍之准绳乎哉?!"在获读被庞迪我称作天学之"下学"的《七克》之后，王徵不仅获得了一种得其准绳的思想快感，而且还产生了一种在古代儒生中非常罕见的"只有可愧可怍之罪愆"的罪恶感，并且体悟到其前"半生功力，竟不能寻得天命所在"[③]。换言之，只有庞迪我的《七克》一书才为其念兹在兹的终极性问题提供了令其完

① 李之勤辑：《王徵遗著》，第174页。
② 宋伯胤：《明泾阳王徵先生年谱》，第237页。
③ 同上书，第239—240页。

全满意的答案。此时,仍困于公车的王徵于大比之年(1616)在北京见到了《七克》的作者庞迪我,并从此开始了与传教士的交游、切磋,从而开启了通向天主教的大门。

王徵受洗入教的具体时间已不可考,一般认为,王徵是在 1616 年至 1622 年之间受洗入教的。[①] 从王徵的皈依历程可以得出如下的结论:传统儒生对一些终极性问题的追问和儒教在宗教方面的某些缺欠,是部分儒生最终皈依天主教的重要动力和原因之一,而明末印刷术的改进带来的传播之快捷、由利玛窦开创的哑式传教法(以书籍传教)之显著功效则为部分儒生接触天主教、并最终产生理智—伦理型的皈依提供了可能。

王徵皈依天主教之后,在崇教弘教方面颇有作为。他不仅撰写了《畏天爱人极论》、《仁会约》、《杜奥定先生东来渡海苦迹》、《崇一堂日记随笔》,还试图以《仁会约》为蓝本,建立一个基督化的社区。以下,我们将转向分析王徵的圣爱观以及他对爱的践履。

二、圣爱观:畏天爱人

众所周知,天主教的第一诫命是“全心、全灵、全意,爱上主你的天主”并且爱人如己。因此,爱乃是基督宗教的核心教义。历史上,基督宗教的许多思想家都坚信,天主(God)就是爱,爱是天主的本质特征,而天主的爱主要体现在他的创造和救赎行动之中。天主从无中创造世界和一切,完全是出于爱;天主在创造时,把自身和一切的善赏赐给被造之物,这也是一种出于爱的白白给予的恩典。尽管人类始祖的堕落使人与天主的爱隔绝了,但是,天主的爱却是永远不变的。天主为了使人重新回到他的爱中,乃为人预备了他的救赎计划。天主首先拣选以色列民族为他的子民,然后又差遣他的独生爱子耶稣基督来拯救世人。“天主竟这样爱了世界,甚至赐下了自己的独生子,使凡信他的人不至丧亡,反而获得永生”(若望福音 3:16)。十

---

① Nicolas Standaert, Wang Zhen's Ultimate Discussion of the Awe of Heaven and Care of Human Beings, in *Orientalia Lovaniensia Periodica*, 29, 1998, p. 187.

字架上的爱乃是一种出于充满、屈尊俯就、为人舍己的爱。这种自上而下、自我给予的爱就是圣爱。圣爱是天主为人舍己的爱。当然,圣爱的内涵并不止于此,一般而言,圣爱指基督宗教传统中天主通过其创造与救赎计划向人显明的爱和人对这种爱的响应,其中包括天主对人的爱、人对天主的爱以及人对邻人的爱。[①] 后两者包含在基督宗教的第一诫命之中。从上述的叙述还可以看出,人们尽可以从创造论的角度理解和接受天主教关于爱的教义,但是,倘若完全不顾及基督论,是很难全面地理解基督宗教的爱的。这是因为,在基督降生成人之前,人类是不能真正明白天主的那种为罪人舍己的圣爱的全部含义的。

在明末接受天主教的士人中,只有王徵一人的几种崇教著述主要是围绕着基督宗教的圣爱观进行阐发的,这一点显得非常独特,因而值得我们作深入的分析。我们将会看到,王徵对圣爱的理解和表述主要不是从基督论出发的,而主要是从创造论出发的(只有极个别的地方谈到一种并不整全的基督论)。但是,我们却不可因此完全否认其价值,实际上,他的圣爱观有其独特的运思路向和意义。

王徵的圣爱观似乎并未集中阐述圣爱的第一个方面,即天主对人的爱,他更重视的乃是人对天主之爱的响应,亦即人对天主的爱慕或信爱以及人对人的爱。而在阐发人对天主的信爱时,王徵的言述之最大特点是,将天主教的"爱上主你的天主"改造为畏天。这种改造采用了拟同的方法,所谓拟同,就是在接受异质的宗教思想、教义时,不改变接受主体已有的概念格局,以已有的概念拟配外来思想(这种方法颇类似于佛学传播过程中,由一些僧人创发的格义之法)。具体就王徵的圣爱观而言,就是以儒教圣人孔子的三畏(即《论语·季氏》中的畏天命、畏大人、畏圣人之言)中的畏天命来拟配天主教的爱并且钦崇天主。而在王徵看来,这种畏的宗教情感的涵养必须以知为前提。王徵曾反复分析知与畏的关系。他认为,如果不畏天命,就不可能仰慕天(主);而不知天命就不可能畏天命。用他自己的话来说,

---

① 以上参北京大学哲学系游冠辉的博士论文(2001 年):《欲爱与圣爱——基督教思想史上两种爱的关系类型研究》,第 81 页。

就是"焉有不畏天而可希天？又焉有不知天命而能畏天?","夫不知,而胡以曰畏也"[1]。王徵还以孔子五十而知天命为例,说明知非易事。知的难度与知的内容有密切关系。真正畏天者,须知道(并且认信)天乃是起初生天、生地、生人、生物之大主。此大主即是全能之陡斯、罢德肋,而不是宋明理学中的天理、道、苍苍之天,更不是中国气论派所说的积气;真正知天者,还须知天主在冥冥中操纵着赏善罚恶的权柄。[2] 关于前面一点,王徵实际上是接受和复述了利玛窦和庞迪我等传教士关于上帝(天主)存在的证明,没有阐发多少新意。而关于后面一点,王徵将对天主的全能的权柄的认信与其对天堂地狱的赏罚之说的极力铺陈联系在一起,尽管这种铺陈亦多袭自传教士的著作。[3] 王徵之所以如此铺陈天堂之福乐与地狱之暗苦,一方面是为了以天主教解决在古代中国被表述为德福关系的神义论问题,以来世的归属作为对今生的善恶的终极性的赏罚,从而针对现实生活中的一些德福不相应的现象提供一种意义系统;另一方面则是为了唤起人们的那种宗教畏惧感,并以此鼓励人们趋善避恶。在笔者看来,王徵所说的畏天命,似乎更多地是畏地狱之苦。他曾引孔子之言曰:"获罪于天,无所祷也",又明言:"倘诚真知其(天堂地狱)必有者,即不望天堂乎,宁能不畏地狱也耶?""而地狱之苦,视人世之刑戮极严极备极永,尤可畏耳。"[4]因此,王徵所倡导的知天命实际上主要是要求人们相信地狱的永罚之苦。关于知与畏的关系,王徵还曾作过一更有概括性的论述:"故明乎天之有命,明乎天命之出于天主,明乎天主之命无不善,无可违,无所祷,则虽欲不畏乌乎敢?!"[5]

将对天主的信爱转换为一种宗教畏惧感,在明末接受天主教的士大夫中并不罕见。徐光启在从伦理功用的角度比较耶儒之差异时,曾认定天主教之法"能令人为善必真,去恶必尽。盖所言上主生育救拯之恩,赏善罚恶

---

① 宋伯胤:《泾阳王徵先生年谱》,第 244 页。

② 同上书,第 244—247 页。

③ 据钟鸣旦的考证分析,王徵对天堂地狱的讨论有多于 56% 的部分袭自利玛窦的《天主实义》、《畸人十篇》和庞迪我的《七克》,见前引 Nicolas Standaert(钟鸣旦)文,第 168 页。

④ 同上书,第 248、264、258 页。

⑤ 同上书,第 246 页。

之理，明白真切，足以耸动人心，使人爱信畏惧，发于由衷故也。"[1]徐光启深信，正是由于西方人心目中存念着这样一个对人有生育救拯之恩的天主观念，他们才在道德践履中"兢兢业业，惟恐失坠，获罪于上主"，因而能做到为善必真，去恶必尽。

论者谓，明末来华的传教士所宣讲的、士大夫所接受的天主教道理中，天主论占据绝对优势，基督论较少得到重视。[2] 而当时士大夫乐于接受的乃是一位操纵着赏罚大权、威严的、令人生畏的位格神——天主[3]，因为在他们看来，这样的位格神对于拯拔明末颓唐的士风和道德是绝对必要的。尽管他们并不否认天主是至仁者，但至仁的主要意含并不是指上主无条件地、屈尊俯就地爱世人，而主要是出于公义施赏罚于世人或世人之灵魂。天主的仁爱被转换成了公义，而转换的主体似乎并不觉得这种转换有何滞涩不通之处。在王徵看来，天主的这种至仁，与儒教经典中记载的"惟上帝不常：作善降之百祥，作不善降之百殃"如券斯合。士大夫们对圣爱的这种理解自然要引发我们如下的究问：当王徵将对天主的信爱转换为一种宗教畏惧感时，这种转换是否使得天主教的传教士们所宣讲的教义完全丧失了原意？或者，王徵极力铺陈的畏天论是否与天主教的圣爱观完全无关？关于前一问题，我们只要考察一下利玛窦在《天主实义》和《畸人十篇》中对地狱永罚之苦的详尽描述，再注意一下王徵的相关论述大多袭自当时可以读到的耶稣会士的著述，似乎可以得出这样的结论：王徵的转换并不是完全按照儒教经典所做的削足适履的改造。至于后一问题，我们可以先看看圣经中的相关训导。在旧约中，天主所行"可怕的事"（出三十四 10）在犹太人中激起了一种敬畏感，这种敬畏并不是一种消极的、盲目的恐惧感，因为天主的自我显现也是对其救赎目标的一种揭示。因此，在《申命记》中，对天主的畏惧便相当于敬畏与敬虔，而这种极敬畏和敬虔包括对天主的爱和对罪

---

① 徐光启：《辨学疏稿》，见《天主教东传文献续编》，第 23 页。

② 见前引钟鸣旦文，第 174 页。柯毅霖最近的研究表明，此说仅适合 17 世纪 20 年代之前。见柯毅霖：《明末基督论》，四川人民出版社，1999 年。

③ 王徵曾明言："真正大赏罚，则惟天上主得而操之。"见宋伯胤：《泾阳王徵先生年谱》，第 256 页。

的根(申六1—5)。正是在这种意义上,对上主的畏惧被说成智能或智能之始(约二十八28等)。在新约中,宗徒们经常因为耶稣所行之神迹而对其充满敬畏之情。尽管畏惧在新约中不如在旧约中那样得到强调,但它仍然是基督徒生活态度中必不可少的品质。新约更强调爱,爱之内没有恐惧,爱把恐惧驱逐于外(若一四18),尽管如此,基督徒必须恒常生活在对天主的畏惧之中(罗十一20)。[①] 其次,我们还可以看看耶稣会的创始人圣依纳爵在《神操》一书中的相关论述。在谈到冥想地狱之苦以进行神操时,圣依纳爵指出:“如果因为我的过错而忘却了永恒的上主之爱,对这些惩罚的畏惧至少会阻止我堕于罪恶。”[②]换言之,尽管出于对地狱永罚之苦的畏惧而产生的对上主的畏惧(畏天)可能并不是天主教圣爱观中所要求的信爱上主的最高精神境界,却至少可以保证人们不会堕于罪恶。也就是说,根据圣经和天主教的传统,尤其是根据被誉为灵修大师的耶稣会创始人圣依纳爵的说法,王徵的圣爱观中将信爱转换为畏惧,并不是完全没有正当性的做法。况且,王徵在进行如此这般的转换时,还抱持着这样的信念:“真爱人主者,必由畏起敬,由敬起爱。”[③]因此,或许可以说,畏天可以被纳入天主教的圣爱观之中,成为其独特的组成部分。

至于上述圣爱中的最后一项内容(人对邻人的爱),王徵在《畏天爱人极论》中并未作深入的阐述,他只是花了较少的篇幅,论述爱天主者必爱人,爱人必须实实在在地爱,并将十诫的后七诫概述为“皆推广爱天主之心以爱人”(而不是以天主爱人之心爱人),后又在《畏天爱人极论记言》中再次断言“天之不可不畏,人之不可不爱”。[④] 与他对为何应畏天的详细阐述相比,他对为何应爱人以及如何爱人等问题的阐述显得语焉不详,换言之,《畏天爱人极论》中关于爱人的道理显得少而且浅。只是在《仁会约》中,我们才看到王徵对相关的道理作了较深入的阐发。这两种著述的差异如此之

---

① Cf. *New Catholic Encyclopedia*, New York, McGraw-Hill,1967, p.864.

② *The Spiritual Exercises of St. Ignatius*, A new translation by J. Paul, S.J., The Newman Press, 1960, p.32.

③ 宋伯胤:《泾阳王徵先生年谱》,第276页。

④ 同上书,第274—278页。

大，究其原因，或许在于前者是针对教外人士而写的（相当于相关的要理问答），后者的对象则是教友。《仁会约》大量征引圣经，就是最佳之说明。

在《仁会约》中，王徵首先凸显了爱的教义在天主教中的核心重要性。他认为，西儒所传之天主教，理超义实，但其根本大旨总是一仁，而“仁之用爱有二：一爱一天主在万物之上，一爱人如己”。他还以圣若盎晚年恒以相爱二字劝其门人，说明凸显爱的核心性是天主教的重要传统。① 王徵对天主教的根本大旨的概述，与明末教内三大柱石之一的徐光启相当不同。徐氏在《跋二十五言》中指出，天主教的根本大旨是“以归诚上帝，干干昭事为宗”。② 可见，徐光启强调的是信，而王徵凸显的是爱。据《新要理综合问答》，“借着信德我们信天主，信天主启示给我们的一切，并信教会提示我们当信的一切”；而“借着爱德我们爱天主在万有之上，并为爱天主而爱人如己。爱是‘全德的连系’（歌三14）和一切美德的存有形式”。③ 尽管王徐二氏对天主教要理的理解并无不确之处，但二者各有侧重则是不争之事实。

其次，当王徵在《仁会约》将爱的对象转向人时，他对其中的原因或道理作了较深入的分析。例如，他辨析了爱人如己的终极根源，将对人的爱溯源于天主的诫命。其言曰：“真能爱天主者，自然能爱人……盖天主原吾人大父母，爱人之仁，乃其吃紧第一义也。”④而且，王徵还将一种独特的基督论引入对爱的道理的阐述。他认为，天主为了显证其至善慈悲，降生成人。初生时，即以救世为名，后又告诫信众，“吾不欲人祭祀，而欲其相哀恤也”。⑤ 一般地，人们都以十字架上的爱为主耶稣基督爱他自己的人“爱到底”的集中体现⑥，换言之，基督的受难才是圣爱的最高表现形式。而王徵则仅以耶稣的降生成人为圣爱至善慈悲之显证，他的基督观止于降生成人，

① 《仁会约引》，见宋伯胤：《明泾阳王徵先生年谱》，第280—281页。
② 徐宗泽：《明清间耶稣会士译着提要》，中华书局，1989年，第328页。
③ 《新要理综合问答》，上智出版社，1995年，第85—86页。
④ 宋伯胤：《明泾阳王徵先生年谱》，第280页。
⑤ 同上书，第310页。这段话出自《玛太福音》9：13。
⑥ 参见《新要理综合问答》，第22页。

没有再作推进。这或许与明末来华的传教士最初不甚宣讲相关的教义有关。①

在《仁会约》中,王徵还倡导爱人应当效法天主之无条件地爱人,其言曰:“主初不论人认主与否,感恩与否,而惟以爱心普给之。人盍是则是效,以广其惠爱。”总之,人应当“体其(主、大父母)仁爱之心,而效其哀矜之行”。② 而此种爱应当是不望他人之报(世报),“若施而望报,非恩主,乃债主”③。不过,需要说明的是,虽然王徵倡导的爱似乎是无条件的,他却为爱规定了一定的秩序,此即“由亲及友,由友及众”。④ 这种对爱的秩序的规定,也许是旨在与儒教那种建立在宗法人伦基础之上的爱有差等相的传统相调和。而其中隐含的问题则是,爱是否可以无条件而同时有差等,王徵似乎并不觉得这是一个问题。

此外,王徵还在《仁会约》中接受了庞迪我在《七克》中对爱所作的类型学分析,将爱区分为习爱、理爱和仁爱三种。所谓习爱是由于同居、同业、同情和同议,相习所生之爱,鸟兽亦有之。虽然不一定是恶,却不是天主诫命中所要求的爱人之德。所谓理爱是出于理知计算所生之爱,人们因知晓“不友爱任恤,不能成世道,不能立世事,不能备世变,是故恒求己所爱人,及爱己之人”。这种爱“为爱也私,为德也微,恶人亦有之,亦非天主所责我也”。只有仁爱才可纳入圣爱之内,这种爱是“仁者视人为天主之子,与己同性”而产生的爱,也就是“仁者先自真爱天主,转以天主之爱爱人”而产生的爱,是天主诫命中所要求的爱。⑤ 王徵的这种类型学的分析之意义在于,在人神关系的景观中划清了世俗之爱与圣爱的界限。按照这种区分,儒教

① 利玛窦进京时,曾落入宦官马堂之手,后者曾对基督受难的苦像大惊小怪;而官至内阁首辅而且与耶稣会士相当友善的叶向高则甚至连天主降生成人都觉得不可思议,视其为“语怪之论”。这些都是耶稣会士们在最初传教阶段不甚宣讲整全的基督论之原因。不过,考虑到艾儒略等人已经在17世纪20年代之后在多种中文著述中宣讲了耶稣受难复活的福音,而王徵的《仁会约》却序于崇祯七年(1634),我们似乎可以说,王徵的圣爱观大概也只是接受和宣讲了他所能接受的东西,而不是教会提示给他当信的一切。

② 宋伯胤:《明泾阳王徵先生年谱》,第292页。

③ 同上书,第294页。

④ 同上书,第285页。

⑤ 同上书,第314—315页。

那种建立在宗法人伦基础之上、以维系世道为目的的有差等之爱也许应该归于理爱的范畴。若然,则儒教的"仁爱"便与天主教的圣爱处于一种对立关系之中。但是,我们已经看到,王徵通过对爱的秩序的规定,已然将儒教的有差等之爱纳入了圣爱的范围。确实,如果将儒教的仁爱转化为"先自真爱天主,转以天主之爱爱人",再考虑到天主教的十诫中也确实包含着孝敬父母的诫命,那么,将忠君、孝亲、敬长纳入圣爱的范围,也并不是完全不可能的。王徵就是这样在耶儒之间进行汇通的,他在介绍信奉天主教的欧罗巴各国在践履爱的"功行"方面的情况时,就曾将爱天主、忠君、孝亲、敬长打成一片,全都纳入圣爱的范围。[①]

三、爱的践履

王徵的圣爱观之最大特色也许在于他非常强调爱的"功行",着重对爱的践履。王徵的这种倾向与明末士大夫中流行一时的实学思潮对"实心"、"实行"的追求之间,至少具有精神上的亲和性。不过,我们更关心的是,王徵的立场之建立,是否有宗教或神学方面的考虑作为其前提。这里,我们有必要先考察一下王徵对天主之爱的看法,再看看他对行与报之间关系的理解和表述。

如前所述,在王徵的圣爱观中,天主对人的爱似乎是无条件的,不论人是否认信天主、是否感恩,天主都以爱心普给之。然而,在《仁会约》和《崇一堂日记随笔》(序于崇祯十年,即 1637 年)中,王徵至少有两次作出了相反的论述。在谈到西国人在爱人形躯方面的功行时,他指出,西国人皆"知我不爱人,天主亦不爱我,故人人俱喜施舍贫乏"[②]。而在《崇一堂日记随笔》中,王徵更明确地指出:"夫既不能信爱天主,天主又焉肯信而爱之哉?"[③]换言之,得到天主之爱的条件是,必须信爱天主并且爱人。而信爱天主并且爱人的最佳表征便是投身于爱人灵神、爱人形躯的爱的功行之中。

---

① 宋伯胤:《明泾阳王徵先生年谱》,第 318 页。
② 同上书,第 319 页。
③ 同上书,第 342 页。

因此,或许可以说,相信天主之圣爱是有条件的,是王徵非常注重对爱的践履的宗教原因之一。

尽管王徵深信信爱天主和爱人是人得到天主之爱的最重要条件,但是,他有时又非常强调行对于得到圣爱(报)的至关重要性。他承认,“不奉主教,不能行真善事,必不得天主宠爱,及天堂永福”。但是,他又转而引用并且曲解圣经中的相关经文而凸显行对于获得圣宠的极端重要性。他先引用了《宗徒大事录》中对科尔乃略事迹的记述:“古将谷耳搦略(即科尔乃略——引者案)者,其心仁善,每以济穷为务。忽见一天神入其室,呼其名。搦略闻而怖曰:主催乎？天神曰:尔行仁功,已彻主台前。今令我命尔,遣人往药白府请伯多录,从彼所训行之。”王徵引用这段记述的目的是想说明,人“或有哀矜之行,亦能动主,默启其衷,俾认主而钦崇之”,和“主为行仁所感,故遣天神诏之,是亦哀矜获报之征乎?”[①]王徵的转述包含着这样的意思:人即便不信爱天主,若持之以恒地保有哀矜(慈悲)之行,也能感动天主,获圣爱之报。王徵的这种对行在获得圣爱方面的作用的深信,包含着一种对一般启示和人的自然理性的乐观信念。而我们之所以说王徵的转述包含着对圣经的曲解,是因为据《宗徒大事录》第十章的记载,意太利营的百夫长科尔乃略同他的全家本来都是虔诚而敬畏天主的人,对百姓慷慨好施,又常向天主祈祷。而伯多录宣讲的道理则是“敬畏他(天主)而又履行正义的人,都是他所中悦的”(宗十35)。这里,根本没有科尔乃略不认信天主,却凭借善行而感动天主,最终哀矜获报的意思。不过,考虑到明末并没有中文圣经全译本,而节译本亦少,我们只能猜测可能是传教士向他宣讲了这段并不准确的经文,或者是王徵故意对较准确的经文作了误读,藉圣经权威来阐发自己对善功的理解。王徵甚至将他对爱的功行的重视予以极端化,从而得出这样的结论:“人身后福报,视在世功行。”王徵还认为,他的这种结论有其圣经依据,因为“圣经曰:少种少收”。[②] 在此,我们不再关注是否可以对圣经中关于种与收的关系作如此这般的解释,我们关注的是,王徵的结

---

① 以上引语均见宋伯胤:《明泾阳王徵先生年谱》,第292—293页,笔者对引文中的断句略有修改。

② 同上书,第293页。

论可能贯彻了儒教以福善祸淫对德福关系给予解释的原则。

在儒教的福善祸淫这一训导中，尤其是在宋明一度流行于士大夫道德实践之中、并且贯彻了福善祸淫这一训导、具有宗教意味的功过格里，实际上包含着这样的意蕴：人可以通过积累德行为自己“立命”，能对自身的终极命运产生决定性的影响。因此，有学者断言：“功过格……确立了一个为人类操纵报应过程而精心设计的、富于理性的、包罗万象的方法—功德积累的方法。”①王徵似乎是想将在他看来是有条件的天主圣爱（天主对人的爱）与儒教的立命原则统一在他对圣爱的理解之中，前者要求信爱天主并且爱人如己，后者则要求切实地积累爱的功行。他似乎并未觉得他所追求的这种统一有任何内在的张力，他很可能在那种儒教式的对人的道德主体性的凸显中，淡忘了甚或根本就没有被告知：“人的行为是不能为他赢得这种恩典的”，人之能够做额外的善功，能够为基督和圣徒极其巨大的善功库增添自己微薄的一份功德，都只有通过天主的恩典才能完成。② 质言之，由于王徵对爱的功行的凸显，在动因与精神上与功过格中的儒教原则有过多的相通之处。③ 他的那种以在世功行确立身后福报的儒教式的立命原则，与天主教对恩典的优先性的认定，并不那么容易汇通融合。在这一问题上，也许应贯彻利玛窦的“超儒”精神。具体而言，这里应以强调恩典的绝对优先性，取代儒教的立命原则；在此前提下，才有可能凸显爱的功行在天主教徒的宗教生活中的真正意义。当然，我们并不否认，王徵在某些时候似乎以对天主圣爱（包括恩典?）的有条件性的认可与重申，接近于承认恩典的优先性，但他对爱（爱人如己）的功行对人的终极命运之确立的重要性的过度夸大，似乎遮蔽了他所认识到的天主教的真义之光。

不过，若从功能的角度来看，王徵的《仁会约》在社会学上的真正意义

---

① 包筠雅：《功过格：明清社会的道德秩序》，浙江人民出版社，1999 年，第 31 页。

② 这里转述的是在天主教传统中极具影响力的阿奎那的观点，参威利斯顿·沃克尔：《基督教会史》，中国社会科学出版社，1991 年，第 312—313 页。

③ 有证据表明，王徵很可能练习过功过格。他曾在《士约》中以进德纠过相号召，并劝导士人有免过者，“即纪之进德簿，另加优处”。此法与功过格如出一辙。见李之勤辑：《王徵遗著》，第 170 页。

乃在于:以中国传统的乡约形式,建立一个天主教社区,虽然在当时这或许只能是一种不甚切实的理想。

对于乡约,王徵和明末来华的传教士似乎都不陌生,在由汤若望译述、王徵笔录的《崇一堂日记随笔》中,可以见到对乡约的明确界定:"乡约者,约一乡而为善者也。一乡有事,咸质成焉。"①可见,在王徵那里,乡约乃是针对生活中的各种大小危机(有事)而建立的一种行善的乡治形式。实际上,至有明一朝,乡治制度的内容,已经发展到包含保甲、乡约、里社、社学、社仓五大部。"保甲严密农村组织,乡约倡导农村道德,成为乡治的基础;里社代表宗教,社学代表教育,社仓代表经济。"而其中以乡约应该算作第一,"乡约的意义是约一乡之人,而相与共趋于社学,共趋于保甲,共趋于里社也"②。由宋人吕大钧(和叔)创发、朱熹作过损益的乡约大体包含着以下四大纲目:德业相劝、过失相规、礼俗相交、患难相恤。其中德业相劝一条主要是以乡治的形式,履行儒教的道德教化功能,内容当然来自儒教;患难相恤针对的主要是社区生活中发生的以下危机:水火、盗贼、疾病、死丧、孤弱、诬枉、贫乏。乡约涉及的对象一般没有什么限制,组织上通常是设约正一人(一般由德高望重者充任)、副约正二人,等等,而其发起的动机则完全合于现代地方共同社会(community)原理,用吕氏乡约跋语中的话来说,"人之所以赖于邻里乡党者,犹身有手足,家有兄弟,善恶利害,皆与之同,不可一日无之"。乡约本是自发性的民间组织,至明代,由于王阳明以提督身份在南赣大力倡导,而成了官督民办的组织。③

王徵的仁会约在形式上与乡约同多异少。在他为仁会约设立的章程中,乡约中的约正变成了会督(一至三人,稍多于乡约中的约正),副约正变成了会辅,虽然组织上略有变通,但形式相通;不过,乡约的约众和服务的对象似无限制,而王徵的仁会约虽然在服务对象方面没有区分,但在会众资格上却是有限制的:"凡为爱天主,爱人起念,愿如约与斯会者,无论簪绅、文武、宗侯、富室及农商技艺之人俱可。惟僧道不可。"可见,仁会约是一个以

① 宋伯胤:《明泾阳王徵先生年谱》,第335页。
② 杨开道:《乡约制度的研究》,燕京大学社会学系,1931年,第11页。
③ 同上书,第19—25页。

践履信爱天主并且爱人如己这一诫命的教友或崇教者为约众的基督化的团契,它将僧道等异教徒排除在外,同时亦将妇女排除在约众之外(王徵并未申明其中的原因,只是规定:"若有妇女人,闻风起念,愿为爱天主爱人而施之者,收其所施之物,另簿款开姓氏,以彰其德可也。第勿与会。"①)当然,仁会约还设立了"会之资"、"会之核",前者旨在充实财源,后者旨在对会务进行民主监督。而这些都与仁会约的功能有密切之关系。

仁会约的功能有两大纲目,用王徵自己的话来说:"仁会者,哀矜行之总名也。哀矜之德有二:一形哀矜,一神哀矜。"其中的行哀矜有七端:食饥者、饮渴者、衣裸者、顾病者、舍旅者、赎虏者、葬死者。这七端与乡约中的患难相恤所针对的社区生活危机(水火、盗贼、疾病、死丧、孤弱、诬枉、贫乏)数目相当,内容则有同有异。而神哀矜之行七端(启诲愚蒙、以善劝人、慰忧者、责有过失者、赦侮我者、恕人之弱行、为生死者祈天主)则更多地体现了天主教的伦理精神。不过,王徵深刻地认识到,在明末这样天崩地解的时代,神哀矜是缓不济急的,因此,他主张以形哀矜为急务。具体而言,由于"兵荒之余,饥多,病多,死者多,故哀矜此三者尤最急"。②

当然,仁会约与乡约最大之不同乃在于,后者是一种以推行儒教的道德教化为目的的乡治形式,而前者则是一种以践履信爱天主并且爱人如己这一宗教诫命为动机的基督化的团契,其现实目的也许在于以团契的扩大建立一个基督化的社区③,而其宗教目的则是为约众提供得到天报(即天堂永福)的阶梯——这种对爱的践履是建立在"人身后福报,视在世功行"这一宗教信念的基础之上的。

由于史料之有限,我们无从考察王徵所做的努力之客观功效及其对传统中国社会的乡治形式所产生的影响,但可以肯定的是,尽管在王徵对圣爱的理解及其相关的实践中,在理论上存在着一些令人困惑的地方,但它在中

① 宋伯胤:《明泾阳王徵先生年谱》,第287—288页。

② 同上书,第283—284页。

③ 王徵在建立这种基督化的社区方面可谓雄心勃勃:"会之推:此会果行,一方穷乏,不无少赖。推而行之,小而一乡,大而一邑,再大而一郡、一省,人人同此心,处处立此会,在在行此仁,其所利赖于民生者,或亦匪小。"同上书,第289页。

国天主教史上无疑是一份独特的遗产。王徵对爱所做的身体力行的实践表明,在乡土中国,完全有可能以本土化的乡治形式,遵奉天主教关于爱的诫命,并建立基督化的团契与社区。

论五种宗教对话观*

张志刚**

宗教对话是国际宗教学界的一个热门话题、一个前沿领域。中外学者一般认为，现有的宗教对话观可归纳为三种，即排他论（exclusivism）、兼并论（inclusivism）和多元论（pluralism）；而笔者通过考察近十几年来的研讨进展，又概括出两种新观念，兼容论（compatiblism）和实践论（practicalism）。[①] 本文先来梳理这五种宗教对话观的主旨要义，然后加以比较性的方法论反思。

一、正统性的排他论

所谓的排他论就是认为，信仰意义上的真理是终极的、唯一的；既然如此，现存的诸多宗教只可能有一种是绝对真实的，而其他的要么有所欠缺，要么纯属谬误；因而，只有委身于该种宗教传统，才能找到终极真理，达到信仰目的。

显然，排他论者在宗教真理问题上持有一种绝对化的观点。但值得强调的是，这种绝对化的真理观出于宗教信仰的本性；换言之，假若某种宗教

---

* 本文原发表于《世界宗教文化》，2010 年第 2 期。

** 张志刚，男，1956 年生，北京大学哲学系、宗教学系教授、博士生导师。

① 国内学者一般把"inclusivism"译为"兼容论"，但若把"inclusivism"主要看做以拉纳为代表的当代天主教神哲学家的对话立场，这种立场虽然有所开放，改变了天主教会以往对其他宗教的拒斥态度，可实际上仍坚持认为，天主教会才是所有信仰者的唯一归宿，而中文"兼容"一词，显然弱化了这种立场的强硬特征。所以，笔者认为，将其译为"兼并论"或许比较贴切，更能反映拉纳等人的主旨要义。用"compatiblism"和"practicalism"来表示"兼容论"和"实践论"，则是笔者的尝试，现有英文文献里尚无此种提法。至于这几种译法和理论概括是否妥当，读者可通过后面的评述给以判断。

不自以为拥有终极的、唯一的真理，它就不值得信仰。因而，排他论可以说是各大宗教传统、尤其是一神论传统所共有的正统立场。关于此种普遍性和正统性，可从几大一神论宗教传统的经典和教义那里得到印证。

例如，在名著《评密西那》里，迈蒙尼德（Moses ben Maimonides，1135—1204）阐明了"犹太教十三信条"：(a)相信上帝存在，创造了万事万物；(b)相信上帝是独一无二的；(c)相信上帝是无形无相的；(d)相信上帝是永恒的；(e)相信唯独上帝是值得敬拜的；(f)相信先知预言是真实无误的；(g)相信摩西是最伟大的先知；(h)相信律法是上帝的启示，是上帝传给摩西的；(i)相信律法是恒久不变，不可取代的；(j)相信上帝洞察一切，包括人的思想和行为；(k)相信上帝赏罚分明，善恶报应；(l)相信救世主弥赛亚必将降临；(m)相信死者终将复活。[①] 显然，这些信条是以相信上帝的唯一真实性、预言与律法的绝对权威性为前提的；若要信奉，当然要对其他宗教抱拒斥态度。

同样，伊斯兰教的基本信条也具有明显的绝对性与排他性。根据《古兰经》，伊斯兰教教义学家归纳出了"六个基本信条"：(a)信安拉，即相信安拉是独一无偶、普慈特慈的，是世界的创造者、供养者和主宰者；(b)信使者，即相信安拉向人间派遣的使者，并相信惟有穆罕默德是安拉派遣的最后一位使者；(c)信经典，即相信安拉降示给众使者的114部经典，并相信《古兰经》是安拉降示给穆罕默德的最后一部经典；(d)信天使，即相信安拉所差使的天使；(e)信末日，即相信安拉将在世界末日做出审判，所有的人都将死而复活并接受判决，行善者进天园，作恶者下火狱；(f)信前定，即相信安拉早已预定了世间的万事万物。[②]

再如，在基督教那里，作为一种传统立场的排他论也有充分的经典和教义根据。有专家做过考察，基督教排他论者最重视的是下述两段《新约》经文：

---

① 关于"犹太教的基本信条"，可参见傅有德教授撰写的"犹太教"一章里所做的更为全面的归纳和解释，张志刚主编：《宗教研究指要》，北京大学出版社，2005年，第92—94页。

② 上述"伊斯兰教的基本信条"是参照金宜久教授撰写的"伊斯兰教"一章概括出来的，详见《宗教研究指要》，第178—180页。

除他以外,别无拯救;因为在天下人间,没有赐下别的名,我们可以靠着得救。(《使徒行传》,4:12)

你们和不信的原不相配,不要同负一轭。义和不义有什么相交呢?光明和黑暗有什么相同呢?基督和彼列(彼列就是撒旦的别名)有什么相和呢?信主的和不信主的有什么相干呢?上帝的殿和偶像有什么相同呢?(《哥林多后书》,6:14—16)。

此外,基督教排他论者常引用的经文大致可分为如下4类:(a)肯定耶稣基督的救恩具有特殊性与排他性,像《约翰福音》,1:8;14:6;17:3;《哥林多前书》,3:11;《约翰一书》,5:11—12等。(b)强调人性的罪恶,人是绝对不能靠自己得救的,像《罗马人书》,1:18;1:20;2:12;2:15;2:23;3:9;3:11;4:18等。(c)指明听道与悔改的重要性,像《马可福音》,1:14—15;16:15—16;《约翰福音》,3:36;《使徒行传》,11:14;17:23;17:27;17:29等。(d)告戒人们上帝所指引的永生之路是艰难的,犹如窄门,并非所有的人都能找到的,像《马太福音》,7:13—14等。①

二、兼并论的对话观

兼并论基于如下判断:世界上的宗教信仰是多种多样的,这表明神或上帝的启示具有普世性;然而,诸多宗教在真理问题上却有真与假、绝对与相对之分。因此,与传统的排他论相同,兼并论者首先坚持只有一种宗教是绝对真实的;但另一方面,兼并论者力图摆脱排他论的狭隘立场,与后面将要评介的多元论不乏共鸣,即认为,既然只有一种宗教是绝对真实的,而神或上帝又是无所不在、无所不能的,那么,绝对性的宗教真理无疑具有普世性,可通过不同的宗教信仰而以多种方式显现出来。

兼并论一般被看做天主教神哲学家自梵蒂冈第二届公会议(1959—1965)后采取的一种宗教对话立场,其首倡者就是被誉为"当代天主教神哲

① 以上考察分析,参见吴宗文:《宗教对话模式综览》,《维真学刊》(加拿大唯真学院中国研究部主办),1993年第1期。

学泰斗”的拉纳(Karl Rahner, 1904—1984)。拉纳根据天主教教义,创建了“基础神学的人类学”,其对话理论的核心论点如下:(a)基督教自我理解为“绝对的宗教”(absolute religion),此教为天下大众所设,而不承认其他任何宗教具有此等权利;(b)可把某种非基督宗教看成“合法的宗教”,但不否认它有错误与堕落的成分;(c)如果前一个论点成立的话,基督教徒所遇到的其他宗教成员便不是纯粹的“非基督徒”(non-Christian)了,而可看做“匿名的基督徒”(anonymous Christian);(d)对基督徒来说,或许不能奢望现存的宗教多元化局面会很快消失,但同时完全可做出这样的解释:非基督宗教属于“匿名的基督教”,其信徒尚需意识到上帝及其恩典所赐予的那些东西,因为他们以前只是茫然接受却从未加以反省。正如拉纳所说:

> 别人或许认为,基督徒把非基督徒看做尚未实现自我反省的基督徒,这也太自以为是了。但基督徒不能放弃此种“自以为是”,对基督徒和天主教会来说,这实际上是谦卑至极的来源。因为此种“自以为是”深切坦白了一个事实:上帝比人和天主教会更伟大。天主教会将走出大门,迎接明天的非基督徒……一个基督徒立足于此,便能宽容地、谦逊地而又坚定地面对所有的非基督宗教了。①

三、多元论的对话观

宗教多元论认为,世界各大信仰是十分不同的,但就我们所能分辨的而言,它们都是我们称之为上帝的终极实在在生活中同等有效的理解、体验和回应的方式。彩虹是由地球大气折射成壮丽彩带的太阳光,我们可以把它视为一个隐喻,把人类不同的宗教文化解释为对神性之光(divine light)的折射。②

---

① Karl Rahner, “Christian and Other Religions”, *Philosophy of Religion: Selected Readings*, Michael Peterson, William Hasker, Bruce Reichenbach and David Basinger, eds., New York and Oxford: Oxford University Press, 1996, pp. 512-513.

② 希克:《信仰的彩虹——与宗教多元主义批评者的对话》,王志成、思竹译,江苏人民出版社,1999年,“序言”,第2页。

为什么要提倡宗教多元论呢？希克(John Hick,1922—)认为,从宗教对话史来看,如果说排他论尚处于“拒绝阶段”,那么,兼并论则属于“觉醒阶段”,真正的对话姿态理应是多元论的,因为这种态度可促使人们转变观念,从“以某宗教为对话中心”转向“以终极实在为对话中心”。这是一种认识范式的转变,其意义犹如“一场神哲学观念上的哥白尼革命”。

宗教多元论是一种理论假设,其道理可用一个古老的传说——“盲人摸象”来喻明。怎么评价众盲人的不同说法呢？希克指出,我们显然不能断定哪一种说法是“绝对正确”的,因为并没有作为裁判准则的“终极观点”;同样,就真理问题而言,我们对各大宗教传统的不同见解也不妨作如是观,因为从这个古老传说不难悟出这样的道理:我们所有的人对于终极实在的认识,犹如“众盲人的感受”,无不深受个人观念和文化背景的重重限制。

为求证上述假设,希克发挥了康德的“物自体学说”。深入比较一下各大宗教传统,我们可发现“一种根本性的区分”,即“两种意义上的实在”:“实在、终极或神性本身”(the Real or Ultimate or Divine an sich),“人类所概念化或经验到的实在”(the Real as conceptualized and experienced by human beings),或简称,“实在本身”和“经验到的实在”。希克指出,上述普遍性的区分意味着:作为终极的实在是无限的,是超出人类的思想与语言能力的。正因如此,人所崇拜的对象,如果可经验或可描述的话,并非指作为终极的、无限的实在本身,而是指“那种跟有限的感知者处于关系中的实在”。希克说:

> 如果我们假定实在是一,而我们人类关于实在的感知却是多种多样的,我们便有根据作出这样一个假设:不同的宗教经验源流所表示的就是,对同一无限的、超验的实在的形形色色的意识,也就是说,实在之被感知所以有诸多特殊的不同方式,是因为不同的文化史业已或正在形成不同的人类心智。①

① John Hick, *Philosophy of Religion*, third edition, Englewood Cliffs, NJ: Prentice-Hall, INC., 1983, p. 119.

四、兼容论的对话观

近20多年来,中外学者一般是用前述三种观念来概括现有的宗教对话立场的。笔者认为,自孔汉思倡导"全球伦理"以来,他的对话观念已成为一家之言——宗教兼容论,其基本主张有这样几点:(a)就宗教史而言,应当承认多种真正的宗教并存,它们的目标可谓殊途同归;(b)就某种真正的宗教而言,既应积极承认其他宗教的真理性,又不该无保留地认可其真实性,这样才能在坚持信念的前提下取长补短,友好竞争;(c)就宗教真理而言,任何一种宗教没有垄断权,只有神或上帝才拥有全部真理;所以说,诸种真正的宗教都在"朝觐途中",不应争执"我的真理"或"你的真理",而应观念开放,相互学习,分享真理。①

以上几点主张出自孔汉思1985年发表的一次讲演,"什么是真正的宗教——论普世宗教的标准"②。此次讲演可视为兼容论的形成标志,因为孔汉思通过批评前述三种宗教对话立场,明确提出了"关于宗教的衡量标准",这包括"一般的伦理标准"、"一般的宗教标准"和"特殊的宗教标准"。下面概述的前两项标准,对于理解兼容论尤为重要。

(1) 人性:一般的伦理标准

就任何一种宗教来说,都有真与善的问题。可以说,各种宗教在历史上都不乏真与假、善与恶的例证。因此,各种宗教均须反省:能否借宗教目的而使用任何手段?怎么才能实现真正的人性?人性作为一般的伦理标准,适用于所有的宗教,我们可从正反两方面将其规定如下:

---

① See Hans Küng, *Theology for the Third Millennium: An Ecumenical View*, William Collins Sons & Co., Ltd. and Doubleday, 1988, pp. 253-256.

② 此次讲演是应香港中国宗教文化研究社和香港中文大学宗教系的邀请,讲演稿发表于《景风》(*CHING FENG, Quartevly Notes on Christianity and Chinese Religion and Culture*),1987年第3期。其实,这篇演讲稿是孔汉思当时尚未写完的一本书里的一章,即《为了第三个千年的神学:一种普世观》里的"有一种真宗教吗?——论普世标准的确立"。该书德文版1987年,英译本1988年。因正式出版的书里对演讲稿有所修改,笔者的引文出自英译本,但读者仍可参阅讲演稿的中译文:"什么是真正的宗教——论普世宗教的标准",刘小枫主编:《20世纪西方宗教哲学文选》上卷,杨德友、董友等译,上海三联书店,1990年,第3—32页。

(a) **肯定性的标准**:只要某种宗教**提供了**人性的美德,只要它关于信仰和道德的教诲、它的礼仪和制度**有助于**人们成为真正的人,能让他们的生存有意义、有收获,它就是一种**真的**和**善的**宗教。

(b) **否定性的标准**:只要某种宗教**传播非人性的东西**,只要它关于信仰和道德的教诲、它的礼仪和制度**有碍于**人们成为真正的人,而是没有意义、没有价值的,只要它**无法帮助**人们实现一种有意义的、有收获的生存状态,它就是一种**假的**和**恶的**宗教。①

(2) 本原与圣典:普遍的宗教标准

"本原"和"圣典"是两个交叉概念。前者指某种宗教的源头,如各大宗教的创始人;后者指各种宗教的"正经",像《旧约》、《新约》、《古兰经》等。对各大传统宗教来说,本原与圣典从来就是权威、规范或标准。

> 只有运用了确实可靠或符合正经的标准,才能清楚地看到某种宗教的**原初的和独有的特征**。这就令人信服地回答了下列问题:在理论上和实践中,什么是真正的基督教,什么不是真正的基督教;同样也回答了:真正的犹太教、伊斯兰教、佛教或印度教是什么。②

近十几年来,孔汉思不仅致力于阐释宗教兼容论,而且将其付诸实践,颇有影响的成果就是"世界宗教议会芝加哥大会"(1993)上通过的《全球伦理宣言》。该《宣言》被称为"有史以来第一个为各宗教所认同的最低限度的伦理纲领"。③ 孔汉思信心满怀地形容道,这个宣言奏响了"希望的合弦",强有力地压倒了眼下流行的宿命论论调——面对全球危机,我们在伦理尤其是宗教领域无可作为;所以,这个宣言可看做"希望的信号",即有望促进宗教和解、转变思想意识、重建全球秩序、实现世界和平。④

---

① Hans Küng, *Theology for the Third Millennium*, p. 244.

② Ibid, p. 246.

③ 关于该《宣言》的内容,详见孔汉思、库舍尔编:《全球伦理——世界宗教议会宣言》,何光沪译,四川人民出版社,1997 年。

④ See Hans Küng, *Will a Global Ethic Prevail? YES TO A GLOBAL ETHIC*, London: SCM Press Ltd, 1996, pp. 1-5.

五、实践论的对话观

继《全球伦理宣言》发表后,美国天主教神学家尼特(Paul Knitter,1934—)又提出了一种新的宗教对话观,叫做"相互关联的、负有全球责任的对话模式"(a correlational and globally responsible model for dialogue)。关于此种模式,尼特解释如下:

首先,宗教对话之所以应当是"相互关联的",就是因为现存的宗教是多元性的,此种多元性不但是事实,而且是"宗教关系"的实质所在。因此,宗教对话绝非要求同一性,而是应在充分肯定差异性的前提下,促使各宗教建立起一种朋友或同事般的对话伙伴关系,让所有的参与者能够诚恳交谈,认真倾听,互相学习,彼此见证。

其次,宗教对话者们之所以要共同承担此种全球性的伦理责任,就是因为若不关注并努力克服目前业已全球化的"人类苦难"和"生态苦难",任何宗教的相遇与对话都无法达到理想的目的,甚至可能存在危险。因而,各种宗教理应携起手来,共同致力于"人类与生态的正义和福祉",只有在此基础上,才能更好地相互了解,更有效地展开对话。①

尼特是从"全球苦难"入手来论证其对话模式的,并将此出发点称为"宗教对话的共同语境"。这主要是为了克服宗教对话在"后现代理论"氛围下陷入的困境。按照后现代主义、后自由主义或解构主义等观点,诸种宗教传统是根本不同的,并无"共同基础"或"普遍真理"可言。因而,若像多元论和兼容论那样假设,诸种宗教皆是同一神圣真理的反映,均应肩负全球责任,这种轻视差异性的态度并不能真正促进宗教对话。但尼特认为,尽管此类批评意见是诚恳且有根据的,可它们却有悖于这个现实世界及其道德要求,因为我们所耳闻目睹的是一个充满苦难的世界,它要求我们基于共同的价值观和真理观而采取全球化的解救行动。

---

① See Paul F. Knitter, *One Earth Many Religions: Multifaith Dialogue & Global Responsibility*, Maryknoll, New York: Orbis Books, Second Printing, 1996, pp. 15-17.

我并不是说,所有的宗教均有某种共同的本质或经验,甚或有某个十分明确的共同目标。相反,我所要指出的是一种共同的**语境**(a common *context*),它所包含的复杂**问题**也是我们大家共同面临的。我以为,只要我们如实地观察并生活于这个世界,此种语境便会一目了然并令人痛心;一旦世界上的各种宗教试图走到一起并相互理解,此种语境就会呼唤大家致力于某种共同的**议程**(a common *agenda*)。我所谈论的现实状况是普遍化的、跨文化的,它们使所有的宗教信徒都难免受到冲击,并要求诸种宗教做出回应。我所讲的这种语境及其所有问题的共同之处就在于**苦难**(*suffering*)这一可怕的现实,就是说苦难正在耗竭生命,并危及人类和地球的未来。①

为了印证以上判断,尼特综合大量调研数据和结论,从"身体的苦难"、"地球的苦难"、"精神的苦难"和"暴力的苦难"等方面,向读者描绘了"一幅全球苦难的脸谱"。他借鉴解放神学思想,力主将"解放性实践"(liberative praxis)作为"宗教对话的优先原则"。这里说的"优先原则",就是指宗教对话理应从何处着手;"解放性实践"这个概念则包含这样两重意思:一是宗教对话要着手于实践,二是从实践入手,也就是从解放被统治者、被压迫者或苦难者做起。

六、比较性的方法论反思

1. 宗教排他论反思

如前所释,排他论立场实属宗教信仰的本质特征,可以说是各大宗教传统、特别是一神论宗教共有的正统立场。因而,我们可从一般意义上来反思此类正统立场的得失利弊。

一个宗教的虔信成员,无论如何都会认为他自己的宗教是真实的。这样,这一真理宣称就有了某种内在的排他性宣称。如果某个陈述为

① Paul F. Knitter, *One Earth Many Religions*, pp. 56-57.

真,那么它的反题不可能也为真。如果某个人类传统宣称为真理提供了一个普遍的语境,那么任何与该“普遍真理”相反的东西都将不得不被断为假。①

这是潘尼卡(Raimon Pannikkar,1918—　)对排他论立场的界说,其明显长处在于,倾向于“同情的理解”却着笔于“冷静的描述”。他接着评价道,这种态度含有“某种英雄气概”——某信徒献身于“普遍的或绝对的真理”;当然,这种态度并非心血来潮或盲目崇拜,而是以“绝对的上帝或价值”为根本保障的;所以,当某信徒声称:“我的宗教信仰是真正的或绝对的”,他是为神或上帝的权威而辩护。然而,我们应该认识到,排他论立场既外临危险又内存缺陷。一方面,排他论者注定对他人的信仰持以傲慢、轻蔑、不宽容的态度;另一方面,这种态度所主张的真理观并不牢靠,而是建立在“素朴的认识论”和“简单的形式逻辑”基础上的。

2. 宗教兼并论反思

从思想源流来看,兼并论脱胎于排他论。所以,兼并论立场具有两面性:一方面迫于现实,承认现存宗教信仰的多样性;另一方面又固守传统,宣称只有本宗教是绝对真实的,此乃收容其他宗教徒的绝对根据。不难想见,这种立场自然会遭到左右夹击,既受到多元论者的诘难,更难免排他论者的批评。

尽管以拉纳为代表的兼并论者只是条件苛刻地承认其他宗教信仰的合理性,但在排他论者看来,任何退让或妥协都是对信仰传统的动摇甚至颠覆。如果像拉纳等人说的那样,其他宗教信仰也有一定的合理性,也包含真理的成分,那么,还有无可能把耶稣基督奉为信仰的唯一对象或绝对保障呢?

与排他论者相比,多元论者所注重的是学理批评。既然兼并论者不否认宗教信仰的多样性,也承认诸多宗教传统的合理性,那么,所谓“匿名的基督徒”很可能演绎成一种普遍适用的托词——“匿名的X教徒”。其结果可想而知:这是一个放之四海而皆准的公式,既可被各宗教用来自我辩护,

---

① 潘尼卡:《宗教内对话》,王志诚、思竹译,宗教文化出版社,2001年,第4页。

又能用以相互贬低。正如基督教徒可自称“本传统是唯一真实的”,而把其他宗教徒看成“匿名的基督徒”,为什么穆斯林不能认为“绝对真理在自己手里”,并把基督徒、犹太教徒、印度教徒、道教徒等统统称为“匿名的伊斯兰教徒”呢?若按这种逻辑推演下去,便有了“匿名的犹太教徒”、“匿名的印度教徒”、“匿名的佛教徒”、“匿名的道教徒”、“匿名的儒教徒”……如此后果显然无益于宗教对话,最多是为各宗教继续闭关自守、相互排斥提供了一个时髦的口实。

3. 宗教多元论反思

革新与守成之间总是有巨大张力的,这在宗教研究领域反映得尤为强烈。所以,多元论致力于革新神哲学观念,首先会遭到各种保守势力、特别是排他论者的激烈抨击。例如,希克虽在宗教哲学观念上十分开放,但一向承认自己还是一位基督教神学家。因此,在基督教排他论者看来,像这种身份的人竟然高谈阔论多元论,其言行可谓离经叛道。

排他论者的批评目光注定限于“本宗教传统”。与此相比,更值得我们重视的还是关于多元论的学术批判。虽然大家公认,宗教对话之所以能成为“晚近宗教研究的大气候”,其学术动因主要来自顺应多元化的文化现实而形成的宗教多元论,但越来越多的学者意识到,这种多元论不光对各宗教的传统教义构成了严峻挑战,而且在本体论和认识论上提出了诸多难题。归结起来,首先值得推敲的问题在于:能否就所谓的“终极实在”作出“真理论断”呢?

围绕上述问题的学理之争,可从希克的著名比喻——“盲人摸象”说起。此种比喻及其论证是否得当呢?能否导致反面结论呢?在批评者看来,不仅这个比喻不当,其论证更糟糕。众盲人摸大象的结果,非但不能说明他们的感受都是对的,反倒证实他们的说法全都错了,因为大象就是大象,并非“一根柱子”或“一条大蛇”等,即使局部感觉真实或局部感觉相加,其结果也必错无疑。在至关重要的信仰问题上更是如此。除非有人能真正说清楚“终极实在”是什么,我们对此便一无所知,而希克等人的多元论假设便属无稽之谈。质言之,假如信仰者真的像“众盲人”,那么,他们就“终极实在”和“终极真理”进行的对话,岂不只能是“一通瞎说”吗?如果以上批评意见能成立的话，多元论者很可能陷入一种可怕的结局，即重蹈不可知论的覆辙。

4. 从兼容论到实践论

从对话观念的转变轨迹来看，如果像希克判断的那样，排他论尚处于“拒绝阶段”，兼并论属于“觉醒阶段”，而多元论才促使信仰者们步入“对话时期”，那么，我们可以接着做出这样的评论：兼容论试图推进多元论，实践论则力求落实兼容论。

兼容论之所以引人关注，主要是因为其声势浩大的对话实践及其成果——《全球伦理宣言》。该《宣言》的出台，可使我们认识到宗教对话的一种晚近动向，这就是将宗教对话从理论引向实践。起初，宗教对话是作为比较研究的一种深化趋势而受到重视的，主要探讨的是由宗教信仰的根本差异引起的诸多理论难题，像诸种不同的神性观、特别是真理观是否相冲突甚至相矛盾？某个或各种宗教能否拥有唯一的或绝对的真理？“终极实在”到底指什么、能否认识并加以描述？显然，诸如此类的思辨难题非但难以达成共识，恐怕根本就没有绝对答案。这就使以往的宗教对话步履维艰。要进行对话，就不得不开放观念；凡在信仰上开放者，又难免陷入两头不讨好的困境——本宗派的正统者会指责你放弃经典教义，而对话伙伴则发现你决不会改变信仰立场。因此，较早形成的两种对话观念——兼并论和多元论都遭到了尖锐批评。作为兼容论的倡导者，孔汉思对此深有体会。所以，他起草的《宣言》意图明显：摆脱争论不休的理论难题，将宗教对话引向道德实践。这明显反映在以下两点：

首先，作为一个宗教伦理纲要，《宣言》里竟没有出现“神或上帝”一词，只用了一次“终极实在”，还是用在一个并不关键的句子里——“作为信教的、有灵性的人，我们的生活是以终极实在为基础的……”[①]孔汉思解释，他起草时就明白，若使所有的、起码是几大宗教能加盟这个宣言，那就不得不省却“神或上帝”这个称呼。这主要是为了避免佛教徒的异议。

---

① *A GLOBAL ETHIC*: *The Declaration of the Parliament of the World' s Religions*, edited by Hans Kung and Karl-Josef Kuschel, London: SCM Press Ltd, 1993, p. 19.

其次,作为一个宗教伦理纲要,《宣言》也没有涉及道德伦理的绝对根据或终极来源,只是肯定各宗教间早就达成了"一种最低限度的根本共识"(a minimal fundamental consensus),而且在陈述具体内容前声明:所谓的全球伦理既不是"一种全球性的意识形态",也无意形成"某个超越于所有现存宗教的大一统宗教",更不是"用一种宗教来统摄其他宗教"。

《全球伦理宣言》旨在应对目前的全球性经济、政治和生态等危机。就此背景而言,上述对话观念转向无疑有重大的现实意义。但就以上两点做法而言,却可提出质疑:若是一个"全球性的宗教伦理宣言",为谋求"全球性",竟把"神或上帝"都省却了,连"宗教伦理的神圣根源"也不提了,还有资格冠以"宗教的"名义吗?此种对话实践是否有回避宗教真理问题之嫌呢?这里提出的问题可使我们进一步反省宗教实践论的得失。

如前所述,尼特是抱着一种理论批判精神来继而探讨"全球伦理"或"全球责任"的。因而,他将下述实践哲学的真理观引进了宗教对话领域:所谓的"真理"是用来改造世界的,而我们是通过实践来认识真理的,"宗教真理"更是如此。尼特强调,无论哪种宗教传统,均须面对"苦难的现实";无论拯救、觉悟或解脱意味着什么,均须对"人类的苦难"有所回应;无论印度教徒、基督教徒、犹太教徒、穆斯林和佛教徒,假如他们的任何信条可作为忽视或容忍"人类与地球苦难"的理由,那么,此类信念便丧失其可信性了。①

正是基于这样一种现实主义的宗教哲学真理观,尼特明确主张,现行的宗教对话应把"诸种宗教共有的本质、经验或目的"等理论难题暂且悬隔起来,而以"苦难的现实"作为"共同语境"暨"紧迫议题",将"解放性实践"作为"优先原则"和"中心任务"。这就是说,面对全球化背景下的诸多难题、困境或危机,特别是国际社会上的不公正和非正义现象,各个宗教若不携起手来,共担责任,多干实事,有所作为,那么,宗教对话便是没有意义的。笔者认为,如此鲜明的实践论主张,可代表宗教对话观念及其实践的新近动向。如果能将其看成"第五种对话模式",那么,较之前四种对话观,它显然

---

① See Paul F. Knitter, *One Earth Many Religions*, p.60.

更开放、更激进,即以一种彻底的现实主义态度,将宗教对话避开“真理之争”而关注重大现实问题。但相对于正统的排他论而言,这种激进的实践论是否会导致另一个极端呢? 这是不能不令宗教对话者们在“神圣”与“世俗”的张力之间深思并权衡的。

政府在世俗化过程中的角色*

王宗昱**

1978 年中国的改革开放给人民的宗教生活创造了日益宽松的政治环境。尤其进入 21 世纪以来,中国传统宗教的复兴有了巨大的进展。由于传统宗教长期受到压制,政治环境的宽松以及宗教教团内部的要求逐渐引导了学者的注意力,政府支配力的形式变化也逐渐使学者忽视了研究政府的作用。从 1928 年到 1978 年,中国政府对宗教活动的支配作用是逐渐强化的。对于这段历史的反省还很少有作品①。我们应该注意到,宗教自由政策的落实和中国现代化的进步给传统宗教的影响力提供了条件,这种影响力也逐渐深入到学术界。特别是最近几年来由佛教协会和道教协会主办的讨论会反映出教会与学者的联合。应该明确地指出:中国大陆的学者在 20 世纪五十至七十年代依附政府的历史结束以后,进入 80 年代逐渐偏离政府以求得学术的客观性,但是从那时开始就逐渐偏向教会。这样的现象在 20 世纪的欧洲也出现过②。或许,学者以及学术界永远难以摆脱教会或者政府的影响。本文不避逢迎政府之嫌,在此对政府近来的作用做些探讨。

一、北京东岳庙的经验

北京东岳庙是元代朝廷建立的一座道观,进入明代以后逐渐成为民间

---

* 本文原载《世界宗教文化》,2011 年第 4 期。

** 王宗昱,1954 年生,男,北京大学哲学系、宗教学系教授、博士生导师。

① 例如,对于 1928 年年末民国政府《神祠存废标准》的讨论,我在电子期刊网络上仅仅检索到一篇 2002 年发表的论文。笔者认为赵春晨等人的《宗教与广东近代社会》一书是这方面的最新著作。该书由宗教文化出版社在 2008 年出版。

② 参见卢克曼:《无形的宗教》,覃方明译,中国人民大学出版社,2003 年,第 4 页。

结社活动的场所[1],在北京的宗教历史中占有重要地位。不过,在1949年以前,北京东岳庙的宗教活动就逐渐衰落。1949年以后,北京东岳庙长期被占用。1995年12月8日,北京文物局将东岳庙产权下放移交给朝阳区文化文物局[2]。1996年5月开始修复工程,1998年完成古建修缮的部分文物修复。1999年由朝阳区政府举办了庙会,东岳庙开始向公众开放。1949年以来各宗教的庙宇或宗教活动场所一直掌握在政府手里。这直接决定了宗教政策放松以后政府在这些场所的地位和作用。在中国大陆,政府是宗教政策的决定者,也是宗教活动的领导指挥者,当然也是恢复宗教活动的参与者。自从1995年至今,政府方面已经为修复工程花费了超过四亿人民币的资金。目前东岳庙西院殿宇的修复工程还没有结束,这些资金也是由政府提供的。可以说东岳庙从1995年收回以后直至目前都在朝阳区政府的领导下或指导下活动。政府的象征就是1997年4月成立的北京民俗博物馆和朝阳区东岳庙管理处。自1997年民俗博物馆建立以来,以博物馆代表的政府在恢复和使用东岳庙的过程中作了以下几项工作:

1. 回收并修复东岳庙原有建筑区的殿宇。民俗博物馆成立以后从事的主要是西路殿宇的修复工程。2002年,朝阳区委、区政府将东岳庙二期修缮工程作为“朝阳重点工程”之一,被北京市文物局定为3.3亿文物古建修缮工程的项目之一。

2. 自从1999年春节以来每年举办春节庙会。自2002年开始又在春节庙会期间举办民俗文化节,从此春节期间的活动一直冠以“春节文化庙会”和“北京民俗文化节”两个名称。

3. 不定期地举办民俗文化的展览。

4. 与中国民俗学会联合举办“东岳论坛”学术研讨会,从2005年2月至今已经举办了四次。

---

① 可见赵世瑜主编:《北京东岳庙与北京泰山信仰碑刻辑录》,中国书店,2004年。赵世瑜的《小历史与大历史》对这些碑刻反映的北京宗教社会做了研究,是目前最新的学术成果。

② 北京民俗博物馆成立十周年纪念册《十年历练脱颖成必然》有北京市及朝阳区政府为恢复东岳庙工作记录。本文关于民俗博物馆的工作大量引录了民俗博物馆网站、《东岳庙》年刊。

5. 民俗博物馆在居民社区内举办了多次以宣传传统文化或节日娱乐的活动。

东岳庙是中国著名的道教宫观。在 1949 年以前，北京很多行业工会在这里举行宗教活动，留下了大量的碑刻。民俗博物馆在 1999 年第一届庙会的时候就动员了民间传统结社来参加开幕式。民俗博物馆在 2005 年 9 月举行的东岳庙行业祖师信仰习俗申报国家级物质文化遗产资格的专家论证会议上强调了祖师信仰习俗是“神圣性民间文化现象”，并且肯定这些旧社会的习俗“对于提升社会行业内部认同、沟通、凝聚，加强行业自律精神，建立具有中国特色的行业文化，对增强社会自主的调节能力等有积极意义”。2006 年 1 月 4 日开始，博物馆在网站上连续刊登介绍民间花会的文字，详细说明了民间香会中“幡鼓齐动十三档”每一档花会的崇拜神明、演出的仪式含义、武术套路、武打器具、音乐曲目①。2006 年的春节庙会上正式演出了传统进香仪式中的“狮子挪门”。这一年的庙会资料整理和庙会演出与北京其他春节庙会的区别就在于它突出了北京庙会传统中香会组织的宗教活动因素，突出了传统香会组织在庙会活动中的地位，和 1999 年的第一次庙会已经有了本质的区别。这反映出随着宗教政策的宽松和社会的发展，东岳庙管理处和民俗博物馆顺应历史发展对东岳庙文化遗产做了新的发掘和复兴。2007 年春节庙会的宗教气氛最浓厚。大年三十开幕式上，全面恢复活动的十三档武会成为吸引北京民众的节目。朝阳门外万众善缘白纸老会向东岳庙七十六司奉献清册账簿，这是白纸老会的传统。大年初一，民间善会举行了蜜供展示活动。庙会期间，还有万代清茶圣会举行了道教音乐演出。民俗博物馆还邀请了其他区县民间花会来演出。逛庙会的民众几乎很少有人能理解这些文武花会的宗教性，但是民俗博物馆的网站上对于这些宗教活动的传统意义做了介绍。这当中，白纸神账会的节目得到民俗博物馆的精心推广宣传。《东岳庙》年刊 2007 年号介绍春节庙会时第一项就是非物质文化遗产，善会的活动有掸尘会、净水会、白纸神账会、蜜供会、供

① 老北京民俗学家郭子升《市井风情》一书也介绍了十三档花会的内容，有些不同。辽海出版社，1997 年，第 132 页。

粥献茶会、敬惜字纸会、放生会①。就我看到的文字记载,2007 年春节庙会恢复的传统宗教活动项目是最丰富的。2008 年博物馆网站对白纸神账会的介绍要比 2007 年的文字详细得多。1999 年首次春节庙会时,朝阳区政府为渲染庙会气氛,借助了彩票开奖和民间花会吸引来客。那些花会主要是武会,以武术和打击乐器的表演见长。在那时当然不敢宣传传统花会的拜神含义。文会的恢复标志着东岳庙宗教活动的恢复有了很大的进步。由于时代的变迁,现在的文会后继乏人。民俗博物馆参与推动了文会的传承。2010 年 11 月,朝阳区秧歌圣会举行了收徒仪式。

2008 年 1 月 14 日,道教教团进驻东岳庙,5 月 3 日(阴历三月二十八日)是东岳大帝诞辰,东岳庙道团举行法会,东岳庙也开始成为正式宗教活动场所。从这天开始,道士每日上殿做功课,接待信士请求。实际上,从 2008 年春节庙会开始,道士就参与了东岳庙的活动。民俗博物馆 2009 年春节庙会的宣传折页上突出了庙会的宗教气氛,介绍了初一到初五每天的道教仪式。道士的进入使东岳庙真正成了宗教活动场所,而不再以政府管辖的文化活动场所的形象出现。从这时起,东岳庙有了按时上堂念经做功课的道士,有了应接民众各种宗教需求的服务。在这以前,当然也有民众自发的拜神活动。尽管据我观察目前的大部分民众的宗教活动还属于自发活动和私人活动,不过由于教团的存在使得一些有需求目的的民众来庙里请求阴阳法事,而这些是民俗博物馆没有能力和资格提供的服务项目,也提供了法物开光等服务项目,使得传统的特别是道教节日的法事活动得以正常进行。道士也配合奥林匹克运动会以及 2011 年的国庆节专门举行了一系列的法事活动。以我个人的观察,来东岳庙拜神的香客以每月初一、十五上午人数较多,但是也不过三百人。有一部分香客是远郊区县的居民和近年来北京工作的外地人。这些人是东岳庙香客的稳定客源。另一部分则是有事来请愿的香客,不拘本地外地。他们来东岳庙基本都是烧香请愿,很少请求道士帮助,属于私人性的宗教行为。

---

① 见《东岳庙》年刊 2007 年号,第 100 页。

二、宗教传统和宗教市场的变形

宗教的世俗化讨论早在五十年以前就开始在西方社会广泛展开了。2008年,这方面的权威学者伯格来北京发表讲演时婉转地承认世俗化理论已经无法经受经验的考验了。他更强调说:现代性必然导致的是多元化。所谓现代性就是指城市化、人口迁移、旅游、大众教育和公共通讯工具。伯格说:"在传统社会,某一个特定宗教以及某种世界观的其他要素,都是理所当然地被人们所接受。人们无法选择宗教,正如他无法选择自己的基因一样。一旦宗教多元性成为一种既定的事实,个体就不仅可以而且必须在各种可能性当中做出选择。并且,即使他选择保持或回到他一生下来就身处其中的宗教,那也将是一种选择,再也不是理所当然的。这样,从根本上说,任何形式的新传统主义都不同于真正的传统,即使在表面上两者似乎都遵循着同样的信仰和价值观。"①世俗化随着中国的开放也进入了中国人的语言世界,中国的社会学家越来越多地讨论到这个问题。我们实际上还不是很熟悉西方社会的变迁以及宗教的变化,所以很难恰当地评价世俗化和多元化两种描述有什么区别。我理解世俗化偏重描述教会力量的衰退,而伯格说的多元化则偏重描述信仰者的自由度。这两方面的现象在北京东岳庙开放以来的历史中都有表现。

1. 在旧时代,北京东岳庙的宗教性质不是由驻在庙里的道士决定的,而是由前来拜庙的宗教社团决定的。道士只是提供了服务。真正的教会是那些宗教结社②。这些结社有城市的行业工会,有北京郊区农民的村落组

---

① 伯格讲演的中文翻译发表于中国人民大学主办的《宗教社会学》第1辑,中国社会科学出版社,2008年。

② 这个现象或许在元代以后的中国北方就开始了。笔者在《清代汉中地区的全真道》一文里有过讨论。见《丘处机与全真道》,中国文史出版社,2008年。由北京东岳庙的碑刻文字里也可以看出驻庙道士和香会组织之间的关系。从元代以来的宗教碑刻里可以看出俗世结社对教团权力的分割,并且也可以看做是中国历史上早已经出现的一种世俗化运动。本文不做这样的论断,也因为要把1919年以前的社会总归于宗教文化。我这类认识早已经受到卢克曼的批评。

织或跨村落的社会组织。今天民俗博物馆发掘整理的那些花会正是在北京东岳庙里统治了三百年以上历史的传统教会。清朝末年以后,新型产业和新型工会组织开始影响北京城市结社。1949 年以后,农村社会主义改造也在逐渐摧毁传统宗教结社的村落和社区基础。一切旧的教会组织在“文化大革命”当中都彻底被摧毁。中国社会似乎彻底地世俗化了,实际上应该说是传统教会的力量急剧地衰落了。过去由教会安排的事务现在有了新的方式。旧的教会(花会、香会、行业工会)都已经退出社会。1999 年东岳庙第一次庙会的时候,政府动员了朝阳区民间花会前来赞助。那时候朝阳区还有不少几代居住在此的民众,他们是传统花会的基本演员和观众,当然也就是传统教会的基础群众。随着城市建设的发展变化,大量原住民迁出朝阳区,居留的也很零散。这个群众基础也可以说在短短十年之间被新移民和新型居住方式迅速消灭了①。

2. 2008 年,道士进驻北京东岳庙。这个教团的生存方式当然和一百年以前根本不同了。由于宗教结社退出了东岳庙,今天的道士比过去更有权威作为东岳庙的主人。这个教团也的确给了都市人耳目一新的展示。我们可以把这个教团看做传统教会的复活,而且会有比古代东岳庙教团更光明的前景。在古代的北京东岳庙,香会夺走了道士很大一部分信徒。道士和信徒直接接触的机会是为富户人家做宗教服务和为来拜庙的零散下层民众服务②。今天,道士的服务仍然还是零散性的,但是由于过去的宗教结社退出庙宇,道士零散的宗教服务凸显出来,而且可以抽象地说有着发展居士教会组织的可能性。不过就目前而言,无论是城市里还是乡村的驻观道士面对的基本都是零散的信众。西方学者喜欢使用多元化描述现代社会的多种宗教并存竞争的状态,其实这种状态在古代中国就存在了,不过宗教结社掩盖了这些现象。今天,当宗教结社在一百年的历史变迁中大量消失以后,无论道教还是佛教都有面对更多零散信众的局面。多元化固然意指多种宗教

---

① 施舟人教授对我说:现在有了无线通讯手段,人们还可以再联系起来。他的意见很有前瞻性,值得参考。

② 见傅洞奎回忆录《北京朝阳门外道教胜迹东岳庙》。《那桐日记》里有亲属亡故后在东岳庙停灵期间法事的记载,新华出版社,2006 年,第 59、638、641 页。

并存,不过也应该指信众面临多种选择对象。中国人传承下来的宗教传统就是多种宗教并存的。杨庆堃教授"弥散型"宗教的说法也是希望描述这种现象。当然,中国大陆几十年唯物主义宣传更造就了传统宗教复活以后的生存环境,那就是面对无神论的信众的挑战和质疑。这个挑战也是互相的。传统宗教的复活本身就是对几十年来中国无神论宣传的反思。这个现象在世界其他地方也存在。在十几年以前,伯格就指出了有一种全球性的精英文化。而且,"宗教的增长有一个很强的民粹主义特征。这些是抗议和抵抗世俗精英的运动,高过和超过纯粹的宗教动机"①。伯格告诉我们不要简单地把传统宗教的复活看做是单纯的宗教现象,社会学家会很容易看到背后的社会原因。我简单化地把传统宗教的复活看做是人民生存方式的选择。传统的宗教资源被列入了选项。各种传统宗教成为这些信徒和从业者取得社会身份和生存空间的资格认证②。目前大陆各地传统佛教道教圣地的教团都和政府部门发生了深度的物质利益关系。无论这些关系是积极的还是消极的,都说明复活以后的传统宗教和他们的祖先完全不同了,它们是今天多元文化中的一个选项。物质利益的突出反映了社会多元化的本质。这是宗教环境健康的标志。

3. 中国真正进入了多元宗教竞争的局面。随着自由经济的传播,信仰也逐渐演变为宗教消费。对于这个问题,最近十年以来越来越多的学者参加到这个论题的讨论中来③。这些学者认为:"宗教现象也可以看做是一个市场,分为需求方、供给方和产品。在自由竞争的前提下,对于宗教变化起决定性作用的是宗教供给,而非宗教需求。"④在这个问题上,我认为对于宗教的存在形式发生决定作用的应该是宗教需求方面。卢克曼说:"终极意

---

① 伯格论文《世界的非世俗化》,见同名论文集,李骏康译,上海古籍出版社,2005 年,第 13 页。

② 卢克曼对西方社会旧宗教复活的描述更加尖锐:"传统的教会宗教变得越来越依赖于那在某种意义上是过去社会秩序在现代社会中的残余的社会群体与社会阶层。"见《无形的宗教》,第 27 页。

③ 代表性的研究见魏德东教授的最新论文《宗教社会学的范式转换及其影响》,《中国人民大学学报》2010 年第 5 期。

④ 魏德东:《当代中国宗教红市的发展》,《宗教社会学》第 1 辑,中国社会科学出版社,2008 年,第 160 页。

义模型的生产包装和销售是由消费者的偏好所决定的，而生产者必须对自主的个人的需要和要求及其在私人领域中生存这一点保持敏感。”[①]卢克曼对宗教的私人性有很深入的认识。他认为：“个人认同基本上成为一种私人现象。也许，这是现代社会最具革命性的品质。”[②]伯格没有这样强调个人性。不过，前面我引用到他关于精英文化的论述。他认为：“有一个国际性的次文化，是由接受西方高等教育的人所组成的，尤其是在人文学和社会科学，这的确是世俗化的。这个次文化是进步原则的承载者，启迪信念和价值。尽管它的成员相对地较少，但他们是非常有影响力的，因为他们控制提供现实的官方定义的制度，尤其是教育制度、大众沟通的媒体，和更难达到的法律系统。”他认为这是一种全球化的精英文化[③]。我们在下一节的讨论可以更深入地理解他的话。他们两人都指出了新时代的宗教消费者方面的变化。我们看到了伯格指出的现代性的几个典型标志，中国社会最近十年的变化也拥有了这些标志。这些标志里，城市化、人口迁徙、旅游是对旧教会的摧毁力量，而大众教育、公共资讯是培养新的宗教消费需求、消费形式的力量。我们看到人类最近一百年来生产效率的提高减少了体力劳动，改变了劳动方式，也改变了学习方式和生活方式。在体力劳动中的学习变成了文字的电子式学习。这个趋势在毛泽东时代就开始了。

“文革”期间安装到农户的小喇叭和今天的摩托罗拉手机没有本质区别。这也影响了城市人的宗教生活方式。过去的磕头上香变成了读书、看展览、看演出或者学术讨论会。过去威严的神像变成了雕塑艺术品。过去来庙的人通过拜神来尊重肯定自己，今天的青年一代不必通过拜神，他们也没有那种感情了，直接尊重自己就可以了。宗教生活变成了赤裸裸的商品消费和文化娱乐。香会的仪式活动可以看做消费，因为老辈人都知道那是耗财买脸。今天的看展览仍然可以看做是仪式。这样的消费形式不但创造了新的宗教形式，也强迫传统宗教的复活要改变形式。

---

① 卢克曼：《无形的宗教》，第104页。

② 同上书，第95页。

③ 伯格：《世界的非世俗化》，第13页。

三、政府作用的原因

一百年以来,中国政府在公民宗教生活中的支配力量是不断强化的。这也受到了很多批评。我们如何理解这个现象呢?

1. 中国政府的强大是世界去魅运动在中国的特殊表现。世俗化的重要表现是人类的许多生活不再由传统的宗教提供神圣性的论证了。在古代,人类的绝大部分生活内容由宗教管理着,在马丁·路德以后,政府、经济体和个人逐渐分割了教会的权力。在中国,这个革命是从外面引进的。中国没有当时已经进入帝国主义经济时代的经济体,也没有西方的公民政治。这个革命只是简单地宣布了旧宗教的作废,它们实际上到了半个世纪以后才在"文化大革命"时代被彻底摧垮。西方有学者把政教分离看做世俗化的重要标志①。在中国,这个过程表现为对旧宗教的革命。我们从1928年的《神祠存废标准》就可以看到②。西方学者偏重强调世俗化是宗教不再为世俗的制度提供论证。我则愿意说世俗化是指许多原来由宗教创造并控制的制度从教会里独立出去。在中国,以前由教会承担的司法、医疗和教育乃至经济事务在革命以后统统由政府接应下来。中国政府既是辛亥政治革命和新文化运动的政治产物,也接受了被革命者留下的一切文化遗产。中国政府的这个角色直到今天还继续着。

2. 中国政府掌握着对新旧宗教的垄断权力。《神祠存废标准》第一次表达了这种权力。内政部的这份文件沿用了中国古代政府管理宗教的传统语言"祀典"和"淫祠"来宣布哪些宗教合法与非法。1949年以后,政府又用封建迷信、精神鸦片之罪名宣布一切宗教是非法的。就北京东岳庙来说,1995年由政府文化部门收回,2008年由政府安排道士进入,政府主持了这个小小的地方宗教的恢复过程。在这个过程中,政府已经由以前的敌人的身份逐渐转变为这个宗教的享受者,更是这个宗教市场里的竞争者。在政府把东岳庙部

① 本文此处参考了孙尚扬的《世俗化与去世俗化的对立并存》,见《从书斋到田野》,中国社会科学出版社,2010年,第73页。

② 《中华民国法规汇编》,中华书局,1934年。

分地归还给道士的时候，政府下属的民俗博物馆和驻庙道士心目中的这个宗教是截然不同的。政府在这座庙宇里制造了宗教的多元化，或许这也是把历史上隐性的多元化鲜明地描画出来。中国宗教的多元性质在历史上早已存在。祀典和淫祠(祀)就是对中国多宗教并存的概括。中外学者对此早已有论述①。伯格等人的多元化论述对于我们认识中国古今的宗教形势都有帮助。

3. 政府代表了新兴公民的价值观。中国革命是一个由外来力量刺激的革命，不是本土社会变迁的结果。新兴工商业、城市化生活、学校教育等因素成为促进中国社会变迁的主导力量，也造就了新兴的社会阶层。这个新兴的阶层是破坏旧文化的力量。由于发展的不平衡，新兴的社会阶层一直是少数派，并且主要居住在城市，但是他们掌握了中国发展的支配权，掌握了政府。在 1978 年以前，一直在摧毁旧宗教，但是进入 21 世纪，有了利用旧宗教的趋势。在当今中国城市里，对于旧宗教的解释权掌握在这个阶层手里，也就是掌握在政府手里。这个阶层有新的宗教崇拜方式和消费方式。他们对古代的宗教资源也在做重新的解释。在目前的北京东岳庙里有两个机构在管理着。一个是传统的道士教团，一个是民俗博物馆。道士提供的宗教服务基本上是传统的，而民俗博物馆方面的服务则是对传统的改造利用。东岳论坛就是民俗博物馆改造利用旧宗教的舆论阵地。在第一届东岳论坛上，民俗博物馆馆长提交的论文指出："市场经济作为自由平等的竞争机制所释放出来的个性自由意识、人人平等观念，促进了私人意识日益觉醒，这就使私人时间的公共化倾向得到了有力的遏制，从而使私人时间实现了真正的私人化，国家的力量对私人时间不再有可进入性。"她还指出："主流文化已经不能成为人们私人时间的主要消费对象。""东岳庙在向民众提供形式多样的民俗活动供人们消费私人时间的同时，也形成了民众广泛参与的公共时间场域，在这个场域里，传统的价值、观念不断地被生产和再生产。"②我本人在 1999 年第一届庙会上听到天津游客对利用天津泥塑

① 〔美〕韦思辛编，陈仲月译《中国大众宗教》，江苏人民出版社，2006 年。
② 北京民俗博物馆编：《节日文化论文集》，学苑出版社，2006 年，第 133 页。

艺术的传统再造殿堂神像表示嗤笑,但是这说明博物馆在建设之初的指导思想就不是复古。他们固然找不到传统造像的匠人,但是他们更喜欢有中国工艺美术学院头衔的泥人张工艺。前者是宗教,后者是艺术。民俗博物馆的工作人员有很好的业务知识构成。他们在艺术考古、历史文献研究和展览馆设计方面都有专业训练的人才,对于道教的历史教义的解释更能适合新一代中国人的口味。所以,政府在改造利用旧宗教的过程中顺应了世界的潮流和公民的消费需要。民俗博物馆的建设是现代知识的传播,是对传统的再解释。作为文化产业,他们也在创造市场需要,塑造所谓的公共时间。但是他们明确地认识到新一代公民的消费特征。在这方面,他们不输于卢克曼的认识。更重要的,他们本人就是属于这个阶层的,他们表达的是他们自己的审美方式,而不是信仰方式,所以他们不承认自己是旧宗教的信徒。2010 年他们举办了口琴收藏展览,这个题目显然反映了 20 世纪中期新市民阶层的历史记忆。博物馆在居民社区举办的端午节纪念活动里虽然安排了贴神符、系长命缕的传统信仰节目,不过馆方对中医防疫健身的含义做了突出的宣传。所以,民俗博物馆的基本形象不是复古,而是移风易俗。这个移风易俗不是自觉地贯彻政府的旨意,而是反映了全体工作人员作为新市民阶层的世界观。

4. 本文不能褒贬政府领导宗教的现象,而是设法找到理解政府作用的角度。既然中国在大趋势上也受到宗教变迁的影响,为什么政府不能退出宗教活动的领域?从前面三点内容可以看出中国政府的角色在不断变化,或者是有多角度的面相。特别是在今天,各个阶层都想从政府拿到资源和权利,所以我们会在政府的作用里看不同的社会背景。我认为要注意的是政府在某种程度上成为新兴起的社会阶层的宗教组织形式。从辛亥革命开始到 1927 年国民党结束割据的乱局,新兴的社会力量掌握了政府。在大陆 1949 年以后,政府在打压传统宗教的同时也开展了宣传新宗教的运动。人民公社、文字拼音化运动和"文化大革命"的"破四旧、立四新"都是宣传新宗教。政府的文化教育部门在把一种新的世界观灌输给公民。无论这些新兴公民的来源是新教背景的教会学校还是共产国际,他们都属于伯格说的"全球化的精英文化"的一部分。伯格把这部分人及其文化看做世俗化的中坚力量。但是我认为,既然他们控制了"官方"定义的教育、媒体和法律制度,为什么不可以说这些制度就是他们的宗教组织？在中国这个性质更加明显。这三个制度是这个阶层自我生产、自我确认和自我保护的制度。与此相关的制度还有就业体制、医疗体制、社会保障体制,等等,至少在目前它们都不是全民享受的。由于我们过分注意到传统宗教的存在形式,于是我们把新兴的生活方式叫世俗化运动。更由于我们注意到传统宗教的复活,或者说某些学者为了矫正世俗化理论的偏颇提出了非世俗化的说法。卢克曼理论的意义在于他努力探讨宗教如何变化形式继续存在,而不是用世俗化这样的论断影响对宗教的认识。卢克曼反对把某一时期或某一种宗教的存在形式作为定义宗教的标准。所谓世俗化或者"去世俗化"的说法都有这样的偏颇。他们都不承认他们所说的世俗化的人们也是宗教的人。这或者是他们社会学的需要。从清代末年开始中国城市逐渐生长起一个新的阶层,他们有新的信仰和生活方式。到了今天,这个阶层已经和全世界的精英阶层联成一体,但是他们在中国的生长方式有自己的特点。他们是依靠着政府的力量生存的,或者说这个新的政治体制他们按照自己的信仰建立的。中国传统宗教的衰落只是输给了新兴的宗教,输给了政府,并不是中国社会世俗化了。最近,中国社会学家越来越注意到独立于政府的公民社会的生长[①],说明政府的代表性复杂多元了。自从清末民初开始逐渐壮大的新的信仰的民众开始形成新的组织形式,不再单纯依赖政府表达他们自己。民俗博物馆是这样的组织形式之一。民俗博物馆也说明政府并没有彻底退出与其他宗教竞争的市场。

---

① 例如高丙中的《民间文化与公民社会》,北京大学出版社,2008 年。